Kant und Menschenrechte

Kantstudien-Ergänzungshefte

Im Auftrag der Kant-Gesellschaft
herausgegeben von
Manfred Baum, Bernd Dörflinger
und Heiner F. Klemme

Band 201

Kant und Menschenrechte

Herausgegeben von Reza Mosayebi

DE GRUYTER

Gedruckt mit freundlicher Unterstützung der Fritz Thyssen Stiftung für Wissenschaftsförderung.

ISBN 978-3-11-071024-3
e-ISBN (PDF) 978-3-11-057237-7
e-ISBN (EPUB) 978-3-11-057152-3
ISSN 0340-6059

Library of Congress Control Number: 2018938718

Bibliographic information published by the Deutsche Nationalbibliothek
The Deutsche Nationalbibliothek lists this publication in the Deutsche Nationalbibliografie; detailed bibliographic data are available on the Internet at http://dnb.dnb.de.

Dieser Band ist text- und seitenidentisch mit der 2018 erschienenen gebundenen Ausgabe.
Druck und Bindung: CPI books GmbH, Leck

www.degruyter.com

Inhalt

III Kant als Inspiration

Reza Mosayebi

Einleitung

Vorwort

‚Kant und Menschenrechte‘ – als Satzbeginn ließe sich dieser Titel unterschiedlich fortführen. Das ist die Idee, die dem vorliegenden Sammelband zugrunde liegt. In diesem Band sind gleichermaßen aufgenommen Überlegungen dazu, ob und inwiefern man aus Sicht des heutigen Menschenrechtsverständnisses in Kants praktischer Philosophie grundlegende Gedanken, fruchtbare Ideen, Mängel oder gar Gegenthesen feststellen kann; kritische Betrachtungen der aktuellen Menschenrechtsdebatte aus der Perspektive der Philosophie Kants heraus; sowie eigene Theorien der Menschenrechte, die inspiriert sind von seinen Ideen. Es ist nicht das Ziel dieses Sammelbandes ein einheitliches Urteil über das Verhältnis der praktischen Philosophie Kants zu den Menschenrechten im heutigen Sinn zu fällen.

Die Aufsätze in diesem Band sind zum größten Teil aus Vorträgen zur Tagung „Kant und Menschenrechte“ entstanden, die ich im Februar 2015 an der Johannes Gutenberg-Universität Mainz im Erbacher Hof veranstaltet habe. Ziel der Tagung war aus meiner Sicht zweierlei, zum einen den Stellenwert von Kants praktischer Philosophie für das heutige Menschenrechtsverständnis zu ergründen, indem diese sowohl auf ihre Schwierigkeiten wie auch ihr vernachlässigtes Potenzial für die aktuelle Menschenrechtsdebatte hin überprüft wird, zum anderen eine Vielfalt von Kantinterpretationen sowie Konzeptionen der Menschenrechte zu integrieren. Für den deutschsprachigen Raum, aber auch im Hinblick auf die englischsprachige Literatur, ist der vorliegende Sammelband der erste, der direkt dem Verhältnis zwischen Kants praktischer Philosophie und den Menschenrechten gewidmet ist.

Ich möchte mich hier bei den Teilnehmerinnen und Teilnehmern der Tagung – Marcus Düwell, Katrin Flikschuh, Stefan Gosepath, Otfried Höffe, Christoph Horn, Heiner Klemme, Georg Lohmann, Corinna Mieth, Georg Mohr, Andreas Niederberger, Thomas Pogge und Oliver Sensen – bedanken, von denen einige zu diesem Band leider nicht beitragen konnten. Zudem danke ich Christoph Bambauer, Rainer Forst, Henning Hahn und Alessandro Pinzani für zusätzliche, ergänzende Beiträge. Ferner möchte ich mich herzlich für die freundliche Finanzierung der Tagung bei der Fritz-Thyssen-Stiftung sowie bei der „inneruniversitären Forschungsförderung“ der Universität Mainz bedanken. Mein Dank gilt schließlich auch Patrick Jans und Laura

https://doi.org/10.1515/9783110572377-001

Kusch für Hilfe bei der Organisation der Tagung sowie Stephanie Schmitt für die Durchsicht des Manuskripts.

I Kant und Menschenrechte: Probleme einer Verhältnisbestimmung

Eine Verhältnisbestimmung zwischen der Philosophie Kants und den Menschenrechten nach heutigem Verständnis, d.h. so wie man sie üblicherweise frühestens seit dem Ende des zweiten Weltkriegs versteht,[1] ist mindestens mit drei Schwierigkeiten konfrontiert: Eine *erste* Schwierigkeit ist anachronistischer Natur. Eine Reihe historisch außergewöhnlicher Ereignisse hat zur heutigen Bedeutung und Funktion der Menschenrechte derart beigetragen, dass es nicht nur für Kants Philosophie, sondern für jede diesen Ereignissen historisch vorausliegende Theorie unzumutbar wäre, ein Abbild zu einer aktuellen Auffassung der Menschenrechte darzustellen.[2] Stellt man das einmal fest, so hängt eine Verhältnisbestimmung zwischen Kants Philosophie und Menschenrechten unvermeidlich davon ab, wie man nun heute Menschenrechte konzipiert. Damit ist eine *zweite* Schwierigkeit verbunden: Es liegt in der Tat keine einheitliche philosophische *Konzeption* der Menschenrechte vor.[3] Selbst unter den Verteidigern der Menschenrechte herrscht Uneinigkeit darüber, ob und wie Menschenrechte (moralisch) zu rechtfertigen sind, worin sie inhaltlich genau bestehen und wie sie zu realisieren sind.[4] Unterschiedliche Konzeptionen der Menschenrechte beeinflussen die Wahrnehmung des Verhältnisses zwischen Kants praktischer Philosophie

1 Zu unterschiedlichen Analysen hierzu s. etwa Morsink 1999, Glendon 2001 und Moyn 2010.

2 Das Anachronismus-Problem mag selbst auf einen immanenten Vergleich zwischen historisch bedeutenden Menschenrechtsdokumenten zutreffen. Für eine Lesart, die wesentliche Differenzen zwischen dem heutigen Menschenrechtsbegriff und dem Begriff der Anspruchsrechte in *The Virginia Bill of Rights* und *Déclaration des droits de l'homme et du citoyen* sieht, s. Moyn 2010.

3 Nach dem meines Erachtens etwas übertriebenen Urteil Griffins ist selbst die Bedeutung von *Konzept* der Menschenrechte unbestimmt; es sei „nearly criterionless", wann wir den Begriff korrekt bzw. inkorrekt gebrauchen (Griffin 2008, 14–18). Für eine Unterscheidung zwischen Konzeption und Konzept s. Gallie 1957; Rawls 1999a [1971], 5.

4 Auch in der historischen Analyse des heutigen Menschenrechtsverständnisses gehen die Auffassungen auseinander. Während Morsink (2009) den heutigen Begriff der Menschenrechte als direkten Deszendent des Aufklärungsbegriffs der Naturrechte sieht, argumentiert Moyn (2010) für eine historische Diskontinuität. Nach Moyns provokativer These sind Menschenrechte in ihrem aktuellen Sinn weder auf Aufklärungszeit noch auf soziale Bewegungen im 19. Jahrhundert zurückführbar; selbst der Holocaust hat in der Nachkriegszeit keine große Auswirkung auf das heutige Verständnis der Menschenrechte gehabt. Der konzeptuelle Durchbruch für das aktuelle Menschenrechtsverständnis erfolgt nach Moyn erst in den 1970er Jahren.

und Menschenrechten. Eine *dritte* Schwierigkeit ist den Kant-Kenner(inne)n vertraut: Eine adäquate Interpretation von Kants Philosophie selbst. Da Menschenrechte sowohl eine moralische wie eine politisch-rechtliche Seite innehaben, wird eine adäquate Interpretation Kants im Kontext der Menschenrechtsdebatte zusätzlich dadurch erschwert, dass das Verhältnis zwischen Moral- und Rechtsphilosophie Kants selbst kontrovers diskutiert wird.

Was kann man trotz dieser Schwierigkeiten von einem Vergleich zwischen Kants praktischer Philosophie und Menschenrechten erhoffen? Einen Plural der Ansätze, die, wie ich glaube, sowohl für das heutige Verständnis der Menschenrechte wie für die Interpretation der Philosophie Kants fruchtbar ist. Solch ein wünschenswerter Sachverhalt ergibt sich indes nicht aus jeder philosophischen Theorie. Zentrale Begriffe in der Menschenrechtsdebatte, wie Freiheit, Würde, Autonomie und Menschheit, sind zugleich charakteristisch für die praktische Philosophie Kants. Kant nimmt bei fast allen, zum Teil entgegengesetzten philosophischen Positionen auf die eine oder andere Weise die Rolle eines bedeutenden Bezugspunkts ein. Das gilt nicht nur für die moralischen Begründungstheorien, sondern auch für die Vertreter der heute einflussreichen „Politischen Konzeption" der Menschenrechte, die auf eine unmittelbare moralische Rechtfertigung der Menschenrechte verzichten (s. nächster Abschnitt). Kants praktische Philosophie bietet zudem aufgrund ihrer Reichhaltigkeit (man denke nur an *Grundlegung zur Metaphysik der Sitten*)[5] sowie ihres Systemcharakters Potenziale an, die im Zusammenhang mit den aktuellen Themen der Philosophie der Menschenrechte zu untersuchen sind. Andererseits gilt freilich auch, sowohl in systematischer wie in ideengeschichtlicher Hinsicht zu fragen, ob und, wenn ja, inwieweit das heutige Verständnis von Menschenrechten tatsächlich Kant zu verdanken ist. Wie weit lässt sich die verbreitete Meinung, dass Kants Gedanken die angemessensten Kandidaten hinter einer Begründung der Menschenrechte sind, bestätigen?

II Einige Aspekte der Menschenrechte im heutigen Sinn mit Blick auf Kant

Ich befasse mich in diesem Abschnitt nur beschränkt mit der zweiten oben genannten Schwierigkeit, dass keine einheitliche Konzeption der Menschenrechte

5 Um den Wert der *Grundlegung* mit Derek Parfits Worten zu schätzen: „The truth is that, in the cascading fireworks of a mere forty pages, Kant gives us more new and fruitful ideas than all the philosophers of several centuries" (Parfit 2011, 183).

vorliegt. Es ist nicht mein Ziel hier eine Typologie oder einen Überblick aktueller philosophischer Theorien der Menschenrechte zu präsentieren. Es gibt diverse Möglichkeiten, diese Theorien einzuordnen, aber auch Ansätze, die eine Einordung nicht ohne Weiteres zulassen.[6]

Zuerst möchte ich auf die faktische Lage der Menschenrechtspraxis eingehen (s. dazu vor allem Beitz 2009). Menschenrechte bilden inzwischen eine globale Sprache, gleichsam eine „ethische lingua franca" (Tasioulas 2007, 75), um unterschiedliche Formen systematischer, gravierender Ungerechtigkeit anzuprangern. Obwohl Ausmaß und Vielfalt der Menschenrechtsverletzungen immens sind und es theoretische Kontroversen um verschiedene Aspekte der Menschenrechte gibt, genießen Menschrechte heute doch einen außerordentlichen Stellenwert. Eine beachtliche Zahl international verabschiedeter, mehr oder weniger rechtskräftiger Erklärungen und Abkommen liegt heute vor, die politisch-rechtlich einen Leitfaden geben, worin Menschenrechte und ihre Verletzungen bestehen. Eine Vielzahl von (staatlichen, zwischenstaatlichen und nichtstaatlichen) Institutionen reagiert mittlerweile auf deren Verletzung global. Und, was noch wichtiger scheint, es gibt global ein mehr oder weniger individuelles Bewusstsein dessen, was die Idee (mancher würde sagen der Konzept) der Menschenrechte zu bedeuten hat. Unser Urteil über die beklagenswerte Realitätslage der Menschenrechte ist gerade eine Konsequenz dieses Bewusstseins, eine Folge dessen, dass dank der Sprache der Menschenrechte „die Rechtsverletzung an einem Platz der Erde an allen gefühlt wird" (ZeF, AA 08: 360), um es mit Kant zu formulieren.

Für die heutige Menschenrechtspraxis haben prominente Menschenrechtsdokumente, etwa die *Allgemeine Erklärung der Menschenrechte* (AEMR) und der UN-Zivil- und UN-Sozialpakt[7] eine führende Rolle gespielt. Philosophischen Konzeptionen der Menschenrechterechte obliegt daher die doppelte Aufgabe, diesen Dokumenten gegenüber einerseits soweit wie möglich Treue zu zeigen (das nennt John Tasioulas *fidelity desideratum*), andererseits aber nicht unkritisch zu bleiben. Man darf nicht vergessen, dass sie zu einem beachtlichen Teil angetrie-

---

6 In den letzten Jahren erfährt die Philosophie der Menschenrechte vornehmlich in der englischsprachigen Literatur eine intensive „Wiederentdeckung". Um ein paar Beispiele zu nennen: Sen 2004; Talbott 2005; Nickel ²2007; Tasioulas 2007, 2010; Pogge ²2008; Griffin 2008; Beitz 2009; Buchanan 2010, 2013; Raz 2010; Wellman 2011; Ernst/Heilinger (Ed.) 2012; McCrudden (Ed.) ²2014; Cruft/Liao/Renzo (Ed.) 2015; Etinson (Ed.) (im Erscheinen). Zur deutschsprachigen Literatur der letzten zwei Jahrzehnte s. etwa Höffe 1992, 1996, ²2002; Gosepath/Lohmann (Hg.) 1998; Bielefeldt 1998; Habermas ⁴1998, 2010; Lohmann et al. 2005; Forst 2007; Menke/Pollmann ²2008; Lohmann 2010; weiter etwa Sandkühler (Hg.) 2009; Ernst/Sellmaier (Hg.) 2010; Pollmann/Lohmann (Hg.) 2012; Bornmüller/Hoffmann/Pollmann 2013.

7 Gemeint sind der *Internationale Pakt über bürgerliche und politische Rechte* und der *Internationale Pakt über wirtschaftliche, soziale und kulturelle Rechte* (1966/1976 in Kraft getreten).

ben durch pragmatische Ziele zustande gekommen sind (s. Glendon 2001; Morsink 1999, 281 ff.; Maritain ^{2}2007 [1947]) und nicht immer eine philosophische Stringenz aufweisen. Kurz gesagt sind diese Dokumente, mit Rawls gesprochen, als „vorläufige Fixpunkte" („provisional fixed points") anzusehen. Sie sind Fixpunkte, weil es nicht klar ist, wo sonst eine Philosophie der Menschenrechte beginnen soll. Sie sind *vorläufige* Fixpunkte, da sie nicht kritikimmun und unveränderbar sind.[8] Die heutige Bedeutung von Menschenrechten ist jedenfalls, wenn auch nicht dogmatisch, im Lichte der prominenten Menschenrechtsdokumente als eines entscheidenden Teils der Menschenrechtspraxis zu erfassen.

In der Menschenrechtspraxis ist nun eine *Funktion* der Menschenrechte entstanden, welche bei einer Reihe aktuell einflussreicher Theorien, der sogenannten „Politischen Konzeption" („political conception") der Menschenrechte, selbst zum konstitutiven Element ihrer *Bedeutung* erhoben wird. In philosophischen Theorien der Menschenrechte bezeichnet man diejenige Theorienfamilie als Politische Konzeption, welche – größtenteils unter Rawls' Einfluss (1999b, 1996) – die Menschenrechte im Bereich des Völkerrechts ansiedelt und sie grundsätzlich nach einer Funktion („functional role") definiert, die sie hauptsächlich in zwischenstaatlichen Beziehungen spielen (sollen): als *Menschenrechte* gelten (moralische) Rechte nur dann, wenn sie als die (anfechtbare) Bedingung fungieren, unter der die Souveränität bzw. innere Autonomie eines Staates eingeschränkt wird (Rawls 1999b, § 10; Raz 2010, 327 ff.; Beitz 2009, Ch. 5–6). Nach der Politischen Konzeption sind Menschenrechte politische Bedingungen für eine etwaige gerechtfertigte (ob militärische oder nicht-militärische) Intervention kompetenter internationaler Akteure. Abgesehen von diesem funktional-legalen Merkmal lassen sich die Varianten der Politischen Konzeption auch dadurch kennzeichnen, dass sie auf eine unmittelbare moralische Rechtfertigung der Menschenrechte verzichten; sie halten eine solche Rechtfertigung für unerwünscht, unnötig, im Grunde nicht möglich oder angesichts des Pluralismus der Weltanschauungen sogar für moralisch unerlaubt (vgl. Cohen 2004; Beitz ^{2}2007, 631–634; Baynes 2009 und Liao/Etinson 2012). Manche Vertreter der Politischen Konzeption erkennen zudem explizit eine innerstaatliche, legitimatorische Funktion der Menschenrechte als integralen Teil ihrer heutigen Bedeutung an. Nach dieser Auffassung, die allerdings ebenso von moralischen Theorien, die Kritik an der Politischen Konzeption der Menschenrechte üben, mit Emphase vertreten wird, gilt die Achtung der Menschenrechte als notwendige Bedingung der Legitimität des Staats gegenüber eigenen Bürger(inne)n (s. Forst und Höffe in diesem Band).

---

8 Man denke exemplarisch an den umstrittenen Artikel 24 der AEMR (das Menschenrecht auf regelmäßigen bezahlten Urlaub).

Die externe souveränitätseinschränkende Funktion, die die Menschenrechte erfüllen (sollen), ist in Anbetracht der Historie des Völkerrechts ein Novum. Denn die Idee dahinter ist, dass dem Prinzip der Staatssouveränität, welches das Völkerrecht, wenn man den Westfälischen Friedensvertrag 1648 zum Ausgangspunkt nimmt, über drei Jahrhunderte beherrschte, der Rang des obersten Prinzips abgesprochen wird – Menschenrechte können dieses völkerrechtliche Prinzip übertrumpfen. Es ist schwer vorzustellen, dass eine Theorie, die *für* Menschenrechte argumentiert, ob sie nun diese Funktion zum notwendigen Element ihrer Bedeutung macht oder nicht,[9] sinnvollerweise die obige Idee und ebenso wenig die innerstaatliche, legitimatorische Funktion der Menschenrechte bestreiten kann.

Hier scheint nun das heutige Verständnis von Menschenrechten von traditionellen Moral- und Rechtstheorien tatsächlich abzuweichen. Bezogen auf Kant mag ein Vergleich zwischen seiner Rechtsphilosophie und Menschenrechten sowohl angesichts der völkerrechtlichen Funktion der Menschenrechte wie auch im Hinblick auf deren innerstaatliche, legitimatorische Funktion keine guten Aussichten haben (s. Gosepath und Horn in diesem Band).

Die Vertreter der Politischen Menschenrechtskonzeption grenzen sich oft von gewissen Theorien ab, die sie als „naturalistisch“ (bezugnehmend auf Naturrechte), „orthodox“, „traditionell“ oder einfach „moralisch“ bezeichnen. Das sind freilich vage Bezeichnungen, die eine Reihe von unterschiedlichen, sogar teilweise kontroversen Ansätzen zusammenwerfen. Man könnte meinen, dass mit dieser Gegenüberstellung auf Theorien angespielt wird, die im Unterschied zur Politischen Konzeption die externe, souveränitätseinschränkende Funktion der Menschenrechte nicht als ein konstitutives Element ihrer Bedeutung betrachten und eine direkte moralische Rechtfertigung von Menschenrechten für nötig halten.[10] Bei näherer Betrachtung stellt man allerdings fest, dass sich die Vertreter der Politischen Konzeption öfter von jenen moralischen Theorien abgrenzen möchten, die die Menschenrechte in Verbindung mit traditionellen Naturrechten stellen.

Diese sind Theorien, die in ihrem Verständnis von der Rechtskomponente der ‚Menschenrechte‘ typischerweise von der Pflichtentheorie der neuzeitlichen Na-

---

9 Wenn man die souveränitätseinschränkenden Funktionen der Menschenrechte zum konstitutiven Element ihrer Bedeutung macht, ergibt sich die Schwierigkeit, dass keine vor der Entstehung dieser Funktion geschehenen Ungerechtigkeiten als *Menschenrecht*sverletzungen wahrgenommen werden können.

10 Zum Verhältnis von Politischer Menschenrechtskonzeption und moralischen Theorien der Menschenrechte s. Liao/Etinson 2012 und Etinson (im Erscheinen).

turrechtslehre[11] geprägt sind (etwa O'Neill 1996, Ch. 5; 2005; vgl. Finnis 1980, VIII.4,7; Frankena 1952, 193 und „general rights" in Hart 1955). In ihrer radikalen Version sehen sie die Menschenrechte als nichts anderes als das heutige Idiom für die traditionellen Naturrechte an (etwa Cranston 1973, 65–71; 1983; die sog. (Rechts-)Libertarier). Der heutige Begriff der Menschenrechte ist aus der Sicht dieser moralischen Auffassung der Menschenrechte substanziell äquivalent zu dem Begriff der Naturrechte (s. etwa Tasioulas 2015, 293). Eine andere Variante setzt zwar Menschenrechte nicht einfach mit den traditionellen Naturrechten gleich, doch gewisse Grundmomente neuzeitlicher Pflichtentheorie voraus (s. etwa Höffe 1996, Kap. 3; Pogge 2005 und ^{2}2008, 132; vgl. Tasioulas 2010, 656 ff.).[12] Für beide Varianten sind, trotz aller Unterschiede, aufgrund der Korrelation zwischen Rechten (im Hohfeldschen Sinn von claims) und Pflichten gewisse feste Pflichteigenschaften für die inhaltliche Bestimmung der Menschenrechte mehr oder weniger entscheidend: Die Schuldigkeit, die Bestimmtheit und die aus diesen beiden resultierende, äußerliche Erzwingbarkeit der mit den Menschenrechten korrespondierenden Pflichten.[13]

Es liegt auf der Hand, dass solch eine Konzeption der Menschenrechte nicht nur mit Kant sympathisieren kann, sondern auch ihn, zumindest angesichts einiger Aspekte seiner Pflichtentheorie, als eine der wichtigsten historischen Figuren erachten kann. Doch hier mag wiederum ein Problem vorliegen, sowohl für die radikale Variante moderner Versionen der Naturrechtslehre wie auch für eine direkte Verknüpfung von Kants Pflichtentheorie mit den Menschenrechten nach heutigem Verständnis, denn in beiden Fällen erkennt man gerade aufgrund dessen, dass sich die Naturrechte (oder Vernunftrechte) in der Regel durch ihre Entsprechung mit der Klasse der vollkommenen, negativen Pflichten identifizieren lassen, allein die sogenannten (negativen) „Freiheitsrechte" als wahre Men-

---

11 Charakteristisch für diese Lehren ist eine mehr oder weniger strenge Zweiteilung der Pflichten in die schuldigen (vollkommenen oder auch negativ genannten) und die verdienstlichten (unvollkommenen oder auch positiven) Pflichten. In der neuzeitlichen Naturrechtstradition diente diese Zweiteilung der Abgrenzung der Naturrechtslehre von der Sittenlehre (Tugendlehre).

12 Während manche Vertreter der Naturrechtsauffassung der Menschenrechte moralische Realisten sind (Morsink 2009, 58, 102) bzw. nahe legen, dass sie es sind (Tasioulas ^{2}2014, 293), muss dies nicht für alle von der Naturrechtstradition geprägten Theorien gelten.

13 Durch eine feste Kombination dieser Pflichteigenschaften ließen sich in der neuzeitlichen Pflichtentheorie gewöhnlich die Naturrechte identifizieren, auch wenn es durchaus Abweichungen gab (Mendelssohn etwa war der Meinung, dass die positiven, unvollkommenen Pflichten in erzwingbare Pflichten übergehen können, 1968 [1784], 277). Des Weiteren vertritt Kant mit seinen „vollkommenen Pflichten gegen sich selbst" eine Klasse der schuldigen Pflichten, die äußerlich doch nicht erzwingbar sind. Aktuell argumentiert etwa Pogge dafür, dass eine positive Pflicht streng (sc. vollkommen), jedoch äußerlich nicht erzwingbar sein kann (2005).

schenrechte an. Die radikale Variante moderner Naturrechtstheorien zweifelt somit den universalen Rechtsstatus einer beträchtlichen Anzahl der bereits in internationalen Erklärungen und Pakten als Menschenrechte verabschiedeten Rechte an.[14] „Menschenrechte", welche positive Pflichten erzeugen (das sind vor allem sozio-ökonomische und kulturelle Rechte; s. Artikel 22–27 der AEMR und UN-Sozialpakt 1966/1976), leiden – so ein gängiges Argument der Vertreter dieser Auffassung – unter einer doppelten Unbestimmtheit hinsichtlich des Inhalts der ihnen entsprechenden Pflicht und hinsichtlich dessen, wer genau der Pflichtträger ist. Hieraus ergibt sich ein Mangel an faktisch universaler Einklagbarkeit, was dazu führt, dass diesen angeblichen „Menschenrechten" eben ein universaler Rechtsstatus abgesprochen wird (s. Cranston 1983, 6 ff.; vgl. O'Neill 1996, 128–136; 2005, 430 f.; für eine Problematisierung s. Tasioulas 2002, 86 ff. und 2007, 76).[15] Damit sind aber diese Theorien und prima facie auch Kants Pflichtentheorie, so ein üblicher Einwand, nicht in der Lage, dem heutigen Verständnis der Menschenrechte gerecht zu werden (s. Mieth/Bambauer in diesem Band).

Es gibt allerdings einerseits Varianten der Naturrechtskonzeption der Menschenrechte, die dieses Problem vermeiden. Eine Möglichkeit besteht darin, die Menschenrechte auf einem Plural der aufeinander irreduziblen, auch sozio-ökonomischen *Interessen* zu gründen, welche unter gewissen Bedingungen schuldige (ob negative oder positive) und erzwingbare Pflichten erzeugen (Tasioulas ^{2}2014). Andererseits gibt es auch Ansätze, die zwar die Einsichten der Politischen Konzeption der Menschenrechte ernst nehmen, zugleich aber eine direkte moralische Rechtfertigung der Menschenrechte für erforderlich halten. Ein hybrider Ansatz, welcher dem international legalen Aspekt der Menschenrechte ähnlich wie die Politische Menschenrechtskonzeption eine normative Relevanz sui generis beimisst und auch direkt mit einer moralischen, wert-pluralistischen Rechtfertigung der Menschenrechte befasst ist, findet sich etwa bei Allen Buchanan (2013, Ch. 2).[16] Bei beiden Theorien sind zwar bruchstückhafte Bezugnahmen auf Gedanken Kants zu erkennen, etwa auf die Selbstzweckhaftigkeit vernünftiger Na-

---

14 Es sei erwähnt, dass die Einschränkung, welche die Politische Menschenrechtskonzeption in Bezug auf die moralische *Rechtfertigung* der Menschenrechte macht, bei manchen ihrer Varianten auch zu einer Einschränkung des *Inhalts* der Menschenrechte, einer Reduktion des Umfangs der Liste der Menschenrechte führt (s. etwa Rawls 1999b, § 10; kritisch dazu Donnelly 1989, 39; Buchanan 2006, 151; Griffin 2008, 24; zu diesen zwei Formen des rechtfertigenden und des inhaltlichen „Minimalismus" bezüglich der Menschenrechte s. Cohen 2004, 192 f.).

15 Die Verknüpfung der Menschenrechte mit den neuzeitlichen Pflichteigenschaften hat in der Literatur intensive Debatten ausgelöst, s. bereits Shue 1980, I.2; Ashford 2006 und Mieth 2012.

16 Unter den pluralistischen Ansätzen sei hier, da es außerhalb des Kontextes meiner Ausführungen liegt, lediglich auf die „capabilities approach", die in zahlreichen Schriften von Amartya Sen und Martha Nussbaum verteidigt wird, hingewiesen.

tur, Autonomie oder Würde (Buchanan 2013, 137; Tasioulas ^{2}2014, 304–312), tiefgreifende systematische Verbindungen mit Kants Moral- und Rechtsphilosophie fehlen aber.

III Kant und Menschenrechte? Das Für und Wider

Das ist natürlich nicht alles, was man zum Verhältnis der Philosophie Kants zu Menschenrechten sagen kann. Zum einen scheinen Kants Ideen – wenn auch losgelöst von ihrem Gesamtsystem – für den Menschenrechtsdiskurs doch eine unverzichtbare oder fruchtbare Rolle zu spielen. Zum anderen mögen sie aber auch eine noch größere Diskrepanz zum heutigen Menschenrechtsverständnis aufweisen als man vermutet. In diesem Abschnitt befasse ich mich skizzenhaft mit beiden Möglichkeiten.

In den beiden Präambeln von UN-Zivil- und Sozialpakt findet sich der Satz, „dass sich diese Rechte [Menschenrechte] aus der dem Menschen innewohnenden Würde herleiten". In der Literatur über den Stellenwert der Menschenwürde für Menschenrechte wird oft mit Rekurs auf diesen Satz über eine sogenannte fundierende Rolle („foundational role") der Würde für alle Menschenrechte diskutiert.[17] In der *Grundlegung* sowie in der *Tugendlehre* spielt der Begriff der Würde bzw. des inneren Werts der Menschheit – im Sinne einer vernünftigen Natur, nicht der Gattung – sowohl bei der Begründung des Moralprinzips wie bei der Konkretisierung mancher Pflichten, ob gegen sich selbst oder Mitmenschen, eine entscheidende Rolle (s. etwa GMS, AA 04: 434 f.; TL, AA 06: § 11). Kann aber dem Kantischen Würdebegriff eine fundierende Rolle für Menschenrechte zugewiesen werden (s. Niederberger und Sensen in diesem Band)? Eine Beantwortung der

17 Im Gegensatz zu diesen Präambeln ist die Rolle der Würde in der Präambel und dem Artikel 1 der AEMR nicht leicht zu ermitteln. In beiden Passagen scheinen die Menschenwürde und Menschenrechte geltungstheoretisch ebenbürtig zu sein (Präambel: „die Anerkennung der angeborenen Würde *und* der gleichen und unveräußerlichen Rechte aller Mitglieder der Gemeinschaft der Menschen [bildet] die Grundlage von Freiheit, Gerechtigkeit und Frieden in der Welt"; Artikel 1: „Alle Menschen sind frei und gleich an Würde *und* Rechten geboren"; Hv. R.M.). Angesichts der sogenannten fundierenden Rolle der Würde für Menschenrechte ist ein weiterer Satz in der Präambel der AEMR noch irritierender: „die Völker der Vereinten Nationen in der Charta [haben] ihren Glauben an die grundlegenden Menschenrechte, an die Würde und den Wert der menschlichen Person und an die Gleichberechtigung von Mann und Frau [beschlossen]", wo Menschenrechte, Menschenwürde, Wert der menschlichen Person und andere gleiche Rechte von Frauen und Männern aneinandergereiht, aber in kein bestimmtes Geltungsverhältnis zueinander gesetzt werden. Für eine ausführliche Analyse der Gebrauchsweisen des Würdebegriffs in den Menschenrechtsdokumenten s. McCrudden 2008, 664–675.

Frage steht vor zwei der Schwierigkeiten, die ich in Abschnitt I erwähnt habe: Zum einen wird von manchen Theoretikern bestritten, dass der Würdebegriff eine fundierende oder überhaupt irgendeine nötige Rolle in moralischen Überlegungen und somit in einer Theorie der Menschenrechte spielt (s. Pinker 2008; Rosen 2012, 157 f.).[18] Zum anderen scheint eine adäquate Interpretation der Bedeutung und des Stellenwertes der Würde innerhalb Kants praktischer Philosophie kontrovers zu sein (für einen umfassenden Ansatz s. Sensen 2011).[19]

Doch Kant selbst führt seinen Würdebegriff auf die Eigenschaft der Autonomie, d. h. auf die aktive, gesetzgebende Seite einer vernünftigen und zugleich sinnlich bedingten Natur, zurück (GMS, AA 04: 436; s. Sensen in diesem Band). Wie steht es aber um eine fundierende Rolle des Kantischen Autonomiebegriffs für Menschenrechte? In den philosophischen Ansätzen zur Begründung der Menschenrechte, ebenso in prominenten Menschenrechtsdokumenten (s. etwa UN-Zivilpakt Artikel 1 und 8), nimmt Autonomie (Selbstbestimmung) jedenfalls eine zentrale Rolle ein. In einer der aktuell meist diskutierten Begründungstheorien der Menschenrechte, entwickelt von James Griffin, ist Autonomie eine Grundlage menschlicher normativer Handlungsfähigkeit („normative agency", was Griffin auch „personhood" nennt), die wiederum die notwendige und hinreichende normative Basis aller Menschenrechte ist. Nach Griffin sind Menschenrechte nichts anderes als Schutz und Förderung der normativen Handlungsfähigkeit und gerade darin unterscheiden sie sich auch von anderen moralischen Ansprüchen (Griffin 2008, Ch. 2). Doch während Kants Konzeption der Autonomie bekanntlich moralisch geprägt ist, indem sie die Selbstbestimmung nur bzw. letztendlich in Verbindung mit dem moralischen Gesetz betrachtet, nimmt Griffin nur einen „bescheidenen" Begriff in Anspruch, wonach die Autonomie in der Fähigkeit besteht, seinen eigenen Weg durchs Leben zu wählen („choose one's own path through life" 2008, 33; ein autonomes Wesen ist nach Griffin einfach ein „self-decider", 2008, 46). Aber selbst dieser bescheidene Begriff der Autonomie ist Gegenstand vielfacher Kritik, wenn er als (einzige) Grundlage aller Menschenrechte erachtet wird (s. exemplarisch Raz 2010 und

---

18 Bereits Schopenhauer schreibt in seiner Preisschrift: „Allein dieser Ausdruck „WÜRDE DES MENSCHEN" ein Mal von KANT ausgesprochen, wurde nachher das Schiboleth aller rath- und gedankenlosen Moralisten, die ihren Mangel an einer wirklichen, oder wenigstens doch irgend etwas sagenden Grundlage der Moral hinter jenen imponirenden Ausdruck „WÜRDE DES MENSCHEN" versteckten, klug darauf rechnend, daß auch ihr Leser sich gern mit einer solche[n] WÜRDE angethan sehen und demnach damit zufrieden gestellt seyn würde." (2007 [1840], 64 f. s. auch 93).

19 Dazu z. B., dass ‚Würde' keine primäre Rolle in Kants Rechtslehre spielt s. Klemme 2013, 50 und auch Niederberger in diesem Band.

Tasioulas ²2014, 302f.). Bei Kants engem bzw. zu forderndem Autonomiebegriff scheint daher mit noch weniger Resonanz zu rechnen zu sein.

Im *Zweiten Abschnitt* der *Grundlegung* stehen die Autonomie und zwei weitere Gedanken der Selbstzweckhaftigkeit vernünftiger Natur und des Reichs der Zwecke in einem solchen Verhältnis wechselseitiger Referenz, dass man sogar eine Form des kohärentistischen Begründungsmodells des Kategorischen Imperativs verteidigen könnte.[20] Alle drei Begriffe untermauern die Idee eines von kontingenten Eigenschaften unabhängigen und von Trade-offs ausgenommenen normativen Status einer Person. Der moderne Begriff der Menschenrechte wäre ohne diese Idee unvorstellbar (vgl. Artikel 2 der AEMR), auch wenn sie keine hinreichende Bedingung zur Differenzierung der Menschenrechte von anderen moralischen Ansprüchen enthält oder nicht reichhaltig genug ist, um daraus einen Plural der Menschenrechte zu entwickeln. Es ist daher ein Verdienst Kants, drei jeweils mächtige und in einem Unterstützungsverhältnis zueinander stehende Gedanken zur Rechtfertigung dieser notwendigen Konstituente des Menschenrechtsbegriffs bereitzustellen.

Ein weiterer Gedanke Kants, der in jüngster Zeit im Kontext der Menschenrechte kontrovers diskutiert wird, ist das angeborene Recht auf äußere Freiheit (s. Forst, Gosepath, Höffe, Horn, Mohr und Pinzani in diesem Band).[21] In der *Rechtslehre* eröffnet Kant eine neue Seite des seiner praktischen Philosophie zu Grunde liegenden Begriffs: Freiheit wird im Unterschied zu den ethischen Grundlagenschriften (*Grundlegung* und der zweiten *Kritik*) nicht als Unabhängigkeit von der Sinnlichkeit, sondern als „Unabhängigkeit von eines Anderen nöthigender Willkür" betrachtet. Diese Freiheit erhält den Status eines ursprünglichen – d.h. angeborenen, also nicht erwerblichen –, einzigen Rechts, welches jedes menschliche Subjekt besitzt, „sofern sie mit jedes Anderen Freiheit nach einem allgemeinen Gesetz zusammen bestehen kann" (vgl. Allgemeines Prinzip des Rechts, RL, AA 06: § C).[22] Für die heutige Debatte der Menschenrechte weist das einzige angeborene Freiheitsrecht drei attraktive Aspekte auf, von denen einer zugleich für Skepsis sorgt. Der erste Aspekt besteht darin, dass das einzig angeborene Recht nach Kant ein Freiheitsrecht ist. Zweitens wird die Freiheit dabei grundsätzlich im Kontext zwischenmenschlicher Machtverhältnisse definiert („Unabhängigkeit von eines Anderen nöthigender Willkür") (vgl. Forst und Niederberger in diesem Band). Der dritte, zugleich attraktive und problematische Aspekt besteht in der Singularität dieses Rechts, auch wenn es nach Kant vier

20 S. Mosayebi 2013, 54–56.

21 Exemplarisch für zwei entgegengesetzte Auffassungen des Verhältnisses dieses Rechts zu Menschenrechten im heutigen Sinn s. Höffe 2012, Kap. 14 und Flikschuh 2015, 656f., 661–663.

22 Zum angeborenen Freiheitsrecht s. Klemme 2001

folgenreiche Implikate hat (RL, AA 06: 237 f.; s. Höffe in diesem Band).[23] Was diese Eigenschaft des angeborenen Freiheitsrechts attraktiv macht, ist der folgende Sachverhalt: Menschenrechte existieren im Plural und die theoretische Gewährleistung einer kohärenten Binnenstruktur der Menschenrechte angesichts ihrer jeweiligen normativen Stellung und Realisierung, also die Lösung des Problems des Verhältnisses der Menschenrechte zueinander in Konfliktfällen, gilt als eine unumgängliche Herausforderung für jede Theorie der Menschenrechte. Während die Theorien, die die Menschenrechte monozentrisch rechtfertigen, d. h. sie alle auf einer einzigen normativen Basis gründen (s. Forst in diesem Band), in der Regel ein einfacheres Verfahren zur Lösung möglicher bzw. angeblicher Konfliktfälle nötig haben (etwa eine hierarchische Ableitungsbeziehung oder lexikalische Ordnung), scheinen die Theorien, die die Menschenrechte polyzentrisch, auf aufeinander irreduziblen Basen, gründen, komplexere Verfahren entwickeln zu müssen. Wenn man beispielsweise die sogenannte „Unteilbarkeit" verschiedener Klassen der Menschenrechte vertritt,[24] scheint es eine größere Herausforderung zu sein, in Konfliktfällen die normative Stellung und die vorzuziehende Realisierung gleichberechtigter Klassen der Menschenrechte zu bestimmen. Andererseits aber mag ein Vergleich zwischen der Singularität des Kantischen angeborenen Freiheitsrechts und dem Inhalt der Menschenrechtsdokumente eher zuungunsten Kants ausfallen. Denn diese Dokumente sind *Kataloge* unterschiedlicher, für manche gar inkommensurabler Güter, welche die Gegenstände der Menschenrechte ausmachen.[25] Das singuläre angeborene Freiheitsrecht ist jedoch, so ein möglicher Einwand, zu inhaltsarm, um als Grundlage eines Katalogs der Rechte zu taugen (s. Horn, Gosepath und Lohmann und vgl. Höffe in diesem Band).

Ausgerechnet einige Gedanken aus Kants Rechtsphilosophie scheinen nun vehement dagegen zu sprechen, Kants praktische Philosophie mit dem heutigen Verständnis der Menschenrechte in Verbindung zu bringen.[26] Darüber hinaus erwecken sie, hat man Kants Moralphilosophie vor Augen, teilweise den Eindruck, als sei Kant selbst dabei kein Kantianer. Vieles deutet z. B. darauf hin, dass Kant in seiner Strafrechtstheorie ein strenges „Wiedervergeltungsrecht (*ius talionis*)" vertritt. In der *Rechtslehre* heißt es etwa: „Selbst wenn sich die bürgerliche

---

23 Daher verwendet Kant z. B. im *Zweiten Abschnitt* der *Friedensschrift* das angeborene Recht im Plural (ZeF, AA 08: 350.Anm.). Vgl. auch Horn 2014, 114 ff.

24 S. dazu Lohmann et al. 2005.

25 Es gibt sowohl unterschiedliche Listen der Menschenrechte wie unterschiedliche Einteilungskriterien für die in ihnen enthaltenen Menschenrechte. Zur Klassifizierung der Menschenrechte s. Lohmann 2012.

26 S. dazu Horn 2014, Kap. 2.1–2.

Gesellschaft mit aller Glieder Einstimmung auflösete [...], müßte der letzte im Gefängnis befindliche Mörder vorher hingerichtet werden, damit jedermann das widerfahre, was seine Thaten werth sind" (RL, AA 06: 333). Diese Haltung zur Todesstrafe scheint aber in Konflikt mit der für das heutige Menschenrechtsverständnis entscheidenden und wiederum auch Kant selbst beigemessenen Haltung zur Unantastbarkeit und Unveräußerlichkeit des Status der Person und den hieraus resultierenden Rechten zu stehen.[27]

Überraschend sind Kants Qualifikationsbedingungen zur „bürgerlichen Selbständigkeit" bzw. „bürgerlichen Persönlichkeit", also dazu, wann jemandem überhaupt der Status eines Staatsbürgers im aktiven Sinne – eines „Glied[s]" im Unterschied zu einem bloßen „Teil des gemeinen Wesens" (im *Gemeinspruch:* eines Bürgers im Unterschied zum „Unterthan") – beigemessen wird; derjenige müsste „irgendein Eigentum" haben, „kein Weib" sein usw. (s. RL, AA 06: 314 f.; TP, AA 08: 295).[28] Das sind aber Bedingungen, die unserem heutigen Verständnis von bürgerlichen und politischen Menschenrechten widersprechen.

Des Weiteren scheint Kants radikale Zurückweisung eines rechtmäßigen, aktiven Widerstands gegenüber einer bestehenden Rechtsordnung menschenrechtlich problematisch zu sein. Kant argumentiert, dass eine bestehende Rechtsordnung, welche per definitionem die „höchste Gesetzgebung" besitzt, sich selbst widerspräche, wäre ein Volkswiderstand rechtmäßig: „Denn um zu demselben befugt zu sein, müßte ein öffentliches Gesetz vorhanden sein, welches diesen Widerstand des Volks erlaubte, d. i. die oberste Gesetzgebung enthielte eine Bestimmung in sich, nicht die oberste zu sein" (RL, AA 06: 320; s. auch TP, AA 08: 299 f.). Kants Auffassung scheint damit auf der innerstaatlichen Ebene die Menschenrechte abzuschwächen, da deren Verletzung heute als Maßstab eines inneren Legitimitätsverlustes des Staates und seitens der menschenrechtlich Verletzten als Berechtigung des inneren Widerstandes angesehen wird (die innerstaatliche, legitimatorische Funktion der Menschenrechte). Auch auf völkerrechtlicher Ebene liegt es nahe, Kant eine kompromisslose Loyalität zum Sou-

---

27 So bestreitet Kant selbst beispielsweise in der Tafel zur „Eintheilung nach dem subjectiven Verhältniß der Verpflichtenden und Verpflichteten" der *Rechtslehre*, dass es verpflichtungsfähige Wesen gebe, die „keine Rechte" hätten, indem er diese Möglichkeit als „*Vacat*" bezeichnet (RL, AA 06: 241). Außerdem beachte man, dass vor Kant bei den Juristen ‚homo' meistens für Sklaven, im Unterschied zur ‚Person' für Freie, verwendet wurde (Spaemann 1996, 32). Kant nimmt gerade dieses Wort in Anspruch, um die nicht graduierbar gleiche, übersinnliche, und gerade deshalb unantastbare Seite aller Menschen zu bezeichnen – *homo noumenon.*

28 Aufgrund einer problematischen Arbeitstheorie schreibt Kant: „Der Hausbediente, der Ladendiener, der Taglöhner, selbst der Friseur sind bloß *operarii*, nicht *artifices* (in weiterer Bedeutung des Worts) und nicht Staatsglieder, mithin auch nicht Bürger zu sein qualificirt." (TP, AA 08: 295.Anm.).

veränitätsprinzip zuzuschreiben (vgl. etwa ZeF, AA 08: 355–357).[29] Die jahrhundertelange Beherrschung des Völkerrechts durch das Souveränitätsprinzip wird indes gerade durch die Menschenrechte herausgefordert (vgl. die Politische Menschenrechtskonzeption in Abschnitt II; s. Gosepath in diesem Band).

Nicht zuletzt leitet Kant zwar seinen Begriff des Weltbürgerrechts aufgrund der Unvermeidlichkeit der wechselseitigen zwischenmenschlichen Einflussnahme aus der Vernunft selbst her und sieht dessen Verrechtlichung in Form einer Weltrepublik als die höchste Stufe der Rechtsordnung (Zef, AA 08: 349.Anm) an,[30] doch ersetzt er unter anderem angesichts des völkerrechtlich vorherrschenden Staatssouveränitätsprinzips zum einen die Idee einer Weltrepublik durch den friedensfunktionalen Bund der republikanischen Staaten („das negative Surrogat“) und schränkt zum anderen das Weltbürgerrecht auf „Bedingungen allgemeiner Hospitalität“, d. h. auf ein globales „Besuchsrecht“ (Zef, AA 08: 355–357) ein, welches jedenfalls kein „Recht der Ansiedlung auf dem Boden eines anderen Volks“ ist (RL, AA 06: 353). Vieles deutet zwar darauf hin, dass Kants Idee des globalen Besuchsrechts, das jeder einzelnen Person als Rechtsträger gegenüber fremden Staaten zusteht, ein hoffungsvoller Kompromiss[31] zur Annäherung an die Realisierung des vernunftgebotenen Kosmopolitismus ist (s. Hahn in diesem Band). Was aber aus dieser Einschränkung des Weltbürgerrechts im Vergleich zum heutigen Verständnis der Menschenrechte übrig bleibt, ist recht gering: Der besuchte, fremde Staat kann den Besucher dennoch „abweisen, wenn es ohne seinen Untergang geschehen kann“ (Zef, AA 08: 358). Die einschränkende Bedingung ‚ohne seinen Untergang‘ ist menschenrechtlich äußerst vage; sie kann trotz der Verletzung einer Reihe der Menschenrechte standhalten. Die Staatsautorität scheint also die individuellen subjektiven Rechte übertrumpfen zu können (s. Gosepath und Pinzani in diesem Band).

Es ist allerdings noch fraglich, ob das Potenzial von Kants praktischer Philosophie für die heutige Menschenrechtsdebatte ausgeschöpft ist. Im Unterschied zum begrifflichen Gefüge von Selbstzweckhaftigkeit vernünftiger Wesen, Auto-

---

29 Es ist meiner Ansicht nach noch ein offenes Thema innerhalb der Kantforschung, ob Kants Vertretung der Staatssouveränität notwendigerweise mit seiner Konzeption der Republik in Verbindung steht. Wäre dem so, gäbe es für ihn keinen moralischen Grund die Staatssouveränität einzuschränken.

30 „Das Postulat [...]: Alle Menschen, die auf einander wechselseitig einfließen können, müssen zu irgendeiner bürgerlichen Verfassung gehören.“ (ZeF, AA 08: 349.Anm.).

31 „[S]o kann an die Stelle der positiven Idee einer Weltrepublik (*wenn nicht alles verloren werden soll*) nur das negative Surrogat eines den Krieg abwehrenden, bestehenden und sich immer ausbreitenden Bundes den Strom der rechtscheuenden, feindseligen Neigung aufhalten, doch mit beständiger Gefahr ihres Ausbruchs.“ (ZeF, AA 08: 357; Hv. R.M.).

nomie und dem Reich der Zwecke aus der *Grundlegung* erfährt eine Reihe von Gedanken in Kants praktischer Philosophie, die menschenrechtlich relevant sein können, nur selten Beachtung. Im Folgenden werde ich auf einige davon näher eingehen.

In der *Rechtslehre* (und zuvor auch in seinem letzten Ethik-Kolleg aus dem Wintersemester 1793/94) spricht Kant von einem paradox anmutenden „inneren Recht" der Menschheit, welches der Pflicht gegen sich selbst entspricht, „im Verhältniß zu Anderen seinen Werth als den eines Menschen zu behaupten". Diese Selbstpflicht wird anhand der Menschheitsformel des Kategorischen Imperativs auch als ein Verbot von fremder Instrumentalisierung formuliert, welches das Rechtssubjekt gegen sich selbst richtet (RL, AA 06: 236; s. Höffe und Mohr in diesem Band). Kants Gedanke kann in moralischer, wohlgemerkt nicht juridisch erzwingbarer Hinsicht eine neue Perspektive auf die Menschenrechte anbieten, aus der die aktive Rolle der (potenziellen) *Verletzten* der Menschenrechte (Menschenrechtsinhaber) bei der Behauptung ihrer eigenen Menschenrechte geltend gemacht wird (s. Mosayebi in diesem Band).

Zudem sieht Kant in der Abhandlung *Zum ewigen Frieden* (1795), aber auch in *Über den Gemeinspruch* (1793) und *Der Streit der Fakultäten* (1798) im „Republikanism", welcher unserem heutigen Verständnis der repräsentativen Demokratie nahekommt, die einzig vernunftgebotene und somit legitime Regierungsart (ZeF, AA 08: 352). Kant definiert sogar die „äußere (rechtliche) Freiheit" überhaupt darin, „keinen äußeren Gesetzen zu gehorchen, als zu denen ich meine Beistimmung habe geben können" (ZeF, AA 08: 350.Anm.); somit setzt er sie in eine notwendige Beziehung zur politischen Autonomie. Aus heutiger Sicht scheint daher eine Kant-getreue Interpretation auch ein Menschenrecht auf Demokratie verteidigen zu müssen (s. Forst in diesem Band). Derzeit weisen allerdings sowohl viele moralische Ansätze wie die Vertreter der Politischen Konzeption der Menschenrechte ein Menschrecht auf Demokratie zurück.

Ein anderes Beispiel für das Potenzial von Kants praktischer Philosophie für die Menschenrechtsdebatte ist Kants weltbürgerlichem Blick auf das Recht, insbesondere seinem zweistufigen Vertragsmodell zur Errichtung einer globalen Rechtsordnung zu entnehmen. Kant äußert z. B. in der Abhandlung *Idee zu einer allgemeinen Geschichte in weltbürgerlicher Absicht* (1784) folgenden Gedanken: „Das Problem der Errichtung einer vollkommnen bürgerlichen Verfassung ist von dem Problem eines gesetzmäßigen äußeren Staatenverhältnisses abhängig und kann ohne das letztere nicht aufgelöset werden" (IaG, AA 08: 24). Damit scheint Kant ein notwendiges Verhältnis reziproker Verrechtlichungen zwischen der innerstaatlichen, der zwischenstaatlichen und sogar der globalen Ebene herzustellen (vgl. ZeF, AA 08: 349.Anm.),[32] welches sowohl aus menschenrechtlicher Perspektive wie aus der Perspektive der Theorien der globalen Gerechtigkeit hochaktuell ist. Sein Gedanke könnte gegen die Politische Konzeption der Menschenrechte insofern geltend gemacht werden, als diese, indem sie die Menschenrechte hauptsächlich anhand ihrer zwischenstaatlichen Funktion betrachtet, das *Verhältnis* zwischen innerstaatlicher, zwischenstaatlicher und globaler Ebene menschenrechtlich vernachlässigt. Kants Gedanke scheint aber auch im Rahmen der Theorien der globalen Gerechtigkeit gegen sowohl die sogenannten Partikularisten wie auch die Kosmopolitisten zu sprechen, welche entweder die globale oder die nationalstaatliche Dimension vernachlässigen (vgl. exemplarisch Nagel 2005).

Anstelle vieler weiterer Beispiele[33] sei hier noch auf Kants Ansicht zu einem kosmopolitischen „Erziehungsplan" im Dienste des „Weltbesten" hingewiesen (Päd, AA 09: 448), welche für den in den Theorien der Menschenrechte oft unterschätzten Aspekt der *Kultur* der Menschenrechte fruchtbar gemacht werden kann (zu Kultur und Menschenrechten s. Mohr und Mosayebi in diesem Band).

---

32 In der *Friedensschrift* schreibt Kant: „Denn wenn nur einer von diesen [d. h. Staatsbürgerrecht, Völkerrecht und Weltbürgerrecht] im Verhältnisse des physischen Einflusses auf den andern und doch im Naturstande wäre, so würde damit der Zustand des Krieges verbunden sein, von dem befreit zu werden hier eben die Absicht ist." (ZeF, AA 08: 349.Anm.; s. auch RL, AA 06: 311.26–29).

33 Ich möchte hier am Rande kurz auf drei weitere Gedanken in Kants praktischer Philosophie hinweisen, welche im Kontext der Menschenrechte nicht gebührend Beachtung erfahren: Erstens auf die politisch-rechtliche Rolle, die der Begriff ‚Maxime', und somit das Universalisierungsverfahren des Kantischen Moralprinzips, auf *institutioneller* Ebene spielen kann (s. hierzu Mosayebi 2013, 174–176). Im Zusammenhang damit sei zweitens Kants Idee der „Publicität" angedeutet, wonach nur diejenigen politisch-rechtlichen Grundsätze gerecht sind, die „als öffentlich kundbar gedacht werden" können, ohne ihre „Absicht zugleich zu vereiteln" bzw. zu denen man sich „nicht öffentlich bekennen kann, ohne daß dadurch unausbleiblich der Widerstand Aller gegen [den] Vorsatz gereizt werde" (ZeF, AA 08: 381). Es ist nicht schwierig zu sehen, dass menschenrechtswidrige Grundsätze am ehesten durch den Universalisierungstest von Kants „transscendentale[r] Formel des öffentlichen Rechts" („Alle auf das Recht anderer Menschen bezogene Handlungen, deren Maxime sich nicht mit der Publicität verträgt, sind Unrecht", ZeF, AA 08: 381.22–25) disqualifiziert werden. Drittens möchte ich auf die Bedeutung des Instrumentalisierungsverbots der Moral- sowie Rechtsphilosophie Kants für Theorien des gerechten Krieges aufmerksam machen (s. exemplarisch Nagel 1972). Spezifischer in diesem Zusammenhang schreibt Kant, „daß, zum Tödten oder getödtet zu werden in Sold genommen zu sein, einen Gebrauch von Menschen als bloßen Maschinen und Werkzeugen in der Hand eines Andern (des Staats) zu enthalten scheint, der sich nicht wohl mit dem Rechte der Menschheit in unserer eigenen Person vereinigen läßt." (ZeF, AA 08: 345.07–11). Moralische Ansprüche der Soldaten selbst auf diese Weise zu thematisieren, ist eine Idee, die erst in der zweiten Hälfte der 1970er Jahren von Michael Walzer ernst genommen wird ([4]2006 [1977], 25–29; vgl. Walzers Ideen hier auch mit ZeF, AA 08: 351 und SF, AA 07: 91.Anm.).

Zwar scheint Kant hier eine durchgängige Übereinstimmung zwischen dem „Weltbesten" und dem „Privatbesten" zu vertreten,[34] welche durchaus bestritten werden kann, doch fragt sich, ob ein Zustand der Nichtverletzung der Menschenrechte nicht gerade einen minimalen Bereich ausmacht, in dem das „Weltbeste" und das „Privatbeste" tatsächlich zusammenfallen.

Vergleicht man die Fülle der Ideen, die Kants praktische Philosophie zugunsten der Menschenrechte bereitstellt, lässt sich ernsthaft daran zweifeln, dass eine gegenwärtige Aneignung von Kants Ideen für Theorien der Menschenrechte als „one of the great misappropriations in the history of political thought" (Sangiovanni 2015, 689) gilt. Anachronistische Erwartungen, anfechtbare Konzeptionen der Menschenrechte und problematische bzw. unvollständige Interpretationen von Kants Philosophie sind drei Schwierigkeiten, die Ansätzen, welche die Philosophie Kants aus der Menschenrechtsdebatte ausschließen, erheblich mehr Beweislast aufbürden als denen, die Kant weiterhin integrieren.

IV Beiträge des Bandes

Die Beiträge in diesem Band lassen sich grob drei Gruppen zuordnen: Eine erste Gruppe betont eher die Potenziale Kants praktischer Philosophie für die aktuelle Menschenrechtsdebatte und konzentriert sich jeweils auf bestimmte Aspekte seiner Moral- bzw. Rechtsphilosophie, auch wenn diese teilweise nicht unkritisch behandelt werden (Höffe, Mohr, Sensen, Niederberger, Mieth/Bambauer, Hahn und Lohmann) – ich habe als Überschrift für die Beiträge dieser Gruppe unter Vorbehalt dazugehöriger Einschränkungen *Menschenrechte mit Kant* gewählt. Eine zweite Gruppe zweifelt hingegen an der Bedeutung der Rechtsphilosophie und/oder der Moralphilosophie Kants für das heutige Menschenrechtsverständnis (Gosepath, Horn und Pinzani) – die Beiträge dieser Gruppe in diesem Band bezeichne ich wiederum unter Vorbehalt erforderlicher Einschränkungen als *Menschenrechte (auch) ohne Kant*. Schließlich rückt eine dritte Gruppe eher von einer Kant-Exegese ab und entwickelt eigene, aber je unterschiedlich von Kant inspirierte Ansätze (Forst und Mosayebi) – die zwei Beiträge, die unter diese Gruppe fallen, werde ich mit *Kant als Inspiration* betiteln. Aus exegetischer Perspektive betrachtet entwickeln einige Aufsätze neue Lesarten, welche ebenso für die Kantforschung wie für die Menschenrechtsdebatte von Relevanz sind, etwa be-

---

34 „Und ist dann das Weltbeste eine Idee, die uns in unserm Privatbesten kann schädlich sein? Niemals! denn wenn es gleich scheint, daß man bei ihr etwas aufopfern müsse: so befördert man doch nichts desto weniger durch sie immer auch das Beste seines gegenwärtigen Zustandes" (Päd, AA 09: 448).

züglich des inneren Rechts der Menschheit und des angeborenen Freiheitsrechts (Höffe, Horn, Mohr und Pinzani), der Würde (Niederberger und Sensen), des Reichs der Zwecke (Forst und Lohmann), der Pflichtentheorie Kants (Mieth/Bambauer), des privaten Bodenbesitzes (Pinzani) und des globalen Besuchsrechts (Hahn). Insgesamt decken die Beiträge dreierlei Interessen in Bezug auf das Verhältnis zwischen Kant und Menschenrechten ab: wohlwollende und kritische Interpretationen der praktischen Philosophie Kants, sowie ein systematisches Interesse an der Weiterentwicklung von Gedanken Kants für die aktuelle Menschenrechtsdebatte.

Menschenrechte mit Kant (Höffe, Mohr, Sensen, Niederberger, Mieth/Bambauer, Hahn und Lohmann)

1. Auch wenn man in Kants Gesamtwerk den Ausdruck „Menschenrechte", wie er heute im Plural auftaucht, nicht findet, weist Otfried Höffe in seinem Beitrag „‚Das angeborene Recht ist nur ein einziges.' Hat Kant eine Philosophie der Menschenrechte?" zurück, Kant darum aus der Ideengeschichte der Menschenrechte zu streichen. Zur Begründung geht Höffe der Bedeutung des singulären angeborenen Freiheitsrechts des Menschen in Kants *Rechtslehre* (§ B) für die aktuelle Debatte der Menschenrechte nach und vertritt die These, dass Kant mit diesem Gedanken ein höchstes Kriterium für die Menschenrechte aufstellt. Das angeborene Freiheitsrecht hat mit seiner kultur- und epochenunabhängigen Gültigkeit eine normative, begründende Aufgabe für die rechtliche Legalität aber auch eine normative, bestreitende Aufgabe für die bestehende Legitimität.

Kant stellt zwar nach Höffe keinen Katalog der Menschenrechte auf, verwendet aber das angeborene Freiheitsrecht derart, dass sich aus ihm teils implizite Menschenrechte, teils „Quasi-Menschenrechte" ableiten lassen. Höffe zeigt auf, dass Kant auf der Basis des angeborenen Freiheitsrechts vier Rechte anführt, welche dieselbe Rechtsqualität wie das angeborene Recht besitzen; Implikate, die selbst grundlegender sind als viele Elemente der prominenten Menschenrechtskataloge: (1) das Verbot von Privilegien, (2) das Recht, sein eigener Herr zu sein, (3) das Recht zunächst einmal als unbescholten zu gelten und schließlich (4) das Recht, Beliebiges zu tun oder zu lassen, solange man nicht in fremde Rechte eingreift. Als Quasi-Menschenrechte folgen nach Höffe auch das (äußere) Privatrecht sowie das Staatsrecht, beide mit einem menschenrechtlichen Rang. Das Erstere besagt, dass jeder Mensch einen Anspruch darauf hat, in einer vorstaatlichen, privaten Rechtsordnung zu leben, welche erlaubt, jeden Gegenstand menschlicher freier Willkür zum äußeren Mein und Dein zu machen. Das Staatsrecht enthält den Anspruch darauf, in einem öffentlichen Rechtszustand zu leben, welcher sich nach Kant wiederum in drei Segmente auffächert (innerstaatlich, zwischenstaatlich und weltbürgerlich). Selbst in dem Aufbau der *Rechtslehre* (das innere Mein und Dein, das äußere Mein und Dein und das öffentliche Recht) sieht Höffe eine gewichtige Kritik an einem gängigen Verständnis der Menschenrechte, wonach diese primär an Staaten adressiert sind: Menschenrechte sind vielmehr, nach Kant rekonstruiert, primär gegen andere Rechtsgenossen und erst sekundär gegen den Staat gerichtet.

Weiterhin geht Höffe, wie bereits in seinen früheren Schriften (etwa *Königliche Völker*, 2001 Kap. 7), auf die Bedeutung von „rechtlicher Ehrbarkeit" bzw. der inneren Rechtspflicht bei Kant ein, womit Kant eine neuartige, aber auch provokative Pflicht in die Rechtsphilosophie einführt, die eine basale, rechtsmoralische Selbstbehauptung fordert. Die „rechtskonstituierende Ehrbarkeit", welche in einer fremder Anerkennung vorausliegenden Selbstanerkennung des Rechtssubjekts besteht, ermöglicht in einem systematischen Sinn erst die zwischenmenschlichen Rechtsverhältnisse. Zu einer vollkommen aktiven Rechtsperson wird nur, wer sich der bloßen Instrumentalisierung verweigert.

2. Georg Mohr befasst sich in seinem Aufsatz „Kants Begriff der inneren Rechtspflicht als Prinzip einer Begründung von Menschenrechten" mit Kants innerer Rechtspflicht („im Verhältniß zu Anderen seinen Werth als den eines Menschen zu behaupten", RL, AA 06: 236) als normativer Grundlage der Menschenrechte. Mohr macht zunächst darauf aufmerksam, dass eine Kopplung von Freiheit als grundlegendem Begriff Kantischer Rechtsphilosophie mit dem Typus der subjektiven Freiheitsrechte für eine auf Kant bezugnehmende Menschenrechtsbegründung eine „Blickverengung" zur Folge hat. Das Freiheitsrecht ist bei Kant kein isoliertes Grundprinzip, sondern konzeptionell verknüpft mit der inneren Rechtspflicht, deren Potenzial für eine Begründung der Menschenrechte noch nicht gebührend betrachtet wurde. Mohrs Frage lautet daher, ob sich die Idee der Menschenrechte sowie bestimmte Menschenrechtsnormen aus Kants Begriff der inneren Rechtspflicht entwickeln lassen.

In seiner Analyse kommt Mohr zu dem Ergebnis, dass die oberste Bedingung in allen Rechtsverhältnissen nach Kant die Persönlichkeit ist und das angeborene Freiheitsrecht dabei als eine „Beliebigkeitsschranke" fungiert. Die normative Grundrelation in Kants Rechtstheorie ist jedoch die Selbstverpflichtung selbst, so dass sowohl die Rechtspersonalität wie auch die Rechtsverpflichtungen geltungstheoretisch darauf zurückzuführen sind. Mohr sieht zudem bei Kant die Möglichkeit der Selbstverpflichtung als die Bedingung der Legitimität des äußeren Zwangs zu pflichtmäßigen Handlungen; das für das Recht konstitutive Vermögen der Fremdverpflichtung setzt somit die Selbstverpflichtung voraus. Daraus resultiert auch, dass eine Rechtsperson vor äußerem Zwang der Handlungen, welche mit Pflichten gegen sich selbst kollidieren, rechtlich zu schützen ist.

Aus der Analyse der Verbindung zwischen innerer Rechtspflicht und Selbstverpflichtung geht nach Mohr hervor, dass der Mensch erst als Rechtsperson überhaupt Person ist. Das ist, so Mohr, die „tragende Intuition“ der Menschenrechtsidee. Damit entwickelt Mohr auch eine Konzeption der Menschenrechte im Rahmen von Kants Theorie der inneren Rechtspflicht. Menschenrechte sind selbstgesetzte und selbstverpflichtende Maßstäbe legitimer Rechtsordnungen, worin sich erst eine Rechtskultur zeigt, welche im Unterschied zu einer Zwangsordnung ihre Bürger zu Autoren ihrer Rechte integriert. Menschenrechte sind nach dieser Konzeption Bedingungen der institutionellen Gewährleistung der individuellen und kollektiven Selbstachtung.

Weiterhin weist Mohr in seinem Beitrag die mögliche Kritik zurück, dass mit dem geltungstheoretischen Primat der inneren Rechtspflicht in Kants Rechtsphilosophie diese solipsistisch wäre, und betont den interpersonalen Aspekt der inneren Rechtspflicht sowie die reziproke Anerkennungsrelation der Rechtspersonen, die im Gedanken der inneren Rechtspflicht impliziert ist. Die Begründung der subjektiven Rechte ist für Mohr schließlich erst auf der Grundlage einer Konstellation reziproker innerer Rechtspflichten möglich. Freiheitsrechte werden erst dann normativ begründbar, wenn die Rechtssubjekte als Subjekte der Selbstverpflichtung gelten.

3. Oliver Sensen bezieht sich in seinem Beitrag „Autonomie als Grund der Menschenrechte“ auf den gegenwärtigen Autonomiebegriff, der in vielen aktuellen Ansätzen die Menschenrechte begründet, vergleicht diesen Begriff mit dem Kants, und verteidigt eine Begründungstheorie der Menschenrechte, sowohl im Sinne von Abwehrrechten wie auch sozio-ökonomischen Rechten, welche auf dem Kantischen Autonomiebegriff basiert.

Sensen stellt zunächst das Kernmerkmal des Autonomiebegriffs in der Gegenwartsdebatte fest: Autonomie bedeutet eine Selbstbestimmung sowohl in einem negativen (das Fehlen von Fremdbestimmung) wie in einem positiven Sinn (Bestimmung eigener reflexiv-bejahter Vorstellungen). Beide Aspekte stehen nach Sensen mit dem Begriff des Werts in Verbindung, welcher auf zwei Arten konzipiert werden kann: zum einen als subjektiver Begriff, d. h. mit Augenmerk auf die subjektive Wertschätzung, zum anderen als ontologisch-objektiver Begriff. Sensen argumentiert, dass nach dieser Begriffsbestimmung Autonomie unbedingte Rechte, als welche wir Menschenrechte heute verstehen, nicht zu begründen vermag. Trotz der verbreiteten Annahme, dass auch Kant einen ontologisch-objektiven Wertbegriff als Grundlage der Moral ansieht, stellt Sensen dar, warum Kant diese Wertkonzeption als Grund der Moral vehement ablehnen würde.

Kant dagegen, so Sensen, versteht unter Autonomie die Fähigkeit der moralischen Gesetzgebung des Menschen als vernünftiger Natur, welche dem Menschen einen höheren Rang gegenüber dem Rest der Natur verleiht; Kerngedanke bei Kants Autonomiebegriff ist, dass das universalgültige unbedingte Moralgesetz a priori aus der eigenen Vernunft entstammt. Gerade deshalb ist Kants Autonomiekonzeption nach Sensens Deutung in der Lage, Menschenrechte als unbedingte Ansprüche zu begründen. Die Verbindlichkeit der Rechte gegenüber anderen folgt daraus, dass sie aus dem für alle gültigen Moralgesetz folgen. Indem man den anderen auf seine Pflicht aufmerksam macht, dem vernunftgegebenen Moralgesetz Folge zu leisten, fordert man seine eigene Rechte. Nach Kant muss daher der Rechtsbegriff letztlich auf der Autonomie beruhen. In einem Kantischen Begründungsansatz ist daher die normative Quelle der Menschenrechte das Gesetz der eigenen Vernunft. Kant bietet uns nach Sensen eine mögliche Begründung der Menschenrechte an, welche anders als bei einigen aktuellen Ansätzen verläuft. Während diese das Gute „dem Richtigen (dem Gesetz, die Menschenrechte zu achten)“ vorausschicken und dem „Recht des Opfers“ gegenüber der „Pflicht des Handelnden“ Vorrang geben, betrachtet Kant diese beiden Relationen andersherum.

4. Andreas Niederberger argumentiert in seinem Aufsatz „Braucht die Kantische Rechtsphilosophie die Menschenwürde?“ gegen eine „Engführung“ sowohl in der Interpretation Kants wie auch in Kantianischen Ansätzen zur Begründung der Menschenrechte, wonach Kants Theorie des Rechts auf Menschenwürde gründet bzw. die Funktion der Menschenrechte im Schutz der Menschenwürde besteht. Eine Kantianische Menschenrechtstheorie soll sich nach Niederberger vielmehr auf die Idee der Freiheit als Abwesenheit der Beherrschung durch andere konzentrieren.

Niederberger unterscheidet in der Nachfolge von Oliver Sensen zwischen einem traditionellen und einem gegenwärtigen Würdebegriff und nimmt an, dass der Würdebegriff bei Kant in einem traditionellen, d. h. relationalen, graduierbaren Sinn verwendet wird. Demnach gilt die Würde nicht als Ausdruck eines absoluten Werts, welcher eine begründende Rolle spielt, sie ist vielmehr das Ergebnis moralisch richtigen Handelns und erwerblich. Niederberger argumentiert zudem dagegen, dass der traditionelle Würdebegriff für das Verständnis der politischen Philosophie und Rechtsphilosophie Kants hilfreich wäre. Er geht aber auch kontrafaktisch darauf ein, ob der gegenwärtige Würdebegriff, d. h. nach Sensens Interpretation der nicht-relationale, absolute Wert, zum besseren Verständnis der Rechtstheorie Kants verhilft. Nach einer Auseinandersetzung mit Wolfgang Kersting, der einen solchen Würdebegriff als das Fundament der Rechtsphilosophie Kants betrachtet, vertritt Niederberger die These, dass es in Kants Rechtsphilosophie vielmehr um die Bestimmung der Prinzipien und nicht direkt um einzelne Handlungen geht; Prinzipien, die das Handeln im konflikthaften Raum multipler Willküren koordinieren und von vernünftigen, verpflichtungsfähigen Wesen nicht sinnvollerweise bestritten werden können. Es ist somit nicht erforderlich, dass im Rahmen der Kantischen Rechtsphilosophie den Beteiligten Würde als ein absoluter Wert zugeschrieben wird, um den Anspruch eines jeden auf Sicherung seiner äußeren Freiheit zu begründen. Während also der geltungstheoretische Rekurs auf Kants eigenen, traditionellen Würdebegriff seine politische Philosophie und Rechtsphilosophie als perfektionistische Theorie missdeutet, nähert ein Rekurs auf den gegenwärtigen Begriff der Menschenwürde Kants politische Philosophie und Rechtsphilosophie unberechtigterweise an dessen Moralphilosophie an und verfehlt damit die genuine Pointe des Rechts bei Kant. Im abschließenden Teil seines Beitrags geht Niederberger darauf ein, welche Folgen der Verzicht auf Würde für eine Kantianische Menschenrechtstheorie hat. Dabei vertritt er, wenn auch in aller Kürze, eine eigene Konzeption der Menschenrechte, wonach diese Ansprüche auf einen Status der Nicht-Beherrschung sind – einen Rechtsstatus mit Anforderung einer öffentlichen Ordnung, in der jedermanns Sicherheit gegen mögliche Beherrschungsakte bzw. -vermögen garantiert wird.

5. In ihrem Beitrag „Kant, soziale Menschenrechte und korrespondierende Pflichten" bringen Corinna Mieth und Christoph Bambauer das aktuelle Thema der Weltarmut mit Kants Pflichtentheorie in Verbindung. Sie gehen der Frage nach, ob die sozio-ökonomischen Menschenrechte (s. etwa Artikel 22–27 der AEMR), im Sinne von Rechten auf den Erhalt bestimmter für das menschliche Leben notwendiger Güter aus Kants Moralphilosophie zu entwickeln sind und ob dabei die diesen Ansprüchen korrespondierenden Hilfspflichten denselben starken normativen Verbindlichkeitsgrad besitzen können wie die vollkommenen Rechtspflichten. Die Frage stellt sich darum, weil in Kants Moral- und Rechtsphilosophie prima facie kein *Recht* auf Unterstützung, sondern nur eine unvollkommene Wohltätigkeitspflicht vorliegt, welche seitens des Staats nicht erzwingbar ist. In diesem Beitrag werden unter anderem zwei wichtige Thesen verteidigt: Zum einem gibt es nach Mieth und Bambauer systematische Gründe dafür, dass der Begriff sozio-ökonomischer Menschenrechte folgerichtig aus bestimmten Kantischen Basisannahmen entwickelt werden kann. Zum anderen aber sehen die Autoren aufgrund ihrer gütetheoretischen Konzeption der Menschenrechte ein Hauptproblem von Kants Moraltheorie darin, dass sie keine adäquate gütertheoretische Grundlage für sozio-ökonomische Menschenrechte bereitstellt.

Mieth und Bambauer unterscheiden zudem im Anschluss an James Griffin zwischen zwei Intuitionen, einer *liberalen* und einer *sozialen* Intuition bei der Interpretation der Menschenrechte. Nach der liberalen Intuition erschöpft sich die Funktion von Menschenrechten allein im Schutz bestimmter Freiheitsrechte des autonomen Akteurs. Menschenrechte beziehen sich somit ausschließlich auf die Bedingungen autonomen Handelns im Sinne der Abwehr von möglichen Hindernissen, welche unmittelbar mit den Handlungen anderer Akteure verbunden sind. Nach der sozialen Intuition besteht die Funktion der Menschenrechte nicht nur darin, handlungsabhängige Hindernisse des freien Handelns abzuwehren, sondern dieses Handeln auch in dem Sinn zu ermöglichen, dass sie die notwendigen materialen Voraussetzungen von Handeln (lebensnotwendige Güter wie Nahrung, Kleidung, physische und psychische Integrität) gewährleisten. Während nach der liberalen Intuition Menschenrechte Freiheitsrechte sind, welche auch gegen die Ansprüche anderer auf Leistungen geschützt werden müssen, so dass es nach dieser Intuition keine Leistungsrechte mit Menschenrechtsstatus gibt, gehen nach der sozialen Intuition den Freiheitsrechten selbst die materialen Grundlagen ihrer Realisierung voraus, welche Gegenstand sozio-ökonomischer Menschenrechte sind. Mieth und Bambauer argumentieren hierbei dafür, dass selbst die liberale Intuition materiale, gütertheoretische Voraussetzungen impliziert, dass die sozio-ökonomischen Menschenrechte notwendige Implikationen der Freiheitsrechte darstellen. Mieth und Bambauer setzen sich auch diesen zwei Intuitionen entsprechend jeweils mit zwei Autoren, Otfried Höffe und Onora O'Neill als Vertreter der liberalen Intuition einerseits und Elizabeth Ashford und Pablo Gilabert andererseits, auseinander. Im Abschnitt IV. ihres Beitrags geben Mieth und Bambauer des Weiteren eine nähere Analyse einiger wichtiger Stellen in der *Tugendlehre* und *Grundlegung* bezüglich der Menschheitsformel des Kategorischen Imperativs an, welche für das Verhältnis von sozio-ökonomischen Menschenrechten und Nothilfe zu Kants Pflichtentheorie relevant sind. Dabei befassen sie sich mit Fällen von Pflichtkollisionen, in denen es kontraintuitiv scheint, nach Kantischer Pflichteneinteilung den Rechtspflichten gegenüber der Hilfeleistung in Notfällen Vorrang zu geben. Auch hier betonen die Autoren die gewichtige Rolle, welche die der Kantischen Moralphilosophie fehlenden, gütertheoretischen Überlegungen beim Konflikt von Rechts- und Tugendpflichten spielen. Erwähnenswert ist auch, dass nach Mieths und Bambauers Interpretation die Menschheitsformel des Kategorischen Imperativs als Basis *strikter* Nothilfepflicht angesehen werden kann, wobei auch problematisiert wird, dass daraus kein differenzierter Katalog von sozio-ökonomischen Menschenrechten hervorgeht. Die Menschheitsformel umfasst zwar *ein* absolutes Gut, doch keine differenzierte Gütertheorie. Kants Theorie der Pflichten ist nach Mieth und Bambauer trotz ihrer problematischen Aspekte einerseits weniger eindimensional, als die liberale Lesart seiner Theorie angibt, andererseits aber vermag sie bezüglich der sozio-ökonomischen Menschenrechte auch weniger zu leisten, als es ihr die soziale Lesart zuschreibt.

6. Henning Hahn konzentriert sich in seinem Aufsatz „Eine Reaktualisierung von Kants Recht auf Hospitalität" auf die eingeschränkte Form des Weltbürgerrechts in der *Friedensschrift* und auf das globale Besuchsrecht (Recht auf Hospitalität), sowohl in exegetischer wie in systematischer Hinsicht. Nach Hahns

„transitorischer" Lesart stellt das globale Besuchsrecht ein Provisorium dar, das Kants Ideal des ewigen Friedens in einer kosmopolitischen Rechtsordnung anbahnt. Dies, so Hahns These in systematischer Hinsicht, kann gerade für den aktuellen Streit um das spannungsvolle Verhältnis zwischen universal gültigen moralischen Normen und politischen Fakten in der Debatte der globalen Gerechtigkeit als eine alternative Lösung geltend gemacht werden. Dabei kann Kants Idee des globalen Besuchsrechts eine Versöhnungsrolle spielen zwischen moralischen Kosmopolitisten, welche ungeachtet der pragmatischen Realisierungsmöglichkeiten eine „idealistische Utopie" globaler Gerechtigkeit (die Vision einer vernunftgebotenen freiheitlichen Weltrepublik) verteidigen und „politischen Konstruktivisten", welche ausgehend von teilweise moralisch unberechtigten politischen Fakten (etwa der internationalen Staatenordnung), mit Rawls gesprochen, eine „realistische Utopie" zum Ziel setzen. Die transitorische Rolle des globalen Besuchsrechts besteht nun darin, dass es sowohl Ziel einer realistischen Utopie in Kants Friedenstheorie ist wie auch eine Brücke zu seiner idealistischen Utopie, die im Lichte seiner Geschichtsphilosophie betrachtet werden soll. Das Kantische globale Besuchsrecht unterbietet zwar aufgrund der Konzessionen an die politische Realität gewisse universelle Menschenrechtsansprüche, doch zugleich ermöglicht es den Übergang zu einer verbindlichen globalen Menschenrechtsordnung. Hahn versucht zudem durch eine versöhnende Lesart der Abhandlungen *Zum ewigen Frieden*, *Idee zu einer allgemeinen Geschichte in weltbürgerlicher Absicht* und *Über den Gemeinspruch* aufzuzeigen, dass Kant in allen drei Schriften über eine realistische Utopie des friedensfunktionalen Völkerbundes republikanischer Staaten hinausweist und stets an der Idee einer fortschreitenden kosmopolitischen Rechtsordnung festhält. Der Völkerbund, so Hahns These, hat dabei nicht nur eine friedensstiftende Funktion, er übernimmt auch, vor allem durch das globale Besuchsrecht, die prospektive Funktion, den Weg zu einem vollkommenen Weltbürgerrecht sittlich und institutionell vorzubereiten.

7. Nach Georg Lohmanns Ausführung in seinem Aufsatz „Kant als Anreger. Menschenrechte und Menschenwürde nach Kant" enthält Kants Philosophie nicht *direkt* eine Theorie der Menschenrechte im heutigen Sinn. Kant ist vielmehr als indirekt wirkender „Anreger", sowohl in einem positiven wie auch negativen Sinn, für die heutige Auffassung der Menschenrechte zu betrachten. Lohmann möchte einerseits zeigen, wo Kants Moralphilosophie zu einem falschen Verständnis der Menschenrechte führt, andererseits aber auch inwiefern sie, wenn man Kants moralische Idealisierungen (worunter Lohmann das „Reich der Zwecke" in der *Grundlegung* sowie „ethisches gemeines Wesen" in der *Religionsschrift* aufgrund ihres Gemeinschaftsbezugs diskutiert) im Kontrast zur internationalen Konzeption der Menschenrechte betrachtet, kritisches Potenzial enthält. Dieses

Potenzial sieht Lohmann insbesondere darin, dass Kants Idealisierungen Spannungen zwischen moralischem und rechtlich-politischem Aspekt der Menschenrechte verdeutlichen können. Lohmann wendet sich somit gegen diejenigen Ansätze, welche Recht und Politik als bloßen Anwendungsfall moralischer Gebote verstehen, ihnen keinen berechtigten Eigensinn gegenüber der Moral zuerkennen und somit die Menschenrechte allein auf die moralische Dimension reduzieren.

Eine positive Anregung der Philosophie Kants für die Menschenrechte nach dem heutigen Verständnis sieht Lohmann allerdings darin, dass Kant als ein „Differenztheoretiker" begriffliche Unterscheidungen (etwa zwischen Moral, Politik und Recht und zwischen staatlicher Rechtsordnung und globalem Recht) eingeführt hat, die zu einem besseren Verständnis der Spannungen zwischen partikularer politisch-demokratischer Gesetzgebung, welche der rechtlichen Form der Menschenrechte zugrunde liegt, einerseits und den universellen moralischen Ansprüchen der Menschenrechte andererseits verhelfen. Nicht zuletzt legt Lohmann eine „republikanische Bedeutung" des Würdebegriffs bei Kant in der *Grundlegung* fest (vgl. Forst in diesem Band), welche Kant, nach Lohmanns Deutung, zuerst bei der Erläuterung des Reichs der Zwecke und der „Selbstgesetzgebungsformel" des Kategorischen Imperativs einführt. Nach dieser Bedeutung bedürfen Menschen als sinnlich bedingte Wesen der Würde, die ihnen aber erst durch die Fähigkeit zur Teilnahme an einer allgemeinen Gesetzgebung zukommt.

Obwohl Kants Begriff der Würde nach Lohmann mit „Rechte haben" und Rechtspflichten nichts zu tun hat, kann man ihn in Verknüpfung mit Kants Konzeption des Reichs der Zwecke wieder in den politischen und rechtlichen Raum rückinterpretieren. Lohmann sieht zudem eine republikanische Bedeutung der Würde insofern als geeignet an, als sie die Idee der Unersetzbarkeit jedes Individuums besser erklären kann: Jedes einzelne Glied im Reich der Zwecke stimmt der allgemeinen Gesetzgebung zu und kann gerade darin von keinem anderen ersetzt werden.

Menschenrechte (auch) ohne Kant (Horn, Gosepath und Pinzani)

8. In seinem Aufsatz „Kants Rechtsbegriff und seine deontologischen Grundlagen" vertritt Christoph Horn eine gütertheoretische Konzeption der Menschenrechte (vgl. dagegen Forst und Mohr in diesem Band). Die Gewährleistung bestimmter moralischer (d. h. freiheitsbezogener und die „rationale Autonomie" der Individuen betreffender) Güter ist das, was wir von der Durchsetzung der Menschenrechtsidee erwarten. Kant dagegen sieht, so Horn, die Verletzung von grundlegenden Rechten nicht als Schädigung moralischer Güter. Er konzipiert

daher keine Menschenrechte im modernen Sinn; es ist vergebens einen Begriff subjektiver Individualrechte bei Kant zu suchen, deren Schutz Horn zufolge grundlegende Staatsaufgabe ist. Vielmehr noch musste Kant nach Horn aufgrund eigener Überzeugungen die moderne Idee der Menschenrechte sogar ablehnen.

Bezugnehmend auf mehrere Aspekte in Kants praktischer Philosophie verteidigt Horn in seinem Beitrag die obigen Thesen. Ich begnüge mich hier jedoch nur mit einigen zusammenhängenden Punkten: Horn möchte zeigen, dass Kants theoretischer Ausgangspunkt die Pflichten sind und nicht die Rechte – Kants Rechtsmodell ist pflichtenbasiert (vgl. auch Pinzani in diesem Band). Teleologische Begriffe wie Güter, Werte und Interessen, welche zur Inhaltsbestimmung der Menschenrechte notwendig sind, spielen somit keine primäre Rolle in seiner Theorie und gehen vielmehr als Konsequenzen aus der Pflichtbefolgung hervor (das bezeichnet Horn als Kants *deontologischen Liberalismus*). Auch der Begriff des Rechts wird, so Horn, bei Kant erst sekundär aus seinem Pflichtbegriff abgeleitet, was den Staatsloyalismus Kants als die Basis seiner Rechtsidee erklärt. Ferner argumentiert Horn anhand von fünf Einwänden, warum es verfehlt ist, Kants angeborenes Freiheitsrecht als ein Menschenrecht oder als Basis der Menschenrechte aufzufassen. Nicht zuletzt vertritt Horn hier, im Anschluss an sein Buch *Nichtideale Normativität* (2014), die These, dass Kants rechtlich-politische Normativität sich fundamental von seiner Konzeption der moralischen Normativität unterscheidet.

9. Stefan Gosepath beginnt seinen Beitrag „Das Problem der Menschenrechte bei Kant" mit Anmerkungen zur historischen Bedeutung der Idee der Menschenrechte sowohl in innerstaatlicher wie zwischenstaatlicher Hinsicht, auch wenn die Menschenrechtsverletzungen, die aus Gosepaths Sicht hauptsächlich aus *„strukturelle[m] Implementationsdefizit"* erfolgen, beklagenswert sind. Nach Gosepath gibt es drei Komponenten nach heutigem Verständnis der Menschenrechte, die bei allen ihren diversen Auffassungen zu finden sind: Die vorstaatliche moralische Geltung, die Bezogenheit auf grobes moralisches Unrecht und, dass Menschenrechte zugleich den weiteren moralischen Anspruch auf die eigene politisch-rechtliche Institutionalisierung beinhalten, welche jenes grobe moralische Unrecht verhindert. Bezugnehmend auf diese Komponenten überprüft Gosepath die weit verbreitete Annahme, dass Kants Werk zum heutigen Verständnis der Menschenrechte wesentlich beigetragen habe. Dazu unterscheidet Gosepath drei „Arten der Verpflichtungen" innerhalb Kants praktischer Philosophie: die „Sphäre der Moralität", der Politik oder des Staatsrechts und des Völkerrechts und nimmt drei jeweils einer dieser Sphären entsprechenden Gedanken aus Kants praktischer Philosophie zum Gegenstand seiner Prüfung, welche dem heutigen Verständnis der Menschenrechte nahezukommen scheinen: Menschenwürde, das angeborene Freiheitsrecht und das weltbürgerliche Recht. In

allen drei Fällen argumentiert Gosepath dagegen, dass Kants praktische Philosophie zum heutigen Verständnis der Menschenrechte etwas beitragen kann. Im letzten Teil seines Aufsatzes bezieht sich Gosepath auch auf zwei Möglichkeiten, eine „kantische" Menschenrechtstheorie (mit einem kleinen ‚k') entgegen dem exegetischen Befund im „kantischen Geiste" und nur mit partieller Bezugnahme auf Kants Philosophie zu entwickeln. Hier bezieht er sich zum einen auf die Ansätze, die auf Kants Gedanken in der Menschheits- und der Reich-der-Zwecke-Formel des Kategorischen Imperativs rekurrieren, zum anderen auf einen möglichen Ansatz, in Analogie zu Kants Staatstheorie „eine republikanische Theorie globaler Ordnung" zu entwickeln, welche eine gerechte internationale Ordnung als Möglichkeitsbedingung einer gerechten zivilen Globalordnung betrachtet. Diese Möglichkeiten bestreitet Gosepath zwar nicht, zeigt jedoch wiederum wie sie jeweils von Kants expliziter Theorie abweichen. Aus Gosepaths Sicht ist Kants Rechtstheorie eine kritische Reaktion auf die Unvollständigkeit der Tradition des Naturrechts, von der unser heutiges Verständnis der Menschenrechte teilweise beeinflusst ist. Sofern dieses Verständnis naturrechtliche Elemente beinhaltet, ist es mit Kants eigener Theorie unvereinbar.

10. Alessandro Pinzani setzt sich in seinem Beitrag „Recht der Menschheit und Menschenrechte" detailliert mit einigen Theoriestücken aus der *Rechtslehre* auseinander, um zu zeigen, dass sie vom heutigen Verständnis der Menschenrechte massiv abweichen. Nach Pinzani ist Kants Rechtslehre keine Lehre subjektiver Rechte (etwa im Gegensatz zu John Lockes Theorie), sondern eine Lehre rechtlicher Pflichten. Das Innehaben gewisser Rechte geht in Kants Rechtslehre erst daraus hervor, dass den Rechtssubjekten gewisse Pflichten auferlegt werden. Die Kantische Rechtstheorie ist deshalb nicht als eine Theorie der natürlichen Rechte zu betrachten. In seiner Auseinandersetzung mit Kants angeborenem Freiheitsrecht, welches er als ein bloß negatives Recht auf Nicht-Einmischung anderer ansieht, geht Pinzani auf die Unterscheidung zwischen Recht der Menschheit und Recht der Menschen bei Kant ein und verdeutlicht, dass der Menschheitsbegriff, im Sinne von „Eigenschaft des Freiheitsvermögens", nicht mit dem Begriff der äußeren Freiheit als angeborenen Rechts gleichzusetzen ist. Während das Recht der Menschheit der inneren Rechtspflicht entspricht, korrespondiert das Recht der Menschen mit den äußeren Rechtspflichten. Diese Unterscheidung ist nach Pinzani im Kontext der Menschenrechte insofern wichtig, als, während das Freiheitsvermögen als eine bloße Fähigkeit nicht verloren gehen kann, Verluste der äußeren Freiheit, selbst vehemente Instrumentalisierung anderer Menschen nach Kants Theorie durchaus möglich und mit seinem Verständnis des Rechts der Menschheit noch kompatibel sind. Zudem kommt Pinzani zu dem Ergebnis, dass, abgesehen vom angeborenen Freiheitsrecht, welches selbst nur einen abgeleiteten Charakter hat, alle anderen Rechte in Kants

Rechtslehre erwerblicher Natur sind, was wiederum entgegen der üblichen Menschenrechtsauffassung steht.

Weiterhin versucht Pinzani zu zeigen, dass Kants Theorie des Privatbesitzes nicht notwendigerweise mit dem angeborenen Freiheitsrecht in Verbindung steht, so dass es keine überzeugenden Gründe gibt, den privaten Bodenbesitz nach Kant zur Basis anderer individueller Rechte zu machen. Gerade darin sieht Pinzani einen wichtigen Unterschied zwischen Kant und denjenigen Theoretikern, die das Recht auf Eigentum als ein individuelles natürliches Recht, welches jeglichen rechtlichen Beziehungen vorhergeht, konzipieren (etwa John Locke). Im Zusammenhang zu Kants Theorie des privaten Bodenbesitzes setzt sich Pinzani ferner mit Kants notorischer Zweiteilung der aktiven und passiven Mitglieder einer politischen Gemeinschaft auseinander, der aus Pinzanis Sicht eine problematische Identifizierung zwischen dem Bodenbesitz einerseits und dem wahren Interesse am Allgemeinwohl der politischen Gemeinschaft andererseits zugrunde liegt. Das stellt nach Pinzani die ideologische Dimension der Kantischen Rechtslehre heraus. Des Weiteren bringt Pinzani auch einige Argumente gegen mögliche Strategien vor, die mit Hilfe von Kants Moralphilosophie aus der *Grundlegung* Menschenrechte auf Kants Rechtsphilosophie zu gründen versuchen. Er argumentiert unter anderem gegen die Unvereinbarkeit des Würdebegriffs Kants mit seiner Rechtslehre und weist auch einen Rekurs auf die Menschheitsformel des Kategorischen Imperativs als Basis der Menschenrechte zurück. Im letzten Teil seines Beitrags betont Pinzani indes die moralische Bedeutung unvollkommener Pflichten gegen andere in Kants Ethik und kritisiert dagegen den vorherrschenden Menschenrechtsdiskurs, der nur die rechtlich geschuldeten Pflichten in den Vordergrund stellt und damit die kategorisch-moralische Relevanz ethischer Forderungen, die juridisch nicht einklagbar sind, unterschätzt. Eine Reduzierung der Aufgaben der politischen Ordnung auf Rechtsprinzipien, die *ethisch* geschuldete Handlungen ignoriert, stellt für Pinzani ein massives Hindernis für die Herstellung einer politischen Ordnung dar, die den Menschenrechten gerecht wird.

Kant als Inspiration (Forst und Mosayebi)

11. In seinem Aufsatz „Der Sinn und der Grund der Menschenrechte. Die Perspektive des Kantischen Konstruktivismus" entwickelt Rainer Forst im Anschluss an seine früheren Schriften (etwa Forst 2007, 2011) seinen eigenen Ansatz zur Begründung der Menschenrechte weiter. Dabei buchstabiert er die Kantischen Kerngedanken seiner Theorie aus und betrachtet einige zentrale Ideen in Kants praktischer Philosophie (Autonomie, Würde, das angeborene Freiheitsrecht, Selbstzweckhaftigkeit und Reich der Zwecke) im Lichte seiner Grundthese des

moralischen Rechts auf Rechtfertigung als der alleinigen normativen Grundlage aller Menschenrechte. Im Gegensatz zu anderen gängigen Ansätzen, etwa der Politischen Konzeption der Menschenrechte, hebt Forst den gesellschaftlich-politischen und emanzipatorischen Sinn der Menschenrechte im Kontext asymmetrischer Machtverhältnisse sowohl historisch wie systematisch hervor. Nach Forsts Ansatz, den man als einen diskursiv-kantischen Konstruktivismus bezeichnen kann, sind Menschenrechte diejenigen Rechte, welche die gleichgestellten Personen als autonome Rechtfertigungsakteure, d. h. sowohl als Adressaten wie als Co-Autoren, immer beanspruchen und sich gegenseitig nicht verweigern können. Die „reflexive Pointe" der Theorie Forsts besteht darin, dass Menschenrechte nicht nur zum Schutz der normativen Autorität der Personen als freien und gleichen Gesetzgebern und -adressaten dienen, diese Autorität drückt sich auch zugleich in der Mitbestimmung der Menschenrechte selbst aus. Menschenrechte werden von autonomen Personen auf der normativen Grundlage des moralischen Rechts auf Rechtfertigung und zugleich anhand einer durgängigen Rechtfertigungsprozedur konstruiert – sie sind *„geronnene und verdichtete Rechtfertigungen*". Die Prinzipen dieser Konstruktion sind daher nichts anderes als Rechtfertigungsprinzipien selbst unter Gleichen, welche zwei folgenden Test-Kriterien genügen müssen: Einer zweifachen Reziprozität (Reziprozität der Inhalte und Reziprozität der Gründe; negativ formuliert: Verbot unilateraler Forderungen/ Ansprüche und Verbot der Auferlegung eigener nicht-generalisierbarer Perspektiven auf andere) und Allgemeinheit (negativ formuliert: Verbot des Ausschlusses von der jeweiligen Rechtfertigungs-Gemeinschaft).

Historisch sieht Forst nur in Kants praktischer Philosophie die Möglichkeit, die Verbindung zwischen dem unantastbaren Status der Person und dem aktiven, konstruktiven Aspekt dieses Status, also die Verbindung zwischen Moral und Recht und Politik, in geeigneter Weise herzustellen. Dabei betrachtet Forst das moralische Recht auf Rechtfertigung als das „Äquivalent" zum angeborenen Freiheitsrecht Kants. Das Recht auf Rechtfertigung ist ebenso wenig wie das angeborene Freiheitsrecht eine Basis für eine simple „Ableitung" einer Liste der Rechte, es ist vielmehr als das Fundament einer „nicht-fundamentalistischen", diskursiven Konstruktion der Menschenrechte aufzufassen. Im letzten Abschnitt seines Beitrags skizziert Forst die Grundzüge einer diskursiven Konstruktion der spezifischen „Konzeptionen" der Menschenrechte in drei Kontexten, im allgemein moralischen, besonderen staatlichen und internationalen Kontext.

12. In meinem Beitrag „Die Behauptung eigener Menschenrechte als Selbstforderung" stelle ich – in Anlehnung an Kants Gedanken der „rechtliche[n] Ehrbarkeit" („Mache dich anderen nicht zum bloßen Mittel", RL, AA 06: 236) – die Perspektive der (potenziellen) *Verletzten*, der Menschenrechtsinhaber, in den Vordergrund. Ich argumentiere durchgängig für die These, dass die Rechtsinhaber

eigene Menschenrechte behaupten und dies als eine moralische Selbstforderung ansehen sollen (Behauptung eigener Menschenrechte als Selbstforderung: BMS). Dabei gehe ich von bestimmten Voraussetzungen aus: der Möglichkeit einer egalitär-universalen Moral, der Erforderlichkeit einer Begründung der Menschenrechte aus einer solchen Moral heraus und der Gegebenheit eines Plurals gleichberechtigter Theorien zur moralischen Begründung der Menschenrechte. Vor allem aufgrund der letzten Annahme, der des moralischen Pluralismus, bekommen meine Argumente und Ausführungen metatheoretischen Charakter; ich biete also keinen substanziellen Ansatz zur Begründung der Menschenrechte an. Ich entwickle die These BMS vielmehr so, dass sie, ohne sich einer bestimmten Konzeption moralischer Normativität zu verpflichten, dem Plural substanziell-moralischer Theorien gerecht wird. Das hat wiederum zur Konsequenz, dass BMS nur bezüglich des motivierenden Grundes der Menschenrechte zu betrachten ist – BMS ist eine moralisch-motivationale These. Meine Argumente und Ausführungen zur BMS und ihren Implikationen haben zum Ziel, dass jede moralische Begründungstheorie der Menschenrechte BMS annehmen *soll*, wenn sie die Realisierung der Nichtverletzung der Menschenrechte aufrichtig zum Zweck hat; eine moralische Begründungstheorie der Menschenrechte, welche BMS zurückweisen würde, wäre moralisch unklug (indirekt moralwidrig), wie auch immer sie die moralisch-normativen Gründe für Menschenrechte inhaltlich ausmacht.

Zudem zeige ich, wie das Innehaben von (Menschen-)Rechten mit dem Vermögen, eigene Rechte zu behaupten, verbunden ist. Des Weiteren entwickle ich auch die Idee einer Kultur der Menschenrechte, welche mit der BMS notwendig verbunden ist und darin besteht, dass die Inhaber und die Adressaten der Menschenrechte diese um ihrer selbst willen, motiviert durch den jeweiligen moralisch-normativen Grund ihrer Geltung selbst, nicht verletzen lassen bzw. nicht verletzen. Da BMS die Vermutung nahe legt, dass sie mit der umstrittenen Idee der Pflichten gegen sich selbst identisch ist, setzte ich mich auch mit den wichtigsten Einwänden gegen diese Pflichten auseinander, um die Unterschiede zwischen BMS und einer Selbstpflicht zu verdeutlichen und zugleich die BMS näher zu bestimmen. Der Leitgedanke meines Ansatzes ist, dass Menschenrechte primär zu nehmen, nicht zu geben sind.

Literatur

Ashford, Elizabeth (2006): „The Inadequacy of our Traditional Conception of the Duties Imposed by Human Rights". In: *Canadian Journal of Law and Jurisprudence* XIX (2), 217–235.

Baynes, Kenneth (2009): „Toward a Political Conception of Human Rights". In: *Philosophy & Social Criticism* 35, 371–390.

Beitz, Charles (2009): *The Idea of Human Rights*. Oxford: Oxford University Press.
Beitz, Charles ([2]2007): „Human Rights“. In: Goodin, Robert E./Pettit, Philip/Pogge, Thomas W. (Ed.): *A Companion to Contemporary Political Philosophy*. Malden (MA): Blackwell Publishing, 628–637.
Bielefeldt, Heiner (1998): *Philosophie der Menschenrechte. Grundlagen eines weltweiten Freiheitsethos*. Darmstadt: WBG.
Bornmüller, Falk/Hoffmann, Thomas/Pollmann, Arnd (2013): *Menschenrechte und Demokratie. Georg Lohmann zum 65. Geburtstag*. Freiburg/München: Verlag Karl Alber.
Buchanan, Allen (2006): „Taking the Human out of Human Rights“. In: Martin, Rex/Reidy, David A. (Ed.): *Rawls's Law of Peoples. A Realistic Utopia?* Malden (MA): Blackwell Publishing, 150–168.
Buchanan, Allen (2010): „The Egalitarianism of Human Rights“. In: *Ethics* 120, 679–710.
Buchanan, Allen (2013): *The Heart of Human Rights*. Oxford: Oxford University Press.
Cranston, Maurice (1973): *What Are Human Rights?* London: The Bodley Head Ltd.
Cohen, Joshua (2004): „Minimalism about Human Rights: The Most We Can Hope“. In: *The Journal of Political Philosophy* 12, 190–213.
Cranston, Maurice (1983): „Are There Any Human Rights?“ In: *Dædalus* 112, 1–17.
Cruft, Rowan/Liao, S. Metthew/Renzo, Massimo (Ed.) (2015): *Philosophical Foundations of Human Rights*. Oxford: Oxford University Press.
Donnelly, Jack (1989): *Universal Human Rights in Theory & Practice*. Ithaca: Cornell University Press.
Ernst, Gerhard/Sellmaier, Stephan (Hg.) (2010): *Universelle Menschenrechte und partikulare Moral*. Stuttgart: Kohlhammer.
Ernst, Gerhard/Heilinger, Jan-Christoph (Ed.) (2012): *The Philosophy of Human Rights. Contemporary Controversies*. Berlin/Boston: De Gruyter.
Etinson, Adam (Ed.) (im Erscheinen): *Human Rights: Moral or Political?* Oxford: Oxford University Press.
Finnis, John (1980): *Natural Law and Natural Rights*. Oxford: Oxford University Press.
Flikschuh, Katrin (2015): „Human Rights in Kantian Mode: A Sketch“. In: Cruft, Rowan/ Liao, S. Matthew/Renzo, Massimo (Ed.): *Philosophical Foundations of Human Rights*. Oxford: Oxford University Press, 653–671.
Forst, Rainer (2007): *Das Recht auf Rechtfertigung. Elemente einer konstruktivistischen Theorie der Gerechtigkeit*. Frankfurt/M: Suhrkamp.
Forst, Rainer (2011): *Kritik der Rechtfertigungsverhältnisse. Perspektiven einer kritischen Theorie der Politik*. Frankfurt/M: Suhrkamp.
Frankena, William 1952: „The Concept of Universal Human Rights“. In: *Science, Language, and Human Rights, American Philosophical Association, Eastern Division*, Vol. 1, Philadelphia, 189–207.
Gallie, Walter Bryce (1956): „Essentially Contested Concepts“. In: *Proceedings of the Aristotelian Society* 56, 167–198.
Glendon, Mary Ann (2001): *A World Made New: Eleanor Roosevelt and the Universal Declaration of Human Rights*. New York: Random House.
Gosepath, Stefan/Lohmann, Georg (Hg.) (1998): *Philosophie der Menschenrechte*. Frankfurt/M: Suhrkamp.
Griffin, James (2008): *On Human Rights*. Oxford: Oxford University Press.

Habermas, Jürgen (⁴1998): *Faktizität und Geltung. Beiträge zur Diskurstheorie des Rechts.* Frankfurt/M: Suhrkamp.
Habermas, Jürgen (2010): „Das Konzept der Menschenwürde und die realistische Utopie der Menschenrechte" In: *Deutsche Zeitschrift für Philosophie* 58, 343 – 357.
Hart, Herbert L. A. (1955): „Are There Any Natural Rights?" In: *Philosophical Review* 64, 175 – 91.
Höffe, Otfried (1992): „Sieben Thesen zur Anthropologie der Menschenrechte" In: Ders. (Hg.): *Der Mensch – ein politisches Tier. Essays zur politischen Anthropologie.* Stuttgart: Reclam, 188 – 211.
Höffe, Otfried (1996): *Vernunft und Recht. Bausteine zu einem interkulturellen Rechtsdiskurs.* Frankfurt/M: Suhrkamp.
Höffe, Otfried (²2002): *Demokratie im Zeitalter der Globalisierung.* München: C.H. Beck.
Höffe, Otfried (2012): *Kants Kritik der praktischen Vernunft. Eine Philosophie der Freiheit.* München: C.H. Beck.
Horn, Christoph (2014): *Nichtideale Normativität. Ein neuer Blick auf Kants politische Philosophie.* Berlin: Suhrkamp.
Klemme, Heiner F. (2001): „Das ‚angeborene Recht der Freiheit'. Zum inneren Mein und Dein in Kants Rechtslehre". In: Gerhard, Volker u. a. (Hg.): *Kant und die Berliner Aufklärung. Akten des IX. Internationalen Kant-Kongresses*, Bd. 4. Berlin, New York: De Gruyter, 180 – 188.
Klemme, Heiner F. (2013): „der Transzendentale Idealismus und die *Rechtslehre*". In: Euler, Werner/Tuschling, Burkhard (Hg.): *Kants „Metaphysik der Sitten" in der Diskussion.* Berlin: Duncker & Humblot, 43 – 53.
Liao, S. Matthew/Etinson, Adam (2012): „Political and Naturalistic Conceptions of Human Rights: A False Polemic?" In: *The Journal of Moral Philosophy* (3), 327 – 352.
Lohmann, Georg (2010): „Die rechtsverbürgende Kraft der Menschenwürde. Zum menschenrechtlichen Würdeverständnis nach 1945". In: *Zeitschrift für Menschenrechte* 4 (1), 46 – 63.
Lohmann, Georg/Gosepath, Stefan/Pollmann, Arnd/Mahler, Claudia/Weiß, Norman (2005): *Die Menschenrechte: unteilbar und gleichgewichtig?* Hg. v. Menschenrechtszentrum der Universität Potsdam.
Lohmann, Georg (2012): „Individuelle Freiheitsrechte, politische Teilnahmerechte, soziale Teilhaberechte". In: Pollmann, A./Lohmann, G. (Hg.): *Ein interdisziplinäres Handbuch.* Stuttgart: Metzler Verlag, 219 – 223.
Maritain, Jacques (²2007 [1947]): „The Grounds for an International Declaration of Human Rights" In: Ishay, Micheline R. (Ed.): The Human Rights Reader, New York – London: Routledge, 2 – 6.
McCrudden, Christopher (2008): „Human Dignity and Judicial Interpretation of Human Rights". In: *The European Journal of International Law*, Vol. 19 (4), 655 – 724.
McCrudden, Christopher (Ed.) (²2014): *Understanding Human Dignity.* Oxford: Oxford University Press.
Mendelssohn, Moses (*1968* [1784]): „Ueber vollkommene Pflichten" In: *Schriften zur Philosophie, Aesthetik und Apologetik*, hg. v. Brasch, M. II, Hildesheim: Georg Olms Verlag, 272 – 282.
Menke, Christoph/Pollmann, Arnd (²2008): *Philosophie der Menschenrechte zur Einführung.* Hamburg: Junius Verlag.

Mieth, Corinna (2012): „On Human Rights and the Strength of Corresponding Duties“. In: Ernst, Gerhard/Heilinger, Jan-Christoph (Ed.): *The Philosophy of Human Rights. Contemporary Controversies.* Berlin/Boston: De Gruyter, 159–184.
Morsink, Johannes (2009): *Inherent Human Rights: Philosophical Roots of the Universal Declaration.* Philadelphia: University of Pennsylvania Press.
Morsink, Johannes (1999): *The Universal Declaration of Human Rights: Origins, Drafting and Intent.* Pennsylvania: University of Pennsylvania Press.
Mosayebi, Reza (2013): *Das Minimum der reinen praktischen Vernunft. Vom Kategorischen Imperativ zum allgemeinen Rechtsprinzip bei Kant.* Berlin, Boston: De Gruyter.
Moyn, Samuel (2010): *The Last Utopia: Human Rights in History.* Cambridge: Harvard University Press.
Nagel, Thomas (1972): „War and Massacre“. In: *Philosophy & Public Affairs* 1, 123–144.
Nagel, Thomas (2005): „The Problem of Global Justice“. In: *Philosophy & Public Affairs* 33 (2), 113–147.
Nickel, James, W. (^{2}2007): *Making Sense of Human Rights.* Malden (MA): Blackwell Publishing.
O'Neill, Onora (1996): *Towards Justice and Virtue: A Constructive Account of Practical Reasoning.* Cambridge: Cambridge University Press.
O'Neill, Onora (2005): „The Dark Side of Human Rights“. In: *International Affairs* 81, 427–439.
Parfit, Derek (2011): *On What Matters.* Vol. I. Oxford: Oxford University Press.
Pinker, Steven (2008): „The Stupidity of Dignity“. In: *New Republik* 28 May.
Pogge, Thomas (^{2}2008 [2002]): *World Poverty and Human Rights: Cosmopolitan Responsibilities and Reforms*, second, expanded edition. Cambridge: Polity.
Pogge, Thomas (2005): „Reply to the Critics. Severe Poverty as a Violation of Negative Duties“. In: *Ethics & International Affairs* 19, 55–83.
Pollmann, Arnd/Lohmann, Georg (Hg.) (2012): *Menschenrechte. Ein interdisziplinäres Handbuch.* Stuttgart: Metzler Verlag.
Rawls, John (1999a [1971]): *A Theory of Justice.* Revised Edition. Cambridge (MA): Harvard University Press.
Rawls, John (1999b): *The Law of Peoples.* Cambridge (MA): Harvard University Press.
Rawls, John (1996 [1993]): *Political Liberalism.* New York: Columbia University Press-
Raz, Joseph (2010): „Human Rights without Foundations“. In: Besson Samantha/Tasioulas John (Ed.): The Philosophy of International Law. Oxford: Oxford University Press, 321–337.
Rosen, Michael (2012): *Dignity. Its History and Meaning.* Cambridge (MA): Harvard University Press.
Sandkühler, Hans (Hg.) (2009): *Menschenrechte in die Zukunft denken. 60 Jahre Allgemeine Erklärung der Menschenrechte.* Baden-Baden: Nomos.
Sangiovanni, Andrea (2015): „Why there Cannot be a Truly Kantian Theory of Human Rights“. In: Cruft, Rowan/Liao, S. Metthew/Renzo, Massimo (Ed.): *Philosophical Foundations of Human Rights.* Oxford: Oxford University Press, 671–689.
Schopenhauer, Arthur (2007 [1840]): *Über die Grundlage der Moral.* Hg. v. Peter Welsen. Hamburg: Felix Meiner Verlag.
Sen, Amartya (2004): „Elements of a Theory of Human Rights“. In: *Philosophy & Public Affairs* 32 (4), 315–356
Sensen, Oliver (2011): *Kant on Human Dignity.* Berlin, Boston: De Gruyter.
Shue, Henry (1980): *Basic Rights. Subsistence, Affluence, and U.S. Foreign Policy.* Princeton, N.J.: Princeton University Press.

Spaemann, Robert (1996): *Personen. Versuche über den Unterschied zwischen ‚etwas' und ‚jemand'*. Stuttgart, Klett-Cotta Verlag.
Talbott, William J. (2005): *Which Rights Should Be Universal?* Oxford: Oxford University Press.
Tasioulas, John (2002): „Human Rights, Universality and the Values of Personhood: Retracing Griffin's Steps". In: *European Journal of Philosophy* 10, 79 – 100.
Tasioulas, John (2007): „The Moral Reality of Human Rights". In: Pogge, Thomas W. (Ed.): *Freedom from Poverty as a Human Right.* Oxford: Oxford University Press, 75 – 101.
Tasioulas, John (2010): „Taking Rights out of Human Rights". In: *Ethics* 120, 647 – 678.
Tasioulas, John ([2]2014): „Human Dignity and the Foundations of Human Rights". In: McCrudden, Christopher (Ed.): *Understanding Human Dignity*, Oxford: Oxford University Press, 291 – 312.
Walzer, Michael ([4]2006 [1977]): *Just and Unjust Wars. A Moral Argument with Historical Illustrations.* New York: Basic Books.
Wellman, Carl (2011): *The Moral Dimensions of Human Rights.* Oxford, New York: Oxford University Press.

I Menschenrechte mit Kant

Otfried Höffe

„Das angeborene Recht ist nur ein einziges." Hat Kant eine Philosophie der Menschenrechte?

Abstract Nach Kant gibt es nur ein einziges angeborenes Recht, und gemäß dem einen kategorischen Rechtsimperativ kann es auch nur ein einziges angeborenes Recht geben. Bezogen auf die Menschenrechte beläuft es sich auf deren letzten Maßstab, der in vielen Menschenrechtstheorien fehlt. Auch wenn Kant dem angeborenen Recht diese Maßstabsaufgabe nicht ausdrücklich zuspricht, verwendet er das angeborene Recht in diesem Sinn, denn er weist damit teils Menschenrechte, teils Quasi-Menschenrechte aus.

1 Einige Vorbemerkungen

In der Ideengeschichte eines für das moderne Recht wesentlichen Gedankens, dem der Menschenrechte, pflegt man Kant einen prominenten Platz einzuräumen. Nur ein Beispiel: Nach einem *Handbuch* zu Kant verstehe unser Philosoph unter dem Weltbürgerrecht der Friedensschrift „grundlegende Menschenrechte", die weder „vom eigenen noch vom fremden Staat" missachtet werden dürften. Und zwei Jahre später, in der *Metaphysik der Sitten*, werde die verfassungs- und völkerrechtliche Thematik „einschließlich der Theorie der Menschenrechte", wiederholt (Irrlitz 2002, 433 f.).

In Wahrheit kommt der heute übliche Plural, der Ausdruck *Menschenrechte*, bei Kant meines Wissens gar nicht vor. Und für den Singular, das *Menschenrecht*, finde ich nur einen Beleg. Dieser erscheint nicht in der Friedensschrift, auch nicht in Kants systematisch grundlegenderem Text, der *Rechtslehre*, sondern im *Gemeinspruch*, dort aber nicht im Völkerrecht, zudem ziemlich beiläufig. Gegen Ende des Staatsrechts wird das Menschenrecht als Beispiel, übrigens als einziges Beispiel, für das angeführt, „was durch Vernunft unmittelbar Achtung abnöthigt" (TP, AA 08: 306.28 f.). Darin klingt zwar der hohe Rang des Gedankens von Menschenrechten an. Von einem angeborenen unveräußerlichen subjektiven Recht ist aber keine ausdrückliche Rede.

Dasselbe trifft auf zwei weitere Stellen zu, jetzt aus der Friedensschrift. Dort spricht Kant freilich nicht, wie das Register zur zwölfbändigen Theorie-Werkausgabe von Kant im Suhrkamp Verlag verheißt von „Menschenrecht" (Horstmann 1969, 50), sondern von „Recht der Menschen" (ZeF, AA 08: 352.33 und

https://doi.org/10.1515/9783110572377-002

386.02). Beide Stellen bekräftigen den hohen Rang. Die erste Stelle qualifiziert dieses Recht als „das Heiligste, was Gott auf Erden hat“. Und nach der zweiten Stelle ist die Achtung für das Recht der Menschen eine unbedingte, schlechthin gebietende Pflicht, im Gegensatz zur Menschenliebe als einer nur bedingten Pflicht. Aber erneut braucht es schon weitläufige Interpretationen, um hier ein Menschenrecht im modernen Verständnis zu sehen.

Was folgt daraus: Ist es besser, Kant aus der Ideengeschichte der Menschenrechte zu streichen? Ich behaupte „nein“ und ziehe zur Begründung eine kurze, aber zentrale Stelle aus Kants *Rechtslehre*, ihrer „Allgemeinen Einteilung der Rechte“, heran. Dort taucht nämlich die für die Systematik und Rhetorik der Menschenrechte charakteristische Qualifikation des Angeborenen auf (RL, AA 06: 237.27–238.25). Ich versuche, den Passus, der genau den Titel meines Vortrages trägt, sowohl zu interpretieren als auch auf seine systematische Bedeutung hin zu untersuchen. Ich trage dazu Gedanken vor, die einige von Ihnen vermutlich kennen. Denn ich habe sie in meiner Studie zu Kants *Kritik der praktischen Vernunft* veröffentlicht (Höffe 2012, Kap. 14), aber noch nie einem so illustren Kreis von Kant-Kennern zur Diskussion gestellt.

Meine These lautet: Obwohl weder im Singular noch im Plural von einem Menschenrecht die Rede ist, stellt Kant dort mit dem Gedanken eines angeborenen Rechts ein Kriterium für Menschenrechte auf (Abschnitt 2). Danach erläutere ich sukzessive die für diese These wesentlichen Begriffe und Argumente: Was bedeutet das Argument „kraft seiner Menschheit“ (RL, AA 06: 237.32) (Abschnitt 3)? Welches Gewicht hat der Umstand, dass Kant nicht wie heute üblich mit Ansprüchen gegen andere, sondern mit einer Pflicht gegen sich selbst beginnt und diese sogar für eine Rechtspflicht hält (Abschnitt 4)? In der anschließenden Explikation vertritt Kant meines Erachtens vier implizite Menschenrechte (Abschnitt 5). Bei Kant kommen noch zwei Quasi-Menschenrechte hinzu (Abschnitt 6). Und am Ende ziehe ich eine vorläufige Bilanz (Abschnitt 7).

Also:

2 Menschheitsrecht: das Kriterium für Menschenrechte

Unter der Überschrift „das angeborne Recht ist nur ein einziges“ (RL, AA 06: 237.27 f.) widersetzt sich Kant in der *Rechtslehre* dem heute als unstrittig geltenden Plural von Menschenrechten und vertritt an dessen Stelle den entschiedenen Singular:

> Freiheit (Unabhängigkeit von eines Anderen nöthigender Willkür), sofern sie mit jedes Anderen Freiheit nach einem allgemeinen Gesetz zusammen bestehen kann, ist dieses einzige,

> ursprüngliche, jedem Menschen kraft seiner Menschheit zustehende Recht. (RL, AA 06: 237.29 – 32)

Die Begründung fällt allerdings so kurz, überdies stellenweise so kryptisch aus, dass man zum Verständnis besser weitere Kant-Stellen heranzieht. Aus den Überlegungen, die der zitierten Stelle vorangehen, brauchen vier nur erinnert zu werden: (1) Innerhalb der „moralisch" genannten „Gesetze der Freiheit" betrifft das Recht nur juridische, „auf bloße äußere Handlungen und deren Gesetzmäßigkeit" bezogene Freiheitsgesetze (RL, AA 06: 214.13 f.). Darin klingt an (2), dass beim Recht zwei Grundfragen streng zu unterscheiden sind, die normative, näherhin moralische Frage nach dem Recht im Gegensatz zum Unrecht von der empirischen bzw. positiven Frage, was denn Rechtens ist. (3) Die moralische Bestimmung des Rechts bündelt sich in einem kategorischen Rechtsimperativ, dem Imperativ der allgemeinverträglichen Freiheit, der sich (4) mit Zwangsbefugnis verbindet.

Gemäß diesen vier Überlegungen ist das angeborene Recht (1) juridischer, nicht ethischer Natur; (2) in ihm geht es nicht um die positive, sondern überpositive, moralische Betrachtung, (3) die auf eine Verbindlichkeit von kategorischem Rang führt, für den (4) die Zwangsbefugnis unverzichtbar hinzugehört. Das angeborene Recht ist ein streng vorempirisch, zugleich unwandelbar gültiges Recht, das als ein Element der reinen rechtlich-praktischen Vernunft notfalls mit Zwang durchzusetzen ist.

Gemäß ihrem modernen Begriff erheben die Menschenrechte denselben Anspruch. Sie bezeichnen nämlich nicht erworbene, sondern angeborene Ansprüche, die der Mensch bloß weil er Mensch ist, besitze. Üblicherweise treten die Menschenrechte zwar in Erklärungen auf, die *an einem gewissen Ort und zu einer gewissen Zeit* abgegeben werden. Insofern könnte man ihnen methodisch gesehen eine bloß positive Bedeutung zusprechen. Die Erklärungen beanspruchen aber ausdrücklich eine vor- und überpositive Gültigkeit. Sie beanspruchen keine lediglich kultur- und epochenrelative Legalität, sondern eine davon unabhängige, die Legalität normativ begründende oder sie bestreitende Legitimität.

Ganz in diesem Sinn stellt Kants *Rechtslehre* die raum- und zeitunabhängige Frage nach Recht und Unrecht. Er beantwortet sie in unserer Passage aber nicht mit einem Katalog von Menschenrechten, sondern mit einer Bestimmung, die den Rang eines Kriteriums für Menschenrechte, und zwar eines höchsten Kriteriums, beinhaltet. Sie tritt daher notwendigerweise im Singular auf:

> Freiheit (Unabhängigkeit von eines Anderen nöthigender Willkür), sofern sie mit jedes Anderen Freiheit nach einem allgemeinen Gesetz zusammen bestehen kann, ist dieses einzige,

> ursprüngliche, jedem Menschen kraft seiner Menschheit zustehende Recht. (RL, AA 06: 237.29–32)

Kant formuliert mit diesem Satz den moralischen Rechtsbegriff aus, dem in entsprechender Variante das (moralische) Rechtsprinzip und das (moralische) Rechtsgesetz (§ C) folgen. Weil sie als moralische Gegenstände zur reinen praktischen Vernunft gehören, zeichnen sich alle drei durch strenge Allgemeinheit und apriorischen Charakter aus. Als Prinzipien ‚aller' positiven Gesetzgebung sind sie aller Erfahrung und deren Veränderbarkeit enthoben, folglich zugleich unwandelbar (RL, AA 06: 229.14). All diese Qualifikationen treffen auf das angeborene Recht ebenso zu: Es ist ein streng vorempirisches und zugleich unwandelbar gültiges, rein vernünftiges Recht, des näheren ein Prinzip der reinen rechtlich-praktischen Vernunft, also ein rechtsmoralisches Prinzip.

Aus genau diesem Grund eignet sich das angeborene Recht zu einem Kriterium für Menschenrechte. Denn nach ihrem begriffsimmanenten Anspruch teilen sie mit dem angeborenen Recht die moralische, zugleich vor- und überpositive Bedeutung. Sie bezeichnen nämlich Ansprüche, die nicht erworben, sondern angeboren sind, und zwar nicht etwa bloß bei sehr vielen, sondern ausnahmslos bei allen Menschen. Genauer genommen zeichnen sie sogar alle zurechnungsfähigen Subjekte aus. Da Kant derartige Subjekte ‚Personen' nennt (RL, AA 06: 223.24), zeigt sich ein erstes Mal das kritische Potential, das sich bei Kant gegenüber dem Menschenrechtsgedanken findet. Man müsste nämlich recht verstanden von *Personenrechten* statt von *Menschenrechten* sprechen, zumal sich in dem geläufigeren Ausdruck ein Gattungsegoismus der Menschen verstecken könnte, der sogenannte *Speziesismus*. Freilich handelt es sich bei dem Ausdruck *Menschenrechte* in Wahrheit um eine pars pro toto-Rede, die lediglich jenen Teil der infrage kommenden Wesen auswählt, den wir bislang als Personen kennen, eben bloß die Menschen.

Obwohl das angeborene Recht zum Kriterium für die Menschenrechte oder treffender die Personenrechte taugt, bildet es bei Kant selber nicht etwa die Grundlage für einen Katalog von Menschenrechten, auch wenn sich aus ihnen, wird sich zeigen, vier implizite und zwei Quasi-Menschenrechte ableiten lassen. In der Systematik der *Rechtslehre* belaufen sich der Rechtsbegriff, das Rechtsprinzip und das Rechtsgesetz zusammen auf den ersten Teil, der zugleich die Grundlage für die zwei nächsten Teile, die beiden bekannten Hauptteile der *Rechtslehre*, das Privatrecht und das öffentliche Recht, darstellt. Im Gegensatz zu einer oberflächlichen Wahrnehmung besteht Kants Rechtsmoral nämlich nicht aus zwei, sondern aus drei Teilen, aus (1) dem inneren Mein und Dein, (2) dem äußeren Mein und Dein und (3) deren öffentlicher Verantwortung.

Diese Abfolge hat ein großes Gewicht. Sie enthält eine Kritik der sich später breit machenden Vorstellung, die Menschenrechte bestünden ihren Kernaufgaben nach in Abwehrrechten gegen den Staat. In Wahrheit werden weder das grundlegende Menschenrecht noch spezifische Menschenrechte ausschließlich, nicht einmal primär von seiten des Staates bedroht. Nur weil es zur Gewährleistung der Menschenrechte öffentlicher Gewalten bedarf und diese ihre legitime Gewalt missbrauchen können, sind die Menschenrechte, freilich nur sekundär, auch Abwehrrechte gegen den Staat. Zweierlei bleibt richtig. Erstens steht am Ursprung der Menschenrechte der Gedanke negativer Freiheitsrechte, die zweitens durchaus Abwehrrechte sind, dies aber primär gegen andere Rechtsgenossen und erst sekundär gegen den Staat.

3 „kraft seiner Menschheit"

In Kants These vom angeborenen Recht ist die Frage entscheidend, was die Menschheit ist, kraft der das Recht besteht. In der *Grundlegung* betrifft der Ausdruck ‚Menschheit' nicht etwa die Gattung der Menschen, das *genus humanum*, sondern das, was den Menschen auszeichnet, seine Natur oder sein Wesen, also die *humanitas*. Kant bestimmt sie als die „vernünftige Natur" (GMS, AA 04: 430.28), andernorts als den Menschen, „bloß als moralisches Wesen betrachtet" (TL, AA 06: 429.04 f.; vgl. RL, AA 06: 223.25 f. und 226.16 – 19). Von ihnen behauptet er, sie existieren als Zweck an sich selbst, woraus sich dann die bekannte zweite, *materiale* Formel des Kategorischen Imperativs ergibt: „Handle so, daß du die Menschheit [...] jederzeit zugleich als Zweck [...] brauchst" (GMS, AA 04: 429.10–12).

Ganz in diesem Sinn versteht die *Rechtslehre* unter der Menschheit den Menschen, sofern man ihn „nach der Eigenschaft seines Freiheitsvermögens", also „übersinnlich" vorstellt (RL, AA 06: 239.23 f.). Innerhalb von Kants zwei Betrachtungsweisen, der noumenalen und der phänomenalen, gehört der Ausdruck ‚Menschheit' zur ersten, moralischen Betrachtung, denn „die Menschheit in seiner Person" (TL, AA 06: 429.05) ist nichts anderes.

4 Eine Rechtspflicht gegen sich

Die Menschheits-Zweck-Formel der *Grundlegung* verlangt, die Menschheit „sowohl in deiner Person, als in der Person eines jeden andern" entsprechend, also „jederzeit zugleich als Zweck", zu behandeln (GMS, AA 04: 429.10–12). Obwohl sie also nicht nur Pflichten gegen andere („in der Person eines jeden andern"), sondern auch die Pflichten gegen sich („in deiner Person") betrifft, erwartet man beim Recht lediglich die Beziehung zu den Mitmenschen. Überraschenderweise spricht Kant in der *Rechtslehre* aber als erstes von einer Pflicht gegen sich: „Mache dich anderen nicht zum bloßen Mittel, sondern sei für sie zugleich Zweck" (RL, AA 06: 236.27 f.). Es ist jene Pflicht zur rechtlichen Ehrbarkeit, mit der Kant die erste Ulpian-Formel: „Sei ein rechtlicher Mensch (*honeste vive*)" (RL, AA 06: 236.24) erläutert (vgl. Höffe 2001, Kap. 7). In der *Pädagogik*-Vorlesung bekräftigt es Kant: „daß der Mensch in seinem Innern eine gewisse Würde habe, die ihn vor allen Geschöpfen adelt, und seine Pflicht ist es, diese Würde der Menschheit in seiner eignen Person nicht zu verleugnen" (Päd, AA 09: 488.34–37). (Zu Kants Würde-Begriff, s. Sensen 2011)

Diese offensichtlich moralische Pflicht verlangt „im Verhältniß zu Anderen seinen Werth als den eines Menschen zu behaupten" (RL, AA 06: 236.25 f.). Damit führt Kant in die Rechtsphilosophie eine ebenso neuartige wie erstaunliche, prima facie sogar irritierende Pflicht ein. Mit ihr zeigt seine Rechtsmoral ein zweites Mal ihr kritisches Potential; Kants Rechtsmoral ist revolutionär und provokativ zugleich.

Die neue Pflicht besteht in einer basalen, nicht physischen, sondern rechtsmoralischen Selbstbehauptung, in jener fundamentalen Ehrbarkeit, die das Rechtsverhältnis allererst ermöglicht. Diese rechtskonstituierende Ehrbarkeit besteht in einer der vertrauten Anerkennung durch andere sachlich vorausliegenden Anerkennung durch sich selbst.

Geht man vom Begriff der Anerkennung aus, so bieten sich für die Begründung einer Rechtspersönlichkeit zwei Positionen an: Zur Rechtsperson wird man entweder durch eine Anerkennung seitens anderer oder seitens seiner selbst. Nach der ersten Position ist man von fremder Anerkennung, also von der Wertschätzung anderer abhängig, worauf man hinarbeiten und sie trotzdem durch Eigenleistung allein nicht erreichen kann. Für Kant beläuft sich diese Position auf einen von ihm abgelehnten Rechtspaternalismus. Nach seiner eigenen, der zweiten Position, einem fundamentalen Rechtsliberalismus, steht am Ursprung des Rechts eine Eigenleistung von primär negativem Charakter: Zu einer Rechtsperson wird nur, wer sich der bloßen Instrumentalisierung verweigert. Wer sich nicht verweigert, bleibt gleichwohl ein Rechtssubjekt, seine Rechtsfähigkeit erhält aber nicht die volle Aktualität. Wer sich hingegen der fundamental-rechtlichen Erniedrigung und Entwürdigung verweigert beansprucht nicht bloß, sondern realisiert auch für sich einen eigenen Freiheitsraum und leistet damit, worauf es nach Kant ankommt, er behauptet „im Verhältniß zu Anderen seinen Werth als den eines Menschen" (RL, AA 06: 236.25 f.).

Im Unterschied zu Pippin (1999, 70) halte ich die Behauptung seines eigenen Wertes nicht für ein Überbieten der Verweigerung, sich erniedrigen und entwürdigen zu lassen, sondern für nichts anderes als deren positive Kehrseite: In Übereinstimmung mit der Menschheits-Zweck-Formel ist, wer sich „anderen nicht zum bloßen Mittel“ macht, eo ipso „für sie zugleich Zweck“ (RL, AA 06: 236.27 f.).

Kant schließt eine zusätzliche Fremdanerkennung nicht aus, sie mag noch hinzutreten, die Selbstanerkennung bleibt aber vorrangig: Was ist der Grund? Allein derjenige, der sich für sich selbst als Rechtsperson konstituiert, reklamiert für sich einen Freiheitsraum, womit er zu einem Wesen wird, dem gegenüber überhaupt von einer etwaigen Freiheitseinschränkung und einer spiegelbildlichen Freiheitszubilligung die Rede sein kann. Das Recht, das seinem Begriff nach im „Vermögen“ besteht, „andere zu verpflichten“ (RL, AA 06: 239.19 f.), setzt also die Pflicht voraus, sich als moralische Person, allerdings nur als *rechts*moralische, nicht auch als *tugend*moralische Person, zu konstituieren. Die Mitmenschen haben dagegen die Pflicht, ihresgleichen einen Freiheitsraum zuzubilligen. Nicht historisch, wohl aber systematisch gesehen muss man sich jedoch zuvor als jemand behaupten, der für sich einen Freiheitsraum beansprucht.

Nach Kants Tafel der Pflichten zeichnet sich das „Recht der Menschheit in unserer eigenen Person“ durch drei Bestimmungen aus. Die ersten zwei verstehen sich von selbst: Beim Recht handelt es sich um eine Rechts-, keine Tugendpflicht, außerdem um eine vollkommene, also ausnahmslos geltende, keine unvollkommene Pflicht. Erstaunlich, sogar irritierend ist lediglich jene dritte Bestimmung, in der die revolutionäre Neuartigkeit und zugleich Provokation liegt:

Obwohl es im Recht um das Verhältnis zu anderen geht, steht am Ursprung keine Sozialbeziehung, sondern ein Selbstverhältnis, mithin keine Pflicht gegen andere, sondern eine Pflicht gegen sich selbst. Sogar beim Recht ist also der Mensch zuallererst „der Menschheit in seiner eigenen Person verantwortlich“ (RL, AA 06: 270.19 f.). Hierzu passt das Wort aus der *Tugendlehre:* „Die Menschheit selbst ist eine Würde; denn der Mensch kann von keinem Menschen (weder von Anderen noch sogar von sich selbst) blos als Mittel [...] gebraucht werden“; und durch diese Würde erhebt er sich „über alle andere Weltwesen, die nicht Menschen sind“ (TL, AA 06: 462.21–25). Ein weiterer Gegensatz bekräftigt das Ungewöhnliche der Rechtspflicht gegen sich und schärft zugleich ihr Profil. Kant stellt das „Recht der Menschheit“ jenem „Recht der Menschen“ entgegen, das sich auf eine Pflicht gegen andere beläuft (vgl. RL, AA 06: 270.14–23). Kants für heute provokative Pointe: Dem subjektiven Anspruch geht eine subjektive Pflicht, dem Menschenrecht ein Menschheitsrecht voraus, das zugleich eine Menschheitspflicht ist.

Folgt man dem Argumentationsgang der *Rechtslehre* und geht von der rechtlichen Ehrbarkeit (Abschnitt „A: Allgemeine Eintheilung der Rechtspflichten“, RL, AA 06: 236) über zum angeborenen Recht (Abschnitt „B: Allgemeine Eintheilung der Rechte“, RL, AA 06: 237.13–26), so bedeutet das „Recht der

Menschheit in unserer eigenen Person", dass der Mensch als Moralwesen das Recht hat, als Rechtsperson anerkannt zu werden. Dieses Recht wird ihm freilich nicht von außen geschenkt. Weder fällt es wie das Manna vom Himmel, noch ist es eine Gnade, die ihm von einer höhergestellten Instanz gewährt wird. Es ist auch keine Gabe, die man von seinesgleichen in Erwartung einer Gegengabe empfängt. Mit Rezeptivität oder Passivität gelangt man hier nicht zum Ziel. Weil eine Eigenleistung zählt, braucht es Aktivität. Man hat das Recht selber wahrzunehmen, was dadurch geschieht, dass man sich der skizzierten rechtlichen Entwürdigung verweigert.

Nur wer diesem fundamentalen Aspekt rechtlicher Ehrbarkeit genügt und sich nie zum bloßen Mittel degradieren lässt, behauptet sich als Rechtsperson und realisiert dann, was ihm „von Natur zukommt": „unabhängig von allem rechtlichen Act" (RL, AA 06: 237.21 f.) hat er Anspruch auf die mit allen anderen nach einem allgemeinen Gesetze verträgliche Freiheit. Das Wort ‚unabhängig' bedeutet hier, dass es um ein inneres statt eines äußeren Mein und Dein geht, dass es also angeboren und nicht erworben, folglich auch ursprünglich und nicht irgendwie nachgeordnet ist.

Eine Unstimmigkeit bleibt freilich zu erwähnen: Nach der „Allgemeinen Eintheilung der Rechte" gibt es das angeborene Mein und Dein nur als inneres, da das äußere Mein und Dein jederzeit erworben werden müsse (RL, AA 06: 237.24 – 26). Trotzdem wird Kant im Verlauf des Privatrechts den guten Namen für „ein angebornes äußeres, obzwar bloß ideales Mein oder Dein" ansprechen (RL, AA 06: 295.07 f.).

5 Implizite Menschenrechte

Kant gibt sich beim angeborenen Recht nicht mit der Formel von der allgemeinverträglichen Freiheit zufrieden. Er schließt noch eine Explikation im wörtlichen Sinn an, denn er erklärt, was alles in der Freiheitsformel schon enthalten sei (vgl. RL, AA 06: 237 f.). Dabei führt er vier Rechte an, die, weil im angeborenen Recht schon enthalten, dieselbe Rechtsqualität wie das angeborene Recht besitzen. Jedes Implikat entspricht also einem Menschenrecht, womit aus dem Singular denn doch ein Plural wird. Nicht zusätzlich, sondern nur innerhalb des einen Menschheitsrechts gibt es eine Mehrzahl von Menschenrechten. Das eine angeborene Recht lässt sich in vier angeborene Rechte ausbuchstabieren, in (1) das Verbot von Privilegien, (2) das Recht, sein eigener Herr zu sein, (3) das Recht zunächst einmal als unbescholten zu gelten; schließlich (4) das Recht, Beliebiges zu tun oder zu lassen, solange man nicht in fremde Rechte eingreift.

Zwei Begriffe, Freiheit und Gleichheit, stehen in Menschenrechtserklärungen üblicherweise an erster Stelle. Zusammen mit dem angeborenen Recht auf Freiheit präzisieren Kants vier Implikate, was die beiden Begriffe sinnvollerweise bedeuten. Schon dadurch sind die Implikate grundlegender als viele Elemente der vertrauten Menschenrechtskataloge. Kant spricht weder von Eigentum, Glück und Sicherheit, wie es in der *Virginia Bill of Rights*, noch von Eigentum, Sicherheit und Widerstand gegen Unterdrückung, wie es in der französischen *Déclaration des droits de l'homme et du citoyen*, oder von Leben, Freiheit und Sicherheit der Person, wie in der *Allgemeinen Erklärung der Menschenrechte* der Vereinten Nationen heißt. Ohnehin fehlen Menschenrechte wie die Glaubens-, Gewissens- und Religionsfreiheit, wie die Meinungs- und Presse-, wie die Kunst- und Wissenschaftsfreiheit.

Die Abfolge, in der die vier impliziten Menschenrechte behandelt werden, ist nicht zufällig. Ihr liegt vielmehr eine gewisse Systematik zugrunde. Wegen des Versuchs, möglichst alle Implikate des einen Menschenrechts herauszustellen, beginnt Kant beim nächstliegenden Implikat und arbeitet sich nach und nach zu den ferner liegenden Implikaten vor.

In vielen Gerechtigkeits- und Menschenrechtsdebatten wird über die Priorität gestritten: Wer von den beiden Leitbegriffen, Freiheit oder Gleichheit, besitzt den Vorrang? Kants Antwort besteht in einer Gleichrangigkeit, ausgesprochen im ersten, auf der Hand liegenden Implikat. Insofern jedem Menschen kraft seiner Menschheit eine wohlbestimmte Freiheit zukommt, wird jeder mit jedem anderen als gleich geachtet. Und der Gehalt dieser angeborenen Gleichheit ist mit dem der Freiheit identisch. Das erste implizite Menschenrecht besagt: Niemand unterliegt mehr Verbindlichkeiten als die anderen; ebenso: niemand hat mehr Rechte als die anderen. Hier lehnt Kant stillschweigend alle Arten von Privilegien ab.

Der das nächste Implikat einleitende Ausdruck ‚mithin' (RL, AA 06: 237.34) bedeutet eine logische Folge. Nicht direkt aus der angeborenen Freiheit, sondern aus deren Implikat, der angeborenen Gleichheit, also notwendigerweise erst im zweiten Schritt, leitet Kant das nächste Implikat ab: dass der Mensch der Qualität nach, also gemäß Kants zweiter Kategorienklasse aus der ersten *Kritik:* der Sachheit oder Sachhaltigkeit (realitas) nach, „sein eigener Herr" ist (RL, AA 06: 238.01).

Wer sein eigener Herr ist, hat die rechtsmoralische Befugnis, sein Leben selber zu bestimmen. Er beansprucht alle jene Rechte, die mit dem angeborenen Menschheitsrecht beginnen, weshalb das zweite implizite Menschenrecht besagt: Jeder Mensch hat das Recht, ein Mensch mit einer Rechtspersönlichkeit, also kein Leibeigener oder Sklave, vielmehr eine Persönlichkeit mit eigenen Rechten, zu sein.

Das dritte implizite Menschenrecht, eingeführt als ‚imgleichen' (RL, AA 06: 238.01), das heißt, auf gleiche Weise, in gleicher Art, also ebenfalls als Implikat des ersten Implikats, besteht im Recht, als unbescholten zu gelten. Dieses Recht sieht nur oberflächlich betrachtet nach der strafrechtlichen Unschuldsvermutung aus, in Wahrheit ist es wie schon die für das angeborene Recht entscheidende Ehrbarkeit weit grundlegender: Solange der Mensch keinen Rechtsakt vornimmt, hat er, wie Kant erläutert, gegen niemanden ein Unrecht begangen. Solange man nichts Rechtserhebliches unternimmt, steht man in niemandes Schuld. Wer beispielsweise die Pflicht, Notleidenden zu helfen, oder allgemeiner die Pflicht zur Wohltätigkeit verletzt, begeht zwar ein moralisches, aber kein rechtsmoralisches Unrecht. Der „Geist der Brüderlichkeit", in dem nach Artikel 1 der UN-Menschenrechtserklärung die Menschen einander begegnen sollen, hat für Kant nicht den Rang eines angeborenen Menschenrechts.

6 Quasi-Menschenrechte

Obwohl Kant nur ein einziges Recht für angeboren hält, haben noch zwei weitere Lehrstücke eine menschenrechtliche Bedeutung. Sie entsprechen den beiden Hauptteilen der *Rechtslehre*, dem „Privatrecht vom äußeren Mein und Dein" und dem „Staatsrecht", womit sich Kants Philosophie der Menschenrechte über seine gesamte Rechtslehre erstreckt. Die ausdrückliche Philosophie der Menschenrechte besteht zwar „nur" aus der skizzierten Theorie des „inneren Mein und Dein". Aus ihr folgt aber der menschenrechtliche Rang des (äußeren) Privatrechts und des Staatsrechts. Für Einzelheiten ist hier nicht der Ort; die beiden Lehrstücke sollten aber wenigstens genannt und in ihrem menschenrechtlichen Rang angedeutet werden:

In der vorstaatlichen und genau deshalb „Privat"-Recht genannten Theorie des Eigentums geht es nicht allein um Eigentum an Sachen, sondern auch um zwei weitere Arten, um Dienstleistungen („Vertragsrecht") und um Zustände einer anderen Person („Ehe-, Eltern- und Hausherrenrecht"). Kant begründet diese drei Arten von Eigentum weder mit empirischen noch mit geschichtlichen, anthropologischen oder pragmatischen Gründen. Weder erklärt er, dass es Eigentum schon lange, eventuell in so gut wie allen Kulturen gegeben habe. Noch legitimiert er es aus zoologischen Besonderheiten der Spezies homo sapiens und auch nicht mit Hinweis auf einen persönlichen oder auf den kollektiven Nutzen. Das äußere Mein und Dein rechtfertigt sich für Kant aus keinem anderen Grund als aus einem Argument der reinen praktischen Vernunft, bezogen auf die grundlegende Anwendungsbedingung des Rechts, die äußere Freiheit mehrerer Personen in derselben Welt.

Gemäß der Vernunftbegründung führt Kant den Begriff eines intelligiblen Besitzes, des ‚Vernunftbesitzes', ein (RL, AA 06: 245.26). Im Anschluss daran erklärt er zum rechtlichen Postulat der [reinen] praktischen Vernunft, dass ein Gesetz, nach dem „ein Gegenstand der Willkür an sich (objectiv) herrenlos (*res nullius*)“ werde, „rechtswidrig“ sei, also dem moralischen Begriff des Rechts widerspreche (RL, AA 06: 246.07 f.).

Gemäß dem apriorischen Charakter dieser These handelt es sich um eine streng vor- und überpositiv gültige Aussage, mithin um jene Unverzichtbarkeit, die der Ebene des Menschenrechts entspricht. Kant stellt hier nicht ein Menschenrecht auf Eigentum auf. Weder erklärt er, jeder Mensch habe ein angeborenes Recht auf einen gewissen Eigentumstitel. Noch behauptet er, jeder Mensch habe das Recht, zumindest etwas als Eigentum zu haben. Deshalb spricht man besser nicht von einem Menschenrecht, sondern lediglich von einer menschenrechtlichen Bedeutung oder von einem Quasi-Menschenrecht.

Der Adressat dieses Quasi-Menschenrechts ist eine Rechtsordnung, freilich eine erst privat-, nicht öffentlich-rechtliche Ordnung. Ihr ist es vom rechtsmoralischen Standpunkt aus unzulässig, irgendwelche Gegenstände menschlicher Willkür einem äußeren Mein und Dein zu entziehen. Positiv formuliert hat jeder Mensch das Recht, in einer Rechtsordnung zu leben, die jedem Gegenstand menschlicher Willkür erlaubt, zu einem äußeren Mein und Dein zu werden.

Auch im zweiten Teil der *Rechtslehre* taucht ein Quasi-Menschenrecht auf. Es besteht im Recht des Menschen, in einem öffentlichen Rechtszustand zu leben. Diesem Recht greift Kant schon im Privatrecht vor, sogar drei Mal, nämlich in allen drei Hauptstücken (§§ 8 – 9; § 15; §§ 41 – 42). Diese Vorgriffe auf das öffentliche Recht zeugen nicht etwa von einer unklaren Komposition. Sie besagen vielmehr, dass das bloße Privatrecht in all seinen Hauptstücken erst den Rang eines Naturzustandes hat, in dem alles äußere Mein und Dein nur einen provisorischen Rechtscharakter hat, der nur in einem öffentlichen Rechtszustand zu einem endgültigen („peremtorischen“) Mein und Dein überwunden wird. Deshalb gibt es, wie es schon in der „Allgemeinen Eintheilung der Rechtspflichten“ heißt, die Pflicht: „Tritt in einen Zustand, worin Jedermann das Seine gegen jeden Anderen gesichert sein kann“ (RL, AA 06: 237.07 f.). Dieser Zustand hat nach Teil II, „Das öffentliche Recht“, drei Dimensionen (vgl. auch ZeF, AA 08: 348 – 350), weshalb man von einem dreifachen basalen Recht sprechen kann: Der Mensch hat erstens das Recht auf einen Staat, des näheren auf eine Republik (RL, AA 06: §§ 43 – 49: Staatsrecht), zweitens das Recht darauf, dass zwischen den Staaten eine Rechtsbeziehung herrscht (§§ 53 – 61: Völkerrecht), und drittens das Recht auf eine weltbürgerliche Beziehung, die aber bescheidenerweise nur in einem Besuchs-, nicht Gastrecht besteht (§ 62: Weltbürgerrecht).

7 Vorläufige Bilanz

Ziehen wir eine zweifellos vorläufige Bilanz: Nach Kant gibt es nur ein einziges angeborenes Recht, und gemäß dem einen kategorischen Rechtsimperativ kann es auch nur ein einziges angeborenes Recht geben. Bezogen auf die Menschenrechte beläuft es sich auf deren letzten Maßstab, der in vielen Menschenrechtstheorien fehlt. Auch wenn Kant dem angeborenen Recht diese Maßstabsaufgabe nicht ausdrücklich zuspricht, verwendet er das angeborene Recht in diesem Sinn, denn er weist damit teils Menschenrechte, teils Quasi-Menschenrechte aus.

Literatur

Höffe, Otfried (2001): *„Königliche Völker". Zu Kants kosmopolitischer Rechts- und Friedenstheorie.* Frankfurt/ M: Suhrkamp.

Höffe, Otfried (2012): *Kants Kritik der praktischen Vernunft. Eine Philosophie der Freiheit.* München: C.H. Beck.

Horstmann, Rolf-Peter (1969): „Register". In: Weischädel, Wilhelm (Hg.) *Kant. Werke in zwölf Bänden.* Frankfurt/ M: Suhrkamp.

Irrlitz, Gerd (2002): *Kant-Handbuch. Leben und Werk.* Stuttgart, Weimar: Metzler Verlag.

Pippin, Robert (1990): „Dividing and Deriving in Kant's Rechtslehre". In: Höffe, Otfried (Hg.): *Immanuel Kant. Metaphysische Anfangsgründe der Rechtslehre* (Klassiker Auslegen Bd. 19). Berlin: Akademie Verlag, 63–86.

Sensen, Oliver (2011): *Kant on Human Dignity.* Berlin, Boston: De Gruyter.

Georg Mohr

Kants Begriff der inneren Rechtspflicht als Prinzip einer Begründung von Menschenrechten

Abstract Im Vordergrund des Menschenrechtsdiskurses nicht nur in Politik und Feuilleton, sondern auch in der fachphilosophischen Literatur steht ein fast fraglos dominierender Fokus auf Kants Konzept des angeborenen Freiheitsrechts. Ein generelles Problem einer freiheitstheoretischen Begründung von Menschenrechten ist aber, ob von einer Beschreibung eines Lebewesens als frei oder auch freiheitsfähig auf bestimmte basale unveräußerliche Rechte dieses Wesens geschlossen werden kann. Bei genauerem Hinsehen zeigt sich, dass das Freiheitsrecht kein isoliertes Grundprinzip der Kantischen Rechtsphilosophie, sondern vielmehr konzeptionell verknüpft ist mit dem Grundsatz einer von Kant so genannten „inneren Rechtspflicht". Dieser inneren Rechtspflicht ist bislang nur vereinzelt die ihr gebührende Aufmerksamkeit gewidmet worden. Vor allem aber wurde noch kaum ihr Potential für eine Begründung von Menschenrechten ausgelotet. Hier soll gezeigt werden, dass Menschenrechte im Rahmen der Kantischen Theorie der inneren Rechtspflicht als die Bedingungen verständlich gemacht werden können, denen Rechtsordnungen genügen müssen, damit die institutionellen gesellschaftlichen Rahmenbedingungen der individuellen und kollektiven Selbstachtung gewährleistet werden.

I

Die Geschichte der Positivierung von Menschenrechten in Deklarationen, Internationalen Pakten und Verfassungen hat die Überzeugung in den Vordergrund treten lassen, dass die rechtspolitisch primäre Funktion der Menschenrechte die des Individualschutzes vor entgrenzender Staatsgewalt sei. Es seien primär Normen der legitimitätsqualifizierenden Begrenzung staatlicher Herrschaft, mit denen die Befugnis staatlicher Institutionen an individuellen Abwehrrechten der Menschen bzw. Bürgerinnen und Bürger ihre Grenze hat. Diese Auffassung erklärt sich aus dem Umstand, dass historisch Menschenrechte als Schutznormen gegen staatliche Willkür und gegen ungerechtfertigte sozial diskriminierende Hierarchien deklariert worden sind.

Verallgemeinert geht diese Überzeugung einher mit der weiteren, dass unter den Menschenrechten die individuellen Freiheitsrechte die primären subjektiven

https://doi.org/10.1515/9783110572377-003

Rechte seien, denen im Zuge der Rechtsfortbildung sowie in betreffenden politischen Entscheidungssituationen stets der Vorrang vor Partizipationsrechten, sozialen Teilhaberechten und kollektiven Selbstbestimmungsrechten zu geben sei.

Die primär auf den Freiheitsbegriff abstellende Menschenrechtsauffassung wird zumindest im deutschen Recht explizit in Art. 1 des Grundgesetzes mit dem Begriff der Menschenwürde verknüpft. Jahrzehntelang unangefochten war die Interpretation des grundgesetzlichen Menschenwürdeprinzips als ein an die staatlichen Organe gerichtetes kategorisches Verbot der „Instrumentalisierung" von Menschen als „bloßen Objekten" staatlichen Handelns (vgl. Dürig 1956).

Für die Begründung von Menschenwürde und Menschenrechten berief und beruft man sich noch heute auf Kant. Die seit der *Grundlegung zur Metaphysik der Sitten* kanonische Formel, die Menschheit in jeder Person sei „niemals bloß als Mittel" zu brauchen, sondern „jederzeit zugleich als Zweck" zu achten (GMS, AA 04: 429), wird als das philosophische Fundament für die „Objekt-Formel" des Grundgesetzes gesehen (vgl. Jaber 2003, 228 ff.). Und mit dem zentralen Stellenwert der Freiheit als Prinzip der praktischen Philosophie scheint bei Kant auch das Primat subjektiver Freiheitsrechte und damit – nach dieser Lesart – der Kern des Menschenrechtsgedankens philosophisch fundiert zu sein.

Zwei ‚Standardauffassungen' haben sich dementsprechend bis heute gehalten:

1. Kant ist *der* Theoretiker der Menschenwürde und des Menschenrechtsgedankens.
2. Kants Konzept des „angeborenen Freiheitsrechts" ist die adäquate Begründung von Menschenrechten.

Im Vordergrund des Menschenrechtsdiskurses nicht nur in Politik und Feuilleton, sondern auch in der fachphilosophischen Literatur steht demgemäß meist Kants Konzept des angeborenen Freiheitsrechts. Der Freiheitsbegriff steht bei Kant quasi-definitorisch im Zentrum der Rechtsphilosophie. Kant definiert den Rechtsbegriff als den „Inbegriff der Bedingungen, unter denen die Willkür des einen mit der Willkür des andern nach einem allgemeinen Gesetze der Freiheit zusammen vereinigt werden kann". (RL, AA 06: 230) Demnach scheint es geradezu die Funktion des Rechts *par excellence* zu sein, individuelle Freiheitsräume zu sichern, indem diese mittels allgemeinen Freiheitsgesetzen interpersonal kompatibel gemacht und dadurch gesichert werden.

Dieser fast fraglos dominierende Fokus auf das Freiheitsrecht tritt in der Regel gekoppelt mit der meist unausgesprochenen Annahme auf, die in Kants Rechtsphilosophie so zentrale Freiheit sei synonym mit der Freiheit, die mit dem Typus der subjektiven Freiheitsrechte angesprochen ist und wie sie häufig als primärer Rechtstyp in der Systematik der Menschenrechte verstanden werden. Diese Kopplung führt zu einer unglücklichen Blickverengung auf den für eine philosophische Menschenrechtsbegründung wohlmöglich einschlägigen Textbestand der Kantischen Rechtsphilosophie.

II

Gegen den ‚Mainstream' der Auslegung Kants als wichtigster Philosoph des Menschenrechtsgedankens wendet Christoph Horn ein: „Bei einer genaueren Durchsicht der einschlägigen Textstellen [...] ergibt sich rasch, dass die These, Kant sei einer der zentralen Wegbereiter der Menschenrechtstradition, unhaltbar ist." (Horn 2014, 71). Horns Begründung für diese Richtigstellung geht davon aus, dass Rechte des Typs ‚Menschenrecht' die „drei Momente (a) Universalismus, (b) kategorischer Vorrang und (c) Besitzpersistenz" aufweisen und dass „bei Kant [...] sich streng genommen keines von ihnen" findet (Horn 2014, 69).[1]

Ein weiteres, generelles Problem einer freiheitstheoretischen Begründung von Menschenrechten betrifft die Frage, ob von einer Beschreibung eines Lebewesens als frei oder auch freiheitsfähig auf bestimmte basale unveräußerliche Rechte dieses Wesens geschlossen werden kann. So wie aus dem biologisch *faktischen* Selbsterhaltungstrieb kein natürliches *Recht* in einem normlogisch spezifischen Sinn auf Maßnahmen der Befriedigung dieses Triebs folgt, so wenig folgt aus der Feststellung der Freiheitsfähigkeit von Menschen, wenn sie denn als Feststellung überhaupt beweisbar sein sollte, ein angeborenes Recht der Menschen auf den Gebrauch ihrer freien Willkür. Es gibt also ganz basale und elementare Gründe, nach anderen Theorieteilen der praktischen Philosophie Kants Ausschau zu halten, wenn man nach einer Begründung von Menschenwürde oder/und Menschenrechten bei Kant sucht.

III

Das Freiheitsrecht wird von Kant in dem Abschnitt „Einteilung der Rechtslehre" im Kontext der Unterscheidung zwischen „Rechtspflichten" und „Rechten" eingeführt. Der Nennung des ‚angeborenen Freiheitsrechts' geht voraus die „Einteilung der Rechtspflichten". Diese enthält Kants (Um-)Deutung der „pseudo-ulpianischen" Formeln. Deren erste bezeichnet Kant – in seiner (Um-)Deutung – als „innere Rechtspflicht". Wer sich den Kontext des Freiheitsrechts unvoreinge-

1 Auf Horns Thesen, die eine ausführlichere Würdigung verdienen, als sie hier möglich wäre, hoffe ich an anderer Stelle noch näher eingehen zu können.

nommen, d. h. von der oben skizzierten Blickverengung unbelastet, anschaut, stellt also fest, dass das Freiheitsrecht kein isoliertes Grundprinzip der Kantischen Rechtsphilosophie, sondern vielmehr konzeptionell verknüpft ist mit einem im Text vorausgehenden Grundsatz einer von Kant so genannten „inneren Rechtspflicht". Dies ist zunächst nur eine oberflächliche, bloß philologische, aber, wie sich zeigen wird, doch sehr wichtige Beobachtung, die sachlich weiterführen kann.

Dieser inneren Rechtspflicht ist bislang nur vereinzelt die ihr gebührende Aufmerksamkeit gewidmet worden.[2] Vor allem aber wurde noch kaum ihr Potenzial für eine Begründung von Menschenrechten ausgelotet. Es ist zu prüfen, ob sich die Idee der Menschenrechte, d. h. der Kerngedanke eines Menschenrechts, wie auch bestimmte Menschenrechtsnormen in concreto aus dem Kantischen Konzept der inneren Rechtspflicht entwickeln lassen.[3]

IV

Kant stellt eine systematisch grundlegende Verbindung her zwischen dem ursprünglichen Freiheitsrecht auf der einen Seite und dem, was er die „innere Rechtspflicht" nennt, auf der anderen Seite. Was ist eine „innere Rechtspflicht"? Kant definiert sie als eine Verbindlichkeit gegen uns selbst, gegenüber der „Menschheit in unserer Person". Sie wird eingeführt im Kontext der laut Kant an Ulpians „klassische Formeln" angelehnten „Allgemeinen Einteilung der Rechtspflichten", die unter anderem der Exposition des Freiheitsrechts als dem einzigen angeborenen Recht im Text der „Einleitung in die Rechtslehre" vorausgeht. Die erste der drei „Formeln" lautet:

„*Sei ein rechtlicher Mensch* (*honeste vive*). Die *rechtliche Ehrbarkeit* (*honestas iuridica*) besteht darin: im Verhältniß zu Anderen seinen Werth als den eines Menschen zu behaupten, welche Pflicht durch den Satz ausgedrückt wird: „Mache dich anderen nicht zum bloßen Mittel, sondern sei für sie zugleich Zweck." Diese Pflicht wird im folgenden als Verbindlichkeit aus dem *Rechte* der Menschheit in unserer eigenen Person erklärt werden (*Lex iusti*)." (RL, AA 06: 236)

Es gibt demnach laut Kant eine Pflicht, „im Verhältniß zu Anderen seinen Werth als den eines Menschen zu behaupten". Kant nennt diese Pflicht eine „innere Rechtspflicht". Sie gebietet die Selbstverpflichtung des Menschen, eines

---

2 Vgl. Höffe 2001 und 2012; Oberer 2004; Pinzani 2005; Byrd/Hruschka 2005 und 2010; Brandt 2012; Brecher 2012.

3 Vgl. dazu auch Mohr 2011a, wo die folgenden Ausführungen in den allgemeineren Kontext von Kants Pflichtbegriff gestellt werden.

jeden Menschen, auf die Menschheit in seiner eigenen Person als Zweck. Wer bloßes Mittel ist, ist eine Sache. Rechtsperson ist nur, wer sich als Zweck versteht und „im Verhältniß zu Anderen seinen Werth als den eines Menschen zu behaupten“ weiß. Sei eine Rechtsperson! – lautet die (einzige) innere Rechtspflicht. Komplementär dazu lautet das (einzige) innere Recht der Freiheit: Jeder hat das Recht, als Rechtsperson behandelt zu werden.[4]

V

Das Recht ist nach Kant der „Inbegriff der Bedingungen, unter denen die Willkür des einen mit der Willkür des andern nach einem allgemeinen Gesetze der Freiheit zusammen vereinigt werden kann“ (RL, AA 06: § B, 230). Es geht im Recht demnach um die Kompatibilität äußerer Freiheitssphären von Personen. Die grundlegende Bedeutung des Freiheitsbegriffs nicht nur für die Begriffsbestimmung der moralischen Persönlichkeit sondern auch für Kants Rechtskonzept wird an der Stelle deutlich, wo Kant Freiheit als „angebornes Recht“ des Menschen bezeichnet. Der betreffende Passus lautet:

„*Freiheit* (Unabhängigkeit von eines Anderen nötigender Willkür), sofern sie mit jedes Anderen Freiheit nach einem allgemeinen Gesetz zusammen bestehen kann, ist dieses einzige, ursprüngliche, jedem Menschen, kraft seiner Menschheit, zustehende Recht.“ (RL, AA 06: 237 f.)

Kant führt aus, dass „im Prinzip der angebornen Freiheit“ bereits fundamentale Befugnisse liegen, die von der Freiheit „nicht unterschieden“ sind; sie sind als „Glieder der Einteilung unter einem höheren Rechtsbegriff“, d. h. des allgemeinen Rechtsbegriffs, zu betrachten. Als diese rechtsbegrifflich unveräußerlichen Grundbefugnisse nennt Kant die folgenden:

„[1] Die angeborne *Gleichheit*, d.i. die Unabhängigkeit, nicht zu mehrerem von anderen verbunden zu werden, als wozu man sie wechselseitig auch verbinden kann; mithin [2] die Qualität des Menschen, sein *eigener Herr* (*sui iuris*) zu sein, imgleichen die [3] eines *unbescholtenen* Menschen (*iusti*), weil er, vor allem rechtlichen Akt, keinem Unrecht getan hat; endlich auch [4] die Befugnis, das gegen andere zu tun, was an sich ihnen das Ihre nicht schmälert, wenn sie sich dessen nur nicht annehmen wollen“. (RL, AA 06: 237–238)[5]

---

4 Eine vorzügliche neuere Untersuchung zum Personbegriff in Kants Rechtsphilosophie ist Herbst 2015.

5 Die Ziffern wurden von mir eingefügt. – Höffe 2012, 243–247, interpretiert diesen Abschnitt als Ableitung von „impliziten Menschenrechten“ aus dem angeborenen Freiheitsrecht, nämlich als das, was „in der Freiheitsformel schon enthalten sei“ (243). Es handle sich um „vier Rechte […],

Der Rechtsbegriff betrifft bei Kant das „äußere und zwar praktische Verhältnis einer Person gegen eine andere, sofern ihre Handlungen als Fakta aufeinander (unmittelbar oder mittelbar) Einfluß haben können" (RL, AA 06: § B, 230). Nun ist das Recht als Sicherung kompatibler äußerer Freiheit „mit der Befugnis zu zwingen verbunden" (RL, AA 06: § D, 231). Zwang ist legitimer Zwang, insofern er einen Gebrauch der Freiheit verhindert, der „selbst ein Hindernis der Freiheit nach allgemeinen Gesetzen" ist. Als „*Verhinderung* eines *Hindernisses der Freiheit*", die „mit der Freiheit nach allgemeinen Gesetzen zusammen stimm[t]", ist Zwang „recht". Rechtszwang ist Freiheit ermöglichender Zwang, und *nur* insofern er Freiheit ermöglicht, ist er Rechtszwang im Sinne des Kantischen Rechtsbegriffs.

Eine grundsätzliche Schwierigkeit besteht darin zu verstehen, wie die Bestimmung von Personen als Wesen, die einer Freiheit als Autonomie fähig sein sollen, sich mit dem Umstand verträgt, dass solche Personen sich in Rechtsverhältnissen finden, die bestimmt sind durch Erzwingungsbefugnisse. Rechtspflichten sind äußerlich erzwingbare Pflichten, und alle Beziehungen von Personen als Rechtspersonen sind bestimmt durch Rechtspflichten und also durch Zwangsbefugnisse.

Kants These lautet: Rechtliche Zwangsbefugnis ist genau insoweit legitim, als genau solches Recht erzwungen wird, das aus dem allgemeinen Rechtsgesetz ableitbar ist. Das heißt: Erzwungen werden darf, was zur Kompatibilisierung der Freiheitssphären *notwendig* (d. h. *vernunft*notwendig) ist. Derjenige äußere Rechtszwang ist geboten, der Freiheit nach einem allgemeinen Gesetz sichert. Auf diese Freiheitssicherung hat der Mensch nach Kant ein „ursprüngliche[s], jedem Menschen kraft seiner Menschheit zustehende[s] Recht", das „unabhängig von allem rechtlichen Act jedermann von Natur zukommt"; es ist ‚inneres Recht', „inneres Mein und Dein" (RL, AA 06: 237).

Auf die hier unterstellten Zusammenhänge bezieht Kant sich in den *Vorarbeiten zur Tugendlehre*, wo er eine Analogie zieht zwischen äußerem Rechtszwang und innerem Selbstzwang, indem er beide auf die „Idee der Persönlichkeit" und das „Recht der Menschheit in unserer Person" rückbezieht. Dabei wird erneut deutlich, dass Kant die Begriffe der Pflicht und der Verbindlichkeit als primär selbstbezügliche versteht. Es heißt dort:

„Die Befugnis des Zwanges anderer (sie zu zwingen) gründet sich aber auf die Persönlichkeit des Subjects und die freye Willkühr der Person steht selbst unter der Idee ihrer Persönlichkeit wornach sie in Handlungen die auf sie selbst gehen durch sich selbst genöthigt wird und moralisch gezwungen nach der Analogie mit

die, weil im angeborenen Recht schon enthalten, dieselbe Rechtsqualität wie das angeborene Recht besitzen".

dem Zwange eines Anderen und diese Verbindlichkeit gegen sich selbst kann also auch das Recht der Menschheit in unserer eigenen Person heißen welches aller anderen Verbindlichkeit vorgeht.“ (VATL, AA 23: 390)

Kant fährt fort, indem er auf das Konzept des „Rechts der Menschheit“ zurückgreift:

„Das Recht der Menschheit in unserer eigenen Person [ist] die oberste Bedingung *aller* Pflichtgesetze weil das Subject sonst aufhören würde ein Subject der Pflichten (Person) zu seyn und zu Sachen gezählt werden müßte. / Wenn also die Befugnis über Gegenstände nach Willkühr zu verfügen das Recht überhaupt heißt so wird die über seine eigene Person durch das Recht der Menschheit in uns selbst eingeschränkt seyn welchem wir keinen Abbruch thun dürfen und dessen Hochachtung nicht zur Tugendlehre sondern zur Rechtslehre als bloße Einschränkende Bedingung gehört.“ (VATL, AA 23: 390 f.)[6]

Die Persönlichkeit ist demnach die oberste Bedingung aller Rechtsverhältnisse. Das angeborene Freiheitsrecht ist eine Beliebigkeitsschranke.

VI

Aus der Verbindung von innerem Recht auf Rechtspersonalität und innerer Rechtspflicht zur Rechtspersonalität ergibt sich eine folgenreiche Systematik. Selbstverpflichtung erweist sich auch für das Recht als normative Grundrelation. Die Selbstbeziehung besteht in zwei Hinsichten: Der Adressat der Pflicht (Verpflichteter) ist selbst das ‚Objekt‘ der Pflicht, dem gegenüber die Pflicht erkannt wird, und selbst das ‚Subjekt‘ der Verpflichtung, das diese ‚ausübt‘ (Verpflichtender). „[I]ch kann mich gegen Andere nicht für verbunden erkennen, als nur so fern ich zugleich mich selbst verbinde“ (TL, AA 06: § 2, 418). Dies gilt grundsätzlich, nicht nur, wie man vielleicht aufgrund des Kontextes des Zitats in der *Tugendlehre* meinen könnte, für ethische Pflichten, es gilt ebenso für Rechtspflichten. Das Vermögen der Selbstverpflichtung ist Voraussetzung von Rechtspersonalität und Rechtsverpflichtung im Allgemeinen. Denn nur aufgrund dieses Vermögens ist es dem Menschen möglich, sich auf seinen eigenen Menschenwert als Selbstzweck zu verpflichten. Selbstzweckhaftigkeit ist Bedingung (und Schranke) von Rechtssubjektivität. Nur insoweit ich mich selbst auf meine Rechtssubjektivität verpflichten kann, kann ich (a) mich überhaupt rechtlich verpflichten, d. h. als rechtlich verpflichtet erkennen, sei es als von anderen per

6 Zum Würdebegriff bei Kant vgl. insbesondere Sensen 2011.

äußerem Zwang, sei es von mir selbst per freiem Selbstzwang, und (b) andere verpflichten.

Das heißt, dass der Mensch mit Blick auf die ‚Menschheit in seiner eigenen Person' das innere Recht hat, sich nur solchen äußeren Rechtspflichten als verbunden zu erachten, die er auch bloß aufgrund ‚innerer Willensbestimmung' durch das moralische Gesetz sich selbst auferlegen bzw. nach ‚reiflicher Überlegung' durch Gebrauch seiner ‚reinen praktischen Vernunft' selbst zum Gegenstand eines Selbstzwangs machen kann. Äußere Nötigung ist mit der Freiheit der Willkür eines freien moralischen Wesens nur dann zu vereinbaren (TL, AA 06: 379 f.), wenn die dadurch zwangsbewehrten äußeren Rechtspflichten einen normativen Gehalt aufweisen, der seinerseits Gegenstand eines ‚*Selbstzwangs* durch die Vorstellung des Gesetzes' als ‚innerer Triebfeder' sein könnte, wenn die äußeren Rechtspflichten insofern also *wie ethische Pflichten* angesehen werden können. Die Möglichkeit der Selbstverpflichtung (dass ich mich aus Einsicht in die Pflicht selbst dazu verpflichten könnte) ist Bedingung der Legitimität eines äußeren Zwangs zu einer pflichtgemäßen Handlung, den andere gegen mich ausüben dürfen. Recht und Ethik unterscheiden sich zwar durch die „Art der Verpflichtung" (RL, AA 06: 220), aber nicht (nicht notwendigerweise) durch den Inhalt der Pflicht, und – das ist wesentlich – das für das Recht konstitutive Vermögen der *Fremdverpflichtung* setzt das Vermögen der *Selbstverpflichtung* voraus. In der Vigilantius-Nachschrift zu Kants Vorlesung über die Metaphysik der Sitten heißt es:

„[S]o sind die Rechtspflichten gegen sich selbst die höchsten Pflichten unter allen. Sie betreffen das correspondierende Recht der Menschheit in seiner eigenen Person, sind daher vollkommene Pflichten, und jede Pflichthandlung wird von dem Recht der Menschheit unerlässlich gefordert, und ist an und für sich selbst Pflicht. Eine jede Übertretung ist also Verletzung des Rechts der Menschheit in seiner eigenen Person" (V-MS/Vigil, AA 27: 604).

Daher ist die Rechtsperson rechtlich zu schützen gegen die äußere Erzwingung von Handlungen, die mit Pflichten gegen sich selbst kollidieren. Rechtspersonen haben einen Rechtsanspruch auf äußere Freiheitsrechte, aber sind auch verpflichtet, als Rechtspersonen mit allen anderen in Rechtsverhältnisse einzutreten. Aus der Verbindung der inneren Rechtspflicht zur Rechtssubjektivität mit dem inneren Recht auf Freiheit ergibt sich schließlich in einer Zuspitzung: Erst als Rechtsperson ist der Mensch Person. – Dieser Grundgedanke ist offenbar die tragende Intuition der Menschenrechte bzw. der Menschenrechtsidee.

VII

Aus der so weit skizzierten Konzeption einer Rechtsbegründung lassen sich weitreichende Konsequenzen ziehen.[7] Menschenrechte werden so verständlich als selbstgesetzte und selbstverpflichtende Maßstäbe legitimer Rechtsordnungen. Sie institutionalisieren die reziprok-interpersonale Selbstbehauptung von Menschen als Rechtssubjekten und damit eines legitimen Interaktionskontextes von Menschen unter Menschen. Aus der Theorie der inneren Rechtspflicht ergibt sich ein Imperativ der Selbstgesetzgebung als Prinzip jeglicher menschlichen Vergemeinschaftungsform. Durch dieses unterscheidet sich grundlagentheoretisch eine Rechtskultur von Zwangsordnungen. Diese ‚instrumentalisieren' ihre Unterworfenen, jene integriert Bürger zu Autoren ihrer Rechte. Menschenrechte werden im Rahmen der Kantischen Theorie der inneren Rechtspflicht verständlich als die Bedingungen, denen Rechtsordnungen genügen müssen, damit die institutionellen gesellschaftlichen Rahmenbedingungen der individuellen und kollektiven Selbstachtung gewährleistet werden.

VIII

Die Institutionalisierung von Selbstgesetzgebung erweist sich unter den Voraussetzungen von Kants Theorie der inneren Rechtspflicht als ein Erfordernis, das sich aus der Pflicht der Menschen ergibt, ihre Rechtssubjektivität sowie ihre Autonomie als Teilnehmer einer Rechtskultur zu behaupten, die sich qualifiziert durch die reziproke Anerkennung von Rechtspersonen, deren jede „im Verhältnis zu Anderen [ihren] Werth als den eines Menschen zu behaupten" weiß. Das Recht der Menschheit in der Person eines jeden ist nicht zu verwechseln mit einem vermeintlich natürlichen Recht auf individuelle Willkürfreiheit, vielmehr ist es eine Funktion der inneren Rechtspflicht, mit der sich Personen überhaupt erst als Rechtssubjekte und damit auch erst als Subjekte von Freiheitsrechten konstituieren. Die ‚urnormative' und ‚urrechtliche' Selbstbehauptung als Rechtssubjektivität ist selbst ein Akt der Selbstbestimmung zu einem Zweck an sich, zu einem Selbstzweck. Wenn es am Schluss des Textabsatzes, in dem Kant die erste (pseudo-) ulpianische Formel behandelt, heißt: Die innere Rechtspflicht, „Mache dich anderen nicht zum bloßen Mittel, sondern sei für sie zugleich Zweck", werde „im folgenden" – als Verbindlichkeit aus dem *Rechte* der Menschheit in unserer

7 Zu diesem und dem folgenden Abschnitt vgl. Mohr 2014.

eigenen Person erklärt werden (Lex iusti[8])“, so ist damit nicht gesagt, Freiheit begründe als solche Rechte und Pflichten. Sondern es ist eben die intrapersonale normative Primärrelation der Selbstverpflichtung eines jeden Menschen gegenüber der Menschheit in seiner (und jeder anderen) Person, die in Kants Rechtsphilosophie diese Begründungsfunktion hat. Nach Kant stehen alle Rechtspflichten samt der entsprechenden Zwangsbefugnisse unter der einschränkenden Bedingung des inneren Rechts der Menschheit in jeder Person und der inneren Rechtspflicht zur Rechtssubjektivität. Daher sind wir nach Kant zu einer Rechtskultur der Selbstgesetzgebung verpflichtet. In ihrer wechselseitigen Bestimmung profilieren diese beiden Prinzipien überdies die Rechtssphäre als Schutz moralischer Integrität. Zufolge der inneren Rechtspflicht zur personalen Selbstbehauptung sind die Mitglieder einer Rechtskultur in ihrer legislativen Funktion darauf verpflichtet, sich solche positiven Rechtsgesetze zu geben, die nicht mit ihren ethischen Pflichten kollidieren. Dies ist der Grund, aus dem ich und jeder Einzelne einen Anspruch auf positive Gesetze hat, die ihre moralische Integrität schützen. Hierin gründet die Erzwingungsbefugnisgrenze staatlichen Handelns.

IX

Mit dem Primat der inneren Rechtspflicht ist Kants Rechtsphilosophie keineswegs ‚solipsistisch‘. Sie begründet noch nicht einmal ein Primat der Subjektivität vor der Intersubjektivität. Vielmehr ist gerade mit der der inneren Rechtspflicht eingeschriebenen Beziehung zu Anderen Interpersonalität als Konstitutionsbedingung von Rechtssubjektivität gesetzt. Ich richte mich an andere, wenn ich mich ihnen gegenüber als Selbstzweck behaupte. Ich konstituiere mich als Rechtssubjekt, indem ich in der Beziehung zu Anderen „für sie zugleich Zweck“ bin. Dieses Zweck-sein-für-Andere, „im Verhältnis zu anderen meinen Wert als den eines Menschen zu behaupten“, wendet sich an diese Anderen. „Selbst Zweck sein“ ist kein deskriptiver Sachverhalt, ist kein Zustand, sondern ein Tun, eine Weise des Denkens und Handelns. Selbstbehauptung ist ein *Akt*. Für seinen Vollzug ist er angewiesen darauf, als solcher Akt verstanden zu werden. Nun versteht nur ein Pflicht- und Freiheitssubjekt meine Selbstbehauptung als Selbstzweck, als Pflichtsubjekt und Rechtssubjekt. Meine Adressierung an andere *ist* nur eine solche Adressierung, wenn ich die anderen als Pflichtsubjekte anerkenne. Und der Akt der Selbstbehauptung *ist* erst dieser Akt, insofern die Anderen

8 Zum Begriff der lex justi, vgl. Byrd/Hruschka 2005 und 2010, Kap. 2.

mich als den Menschen, der sich in diesem Akt als Rechtssubjekt behauptet, bestätigen.

Rechtspersonalität *ist* insofern eine interpersonale Kategorie. Rechtssubjektivität *ist* intersubjektiv. Dasselbe gilt auch für den Würdebegriff: Aus dem skizzierten Theoriekontext lässt er sich als relationaler Begriff entwickeln, ohne ihm seine Funktion der Sicherung eines unverfügbaren moralischen und auch rechtlichen Status zu nehmen.

X

Ist die These, die Selbstbehauptung des Rechtssubjekts sei nur als korrelativer Akt möglich, nicht eher Fichte zuzuschreiben? Wie sich aus den Erläuterungen zu Kants Begriff der inneren Rechtspflicht ergeben hat, ist sie tatsächlich schon Kants These. Kant thematisiert die Perspektive der Ersten Person in ihrem Bezug auf Andere. Das Rechtsverhältnis gründet in der Selbstbehauptung der Person als Selbstzweck in ihrem Verhalten gegenüber Anderen. Es ist aber klar, dass solche Anderen nur dann potentielle Adressaten eines solchen Selbstbehauptungs-Aktes sind, wenn sie einen solchen Akt als solchen verstehen. Selbstbezüglichkeit ist etwas, was nicht von einem externen deskriptiven Standpunkt aus zugänglich ist. Das Verstehen der Selbstbehauptung eines Subjekts ist nur einem Wesen möglich, das selbst zu einem solchen Selbstverhältnis und den entsprechenden Handlungen der Selbstbehauptung fähig ist. Selbstbezüglichkeit versteht nur, wer die extern-deskriptiv irreduzible Innenperspektive, nämlich die Perspektive der Eigenhandlung, des Selbst-Handelns, des Mit-Bezug-auf-sich-selbst-Handelns und des Reflektiert-selbstbezogen-Handelns versteht. Der Akt wird nur verstanden von einem Wesen, das ihn selbst vollziehen kann. Es ist also in der Konstruktion der inneren Rechtspflicht selbst gelegen, dass der durch sie gebotene Akt ein reziproker interpersonaler Akt ist. Das Recht beginnt da, wo Personen sich als Personen verstehen, d. h. wo sie sich korrelativ mit anderen Personen als Rechtspersonen und damit als „Mensch unter Menschen“[9] konstituieren.

9 Der Ausdruck wird von Fichte im Kontext seiner Begründung einer anerkennungstheoretischen Rechtsphilosophie verwendet. Vgl. dazu Mohr 2011b.

XI

Die subjektivistische Gegenposition wendet standardmäßig ein: Die Subjekte müssen bereits sich selbst als Personen setzen und dafür bereits auch selbst die Voraussetzungen mitbringen, um in einer interpersonalen Konstellation diejenige Position einnehmen zu können, die ihnen die Interpersonalitätstheorie unterstellt.[10] Damit wird Subjektivität zu einem Mysterium, mit der oben skizzierten Theorie hingegen ist sie eine Instanz in einem rational durchsichtigen Korrelations-Geflecht von normativ durch selbstbezügliche Pflichten aufeinander bezogenen Subjekten.

XII

Ist diese Grundkonstellation reziproker innerer Rechtspflichten erst einmal konzipiert, so wird auch eine Begründung subjektiver Rechte möglich. Aus der Pflicht, in der Interaktion mit Anderen sich selbst stets zugleich Zweck, niemals Anderen bloß Mittel zu sein, folgt das Recht auf einen Inbegriff subjektiver Rechte, die die Bedingungen der Möglichkeit einer personalen Existenz als Selbstzweck gesetzlich gewährleisten. Freiheitsrechte gegen Andere erhalten ihre normative Begründung durch die Bestimmtheit eines Rechtssubjekts als Subjekt von Selbstverpflichtung. Ihr normativer Sinn und ihre praxeologische Möglichkeit erschließt sich erst aus einem Konzept von deontologischem Selbstverhältnis, das wesentlich durch die Fähigkeit charakterisiert ist, sich zur eigenen Zwecksetzung zu verhalten. Freiheitsrechte kann es nur im Kontext einer Praxis der Selbstevaluierung im Lichte allgemeiner normativer Orientierungen geben. Kants Rechtsphilosophie begründet eine Pflicht-basierte Konzeption von Menschenrechten.

Literatur

Brandt, Reinhard (2012): „‚Sei ein rechtlicher Mensch (honeste vive)' – wie das?" In: Brandhorst, Mario u. a. (Hg.): *Sind wir Bürger zweier Welten? Freiheit und moralische Verantwortung im transzendentalen Idealismus*. Hamburg: Felix Meiner Verlag, 311–359.

Brecher, Martin (2012): „Zum Problem der inneren Rechtspflicht bei Kant". Kaniowski, Andrzej M. u. a. (Hg.): *Rechtstaatlichkeit: Kant*. Lodz, 77–85.

Byrd, B. Sharon/Hruschka, Joachim (2005): „Lex iusti, lex iuridica, lex iustitae in Kants Rechtslehre". In: *Archiv für Rechts- und Sozialphilosophie* 91, 484–500.

10 Vgl. etwa Höffe 2012, der für den Vorrang der Subjektivität vor der Intersubjektvität plädiert.

Byrd, B. Sharon/Hruschka, Joachim (2010): *Kant's Doctrine of Right. A Commentary.* Cambridge: Cambridge University Press.

Dürig, Günther (1956): „Der Grundrechtssatz von der Menschenwürde". In: *Archiv des öffentlichen Rechts* 81, 117 ff.

Herbst, Tobias (2015): „Person und Bürger bei Kant". In: Gröschner, Rolf u. a. (Hg.): *Person und Rechtsperson. Zur Ideengeschichte der Personalität.* Tübingen: Mohr Siebeck, 145 – 174.

Höffe, Otfried (2001): „Kategorische Rechtsimperative nach Ulpian". In: Ders., *„Königliche Völker". Zu Kants kosmopolitischer Rechts- und Friedenstheorie.* Frankfurt/M: Suhrkamp, 147 – 160.

Höffe, Otfried (2012): *Kants Kritik der praktischen Vernunft. Eine Philosophie der Freiheit.* München: C.H. Beck.

Horn, Christoph (2014): *Nichtideale Normativität. Ein neuer Blick auf Kants politische Philosophie.* Berlin: Suhrkamp.

Jaber, Dunja (2003): *Über den mehrfachen Sinn von Menschenwürde-Garantien. Mit besonderer Berücksichtigung von Art. 1 Abs. 1 Grundgesetz.* Frankfurt/M, London: Ontos.

Mohr, Georg (2011a): „Person, Recht und Menschenrecht bei Kant". In: Menschenrechtszentrum der Universität Potsdam (Hg.): *Der Mensch als Person und Rechtsperson: Grundlage der Freiheit.* Berlin: Berliner Wissenschafts-Verlag, 17 – 37.

Mohr, Georg (2011b): „‚Der Mensch wird nur unter Menschen ein Mensch'. Fichte über interpersonale Anerkennung und Urrecht als Beitrag zur philosophischen Begründung von Menschenrechten". In: Lim, Hong-Bin/Mohr, Georg (Hg.): *Menschsein. On Being Human. Deutsche und koreanische Studien zu Epistemologie, Anthropologie, Ethik und Politischer Philosophie.* Frankfurt/M u. a.: Lang, 369 – 380.

Mohr, Georg (2014): „Rechtskultur, Demokratie und die Menschheit in unserer Person. Von der Pflicht gegen uns selbst zur Selbstgesetzgebung". In: Dhouib, Sarhan (Hg.): *Demokratie, Pluralismus und Menschenrechte. Transkulturelle Perspektiven.* Weilerswist: Velbrück, 27 – 37.

Oberer, Hariolf (2004): „Honeste vive. Zu Immanuel Kant, Die Metaphysik der Sitten, 06, 236.20 – 30". In: Doyé, Sabine u. a. (Hg.): *Metaphysik und Kritik.* FS Manfred Baum zum 65. Geburtstag. Berlin, New York: De Gruyter, 203 – 213.

Pinzani, Alessandro (2005): „Der systematische Stellenwert der pseudo-ulpianischen Regeln in Kants *Rechtslehre*". In: *Zeitschrift für philosophische Forschung* 59 (1), 71 – 94.

Sensen, Oliver (2011): *Kant on Human Dignity.* Berlin, Boston: De Gruyter.

Oliver Sensen

Autonomie als Grund der Menschenrechte

Abstrakt Kants praktische Philosophie wird häufig zur Begründung der Menschenrechte herangezogen, und es ist eine verbreitete Ansicht, dass die Autonomie des Menschen der Grund der Rechte sei. Dieses Kapitel untermauert die These, dass Kant eine Begründung der Menschenrechte durch den Autonomiebegriff anbietet. Allerdings argumentiere ich, dass die Begründung anders verläuft, als es die zeitgenössische Ethik versucht. Seine Begründung der Rechte beginnt nicht von der Autonomie als einem Wert, sondern er versteht die Autonomie als Quelle von Prinzipien. Das oberste Moralprinzip, aus dem sich alle Rechte ableiten, muss demnach aus der eigenen Vernunft des Handelnden entspringen. Dieses Kapitel stellt dar, wie Kant den zeitgenössischen Autonomiebegriff kritisieren würde, was er unter ‚Autonomie' versteht und wie er mit diesem Begriff Rechte begründet.

Wie kann man den unbedingten Anspruch der Menschenrechte begründen? Nach der gängigen Auffassung der Rechte soll jedem Menschen – unabhängig von seiner Herkunft, seiner gegenwärtigen Stellung oder seinem Geschlecht usw. – ein absoluter Anspruch sowohl auf körperliche und geistige Unversehrtheit als auch auf Hilfe in der Not zustehen. Ein Ansatz, die Rechte zu begründen, verweist auf die Autonomie des Menschen. Aber was genau ist Autonomie, und wie kann sie der Grund von Menschenrechten sein?

In der Gegenwartsphilosophie versteht man unter ‚Autonomie' so etwas wie Selbstbestimmung. Dabei fassen wir die Autonomie zunächst als eine Fähigkeit auf, nicht von außen oder durch psychologische Sucht gezwungen zu sein, zudem aber auch als ein Ziel der individuellen Lebensführung und drittens als ein Recht auf Selbstbestimmung, das ich von anderen einfordern kann (vgl. Hill 1991, 43–51). Es ist aber unklar, warum die Fähigkeit oder das Ziel zur Selbstbestimmung so etwas wie Rechte begründen sollte. Selbstbestimmte Handlungen können moralisch gut, neutral, aber mitunter auch moralisch verwerflich sein (vgl. O'Neill 2003, 1–6). Wenn z. B. ein Mörder sich selbst zur Tat bestimmt, so impliziert das keinen positiven Anspruch seinerseits darauf, dass wir ihn gewähren lassen oder ihm sogar helfen.

In diesem Kapitel werde ich dieser Problematik im Anschluss an Kant nachgehen. Kant ist der Erfinder der individuellen Autonomie (vgl. Schneewind 1998, 3), und auch er scheint der Autonomie eine zentrale Rolle zuzugestehen, wenn er z. B. die Autonomie als das „oberste Princip der Sittlichkeit" (GMS, AA 04:

https://doi.org/10.1515/9783110572377-004

440.15) und als „Grund der Würde der menschlichen [...] Natur" (GMS, AA 04: 436.06 f.) bezeichnet. Dabei verstehe ich unter Menschenrechten nicht nur das, was Kant das angeborene Recht des Menschen nennt (zu Kants eigenem Begriff von Rechten siehe die Beiträge von Höffe und Mosayebi in diesem Band). In diesem Sinne bezeichnet Kant ein Recht als das moralische „*Vermögen* Andere zu verpflichten, d. i. als einen gesetzlichen Grund zu den letzteren (*titulum*)" (MS, AA 06: 237.18 f.). Rechte sind deswegen etwas, was man begründeterweise einklagen kann. Dieses Recht ist nach Kant nur eines: „*Freiheit* (Unabhängigkeit von eines anderen nöthigender Willkür), sofern sie mit jedes Anderen nach einem allgemeinen Gesetz zusammen bestehen kann, ist dieses einzige, ursprüngliche, jedem Menschen kraft seiner Menschheit zustehende Recht" (RL, AA 06: 237.29 – 32). Mir geht es stattdessen um die heutigen Menschenrechte der ersten und zweiten Generation, d. h. um Abwehrrechte (z. B. den universalen Anspruch, nicht getötet oder gefoltert zu werden) und den berechtigten Anspruch auf Hilfe in der Not. Kann man diese Rechte durch die Kantische Autonomie begründen?

Um dieser Frage nachzugehen, erörtere ich zunächst den zeitgenössischen Versuch, die Menschenrechte auf die Autonomie zu gründen und analysiere die Argumente, mit denen Kant selber diesen Versuch ablehnen würde (Abschnitte 1 und 2). Im Anschluss stelle ich dann zunächst Kants eigenen Autonomiebegriff dar (Abschnitt 3) und danach seinen Ansatz, mit dem er die Menschenrechte durch die Autonomie begründet (Abschnitt 4). Schließlich versuche ich die systematischen Aussichten zu analysieren, inwieweit sich mit Kants Begriff der Autonomie die Menschenrechte begründen lassen (Abschnitt 5).

1 Autonomie in der zeitgenössischen Ethik

In der gegenwärtigen Ethik gibt es verschiedene Ansätze, die Menschenrechte zu begründen. Eine beliebte Strategie ist dabei, das Recht auf einen Wert des Menschen zu fundieren. Wenn man der Ansicht ist, dass dem Menschen ein unbedingter Anspruch zusteht, so ist es eine natürliche Annahme, dass dieser auf einer spezifischen Eigenschaft des Opfers beruht (vgl. Watkins und Fitzpatrick 2002, 364). Dabei wird die Autonomie als ein Kandidat dafür verstanden, was genau am Menschen werthaft ist. So schreibt z. B. James Griffin: „What I want to identify is [...] autonomy, the particular moral and political value that is the basis of a human right" (Griffin 2009, 150). Aber warum hat die Autonomie einen so hohen Wert, und was genau ist ein Wert?

Im philosophischen Sprachgebrauch handelt es sich bei der Autonomie um einen schillernden Begriff, der mehr als einen Aspekt hat, und nicht alle Autoren gebrauchen ihn in der gleichen Weise (vgl. Betzler 2013). Aber es gibt doch so etwas wie Kernmerkmale, die immer wieder genannt werden. So beschreibt Griffin die Autonomie folgendermaßen: „To be an agent [...] one must choose [...] one's own path through life – that is, not be dominated or controlled by someone or something else (call it ‚autonomy')" (Griffin 2009, 33). ‚Autonomie' heißt hier so viel wie Selbstbestimmung. Das hat einen negativen Aspekt – man soll nicht von außen bestimmt sein: Niemand soll einem z. B. eine Pistole an den Kopf halten, und man ist nicht von Zwängen oder einer Sucht bestimmt –, aber auch einen positiven Aspekt, dass man sich nach seinen eigenen reflexiv-bejahten Vorstellungen bestimmen kann (vgl. Frankfurt 1971).

Um mit diesem Autonomiebegriff die Rechte zu begründen, wird die Autonomie als etwas Werthaftes aufgefasst. Es ist etwas, was man achten und fördern soll. Aber auch diese Bestimmung ist noch nicht spezifisch genug, da man die Natur des Werts noch unterschiedlich konzipieren kann. In einem ersten Sinne kann man die Autonomie als etwas verstehen, was wir *de facto* wertschätzen: Wir wollen nicht fremdbestimmt sein, sondern selber entscheiden, wie wir leben. So schreibt z. B. Kant: „*Freiheit* ist auch ein Trieb; weil ein jeder seinen *eignen Willen* befolgen will; und wider die physischen Hinderniße weiß er Mittel; nicht aber wider den Willen des andern; und dies hält er für das gröste Unglück" (V-PP/Herder, AA 27: 62.35–38). Aber dieser subjektive Wunsch, sich selbst zu bestimmen, scheint zu schwach, um Menschenrechte zu begründen. Selbst der, der diesen Wunsch aufgibt, kann seine Rechte nicht veräußern. Rechte scheinen einen genuin objektiven Status zu haben.

In einem zweiten Sinn kann man den Wert der Autonomie deshalb so verstehen, dass Autonomie nicht nur etwas ist, was wir *de facto* wertschätzen, sondern etwas, das tatsächlich einen objektiven Wert hat. Autonomie ist dann nicht etwas, was selbst die Rechte begründet, sondern der Mensch hat einen Wert, der manchmal auch ‚Würde' genannt wird, und Autonomie ist nur das, was einem die Würde gibt: „These remarks [...] for the value of humanity [...] is to adopt normative agency as the interpretation of 'the dignity of the human person' when that phrase is used to ground human rights" (Griffin 2009, 152). Es ist eine verbreitete Annahme, dieses Verständnis auch Kant zuzuschreiben. So sagt er z. B.: „*Autonomie* ist also der Grund der Würde der menschlichen und jeder vernünftigen Natur" (GMS, AA 04: 436.06 f.). Wenn man Würde als einen absoluten Wert versteht (vgl. GMS, AA 04: 435.04) und sie zudem wie die Menschenrechtsdokumente der Vereinten Nationen als den Grund der Menschenrechte auffasst,[1] dann erscheint die Autonomie als Grund der Rechte.

1 „in der Erkenntnis, dass sich diese Rechte aus der dem Menschen innewohnenden Würde herleiten" (UNO [1966]: *Internationale Pakte*).

2 Kants Kritik

Obwohl es also natürlich ist, dieses Autonomieverständnis auch Kant zuzuschreiben, so scheint Kant selber beide Wertkonzeptionen als Grund der Moral abzulehnen und sogar dagegen zu argumentieren. Kant würde – erstens – entschieden ablehnen, dass das erste Wertverständnis, ein subjektiver Wunsch, die Moral begründen könnte. Das gilt ganz allgemein, da Wünsche seiner Ansicht nach stets kontingent und relativ sind und somit keine absolute und universelle Moral fundieren (vgl. GMS, AA 04: 442.26–28). Aber auch der Wunsch zur Selbstbestimmung hat Kant zufolge keine notwendige Beziehung zur Moral. So ist die Tatsache der Unabhängigkeit von äußerlicher Determination, die negative Bestimmung des Kantischen Autonomiebegriffs, für den Beobachter noch kein Anlass, den Anderen zu achten, sondern erschwert zunächst das Zusammenleben:

> Wäre aber jeder frey ohne Gesetz, so könnte nichts schrecklicheres gedacht werden. [...] Vor dem wildesten Thiere dürfte man sich nicht so fürchten, als vor einem Gesetzlosen Menschen. [...] Denn das Thier richtet sich nach seinem Instinct, der Regel hat, aber bei einem solchen Menschen weiß ich mich nicht im geringsten zu verstehen. (V-NR/Feyerabend, AA 27: 1320.16–29)

Ein Wesen, das nicht nach der Vorstellung von Regeln handelt und dessen Verhalten in dieser Hinsicht unbestimmt ist, kann man nicht einschätzen und gibt daher Anlass zur Furcht und nicht zur Achtung. Der negative Aspekt der Autonomie begründet daher noch keine Rechte. Aber selbst, wenn jemand nicht nur unabhängig ist, sondern sich auch nach seiner eigenen Konzeption selbst bestimmt, so ist das noch nicht moralisch relevant. Selbstbestimmte Entscheidungen können gut, aber auch neutral oder sogar böse sein: „das kalte Blut eines Bösewichts macht ihn nicht allein weit gefährlicher, sondern auch unmittelbar in unseren Augen noch verabscheuungswürdiger, als er ohne dieses dafür würde gehalten werden“ (GMS, AA 04: 394.09–12). Nur dadurch, dass jemand sich selbst bestimmt, folgt also noch nicht, dass er Wert hat oder man ihm helfen soll. Es hängt ganz von der Entscheidung ab und diese muss erst durch ein weiteres Kriterium als moralisch gut bestimmt werden und seine Ansprüche begründen.

Zweitens würde Kant auch dagegen argumentieren, dass der Autonomie ein Wert als eine eigene metaphysische Eigenschaft zukommt, die die Moral begründen soll. Wenn Wert nicht nur etwas sein soll, was wir *de facto* wertschätzen, so ist es naheliegend, ihn im Sinne von G.E. Moore als eine real existierende Eigenschaft oder Substanz zu verstehen (vgl. Moore 1903). Wenn man Menschen unter einer ontologischen Röntgenmaschine anschauen würde, so sähe man nach dieser Auffassung nicht nur Knochen, Zellen und die Autonomiefähigkeit, sondern auch Werteigenschaften. Aber Kant erlaubt weder, solche nicht-natürlichen

Eigenschaften anzunehmen, noch dass sie die Moral begründen könnten (vgl. Sensen 2011, 14–52 und Horn 2014, 98–110).

Dass man die Existenz solcher Werte nicht begründeterweise annehmen könne, folgt aus Kants Erkenntnistheorie. In der *Kritik der reinen Vernunft* schließt Kant seine Ergebnisse der Elementarlehre mit der Folgerung, dass man weder Eigenschaften annehmen dürfe, die nicht in den Sinnen gegeben sind, noch dass man eine Fähigkeit annehmen dürfe, diese zu erkennen: „so können wir nicht einen einzigen Gegenstand, nach einer neuen und empirisch nicht anzugebenden Beschaffenheit [...] ursprünglich aussinnen [...]. So ist es nicht erlaubt, sich irgend neue ursprüngliche Kräfte zu erdenken, z. B. einen Verstand, der vermögend sei, seinen Gegenstand ohne Sinne anzuschauen“ (KrV A770/B798). Wenn Kant aber die Existenz und Erkenntnis von hyperphysischen Eigenschaften ausschließt (vgl. auch GMS, AA 04: 410.20–21), so kann er dies nicht gleichzeitig im Zusammenhang mit Werten postulieren.

In der *Kritik der praktischen Vernunft* wendet Kant den allgemeinen Gedanken speziell auf das Gute oder den Wert an. Dort sagt er im Zusammenhang mit seiner Diskussion des Begriffs des Guten: „Hier ist nun der Ort, das Paradoxon der Methode [...] zu erklären: *daß nämlich der Begriff des Guten und Bösen nicht vor dem moralischen Gesetze (dem er dem Anschein nach sogar zum Grunde gelegt werden müßte), sondern nur (wie hier auch geschieht) nach demselben und durch dasselbe bestimmt werden müsse*“ (KpV, AA 05: 62.36–63.04). Dabei versteht er diese Ausführungen nicht nur als Aussagen über das, was man wählen darf (*pace* Schönecker 2015, 71 und Wood 1998, 170), sondern es geht ihm um die „Methode der obersten moralischen Untersuchungen“ (KpV, AA 05: 64.06 f.).

Kant schließt diese Art der Moralbegründung aus, da man so eine reale Werteigenschaft zum einen noch irgendwie erkennen müsste, und zum anderen auch dazu verpflichtet sein müsste, diese zu achten. Das kann man aber nicht erklären: „Wenn der Begriff des Guten nicht von einem vorhergehenden praktischen Gesetze abgeleitet werden, sondern diesem vielmehr zum Grunde dienen soll, so kann er nur der Begriff von etwas sein, dessen Existenz Lust verheißt und so die Causalität des Subjects zur Hervorbringung desselben, d. i. das Begehrungsvermögen, bestimmt“ (KpV, AA 05: 58.10–14). Nehmen wir an, dass es sich bei dem Guten oder einem Wert um eine reale Eigenschaft handelt. Wie kann man sie erkennen? Kants Ansicht nach beginnt alle Erkenntnis mit den Sinnen (vgl. KrV B1). Wenn es nicht ein Gegenstand ist, den man mit den fünf Sinnen erkennen kann, so kann es nur etwas sein, das man durch ein Gefühl der Lust erkennt:

> Die Lust [...], so fern sie ein Bestimmungsgrund des Begehrens dieser Sache sein soll, gründet sich auf der *Empfänglichkeit* des Subjects, weil sie von dem Dasein eines Gegenstandes *abhängt*; mithin gehört sie dem Sinne (Gefühl) und nicht dem Verstande an, der eine

> Beziehung der Vorstellung *auf ein Object* nach Begriffen [...] ausdrückt. (KpV, AA 05: 22.09 – 14)

Wenn aber die Moral von der Erfahrung abhängt, so wäre sie nicht unbedingt und notwendig. Gefühle sind relativ und kontingent (vgl. GMS, AA 04: 442.26 f.). Verschiedene Menschen hätten die Gefühle nicht in demselben Maße, und der, der es nicht so stark fühlt, wäre weniger verpflichtet (vgl. V-Mo/Mron II, AA 29: 629.21 – 23). Wir stellen uns die Moral aber als etwas Allgemeines und Notwendiges vor: „Jedermann muß eingestehen, daß ein Gesetz, wenn es moralisch, d. i. als Grund einer Verbindlichkeit, gelten soll, absolute Notwendigkeit bei sich führen müsse" (GMS, AA 04: 389.11 – 13; vgl. Nichols 2005, 6). Somit könnte eine reale Werteigenschaft nicht die Moral und damit auch nicht absolute Menschenrechtsansprüche begründen.

Lehnt man aber Kants Erkenntnistheorie ab, und behauptet gegen ihn, dass es so etwas wie eine rationale Intuition gibt, mit der man reale Werteigenschaften erkennen kann, so würde das auch nicht helfen. Denn auch eine solche ‚Erkenntnis' würde auf Erfahrung beruhen, und Erfahrung ergibt keine unbedingte Notwendigkeit (vgl. KrV B3 f.). Deswegen sagt Kant, dass umgekehrt der Wert von dem Moralgesetz, dem Kategorischen Imperativ, abhängig ist, und ihm nicht zugrunde liegt: „Denn es hat nichts einen Werth als den, welchen ihm das Gesetz bestimmt" (GMS, AA 04: 436.01 f.). Wenn Kant von Wert spricht, so ist es nicht ein Name für eine reale Eigenschaft, sondern ist nur ein anderer Ausdruck dafür, was die Vernunft als notwendig ansieht: „der Wille ist ein Vermögen, *nur dasjenige* zu wählen, was die Vernunft unabhängig von der Neigung als praktisch notwendig, d.i. als gut, erkennt" (GMS, AA 04: 412.32 – 35). Dass etwas gut ist oder Wert hat, ist ein Urteil der Vernunft. Wenn die Vernunft unbedingt gebietet, so spricht sie einen kategorischen Imperativ aus; wenn die Vernunft etwas als gutes Mittel zu einem Zweck erkennt, erlässt sie einen hypothetischen Imperativ (vgl. GMS, AA 04: 414.18 – 25).

Das bisher Gesagte ist auch der Grund, warum Kant die Würde nicht als eine reale Werteigenschaft verstehen kann, die die Rechte begründet (dazu Sensen 2011, 14 – 52). Stattdessen verwendet er ‚Würde' in einem älteren Wortsinn, in dem es sich bei Würde um einen Rang oder eine erhöhte Stellung handelt. So erläutert er die Würde z. B. mit Wendungen wie: „Rang und Würde" (Anth, AA 07: 127.09), „des Standes und der Würde" (TL, AA 06: 468.09), „Würde (Prärogativ)" (GMS, AA 04: 438.12 – 13) oder „Erhabenheit und *Würde*" (GMS, AA 04: 440.01). Wenn Kant die Autonomie als den Grund der Würde bezeichnet, so drückt er damit aus, dass der Mensch durch die Fähigkeit der Autonomie etwas Besonderes in der Natur ist. Der größte Teil der Natur ist durch Naturgesetze bestimmt, aber der Mensch hat eine Fähigkeit, die der Rest der Natur nicht hat. Aber wenn Kant die

Autonomie nicht als einen Wert versteht, wie begründet er dann die Rechte, und was hat dies mit Autonomie zu tun? Dazu muss man zunächst klären, was Kant mit dem Begriff ‚Autonomie' meint.

3 Kants Autonomiebegriff

Kant versteht unter ‚Autonomie' nicht die bewusste Selbstbestimmung, so wie uns der Begriff in der Gegenwartsphilosophie begegnet.[2] Wörtlich ist die Autonomie ‚Selbst-Gesetzgebung': „Autonomie des Willens, indem sich der Wille bei allen Handlungen als selbstgesetzgebend ansehen kann" (V-Mo/Mron II, AA 29: 629.07 f.). Kant geht es dabei vor allem um die Quelle von Gesetzen. Wo kommen sie her, und was ist ihr Ursprung? Seine Kernthese ist, dass die fundamentalen Gesetze nicht aus der Erfahrung gewonnen, sondern von den eigenen Vermögen des Menschen gegeben werden. Das gilt nicht nur in Bezug auf die Gesetze der Moral, sondern auch für die grundlegenden Prinzipien der Erkenntnis und des Empfindungsvermögens: So „ist für das Erkenntnisvermögen (das theoretische der Natur) der Verstand dasjenige, welches die constitutiven Principien a priori enthält; für das Gefühl der Lust und Unlust ist es die Urtheilskraft [...]; für das Begehrungsvermögen die Vernunft, welche ohne Vermittlung irgend einer Lust, woher sie auch komme, praktisch ist" (KU, AA 05: 196.24–197.03). Autonomie bezeichnet also, dass bestimmte Gesetze a priori – vor der Erfahrung und dem bewussten Überlegen – von den eigenen Vermögen des Menschen auferlegt werden.

Wenn Kant von der moralischen Gesetzgebung spricht, geht es nicht so sehr um die Bestimmung des Inhalts der Gesetze, also darum, was die Gesetze gebieten, sondern darum, dass diese Gesetze *verbindlich* werden: „der *Gesetzgeber* [...] ist Urheber [...] der Verbindlichkeit nach dem Gesetze, aber nicht immer Urheber des Gesetzes" (MS, AA 06: 227.12 f.; Hv. O.S.). So würde sich Kant selbst die Rolle Gottes vorstellen. Gott kreire nicht den Inhalt der Gesetze: „Gott hat es geboten, weil es ein moralisches Gesetz ist, und sein Wille mit dem moralischen Gesetz übereinstimmt. [...] Eben so wie Gott kein Urheber ist, daß der Triangel 3 Winkel hat" (V-Mo/Collins, AA 27: 277.32–34; 283.14).

Die Autonomie ist aber zunächst einmal Fähigkeit oder Eigenschaft des Menschen: „Autonomie, d. i. die Eigenschaft des Willens, sich selbst ein Gesetz zu sein" (GMS, AA 04: 447.01 f.). Die Funktion der Autonomie ist, dass sie die Bedingung der Möglichkeit für Moral und moralische Verpflichtung ist: „Wir zeigten

2 Für eine ausführlichere Diskussion des Folgenden s. auch Sensen 2013a.

nur durch Entwickelung des einmal allgemein im Schwange gehenden Begriffs der Sittlichkeit: daß eine Autonomie des Willens demselben unvermeidlicher Weise anhänge, oder vielmehr zum Grunde liege“ (GMS, AA 04: 445.02 – 05). Nur wenn das Moralprinzip a priori in der eigenen Vernunft liegt, kann es für Kant so etwas wie Moral überhaupt geben. Dadurch ist Autonomie auch eine moralische Forderung an den Einzelnen, sein Handeln nach dem Moralgesetz auszurichten: „keine Handlung nach einer andern Maxime zu thun, als so, [...] *daß der Wille durch seine Maxime sich selbst zugleich als allgemein gesetzgebend betrachten könne*“ (GMS, AA 04: 434.10 – 14).

Kant versteht also unter Autonomie als Selbstgesetzgebung etwas anderes als die bewusste Willensbestimmung. Daher fasst er auch das Selbst nicht als ein empirisches Selbst auf, einen Menschen, wie er bewusst in der Introspektion eine Entscheidung trifft. Die Selbstgesetzgebung ist also nicht wie ein guter Vorsatz zum neuen Jahr zu verstehen, mit dem man sich bewusst selbst binden will. So eine bewusste Annahme kann keine moralische Verpflichtung ergeben, denn „der Verbindende [...] könne den Verbundenen [...] jederzeit von der Verbindlichkeit [...] lossprechen“ (TL, AA 06: 417.18 – 20). Was einen verpflichtet und letztlich so etwas wie einen absoluten Anspruch von Menschenrechten begründen kann, ist also nicht ein Vorsatz des bewussten Selbst. Aber umgekehrt versteht Kant die Verpflichtung auch nicht als die Setzung eines noumenalen Selbst, d. i. als einen willkürlichen Akt des Selbst, das nicht in der Erfahrung gegeben ist, sondern an sich selbst existiert. Was mich verpflichtet, ist die *Idee* meines Willens, sofern er dem Moralgesetz folgen würde:

> Es scheint, als ob in der Pflicht der Wille eines Gesetzgebers zum Grunde liege nichts was man thut nach seinem eigenen Willen, sondern nach dem Willen eines andern. Des andern Wille ist aber nicht der Wille eines andern Wesens; sondern nur unser eigener Wille, sofern wir ihn allgemein machen und als allgemeine Regel ansehen. Ein solcher Wille verfährt als allgemeiner Wille, nicht als Privatwille. (V-Mo/Mrong II, AA 29: 627.13 – 18; vgl. TL, AA 06: 418.09 – 419.14)

Was einen verpflichtet, ist also nicht der Vorsatz eines bewussten Selbst, noch ein Vorsatz eines metaphysischen Selbst, sondern es ist die Vorstellung meines bewussten Selbst, wie ich mich als Wesen verhalten würde, das dem Moralgesetz folgt. Das Moralgesetz ist aber auch kein Vorsatz, der willkürlich gewählt wurde, sondern ein Grundsatz, der a priori aus der eigenen Vernunft stammt.

Der Kerngedanke der Autonomie ist also, dass das Moralgesetz a priori aus der eigenen Vernunft entstammt: „Reine Vernunft ist für sich allein praktisch, und gibt (dem Menschen) ein allgemeines Gesetz, welches wir das *Sittengesetz* nennen“ (KpV, AA 05: 31.36 – 37). Das Gesetz ist etwas, das unser eigenes Vermögen „aus sich selbst hergibt“ (KrV B1), nicht etwas, was man einsieht: Es ist ein „Satz a priori, der auf keiner, weder reinen noch empirischen Anschauung gegründet ist" (KpV, AA 05: 31.27 f.). Aber Kant versteht darunter auch nicht ein angeborenes Prinzip, das uns von einem Schöpfer eingepflanzt oder – so kann man ergänzen – in der Evolution internalisiert wurde. Der Grund ist, dass ein solches Prinzip auch keine unbedingte, sondern nur eine subjektive Notwendigkeit hätte. Unter anderen Umständen hätten wir dann ein anderes Moralprinzip: „uns mit unserer Existenz zugleich eingepflanzte Anlagen zum Denken" beruhen „nur auf einer beliebigen uns eingepflanzten subjectiven Nothwendigkeit" (KrV B167 f.). Dagegen stellt Kant das Moralprinzip wie auch die Verstandesbegriffe als „ursprünglich erworbene" vor (ÜE, AA 08: 222.33). Wenn wir über Maximen nachdenken (vgl. KpV, AA 05: 29.34 f.), werden wir uns des Moralgesetzes als eines „Factums" bewusst (vgl. KpV, AA 05: 31.24). Unter einem ‚Factum' versteht Kant aber nicht einfach eine Tatsache, die man passiv einsieht, sondern es ist eine ‚Tat der Vernunft' (vgl. Willaschek 1992, 177–183) sowie das Bewusstsein derselben. Die eigene Vernunft bringt das Moralgesetz spontan hervor: „so gibt die Vernunft nicht demjenigen Grunde, der empirisch gegeben ist, nach, [...] sondern macht sich mit völliger Spontaneität eine eigene Ordnung nach Ideen, [...] nach denen sie so gar Handlungen für notwendig erklärt „ (KrV A548/B576).[3]

4 Kants Begründung der Menschenrechte

Der Kerngedanke von Kants Autonomiebegriff, so das bisherige Ergebnis, ist, dass das Moralgesetz aus der eigenen Vernunft des Moralsubjekts entspringt. ‚Autonomie' bedeutet, dass moralische Forderungen nur durch die eigene Vernunft verbindlich werden. Dadurch können auch Ansprüche, die man als Rechte von einem anderen einfordert, nur dadurch verbindlich werden, dass sie aus dem Moralgesetz des anderen folgen. Man fordert Rechte, indem man den anderen an seine Pflicht erinnert, dem eigenen Moralgesetz Folge zu leisten. Deswegen ordnet Kant die Rechte der Pflicht unter:

> Warum wird aber die Sittenlehre (Moral) gewöhnlich [...] die Lehre von den *Pflichten* und nicht auch von den *Rechten* betitelt [...]? – Der Grund ist dieser: Wir kennen unsere eigene Freiheit (von der alle moralischen Gesetze, mithin auch alle Rechte sowohl als Pflichten ausgehen) nur durch den moralischen Imperativ [...], aus welchem nachher [...] der Begriff des Rechts, entwickelt werden kann. (MS, AA 06: 239.13–21)

3 Zur Quelle des Moralgesetzes s. auch Sensen 2013b.

Jede moralische Forderung und jeder moralische Anspruch, so Kants Konzeption der Autonomie, folgt aus dem Gesetz der eigenen Vernunft. Der Begriff des Rechts hängt davon ab und wird daraus entwickelt. Das hat die Folge, dass man sein Recht einklagt, indem man den anderen an seine Pflicht erinnert, dem Gesetz seiner Vernunft Folge zu leisten:

> Dies geschieht dadurch, daß der andere, vermöge seines Rechts, dem Subject seine Pflicht, d. i. das moralische Gesetz nach welchem er handeln soll, vorstellt. Macht diese Vorstellung Eindruck in ihm, so bestimmt er seinen Willen nach einer Idee der Vernunft, er macht sich durch seine Vernunft diejenige Vorstellung, die in ihm schon vorher lag und durch den andern nur rege gemacht ist, und bestimmt sich nach dem moralischen Gesetz. (V-MS/Vigil, AA 27: 521.02–09)

Kant gründet die Rechte nicht auf einen Wert oder eine Forderung des Opfers. Jegliche Forderung ist nur durch das Vernunftgesetz bindend: „Daß diese Wohlthätigkeit Pflicht sei, ergiebt sich daraus: daß [...] wir also uns zum Zweck für Andere machen und diese Maxime niemals anders als blos durch ihre Qualification zu einem allgemeinen Gesetz [...] verbinden kann“ (TL, AA 06: 393.16–22). Pflichten, die man gegen andere hat, deren Rechte zu beachten, stammen somit aus der eigenen Vernunft: „Denn ich kann mich gegen Andere nicht für verbunden erkennen, als nur so fern ich zugleich mich selbst verbinde: weil das Gesetz, kraft dessen ich mich für verbunden achte, in allen Fällen aus meiner eigenen praktischen Vernunft hervorgeht“ (TL, AA 06: 417.31–418.01).[4]

Kants Argument, wie oben schon angedeutet, ist, dass nur seine Konzeption der Autonomie Moral als unbedingt und notwendig begründen kann. Alle anderen Auffassungen, so behauptet er, würden dagegen auf Heteronomie beruhen, das Gesetz ist nicht selbstgegeben, und Heteronomie könne keine verbindlichen moralischen Forderungen ergeben. Warum vertritt Kant, dass alle anderen Moralkonzeptionen Heteronomie ergeben? Seiner Ansicht nach müssen alle anderen Theorien auf ein Gefühl der Lust Bezug nehmen, um erklären zu können, warum man moralischen Forderungen folgen soll. Gefühle sind aber von einem Naturgesetz bestimmt, und somit gibt sich die Vernunft nicht autonom selber das Gesetz, sondern es wird ihr von außen vorgeschrieben. Das Argument entfaltet sich Schritt für Schritt folgendermaßen:

Die erste These, dass alle anderen Theorien nur Heteronomie ergeben, stellt Kant so dar: „Nun mochten sie diesen Gegenstand der Lust, der den obersten

4 Das bisher Gesagte kann man auch so ausdrücken, dass die Menschheit in mir, d.h. meine Fähigkeit zur Moral, ein Recht hat gegenüber dem empirischen Selbst, so wie ich mich in der Introspektion verstehe. Zum Recht der Menschheit siehe Mosayebi 2013.

Begriff des Guten abgeben sollte, in der Glückseligkeit, in der Vollkommenheit, im moralischen Gefühle, oder im Willen Gottes setzen, so war ihr Grundsatz allemal Heteronomie" (KpV, AA 05: 64.15–18). Kant glaubt, dass diese Varianten alle Möglichkeiten ausschöpfen, da es sich dabei um subjektive oder objektive, um interne oder externe Moraltheorien handle (vgl. KpV 5:40), und das das ganze Spektrum abdecke (dazu auch Sensen 2015a, 145–151). Bei der Glückseligkeit ist Kants These, dass sie auf Gefühlen beruhe, nicht verwunderlich, da Kant die Glückseligkeit eben so definiert (vgl. GMS, AA 04: 418.05–09). Auch beim moralischen Gefühl ist der Schritt zum Glück nicht weit: „Ich rechne das Princip des moralischen Gefühls zu dem der Glückseligkeit, weil ein jedes empirisches Interesse durch die Annehmlichkeit [...] einen Beitrag zum Wohlbefinden verspricht" (GMS, AA 04: 442.32–35).

Auf den ersten Blick ist dagegen verwunderlicher, dass das auch für theologische und eigene Vollkommenheit gelten soll. Im Falle eines willkürlich gegebenen göttlichen Gebots macht Kant den Gedankengang deutlicher: „woher ist die Nothwendigkeit, daß ichs soll [...] Gott wills, warum soll ichs – er wird strafen [...] so gehorcht man Despoten – dies ist alsdenn keine Suende stricte sondern politische Unklugheit – und warum wills Gott? [...] weil ich verbindich dazu bin" (V-PP/Herder, AA 27: 9.25–31). Der gleiche Gedankengang betrifft auch ein Gebot, das von einer Gesellschaft oder einer sozialen Gruppe ausgeht: Man müsste zunächst einen Wunsch haben, belohnt und nicht bestraft zu werden, und damit beruhen diese Theorien auf einem Gefühl des Glücks.

Aber selbst die eigene Vollkommenheit würde auf einem Gefühl beruhen. Denn, so Kant: „Diese Vollkommenheit als *Beschaffenheit* des Menschen, folglich innerliche, ist nichts anders als *Talent*" und „Talente und ihre Beförderung [können] nur, weil sie zu Vortheilen des Lebens beitragen [...] [und] nur durch die *Glückseligkeit*, die wir erwarten, Bewegursache desselben werden" (KpV, AA 05: 41.11–28).

Wenn aber alle diese Moralkonzeptionen letztlich auf Gefühle verweisen, um zu ihrer Annahme zu motivieren, so ist der Mensch von dem Gesetz abhängig, das diese Gefühle regiert. Das aber sind Naturgesetze der Biologie und Chemie. Die Gesetze des Handelns würden dem Menschen von der Natur vorgegeben: „Denn weil der Antrieb [...] zur Natur des Subjects gehört, [...] so gäbe eigentlich die Natur das Gesetz" (GMS, AA 04: 444.15–21). Wenn das Gesetz, das den Menschen leitet, aber nicht autonom von ihm selber gegeben ist, so stammt es von außen. Alle anderen Theorien ergeben also Heteronomie. Aber was ist das Problem mit der Heteronomie? Warum kann sie keine Moral begründen?

Das Problem ist, dass Heteronomie keine Verpflichtung, was die zentrale Eigenschaft der Moral ist, und damit keine Moral geben kann (s. GMS, AA 04: 389.11, 445.02). Wir verstehen Moral als allgemein und notwendig, Gefühle sind aber relativ und kontingent: „Aus einem Gefühl einer Empfindung, die bey jedem Geschöpf verschieden sein kann, kann kein allgemein gültiges Gesetz für alle denkende Creaturen hergeleitet werden und so muß auch das moralische Princip beschaffen sein" (V-Mo/Mrong II 29, AA: 625.05–08). Das bedeutet, dass alle anderen Theorien keine moralischen Gebote begründen, sondern nur bedingte Forderungen herleiten können: „Allenthalben, wo ein Object des Willens zum Grunde gelegt werden muß, um diesem die Regel vorzuschreiben, die ihn bestimme, da ist die Regel nichts als Heteronomie; der Imperativ ist bedingt, nämlich: wenn oder weil man dieses Object will, soll man so oder so handeln; mithin kann er niemals moralisch, d. i. kategorisch, gebieten" (GMS, AA 04: 444.01–05).

Bisher habe ich analysiert, was Kant über die Menschenrechte im heutigen Sinne sagen würde. Jedes Recht, insofern es unbedingt sein soll, muss aus dem Gesetz der Vernunft ableitbar sein. Kann es aber sein, dass Kant für seinen eigenen Rechtsbegriff, wie er ihn in der *Rechtslehre* darlegt, eine andere Begründung im Sinn hat? Das kann meines Erachtens nicht sein, da auch die *Rechtslehre* so etwas wie (politische) Verpflichtung darstellen will, und das Obige für jede Art der Verpflichtung gilt: „Folgende Begriffe sind der Metaphysik der Sitten in ihren beiden Theilen gemein: Verbindlichkeit ist die Nothwendigkeit einer freien Handlung unter einem kategorischen Imperativ der Vernunft" (MS, AA 06: 222.01–04). Verpflichtung kann aber nur auf Autonomie beruhen, wie wir vorher gesehen haben (vgl. auch Mohrs Beitrag in diesem Band). Das heißt, es gibt ein formales Gesetz der Verpflichtung, aus dem dann die spezifische Formulierung des obersten Rechtsgesetzes und des Kategorischen Imperativs in der Moral folgen: „Unter diesem allgemeinen Moralgesetze sind sowohl die Rechtsgesetze, als die ethischen Gesetze enthalten, nemlich mit den Unterschieden, daß bey den ersten die Handlung blos in Rücksicht ihrer Form, bey den letzteren aber in Rücksicht ihres Zweckes als ihres Objects betrachtet werden" (V-MS/Vigil, AA 27: 526.26–30; vgl. ZeF, AA 08: 377.03–07).

Gegen diese Interpretation scheinen allerdings zwei wichtige Stellen zu sprechen (vgl. dazu Pogge 2002). Zum einen scheint Kant zu sagen, dass das oberste Rechtsprinzip schon aus dem Eigeninteresse folgt. In einer berühmten Stelle heißt es, dass selbst selbstsüchtige Wesen das Problem der Staatsverfassung lösen könnten:

> Nun ist die republikanische Verfassung [...] dermaßen daß viele behaupten, es müsse ein Staat von Engeln sein, weil Menschen mit ihren selbstsüchtigen Neigungen einer Verfassung von so sublimer Form nicht fähig wären. [...] Das Problem der Staatserrichtung ist, so hart wie es auch klingt, selbst für ein Volk von Teufeln (wenn sie nur Verstand haben) auflösbar. (ZeF, AA 08: 366.01–16)

Zum anderen scheint er in der *Rechtslehre* zu bestreiten, dass man sein Recht einklagt, indem man den anderen an seine Pflicht erinnert: „Wenn also gesagt wird: ein Gläubiger hat ein Recht von dem Schuldner die Bezahlung seiner Schuld zu fordern, so bedeutet das nicht, er kann ihm zu Gemüthe führen, daß ihn seine Vernunft selbst zu dieser Leistung verbinde“ (MS, AA 06: 232.23 – 26).

Der zweite Widerspruch löst sich auf, wenn man – wie Kant es ja betont – Recht und Ethik dadurch unterscheidet, dass zwar in der Moral, aber nicht im Recht ein bestimmtes Motiv gefordert wird. Es ist eine Sache, woher eine Verpflichtung kommt, warum ich etwas tun soll, eine andere, wie man dazu motiviert wird. Der Mörder soll die Tat nicht begehen, selbst wenn er zur Unterlassung nicht motiviert ist. Kants Stelle bezog sich nur auf das Motiv, nicht auf den Grund der Verpflichtung, der auch hier aus dem Gesetz stammt: „Ein *strictes* (enges) Recht [...] gründet sich nun zwar auf dem Bewußtsein der Verbindlichkeit eines jeden nach dem Gesetze; aber die Willkür darnach zu bestimmen, darf und kann es, wenn es rein sein soll, sich auf dieses Bewußtsein als Triebfeder nicht berufen“ (MS, AA 06: 232.16 – 20). Ich kann also nicht verlangen, dass der andere dem Recht aus einem bestimmten Motiv folgt. Aber er ist auch hier durch das Rechtsgesetz verpflichtet, z. B. an der Ampel zu halten; aber er muss es nicht aus Pflicht tun.

Die gleiche Unterscheidung liegt auch der Teufel-Passage zu Grunde. Die Teufel werden als mit Verstand ausgestattet dargestellt. Aufgrund der Vernunft wissen sie, was richtig ist. Selbst wenn sie aber nur selbstsüchtige Motivationen haben, können sie sich zu einem Staat zusammenfassen, der von der Vernunft gefordert wird. Die Forderung der Vernunft ist aber nicht nur eine Klugheitsregel: „So ist es z. B. ein Grundsatz der moralischen Politik: daß sich ein Volk zu einem Staat nach den alleinigen Rechtsbegriffen der Freiheit und Gleichheit vereinigen solle, und dieses Princip ist nicht auf Klugheit, sondern auf Pflicht gegründet“ (ZeF, AA 08: 378.19 – 22). Selbst Kants Rechtsbegriff muss deswegen letztlich auf der Autonomie beruhen, auch wenn er zunächst nur Abwehrrechte proklamiert.[5]

5 Die Aussichten von Kants Konzeption

Aber selbst wenn man mit dem Bisherigen übereinstimmt, warum sollte man glauben, dass es die Kantische Autonomie wirklich ‚gibt‘? Ich hatte den gegenwärtigen Autonomiebegriff mit Kant kritisiert, aber jener kommt ohne die Annahme eines apriorischen Moralprinzips aus. Was dagegen spricht für Kants

5 Zur Frage, ob aus Kants Theorie auch so etwas wie positive Rechte zur Hilfeleistung folgen, s. Beitrag von Mieth/Bambauer in diesem Band.

Konzeption? Kant bietet eine indirekte Begründung an. Wenn es ein apriorisches Prinzip gibt, so muss es auch allgemein und notwendig sein: „Nothwendigkeit und strenge Allgemeinheit sind also sicher Kennzeichen einer Erkenntnis a priori" (KrV B4). An diesen Zeichen könne man das Prinzip nachweisen: „Wir können uns reiner praktischer Gesetze bewußt werden, eben so wie wir uns reiner theoretischer Grundsätze bewußt sind, indem wir auf die Nothwendigkeit, womit sie uns die Vernunft vorschreibt [...] Acht haben" (KpV, AA 05: 30.04 – 07).

Die Notwendigkeit des Moralgesetzes versucht Kant durch ein Gedankenexperiment zu belegen. Man stelle sich vor, dass alle Neigungen für eine unmoralische Handlungsoption sprechen (z. B. ein falsches Zeugnis abzugeben), so postuliert Kant aber, dass man sich dennoch ihrer Falschheit bewusst werde:

> Fragt ihn aber, ob, wenn sein Fürst ihm unter Androhung derselben unverzögerten Todesstrafe zumuthete, ein falsches Zeugnis wider einen ehrlichen Mann [...] abzulegen, ob er da, so groß auch seine Liebe zum Leben sein mag, sie wohl zu überwinden für möglich halte. Ob er es thun würde, oder nicht, wird er vielleicht sich nicht getrauen zu versichern; daß es ihm aber möglich sei, muß er ohne Bedenken einräumen. (KpV, AA 05: 30.27 – 33)

Dieses Szenario kann man so entwerfen, dass der Handelnde keinen empirischen Wunsch für die moralisch gute Handlung (das falsche Zeugnis zu verweigern) hat. Wenn die Moral also diese Handlung gebietet, beruht sie nicht auf empirischen Neigungen, sondern ist davon unabhängig notwendig und unbedingt. Kant geht es dabei aber nicht darum, ein direktes Moralbewusstsein als Beweis der Gültigkeit anzugeben. Sondern das Moralbewusstsein lässt einen annehmen, dass man frei ist, d.i. sich unabhängig von Neigungen bestimmen *könnte:* „Er urtheilt also, daß er etwas kann, darum weil er sich bewußt ist, daß er es soll, und erkennt in sich die Freiheit, die ihm sonst ohne das moralische Gesetz unbekannt geblieben wäre" (KpV, AA 05:30.33 – 35).

Kant begründet dann das Moralgesetz aus der aufgewiesenen Freiheit. Wie kann die so vorgestellte Freiheit verstanden werden? Freiheit ist eine Art von Kausalität, und jede Kausalität beruht auf einem Gesetz (vgl. GMS, AA 04: 446.15 f.). Da aber nun alle Gefühle und was sie anstreben als Fremdbestimmung ausgeschlossen wurden, bleibt nur noch die Form des Moralgesetzes übrig: „was kann denn wohl die Freiheit des Willens sonst sein als Autonomie, d. i. die Eigenschaft des Willens, sich selbst ein Gesetz zu sein?" (GMS, AA 04: 446.24 – 447.02) Diese Begründungsstruktur für das Moralgesetz ist in der *Grundlegung* und der *Kritik der praktischen Vernunft* gleich. In beiden Werken wird das Gesetz durch die Freiheit begründet, allerdings gibt er in der *Kritik* ein anderes Argument dafür, warum man berechtigt sei, die Freiheit anzunehmen (dazu Sensen 2015b).

Was sind die systematischen Aussichten von Kants Argument? Es ist kein Einwand gegen Kants Sicht, dass man sich über seine tatsächlichen Motive täuschen könnte. Denn Kant geht es hier nicht darum, eine vergangene Handlung zu erklären, sondern um die Frage, wie man seinen Willen zukünftig ausrichten soll: „Nur auf die Willensbestimmung und den Bestimmungsgrund der Maxime [...] kommt es hier an, nicht auf den Erfolg. [...] so mag es mit dem *Vermögen* desselben in der Ausführung stehen, wie es wolle" (KpV, AA 05: 45.34–46.01; vgl. GMS, AA 04: 407.34–408.11). Man kann also das Gedankenexperiment immer so umändern, dass kein Wunsch für die moralische Handlung spricht: Der Handelnde hat keinen Wunsch, moralisch zu sein, er verspricht sich von der Weigerung, ein falsches Zeugnis zu geben, keinen Vorteil usw., aber er wird die Handlung dennoch für ungerecht halten. Das Opfer ist immerhin unschuldig.

Kants Argument verliert erst dann an Kraft, wenn ein Skeptiker behauptet, die Ungerechtigkeit der Falschaussage unabhängig von empirischen Wünschen nicht zu teilen oder nicht einzusehen. Kant könnte dann zwar ein anderes Beispiel anführen, aber wenn der Skeptiker alle ablehnt, gerät diese Methode an ihre Grenze. Doch es gibt zumindest noch eine zweite Strategie, die Kant anwenden kann, um den Skeptiker zu überzeugen. Apriorische Gesetze sind nicht nur notwendig, sondern auch universell. Wenn das Moralgesetz also einen apriorischen Ursprung haben soll, so sollte man auch empirische Nachweise finden, dass gewisse Elemente der Moral universell verbreitet sind. Das gilt z. B. für die Kantische Ansicht, dass wir Moral als unbedingt und notwendig ansehen (vgl. Nichols 2005, S. 6), aber auch dafür, dass man keine Ausnahmen zu allgemeinen Gesetzen machen soll (vgl. Darwall 2006, 173–175), was Kant als den Kerngedanken seines Moralgesetzes beschreibt (vgl. GMS, AA 04: 424.20). Kants Gedankengang ist damit nicht einfach aus der Luft gegriffen, sondern kann sich auch auf empirische Argumente stützen.

Der Skeptiker, selbst wenn er das Bisherige akzeptiert, könnte aber einwenden, dass eine universelle Verbreitung von Kantischen Elementen nicht für einen apriorischen Ursprung des Moralgesetzes spricht, sondern die Moral könnte ihren Ursprung in der Evolution haben. Selbst wenn für den Einzelnen das Moralgesetz internalisiert ist und a priori notwendig erscheint, so ist es vielleicht nur – gegen Kants eigene Sicht (s. oben) – empirisch durch die Entwicklung des Menschen gewonnen. Auch der Skeptiker könnte auf empirische Studien verweisen, wonach sich nicht nur Schimpansen, sondern sogar Fledermäuse gegen ungerechte Verteilungen wehren (vgl. Prinz 2008, 249–252). Wenn sogar Tiere, denen Kant keine Vernunft zuschreiben würde, die Kernelemente seiner Moralkonzeption aufweisen, dann entspringen die Elemente wohl nicht aus der Vernunft, wie es Kant annimmt.

Allerdings sprechen die empirischen Befunde nicht so stark gegen Kants Thesen, wie es zunächst den Anschein haben mag. Denn Fledermäuse und Schimpansen scheinen sich nur dann zu beschweren, wenn sie selber benachteiligt werden, nicht aber, wenn unbeteiligte Dritte ungerecht behandelt werden (vgl. Bowles/Gintis 2006; Wilson/Wilson 2007). Mit dem Menschen scheint also tatsächlich etwas Neues aufzutauchen. Wir können Ungerechtigkeit unparteilich beurteilen. Eine Erklärung dafür ist, dass dies durch etwas, was beim Menschen neu hinzukommt, möglich wird: durch seine Vernunft. Diesen Gedankengang führe ich hier nicht als Beweis für die Kantische Position an. Dafür sind die Indizien nicht stark genug. Aber sie können zeigen, dass Kants Position nicht unplausibel ist und es verdient, ernst genommen zu werden.

Schlussbemerkung

Kant bietet eine Begründung der Menschenrechte durch den Autonomiebegriff an. Allerdings verläuft die Begründung anders, als es die zeitgenössische Ethik versucht. Heutzutage gibt man dem Guten (dem Wert des Menschen) Vorrang vor dem Richtigen (dem Gesetz, die Menschenrechte zu achten), und dem Recht des Opfers Priorität vor der Pflicht des Handelnden. Kant dreht beide Verhältnisse um. Seine Position verdient Beachtung, da sie die Problematik von der fundamentalen Frage her angeht, wie man überhaupt verpflichtet sein kann, das Recht des anderen zu achten.

Literatur

Betzler, Monika (Hg.) (2013): *Autonomie der Person.* Münster: Mentis.

Bowles, Samuel/Gintis, Herbert (2006): „The Evolutionary Basis of Collective Action". In: Donald Wittman and Barry Weingast (Ed.): *The Oxford Handbook of Political Economy.* Oxford: Oxford University Press, 951 – 967.

Darwall, Stephen (2006): *The Second-Person Standpoint.* Cambridge (MA): Harvard University Press.

Frankfurt, Harry (1971): „Freedom of the will and the concept of a person". In: *The Journal of Philosophy* 68, 5 – 20.

Griffin, James (2009): *On Human Rights.* Oxford: Oxford University Press.

Hill, Thomas (1991): *Autonomy and Self-Respect.* Cambridge: Cambridge University Press.

Horn, Christoph (2014): *Nichtideale Normativität: Ein neuer Blick auf Kants politische Philosophie.* Frankfurt/M: Suhrkamp.

Moore, G.E. (1903): *Principia Ethica.* Baldwin, Thomas (Ed.). Cambridge: Cambridge University Press, 1993.

Mosayebi, Reza (2013): *Das Minimum der reinen praktischen Vernunft: Vom Kategorischen Imperativ zum allgemeinen Rechtsprinzip bei Kant.* Berlin, Boston: De Gruyter.

Nichols, Shaun (2005): „Innateness and Moral Psychology". In: Peter Carruthers u. a. (Ed.): *The Innate Mind.* Oxford: Oxford University Press, 353 – 369.

O'Neill, Onora (2003): „Autonomy: The Emperor's New Clothes". In: *Proceedings of the Aristotelian Society.* Supplement 77, 1–21.

Pogge, Thomas (2002): „Is Kant's Rechtslehre a 'Comprehensive Liberalism'?" In: Timmons, Mark (Ed.): *Kant's* Metaphysics of Morals. Oxford: Oxford University Press, 133–58.

Prinz, Jesse (2008): *The Emotional Construction of Morals.* Oxford: Oxford University Press.

Schneewind, Jerome B. (1998): *The Invention of Autonomy.* Cambridge: Cambridge University Press.

Schönecker, Dieter (2015): „Bemerkungen zu Oliver Sensen, *Kant on Human Dignity*, Chapter 1". In: *Kant-Studien* 106 (1), 68–77.

Sensen, Oliver (2011): *Kant on Human Dignity.* Berlin, Boston: De Gruyter.

Sensen, Oliver (Ed.) (2013a): *Kant on Moral Autonomy.* Cambridge: Cambridge University Press.

Sensen, Oliver (2013b): „Kant's Constructisivm". In: Carla Bagnoli (Ed.): *Moral Constructivism: For and Against.* Cambridge: Cambridge University Press, 63–81.

Sensen, Oliver (2015a): „Moral Obligation and Free Will". In: Denis, Lara/Sensen, Oliver (Ed.): *Kant's* Lectures on Ethics. *A Critical Guide.* Cambridge: Cambridge University Press, 138–155.

Sensen, Oliver (2015b): „Die Begründung des Kategorischen Imperativs". In: Schönecker, Dieter (Hg.): *Kants Begründung von Freiheit und Moral in* Grundlegung *III.* Münster: Mentis, 233–258.

Watkins, Eric/Fitzpatrick, William (2002): „O'Neill and Korsgaard on the Construction of Normativity". In: *Journal of Value Inquiry* 36, 349–367.

Willaschek, Marcus (1992): *Praktische Vernunft.* Weimar: Metzler.

Wilson, David/Wilson, Edward (2007): „Rethinking the Theoretical Foundation of Sociobiology". In: *The Quarterly Review of Biology* 82 (4), 327–348.

Wood, Allen (1998): „Humanity as an End in Itself". In: Guyer, Paul (Ed.): *Kant's* Groundwork of the Metaphysics of Morals. Lanham: Rowman & Littlefield, 165–187.

Andreas Niederberger

Braucht die Kantische Rechtsphilosophie die Menschenwürde?

Abstract Philosophische Menschenrechtstheorien führen oft Kant als Bezugspunkt für eine Begründung der Menschenrechte über Menschenwürde an. Entgegen dieser gängigen Auffassung wurde unterdessen für die Ethik bereits deutlich gezeigt, dass die Konzeption der Menschenwürde, die Kant dort anführt, nicht derjenigen entspricht, die sich in den einschlägigen Menschenrechtsdokumenten und im aktuellen politisch-rechtlichen Diskurs findet. Menschenwürde trägt nicht zur Begründung moralischer Forderungen bei, sondern ergibt sich vielmehr – in der Linie älterer Menschenwürdekonzeptionen – aus moralischem Handeln. Ausgehend von der Beobachtung, dass der Terminus „Menschenwürde" sich in den politisch-rechtlichen Schriften Kants nicht findet, geht der vorliegende Beitrag der Frage nach, ob ein Bezug auf die Menschenwürde für das Verständnis der Kantischen Rechtsphilosophie bzw. die Geltung rechtsmoralischer Prinzipien, die in ihr entwickelt werden, notwendig ist. Dazu wird einerseits untersucht, ob die Menschenwürdekonzeption, wie sie sich in Kants Ethik findet, auch für dessen Rechtsphilosophie unterstellt werden muss. Andererseits wird überprüft, ob Kant das gegenwärtig zumeist vertretene Menschenwürdeverständnis, demzufolge Menschenwürde den absoluten Wert von Menschen verbürgt, implizit für die Begründung rechtlicher Gebote heranzieht. Abschließend wird argumentiert, dass die Kantische Rechtsphilosophie eine plausible normative Theorie ist, die für rechtsmoralische Prinzipien und eine anzustrebende politisch-rechtliche Ordnung ohne Rekurs auf Menschenwürde argumentiert – und dass die Engführung von Kantischer Philosophie und aktueller Menschenwürdekonzeption das Eigentümliche des Kantischen Ansatzes verfehlt.

In der philosophischen Diskussion über Recht, Politik und Menschenrechte werden die Kantischen Überlegungen und Kantianische Ansätze insgesamt oft unmittelbar mit der Menschenwürde in Verbindung gebracht. Viele erachten es dabei sogar als besonderes Kennzeichen der Kantischen Auffassung, dass die Menschenrechte ihren Grund in der Menschenwürde haben oder dass die Funktion der Menschenrechte darin besteht, die Menschenwürde zu schützen. Kant wird vor diesem Hintergrund als paradigmatischer Vertreter einer Begründung der Menschenrechte über die Menschen „innewohnende Würde" verstanden, wie es

https://doi.org/10.1515/9783110572377-005

die UN Menschenrechtspakte in ihren Präambeln formulieren (Donnelly ^{3}2013, 126 – 129).

Diese Auffassung ist weit verbreitet[1] und sie leistet eventuell sogar, indem sie mit Kant eine kulturell gewichtige Gewährsperson identifiziert, einen Beitrag dazu, dass die unbedingten und universellen Geltungsansprüche der Menschenrechte akzeptiert werden. Dennoch soll im Folgenden argumentiert werden, dass diese Engführung von Kants Position zu den Menschenrechten bzw. zu Recht und Politik schlechthin und der Menschenwürde weder für das Verständnis von Kant noch für die sich daran anschließenden Beiträge in der politischen und Rechtsphilosophie hilfreich ist. Die Menschenwürde ist im Kantischen Ansatz selbst kein begründendes, sondern ein begründetes Theorieelement, und ihr eine Begründungsrolle zuzuschreiben, bringt die Gefahr mit sich, die Kantische Argumentation falsch zu verstehen und die Elemente der Theorie zu übersehen, die tatsächlich die Begründungslast tragen (vgl. dazu auch Horn 2014, 98 – 111). Problematisch ist ein solches Missverständnis aber nicht nur für eine Kant gerecht werdende Deutung, sondern es führt vielmehr auch zu systematischen Schwierigkeiten für eine überzeugende Kantianische Menschenrechtstheorie. In der Interpretation und Aufnahme der Kantischen Rechtsphilosophie und politischen Theorie sollte deshalb vorsichtig mit dem Menschenwürdebegriff umgegangen und sich stärker auf die Idee der Freiheit als Abwesenheit der Beherrschung durch andere konzentriert werden.

In den letzten Jahren hat Oliver Sensen in verschiedenen Schriften untersucht, wie der explizite Gebrauch des Würdebegriffs bei Kant im Gesamt von dessen Moralphilosophie zu verstehen ist und wie nicht. Er unterscheidet dabei v.a. ein traditionelles und ein gegenwärtiges Würdeverständnis und hält fest, dass im Gegensatz zu üblichen Darstellungen die Kantische Verwendung von „Würde“ dem traditionellen und nicht dem gegenwärtigen Paradigma zuzurechnen ist. Im ersten Abschnitt des vorliegenden Artikels werden diese Untersuchungen Sensens kurz aufgenommen und in ihren wesentlichen Resultaten referiert (1.). Vor diesem Hintergrund wird gefragt, ob es sinnvoll ist, den Würdebegriff aus Kants Moralphilosophie auch zur Deutung der *Rechtslehre* heranzuziehen, selbst wenn er dort nicht explizit angeführt wird. In Antwort auf diese Frage wird erklärt, dass ein solcher Versuch wenig zur Erhellung dieses Teils der *Metaphysik der Sitten* und der Rechts- und politischen Philosophie des Königsberger Autoren insgesamt beiträgt (2.). Im nächsten Schritt wird untersucht, ob die

---

1 Vgl. Sangiovanni 2015, 684, der von einem „almost universal agreement“ spricht, dass Kant die zuvor skizzierte Position vertritt (um dann allerdings selbst die Differenz zwischen der Kantischen Moral- und Rechtsphilosophie zu betonen und die Bedeutung der Würde auf den Bereich der Moral zu beschränken).

Referenz auf den gegenwärtigen Würdebegriff, der sich bei Kant so nicht findet, aber für die aktuelle Diskussion und die zuvor bereits angeführten rechtlichen Dokumente wesentlich ist, dazu beiträgt, seine politische und rechtsphilosophische Position besser zu verstehen. Auch in dieser Hinsicht wird aufgezeigt, dass ein solches Unterfangen die Kantische Argumentation verfehlt (3.). In diesen beiden Teilen des Artikels wird dabei über die Kritik an Erklärungen Kants vermittels des Würdebegriffs auch ein Angebot unterbreitet, wie Kants Theorie – sein „liberaler Republikanismus" – adäquat zu rekonstruieren ist. Abschließend wird die Frage, die zu Beginn dieses Artikels aufgeworfen wurde, nochmals aufgegriffen, welche Bedeutung es für eine Kantianische Theorie der Menschenrechte hat, wenn die Engführung von Kants Grundüberlegungen und der Menschenwürde zurückgewiesen wird (4.).

1 Kant und der „traditionelle" Würdebegriff

In zahlreichen Texten hat sich Oliver Sensen in den letzten Jahren mit dem Kantischen Würdebegriff und dessen Stellung im Feld der unterschiedlichen Bestimmungen der Menschenwürde und ihrer normativen Implikationen auseinandergesetzt. Er unterscheidet dabei drei Paradigmen[2] und sieht Kant als Vertreter eines Paradigmas, in dem ihn die Kantforschung und verfassungsrechtliche Referenzen gewöhnlich nicht verorten.[3] Als *archaisches* (Sensen 2009, 312) oder *aristokratisches* (Sensen 2011b, 75) Paradigma versteht Sensen den Gebrauch des Würdeausdrucks, der seinen Ursprung im antiken Rom hat und sich auf herausgehobene politische oder auch gesellschaftliche Positionen bezieht – ein Gebrauch des Ausdrucks „Würde", der sich im Deutschen z. B. in der Amtswürde noch findet. Dieser Würdebegriff findet sich zwar an einigen Stellen bei Kant, ist aber für seine zentralen systematischen Aussagen weitgehend unerheblich.

---

2 Sensen changiert hier: Manchmal gibt es genuin drei Paradigmen, manchmal wird das traditionelle Paradigma in zwei Dimensionen oder Phasen unterschieden. Neben der Unterscheidung, die im weiteren Textverlauf oben präsentiert wird, hält Sensen z.T. auch fest, dass das traditionelle Paradigma aus einer Universalisierung des aristokratischen Paradigmas hervorgegangen ist. Cicero ist dafür der zentrale Autor, da sich bei ihm einerseits Ausführungen zur *dignitas* der römischen Aristokraten und Amtsinhaber finden, andererseits aber auch bereits die Ausdehnung der Würde auf alle Menschen (Sensen 2011a, 155).

3 Zu einer anderen Darstellung der Geschichte des Würdebegriffs vor Kant sowie der Rolle der Menschenwürde bei ihm vgl. Rothhaar 2015.

Wichtiger für das Verständnis von Kant sind die Gebrauchsweisen des Würdebegriffs, die Sensen als „traditionelles“ und „gegenwärtiges“ Paradigma bezeichnet. Im *traditionellen* Paradigma, das v. a. von der Stoa bis zur Renaissance entstanden ist, kommt einem Wesen Würde zu, das über Vermögen verfügt, die es höher stellen als andere Wesen. Würde ist folglich eine relationale und keine intrinsische oder absolute Eigenschaft, und es geht mit der Auszeichnung der Würde von etwas (laut Sensen) nicht notwendig einher, dass diese Würde auch einen hohen Wert hat. Wenn die Würde Wert hat, dann bekommt sie diesen nicht durch sich selbst und d. h. durch die Vermögen, die zu ihr führen, sondern durch weitere normative Erwägungen, die ihr bzw. den Vermögen den Wert zuschreiben (Sensen 2011a, 162). Im *gegenwärtigen* Paradigma gibt der Ausdruck der Würde dagegen einen absoluten Wert desjenigen an, dem die Würde zukommt. Die Würde ist in diesem Zusammenhang eine nicht-relationale, häufig sogar auf einer eigenen metaphysischen Entität beruhende Eigenschaft (Sensen 2011a, 148). Und mit diesem Verständnis geht auch einher, dass die Würde nicht graduell vorliegen kann, sondern besteht oder nicht besteht. Im Unterschied dazu bezieht sich die Würde im traditionellen Paradigma auf Vermögen, die von denjenigen, die über sie verfügen, genutzt oder nicht genutzt werden können. Jemand kann ein würdeloses Leben führen und damit als Mensch mit seinen menschlichen Eigenschaften seinen Wert verlieren (der sich allein über die Notwendigkeit ergibt, die Vermögen aktualisieren zu müssen, die die ontologisch herausragende Stellung ausmachen). Daher führt die Würde im traditionellen Paradigma auch primär zu Pflichten gegen sich selbst, wogegen die Würde im gegenwärtigen Paradigma insbesondere Rechte gegenüber anderen erzeugt (Sensen 2011a, 164).

Die Unterscheidung der beiden Würdebegriffe verläuft also entlang der vier Achsen nicht relational (gegenwärtig) vs. relational (traditionell), Absolutheit des Werts vs. Graduierbarkeit bzw. Zuschreibung des Werts, Rechte vs. Pflichten und Bezogenheit auf andere vs. Selbstbezug. Sie ist sehr schematisch und verfehlt bei den Autoren und Positionen, die den jeweiligen Paradigmen zugeordnet werden, auch wichtige Aspekte. So stehen etwa die Würdetheorien von Marsilio Ficino und Giovanni Pico della Mirandola in der (neo-)platonischen Tradition und betrachten den ontologischen Status somit per se im Rahmen einer Theorie des höchsten Guten. Den Vermögen, die Würde erzeugen oder ermöglichen, kommt daher durchaus unmittelbar ein hoher (oder sogar höchster) Wert zu. Zudem finden sich bei ihnen (v. a. bei Ficino) Anklänge an republikanische Überlegungen, wenn mit der Würde die Abwehr von Beherrschung bzw. Beherrschungsansprüchen durch andere einhergeht (Niederberger 2015). Damit lässt sich konstatieren, dass es auch im traditionellen Paradigma Pflichten gibt, die sich auf den Schutz der Würde anderer richten. Aber selbst wenn man dies berücksichtigt, lassen sich doch zwei wesentlich verschiedene Bestimmungen der Würde voneinander abheben: Auf der einen Seite eine Bestimmung, die die Würde an einen ontologisch herausragenden Status bindet und mit der Würde v. a. auch Verpflichtungen einhergehen lässt, diesem Status gemäß zu leben; und auf der anderen Seite eine Position, die die Würde als inneren oder absoluten Wert eines Menschen versteht, der dieses Wesen mit unveräußerlichen und unabwägbaren Ansprüchen oder sogar Rechten gegenüber anderen Menschen versieht.

Sensen kommt auf der Grundlage seiner detaillierten Befassung mit Kants Gebrauch des Würdebegriffs (sowie auch des Wertbegriffs) und insbesondere mit den gewöhnlich als zentral erachteten Referenzstellen im zweiten Abschnitt der *Grundlegung* (GMS, AA 04: 434–436) sowie im Paragraph 38 der *Tugendlehre* der *Metaphysik der Sitten* (TL, AA 06: 462–463) zu dem Schluss, dass Kant in seiner Ethik das traditionelle Paradigma vertritt. Der Würde kommt nicht selbst als Ausdruck eines absoluten Werts des Menschen eine *begründende* Rolle für moralische Verpflichtungen gegenüber anderen zu, sondern die Würde ist vielmehr – so Sensen (2011a, 199) – das *Resultat* oder der Ausdruck des moralisch richtigen Handelns gegenüber sich selbst und gegenüber anderen. Würde kann man nur durch das eigene Handeln gewinnen, während man anderen würdevoll begegnet, indem man ihnen den Raum und die Möglichkeit zu eigenem moralischen Handeln und zur Entwicklung ihrer Selbstachtung lässt. Letztlich ist die Würde aller oder vieler also das Ergebnis moralischen Handelns mit Bezug auf einen selbst sowie je andere. Und selbst wenn man die Unterschiede zwischen den beiden von Sensen angeführten Paradigmen weiter schwächt, indem man das Platonische in der Kantischen Philosophie betont und darüber die Werthaftigkeit des ontologisch Herausstehenden begründet,[4] so bleibt doch auch bei einer solchen Revision die Einsicht richtig, dass bei Kant der Wert des jeweiligen Menschen an den moralischen Vermögen und ihrer besonderen Rolle und nicht am Menschsein an sich hängt. Somit erwerben Menschen ihre Würde durch ihr eigenes Handeln (Sensen 2011a, 168) und sie können sie auf diesem Weg auch verlieren – was allerdings noch nicht bedeutet, dass dies auch für das Handeln anderer ihnen gegenüber Auswirkungen hat (etwa dass eine Instrumentalisierung dann zulässig würde, vgl. Sensen 2011a, 128). Ein solches Weiterbestehen von Grenzen für Eingriffe in das Handeln anderer, auch wenn ein würdeloses Leben geführt wird und d. h. die Pflichten gegen sich selbst vernachlässigt werden, gibt es aber bereits z. B. bei Ficino, so dass dies keine wesentliche Neuerung bei Kant wäre.

4 Vgl. zu einer solchen realistischen Deutung von Kant (und d. h. einer Interpretation Kants, nach der Würde einen objektiv herausgehobenen Status benennt [„Kant seems to think it really is the case that human beings are more valuable than anything else in nature […].“ (Wilson 2013, 260)]).

2 Der traditionelle Würdebegriff in der Rechtslehre?

Angesichts der Tatsache, dass der Würdebegriff bei Kant letztlich nur an wenigen Stellen vorkommt und dass er an noch viel weniger Stellen mit dem (inneren) Wert eines Menschen in Verbindung gebracht wird,[5] stellt sich die Frage, warum Kant so oft mit der Menschenwürde und insbesondere mit dem „gegenwärtigen“ Verständnis der Würde – also der Betonung eines absoluten Wertes des Menschen – in Verbindung gebracht wird. Diese allgemeine Frage, die viel mit der Bedeutung des Instrumentalisierungsverbotes in der Kantischen Ethik und der Zurückweisung eines solchen allgemeinen Verbots in anderen normativen, etwa konsequentialistischen Theorien zu tun hat, kann hier nicht beantwortet werden.[6] Es soll aber im Folgenden untersucht werden, ob Kants politische und Rechtsphilosophie – und v.a. die Vorstellung der Menschenrechte, die man bei ihm (eventuell) ausmachen kann – besser zu verstehen sind, wenn der Begriff der Menschenwürde zu deren Deutung herangezogen wird. Denn es könnte ja sein, dass Kant in seinen Überlegungen zwar nicht explizit die Menschenwürde anführt, sie aber wenigstens implizit in ihrer traditionellen oder gegenwärtigen Fassung im Hintergrund steht. Zunächst soll dazu untersucht werden, ob der Bezug auf die traditionelle Menschenwürdekonzeption, wie er sich in Kants Moralphilosophie insbesondere an den genannten Stellen der *Grundlegung* und der *Tugendlehre* findet, hilfreich für das Verständnis von dessen *Rechtslehre* in der *Metaphysik der Sitten* ist, bevor in einem zweiten Schritt nach einer möglichen Relevanz des gegenwärtigen Paradigmas dafür gefragt wird.

Wie nachgezeichnet wurde, geht die traditionelle Menschenwürdekonzeption von besonderen Vermögen aus, über die Menschen verfügen und aus denen sich Pflichten der Menschen gegen sich selbst ergeben, diese Vermögen zu entwickeln und zu nutzen. Die Vermögen unterscheiden den Menschen von anderen Lebewesen und erheben ihn über jene, aber sie bedürfen der Aktualisierung, so dass Menschen Würde vollständig erst durch den guten oder richtigen Gebrauch der Vermögen erlangen. Dabei kann es sein, dass die Anerkennung des Werts, der den Vermögen zukommt, und der damit einhergehenden Pflichten gegen sich selbst bei zweiten und dritten Pflichten erzeugt, den ersten nicht an der Erfüllung seiner

---

5 Sensen (2009, 318, 320) führt insgesamt 111 Stellen an, an denen Kant den Ausdruck „Würde“ gebraucht. Darunter finden sich allerdings nur an acht Stellen, an denen Würde und Wert in Verbindung miteinander gebracht werden.

6 Vgl. hierzu aber auch die Diskussion, ob die Erwähnung der Menschenwürde in der *Grundlegung* im Kontext der ersten (Autonomie-), zweiten (Selbstzweck-) oder der dritten (Reich-der-Zwecke-)Formel des Kategorischen Imperativs zu sehen ist, u.a. bei Sensen 2011a, 182–183 und von der Pfordten 2016, 33–34.

Pflichten zu hindern oder ihm sogar bei dieser Erfüllung zu helfen.[7] In Kants Fassung in der *Grundlegung* und in der *Tugendlehre* sieht der Würdegedanke so aus, dass vernunftbegabte Wesen das Vermögen zu moralischem Handeln haben und dieses Vermögen – das zugleich Ausdruck der Freiheit des Menschen ist – den Menschen auch verpflichtet, sich richtig zu sich selbst zu verhalten und moralisch zu handeln. Der moralisch handelnde Mensch erwirbt Würde und über den kategorischen Imperativ, der ihn qua Menschheitsformel verpflichtet, alle anderen als gleichermaßen moralisch handeln könnende Wesen zu behandeln, wird es auch für andere möglich, Würde zu erwerben. Der Grund der Würde ist also das Vermögen, moralisch handeln zu können.

Was könnte der Bezug auf einen solchen Würdegedanken für die politische und Rechtsphilosophie bedeuten? Man könnte die rechtsmoralischen Pflichten, wie sie die *Rechtslehre* und andere Texte von Kant zu Recht und Politik darlegen, so verstehen, dass der Mensch über die Anerkennung rechtsmoralischer Gebote und v. a. über den Übergang vom Privatrecht zum öffentlichen Recht und d. h. über den Erwerb des Bürgerstatus zu einer Würde kommt (wobei nicht die Amtswürde gemeint sein dürfte), die er ohne den Übergang zu diesem Status nicht hätte. Zugleich könnte durch die Weise des Übergangs, nämlich durch die Bindung der eigenen Freiheit an die gemeinsame politische Ausübung von Freiheit, auch anderen der Zugang zum Bürgerstatus ermöglicht (oder vielleicht sogar aufgezwungen) werden, womit auch diese die Möglichkeit hätten, Würde zu erreichen. Eine solche Lesart von Kant könnte durch dessen Nähe zu Jean-Jacques Rousseau inspiriert sein, sehen doch einige bei letztem den Gedanken, dass Menschen, indem sie eine Republik schaffen, zu einer wahren und eigentlichen Freiheit kommen, die ihnen diesseits dieser Ordnung verwehrt ist – ein Verständnis von Rousseau, das insbesondere Isaiah Berlin in seiner Kritik an der Vorstellung positiver Freiheit herausgearbeitet (und zu Recht in seinen Unplausibilitäten in Frage gestellt) hat (Berlin 2002, 184–185).

Ob Rousseau ein solcher Perfektionismus zugeschrieben werden kann, muss hier dahingestellt bleiben. Bei Kant findet sich aber auf jeden Fall kein perfektionistisches Verständnis von Republik und Bürgerschaft. Die Republik sichert und gewährleistet die äußere Freiheit der Bürger und d. h. ein Verhältnis zwischen ihnen, in dem niemand einen anderen beherrschen kann (Ripstein 2009, 42–50). Die Republik ist also eine Organisations- und Koordinationsform individueller Freiheiten und kein Ausdruck wahrer oder eigentlicher kollektiver Freiheit, wie sie in der

---

7 „Zweite" hätten dabei direkt auf den ersten bezogene Pflichten, wogegen „dritte" Pflichten mit Blick auf die zweiten hätten sicherzustellen, dass jene ihre Pflichten gegenüber dem ersten einhalten.

jüngeren Diskussion (letztlich im Anschluss an Aristoteles) etwa von Hannah Arendt vertreten und angestrebt wird (Arendt 2006, 132–170; Marchart 2005). Die Republik und die „Idee eines allgemein gesetzgebenden Willens“ (RL, AA 06: 306) sind notwendig und sie setzen voraus, dass die Freiheit der einzelnen durch den Übergang zu einer entsprechenden öffentlichen Ordnung nicht verletzt wird. Die Freiheit der Republik ist also keine andere Freiheit als die gleiche Freiheit der einzelnen, die eine dauerhafte und nicht mehr bloß provisorische, d. h. bloß unterstellte Form angenommen hat. Das hobbessche Modell des *Leviathan*, bei dem die Bürger die Sicherung der Freiheit zwischen ihnen durch Beherrschung durch den Souverän „erkaufen“, kommt deshalb nicht in Frage. Aber daraus folgt nicht, dass die Freiheit der einzelnen in der öffentlichen Ordnung „aufgehoben“ und in eine „höhere“ Qualität überführt werden muss. In der Republik muss vielmehr ein inklusives und letzte Autorität beanspruchendes legislatives Verfahren so beschaffen sein, dass es die Freiheit jedes einzelnen sichert. Dies ist der spezifische „liberale Republikanismus“, der sich bei Kant findet.[8]

Aber selbst wenn es in dieser innerrepublikanischen Perspektive falsch wäre, sich auf den traditionellen Würdebegriff zu beziehen, könnte es sinnvoll sein, ihn mit Blick auf die Begründung von Menschenrechten (und insgesamt für nicht rechtlich positivierte Beziehungen zu anderen) ins Spiel zu bringen: Es mag keinen Perfektionismus geben, aber die Bürger von Republiken könnten eine Würde derart erwerben sollen, dass sie sich selbst einen moralisch richtigen Umgang mit Fremden schulden, die nicht Mitglieder ihres Gemeinwesen sind und deren Ansprüche nicht schon durch die rechtlich geregelten Verhältnisse zwischen Gemeinwesen, also durch das Völkerrecht, abgegolten sind. Menschenrechte wären dann Ausdruck der moralisch richtigen und gebotenen Selbsteinschränkungen von republikanischen Bürgern (und der Ansprüche, die mit einer Welt souveräner Staaten einhergehen, deren öffentliches Recht sich auf die wechselseitige Absicherung vor Eingriffen von außen, also die jeweilige Unabhängigkeit der politischen Einheiten konzentriert)[9] mit Blick auf Akteure, zu denen noch kein öffentlich-rechtliches Verhältnis besteht oder bei denen das bestehende Verhältnis

---

8 Vgl. dazu auch Maus 1994 und Niederberger 2011. Bielefeldt (1997) sieht bei Kant zwar auch einen liberalen Republikanismus, deutet ihn aber letztlich in liberaler oder moralischer perfektionistischer Perspektive: Ihm zufolge bestehen die Republik und v. a. individuelle Rechte nicht vor einer spezifischen politischen Ordnung, aber diese Ordnung erfüllt nur dann ihre moralische Pflicht, wenn qua kollektiver Selbstgesetzgebung die moralische Autonomie der einzelnen, die wechselseitige Achtung sowie die Sicherung von Würde in Grundrechten niedergelegt und abgesichert werden.

9 Vgl. zu Kants Verständnis dessen, was das Völkerrecht notwendig gebietet, Lutz-Bachmann 1996.

zu schwach ist, um ihnen das Überleben bzw. den Aufbau republikanischer Verhältnisse oder auch nur ein „würdevolles" Leben zu erlauben.

Eine solche Position gibt es im 18. Jahrhundert und sie findet sich prominent z. B. beim Schweizer Völkerrechtler Émer de Vattel: In seinen Augen verpflichtet das Rechtsverhältnis zwischen den Staaten lediglich dazu, Interventionen zu unterlassen, es umfasst aber keinerlei Unterstützungspflichten. Die Übernahme solcher Pflichten sieht Vattel jedoch in der gemeinsamen Menschlichkeit und der gleichen Abhängigkeit von natürlichen Ressourcen und entgegenkommenden Umständen begründet, so dass es falsch wäre, wenn Staaten sich bloß auf ihre rechtlichen Pflichten beschränken würden. Sie sollten vielmehr moralisch großmütig sein, sich also im Sinn der Kantischen Ethik würdevoll verhalten, und dies hätte dann zur Folge, dass auch andere Gemeinwesen bzw. deren Bürger zu einer würdevollen Existenzweise kommen könnten:

> „Die Dienste der Humanität (*offices de l'humanité*) sind die Hilfeleistungen, zu denen die Menschen gegenseitig verpflichtet sind in ihrer Eigenschaft als in Gesellschaft lebende Wesen, die notwendigerweise wechselseitigen Beistandes bedürfen, um sich zu erhalten, glücklich zu sein und in einer ihrer Natur angemessenen Art zu leben. Da nun aber die Nationen den Gesetzen der Natur in gleichem Maß unterliegen wie die Einzelpersonen, schuldet eine Nation den anderen Nationen, was ein Mensch den anderen Menschen schuldig ist. Dies ist die Grundlage der gemeinsamen Obliegenheiten, der Dienste der Menschlichkeit, zu denen die Nationen wechselseitig verpflichtet sind. Sie bestehen ganz allgemein darin, dass wir für die Erhaltung und das Glück der anderen das Menschenmögliche tun, soweit es sich mit unseren Pflichten gegen uns selbst verträgt." (Vattel 1959, 184)

Kants Moralphilosophie besagt, wie die anfänglichen Ausführungen im Anschluss an Oliver Sensen gezeigt haben, sicherlich, dass wir mit jedem Menschen so umgehen sollten, dass es ihm erlaubt ist, eine würdevolle Existenz auszubilden. Vor diesem Hintergrund könnte und würde Kant sicherlich auch Vattels Forderung nach allgemeinen Menschheitspflichten in Notlagen unterschreiben. Allerdings bliebe dies im Bereich der Moral und wäre nicht Kants Haltung im Bereich der politischen und der Rechtsphilosophie.[10] Hier ist es genau das Kennzeichen der Kantischen Argumentation, dass wir rechtsmoralisch verpflichtet sind, alle Bereiche, in denen „äußere Freiheiten" miteinander konfligieren können, zu verrechtlichen und auf diese Weise von den konkreten moralischen Motivationen jeweils Betroffener unabhängig zu machen. Damit wäre es falsch, eine Kantische (oder Kantianische) Konzeption von Menschenrechten über

---

10 Vgl. zum Verhältnis Kants zur Argumentation von Vattel auch Niederberger 2010.

moralische Selbstverpflichtungen zur Hilfe anderer zu verstehen.[11] Die Selbstverpflichtung richtet sich – wie auch bei den innerrepublikanischen Verhältnissen – auf das Etablieren von alle gleichermaßen betreffenden öffentlich rechtlichen Einrichtungen, die allen einen Rechtsstatus geben. Es ist fragwürdig, ob auf diesem Weg diejenigen, die die Selbstverpflichtung ernst nehmen, Würde erreichen. Und auch für die Würde derjenigen, die durch den entsprechenden Rechtsstatus geschützt werden, wäre – so Würde gemäß dem traditionellen Paradigma verstanden wird – nicht klar, dass darüber irgendetwas hinsichtlich dieser Würde gewonnen wäre.

Es mag also sein, dass dem explizit von Kant gebrauchten Würdebegriff in seiner moralphilosophischen Argumentation ausgedehnt auf Hilfeleistungen in Kontexten von Armut, Hunger oder Katastrophen eine interessante Rolle zugeschrieben werden kann. Für die politische und Rechtsphilosophie ist allerdings festzuhalten, dass der traditionelle Würdebegriff hier zentrale Überlegungen Kants verfehlen würde. Er würde entweder die Kantische Position an einen aristotelischen oder (vermeintlich) zivilrepublikanischen Perfektionismus annähern oder zu einem moralistischen Verkennen der eigentlichen rechtsmoralischen Pflichten führen. Es ist daher wenig sinnvoll, den Würdebegriff aus der *Grundlegung* und der *Tugendlehre* für die Deutung der *Rechtslehre* und anderer rechts- und politikphilosophischer Schriften heranzuziehen.

3 Der gegenwärtige Würdebegriff in der *Rechtslehre?*

Wenn es nicht hilfreich ist, die *Rechtslehre* und andere politisch-rechtliche Schriften Kants über den traditionellen Würdebegriff zu deuten, ist im nächsten Schritt zu fragen, ob es sinnvoll ist, Kant kontrafaktisch den gegenwärtigen Würdebegriff – also die Vorstellung eines absoluten Wertes des Menschen – zu unterstellen, um seine *Rechtslehre* besser zu verstehen oder plausibler zu machen. Man könnte argumentieren, dass Kant zwar explizit den traditionellen Würdebegriff gebrauche, seine Überlegungen aber implizit auf den gegenwärtigen Würdebegriff rekurrierten (bzw. rekurrieren müssten), ohne dass dabei der Aus-

11 Dabei hält schon Vattel (1959, 188) fest, dass es lediglich unvollkommene Rechte auf die „Dienste der Humanität" gibt, d. h. Pflichten auf Seiten derjenigen, die die Dienste zu erbringen haben, aber keine Rechte auf Seiten derjenigen, die die Vorteilsnehmer der entsprechenden Pflichten sind. Es gibt in seinen Augen allerdings ein vollkommenes Recht darauf, die Dienste der Menschlichkeit zu erbitten. Niemand darf also dafür bestraft werden, anderen die eigene Notlage zur Kenntnis zu bringen und auf die Erfüllung der Pflicht zu drängen.

druck direkt zur Anwendung käme (vielleicht deswegen, weil er mit anderem, nämlich dem traditionellen Verständnis verbunden würde).

Die Referenz auf den gegenwärtigen Würdebegriff könnte dabei drei verschiedenen Zwecken dienen: Es könnte erstens gesagt werden, dass die Menschenwürde das eigentliche Fundament der Kantischen politischen und Rechtsphilosophie ausmacht. Es könnte zweitens überlegt werden, dass die Menschenwürde bzw. deren Sicherung und Gewährleistung das Ziel politischer und rechtlicher Ordnung sind.[12] Und es könnte drittens angenommen werden, dass die Menschenwürde einen wichtigen Bezugspunkt für die Frage nach den Themen und Bereichen bietet, in denen es zu politischen Entscheidungen bzw. rechtlichen Absicherungen kommen müsste/sollte.[13] Da Kant in der Diskussion v. a. mit der ersten These in Verbindung gebracht wird, dass die Menschenwürde das eigentliche Fundament der Kantischen politischen und Rechtsphilosophie bildet, wird der vorliegende Artikel sich auch darauf konzentrieren.

Die genannte These findet sich z. B. bei Wolfgang Kersting. Er schreibt:

> „Wie sich bei Kant das objektive Recht aus jeder natürlich-anthropologischen Verankerung löst und sich ‚auf lauter Prinzipien a priori stützt' (RL, AA 06: 237), in der reinen praktischen Vernunft eine eigenständige Grundlage und als Recht der Vernunft selbst unbedingte Verbindlichkeit gewinnt, so ist auch das Menschheitsrecht als subjektiv-rechtliche Ausformung des reinen Rechtsgesetzes anthropologiefrei; Kants Menschheitsbegriff gehört in die praktische Philosophie, nicht in die Anthropologie: nicht als biologisches Gattungsexemplar, sondern aufgrund seiner Vernunftnatur und der in ihr fundierten Persönlichkeit und Würde besitzt jeder Mensch ein angeborenes Freiheitsrecht."[14]

Kersting argumentiert also hinsichtlich der in diesem Artikel im Zentrum stehenden Frage nach der Bedeutung der Würde für die Kantische politische und

---

12 Vgl. dazu Bielefeldt (1997, 525): „According to Kant, whenever human dignity is at stake, we are obliged to fight for its recognition and protection. Indeed, far from being a bourgeois ideology of private happiness, Kantian liberalism proves to be a *fighting* liberalism in that it requires one to take on the challenges of moral self-responsibility and republican commitment."

13 Damit würde die Menschenwürde eine Antwort auf das Problem bieten, das u. a. Christoph Horn (2014, 332–341) aufwirft, dass es bei Kant keine Güterlehre gibt.

14 Kersting 1993, 202–203 – Diese Aussage wirft zahlreiche Fragen auf, die hier nur benannt, aber nicht weiter verfolgt werden können: So wäre genauer zu erläutern, was die Bestimmung einer „Vernunftnatur" von einer Bestimmung „biologischer Natur" unterscheidet und wie dementsprechend die Zuordnungen zur praktischen und zur theoretischen Philosophie genau zu verstehen sind. Und die unmittelbar auf die angeführte Stelle in einer Anmerkung folgende Aussage, dass „Menschheit, Würde und Persönlichkeit in einem engen begrifflichen Verweisungszusammenhang [stehen] und von Kant auch häufig synonym gebraucht" werden, beseitigt nicht die Schwierigkeit zu rekonstruieren, wie die Verweise genau beschaffen sind und d. h. was hier was bestimmt oder bedingt.

Rechtsphilosophie, dass die Würde letztlich die Begründungslast für das „einzig angeborene Recht auf Freiheit“ trägt. Es gibt das Freiheitsrecht, weil es die Würde gibt und diese Würde den Anspruch auf das Freiheitsrecht umfasst oder erzeugt. Er bezieht sich dabei auf einen der zentralen Sätze aus der *Einleitung zur Rechtslehre:* „Freiheit (Unabhängigkeit von eines Anderen nöthigender Willkür), sofern sie mit jedes Anderen Freiheit nach einem allgemeinen Gesetz zusammen bestehen kann, ist dieses einzige, ursprüngliche, jedem Menschen, kraft seiner Menschheit zustehende Recht.“ (RL, AA 06: 237). Dabei versteht Kersting gegen die zuvor erinnerte Verwendungsweise des Würdebegriffs bei Kant „kraft seiner Menschheit“ als „kraft seiner Würde“ im Sinn des „gegenwärtigen Paradigmas“, wobei „kraft“ als Begründungsrelation interpretiert wird (d.h. die „Menschheit“ begründet das Recht auf Freiheit) und nicht nur als Angabe des Trägers des Rechts (d.h. das Recht auf Freiheit ist an das Vorliegen von „Menschheit“ gebunden). Kerstings Argumentation sieht also wie folgt aus:

(P1) Menschsein besteht im Verfügen über ein (praktisches) Vernunftvermögen, dessen Ausübung Freiheit erfordert.

(P2) Jedem Menschen kommt qua Menschsein Würde und d.h. absoluter Wert zu.

(S) Aufgrund des absoluten Werts eines jeden Menschen kommt jedem ein angeborener Anspruch auf Freiheit zu.[15]

Kersting geht dementsprechend davon aus, dass es notwendig ist, auf den Würdebegriff zu referieren, um zu begründen, dass jedem die Freiheit zukommt. Die bloße Tatsache, dass Menschen das entsprechende Vermögen haben, und die Einsicht in die Notwendigkeit von Freiheit zum Gebrauch des Vermögens reichen nicht aus, damit jeder einen Anspruch auf Freiheit hat. Kersting konstatiert also, dass den Vermögen und der Einsicht in die normative Bedeutung der Vermögen nicht schon selbst deren normative Kraft für andere folgt. Man kann mit der eigenen Vernunft erkennen, dass andere das Vermögen haben, vernünftig zu handeln, und dass Freiheit für sie erforderlich ist, um das Vermögen auszuüben; aber diese eigene Vernunfterkenntnis verbleibt letztlich im Bereich „theoretischer“ Einsicht, weil sie ein Wissen über den anderen, aber nicht selbst schon Verpflichtungen gegenüber ihm erzeugt. Der Grund dafür liegt darin, dass Kersting

---

15 Vgl. demgegenüber die Rekonstruktion der Kantischen Argumentation bei Klemme (2012, 49), der einerseits bestreitet, dass „das ‚Recht der Menschheit‘ [...] durch die ‚Würde der Menschheit‘ begründet“ wird, andererseits aber das „Recht der Menschheit“ nur als „Fähigkeit des Menschen, seine Freiheit gesetzlich zu bestimmen“, und d.h. nicht bereits als einen Anspruch versteht und deshalb dann doch diesen Anspruch auf Autonomie bzw. Freiheit erst durch das Recht und die Würde begründet sieht. Dabei erklärt er allerdings nicht, wie ein Anspruch aus zwei Fähigkeiten (denn auch die Würde wird als Fähigkeit gedeutet) folgen kann und sollte.

sich die Perspektive von Kant nicht nur in der Moral-, sondern auch in der politischen und Rechtsphilosophie so vorstellt, dass ein politischer oder rechtlicher Akteur vor der Frage steht, welche Pflichten er mit Blick auf seine Handlungen, die möglicherweise andere Menschen tangieren, hat. Wenn Kant nun überzeugt sei, dass die Freiheit der anderen in den entsprechenden Handlungen geachtet werden sollte, dann müsse dieser Freiheit für den Handelnden ein Wert zukommen, der über allen anderen Werten stehe, die er sonst mit seiner Handlung realisieren könnte. Dieser Wert kann sich, so Kerstings Argument, nur aus der Würde derjenigen ergeben, die frei sein sollen, da jeder andere Wert abwägbar und somit nicht auszuschließen wäre, dass dem dann höherstehenden Wert der Vorrang vor der Gewährung der Freiheit des anderen zukommen würde.

Es gibt gute Gründe bereits in der Moralphilosophie zu bestreiten, dass dies Kants Argumentation trifft, denn eine Begründung moralischer Pflichten über Werte steht in offensichtlichem Gegensatz zur *Grundlegung* (Sensen 2011a, 14–52). Aber eine Begründung rechtsmoralischer Pflichten über Werte ist auf jeden Fall keine überzeugende Deutung von Kants *Rechtslehre.* Denn in dieser Schrift ist die Perspektive von Anfang an nicht diejenige eines einzelnen Handelnden, der über die Forderungen an oder Grenzen seiner Handlungen mit Blick auf andere nachdenkt. Der Handlungsraum, auf den sich derjenige, der über das moralisch Gebotene reflektiert, bezieht, ist per se der Raum multipler „Willküren“: „Das Recht ist also der Inbegriff der Bedingungen, unter denen die Willkür des einen mit der Willkür des andern nach einem allgemeinen Gesetze der Freiheit zusammen vereinigt werden kann.“ (RL, AA 06: 230). Es geht um das „äußere Verhältnis [...] einer Person gegen eine andere“ (ebd.), und die rechtsmoralische Frage ist diejenige, welche Gebote in einem Raum gelten, in dem es andere Handelnde gibt, die ebenfalls frei (im Sinne der Willkürfreiheit) und d. h. nicht in ihren Handlungen determiniert und als solche zu kalkulieren, vorherzusagen etc. sind.

Diese rechtsmoralische Frage könnte zwei Dimensionen haben: sie könnte *einerseits* danach fragen, wozu wir anderen moralisch relevanten Wesen und d. h. v. a. den anderen Menschen gegenüber verpflichtet sind, die von unseren Handlungen betroffen sein könnten; und sie könnte *andererseits* vor dem Hintergrund der kontraktualistischen Theorien, wie sie in den zwei Jahrhunderten vor Kant entwickelt wurden, fragen, von welchen moralischen Prinzipien anzunehmen ist, dass sie sich zur Regelung des Raums der multiplen Willküren eignen bzw. dass sie diesen Raum regeln (und dementsprechend von moralfähigen Wesen eingesehen und anerkannt werden) sollten. Kerstings Argumentation suggeriert, dass die Antwort in der zweiten Fragedimension von der Antwort in der ersten Dimension abhängt oder die Antwort in der ersten Dimension wenigstens unabhängig ist von der Antwort in der zweiten Dimension. Es wäre somit an sich zu bestimmen, wozu wir anderen Menschen bei Konflikten zwischen ihren Handlungen verpflichtet sind – und auf dieser Grundlage könnte gezeigt werden, wie wir ein Gemeinwesen einrichten sollten. Kants Argumentation in der *Rechtslehre* bewegt sich dagegen v. a. in der zweiten Dimension: Sie sucht nach den Prinzipien, von denen kein vernünftiges Wesen sinnvollerweise bestreiten könnte, dass sie diesseits jeder spezifischen Übereinkunft zur vernünftigen Lösung von Streitfällen herangezogen werden sollten.[16] Das Erkennen des anderen als eines Wesens, das zu vernünftigem Handeln fähig ist, aber dazu der Freiheit bedarf, ist also sofort ein praktisches Erkennen. Es umfasst die Einsicht in die Verpflichtung des Erkennenden sowie die erkannte Verpflichtung des anderen, die Verhältnisse so einzurichten, dass trotz bzw. angesichts der Existenz Handelnder, die in die Freiheit des jeweils anderen eingreifen könnten, vernünftiges Handeln und Freiheit möglich sind. Die je eigenen Verpflichtungen ergeben sich sofort aus der Erkenntnis des anderen als selbst unter Verpflichtungen (v. a. gegen sich selbst) stehend und den Möglichkeiten und Grenzen, die jene Verpflichtungen für die eigene Verpflichtung zum vernünftigen und freien Handeln eröffnen und setzen. Eigene Verpflichtungen oder Erlaubnisse, die den Verpflichtungen anderer notwendig zuwider laufen, da sie in die Vernünftigkeit und dafür geforderte Freiheit der anderen eingreifen, sind selbst unvernünftig, weil ihre Realisierung davon abhängt, dass die je anderen nicht vernünftig handeln – was ein vernünftiges Wesen von einem anderen vernünftigen Wesen nicht vernünftigerweise erwarten kann.

Wenn dies eine adäquate Deutung des Kantischen Unternehmens in der *Rechtslehre* ist, so ist zu untersuchen, ob die erste Dimension, also die Frage nach den direkten Verpflichtungen gegenüber einzelnen anderen, tatsächlich eine davon unabhängige bzw. die Antwort in der zweiten Dimension anleitende Fragestellung ist oder sein sollte. Nehmen wir einmal an, den anderen Menschen würde keine Würde und damit (gegeben Kerstings Argumentation) auch kein Anspruch auf Freiheit zukommen. Nehmen wir weiter an, ein fraglicher Handelnder würde für sich Freiheit beanspruchen (müssen, um überhaupt auf der Basis seines moralischen Urteils handeln zu können) und in Ausübung dieser Freiheit zu moralisch gerechtfertigten Maximen für sein Handeln kommen (wobei in dieser Rechtfertigung – siehe erste Prämisse – die Würde und der Anspruch anderer auf Freiheit keine Rolle spielen würde). Diese Maximen würden z. B. Nutzungsansprüche von Gegenständen umfassen, auf die andere auch zugreifen wollen könnten, so dass das Handeln gemäß den Maximen es eventuell erforderlich machen würde, den anderen den eigenen Willen aufzuerlegen. An dieser

16 Hier und im Folgenden ist die Vernünftigkeit mit Moralität verbindbar, aber es geht nicht um spezifische vernünftige Einsichten mit Blick auf die Moralität von Handelnden.

Stelle würde nun Kerstings Argument ins Spiel kommen, denn laut diesem wäre nur zu verstehen, warum das Vorstehende rechtsmoralisch unzulässig ist, wenn es über die Würde der Betroffenen grundsätzlich moralisch falsch wäre, anderen die Freiheit zu nehmen. Kants Argumentation, warum das Vorstehende rechtsmoralisch falsch wäre, läuft jedoch anders: Er weist nämlich explizit die Forderung zurück, dass in der *Rechtslehre* Selbsteinschränkungen der Freiheit entwickelt würden:

> „Also ist das allgemeine Rechtsgesetz: handle äußerlich so, dass der freie Gebrauch deiner Willkür mit der Freiheit von jedermann nach einem allgemeinen Gesetze zusammen bestehen könne, zwar ein Gesetz, welches mir eine Verbindlichkeit auferlegt, aber ganz und gar nicht erwartet, noch weniger fordert, dass ich, ganz um dieser Verbindlichkeit willen, meine Freiheit auf jene Bedingungen *selbst* einschränken *solle* [von Kant hervorgehoben! A.N.], sondern die Vernunft sagt nur, dass sie in ihrer Idee darauf eingeschränkt *sei* und von anderen auch tätlich eingeschränkt werden dürfe [...]. Wenn die Absicht nicht ist, Tugend zu lehren, sondern nur was *recht* sei, vorzutragen, so darf und soll man selbst nicht jenes Rechtsgesetz als Triebfeder der Handlung vorstellig machen.“ (RL, AA 06: 231)

Die rechtsmoralische Reflexion ist also eine Reflexion über die Prinzipien, die den Raum der multiplen Willküren bestimmen sollten und die von moralfähigen Wesen eingesehen und notfalls auch mit Zwang gegen diejenigen, die ihnen zuwider handeln, durchgesetzt werden dürften.[17] In dieser Reflexion geht es also gar nicht direkt um einzelne Handelnde, die über die Zulässigkeit ihrer Handlungen mit Blick auf andere Handelnde nachdenken, sondern es geht um die Bestimmung der Prinzipien, die das Handeln im Raum multipler Willküren koordinieren könnten und – zumindest so lange es keine explizit angenommenen Prinzipien gibt – müssten. Vor diesem Hintergrund ist es unerheblich, ob den Beteiligten Würde oder der absolute Wert ihrer Freiheit zugeschrieben wird, die Freiheit eines jeden ergibt sich über die Bestimmung der Prinzipien, die das Handeln im Raum der multiplen Willküren koordinieren können und von denen anzunehmen ist, dass vernünftige Wesen sie nicht bestreiten können (was heißt, dass im Fall einer

---

17 Vgl. zu dieser Frage der generellen Interpretation von Kants *Rechtslehre* auch Pogge 1998, wobei die vorliegende Interpretation – im Unterschied zu derjenigen Pogges – nicht auf der Prämisse aufruht, dass die Geltung des Rechts letztlich auf allgemeinen Interessen von Handelnden aufruht. Eine solche Geltungsbegründung würde das Recht an Klugheit binden, aber nicht die Kategorizität haben, die Kant im Bereich der Moral fordert. Das Recht gilt unabhängig von allgemeinen oder besonderen Interessen, weil es Regeln angibt, wie Konflikte zwischen Wesen zu klären sind, die in ihren Handlungen nicht nicht in Widerstreit zueinander geraten können und die mit Blick auf ihre Handlungen, gerade weil sie vernünftige Wesen sind, es als entscheidbar erachten müssen, ob die Handlungen zulässig sind oder nicht (wobei sie als moralische Wesen zudem selbst die Zulässigkeit zum Grund ihrer Handlung machen müssten).

Konfliktlösung über diese Prinzipien diese Lösung als für alle gleichermaßen verbindlich nicht ohne Widersprüche bestritten werden könnte).

Die Frage ist nun, ob der Raum der multiplen Willküren selbst eine moralische Idee derart ist, dass dieser Raum durch den oder die moralisch Handelnden allererst hervorgebracht wird – so dass er nicht hervorgebracht würde, wenn der Freiheit ohne die Zuschreibung von Würde kein absoluter Wert zukäme. Könnten Handelnde also durch ein falsches moralisches Urteil den Handlungsraum so konstituieren, dass es in ihm nicht mehrere Handelnde mit Willkürfreiheit gäbe? Und ergibt sich daraus, dass der Willkürfreiheit absoluter Wert zugeschrieben werden muss, bevor wir die richtigen moralischen Urteile fällen können? Dies ist in zwei Hinsichten unplausibel: erstens würde die Nicht-Anerkennung der multiplen Willküren diese nicht zum Verschwinden bringen und daher eine weitere Reflexion erforderlich machen, wie mit dem notwendigerweise und faktisch vorliegenden Raum multipler Willküren umzugehen ist (und das genau diese Reflexion bei Kant im Zentrum steht, belegt nicht zuletzt die Ausrichtung auf die Begründung von Zwang); und zweitens ist auch nicht evident, warum der Willkür absoluter Wert zugeschrieben werden sollte – ihr würde, geht man von der Argumentation in der *Grundlegung* und der *Kritik der praktischen Vernunft* aus, ein solcher Wert nie direkt zukommen, sondern, wenn überhaupt, dann nur vermittelt über die Autonomie als vernünftige Form der Freiheit.

Der Bezug auf das gegenwärtige Würdeparadigma ist also nicht erforderlich, um den Anspruch eines jeden auf Sicherung seiner äußeren Freiheit zu begründen. Dieser Anspruch ergibt sich vielmehr aus der genuinen rechtsmoralischen Fragestellung, die sich nicht auf einzelne Handelnde in ihrem Verhältnis zu anderen Handelnden, sondern auf die Prinzipien richtet, die den Raum des öffentlichen Handelns und d. h. die Konflikte zwischen verschiedenen Menschen bestimmen sollten, die jeweils über Willkürfreiheit verfügen. Jede Negierung der Freiheit hätte zur Folge, dass die Argumentation nicht mehr rechtsmoralisch in dem Sinne wäre, dass sie für alle von den Prinzipien Betroffenen nachvollzieh- und einsehbar wäre. Sie würde dann vielmehr eine Argumentation für einige sein, die berechtigt (aber wem gegenüber) würden, die erkannten Prinzipien gegenüber anderen durchzusetzen. Dies würde aber die Identität (wenn auch in unterschiedlichen Rollen) derjenigen, an die sich die rechtsmoralischen Gebote richten, und derjenigen, deren Handeln durch die gebotenen Prinzipien reguliert werden sollen, nicht angemessen berücksichtigen.

4 Hat der Verzicht auf Würde (dramatische) Folgen für eine Kantianische Menschenrechtstheorie?

Es wurde damit gezeigt, dass die Interpretation der Kantischen *Rechtslehre* weder des Bezugs auf Kants eigenen, an das „traditionelle" Paradigma anschließenden Würdebegriff, noch desjenigen auf den Würdebegriff des gegenwärtigen Paradigmas bedarf. Der Rekurs auf Kants eigenen Würdebegriff für die *Rechtslehre* missversteht Kants politische und Rechtsphilosophie als perfektionistische Theorie und derjenige auf den gegenwärtigen Begriff der Menschenwürde als eines absoluten Werts nähert Kants politische und Rechtsphilosophie unplausiblerweise an dessen Moralphilosophie an und verfehlt damit die eigentümliche Dezentriertheit des Rechts und seiner moralischen Begründung inklusive der Identität von Adressaten und Gegenständen der Theorie.

Was bedeutet diese Zurückweisung einer engen Verbindung Kants mit dem Begriff der Menschenwürde für die Menschenrechte? Wird nicht die besondere Kantianische Bestimmung der Menschenrechte über die absolute Achtung vor der Menschenwürde schwierig? Wenn man eine Kantianische Menschenrechtstheorie dadurch charakterisiert, dass sie den Menschenrechten die Funktion zuweist, die absolute Menschenwürde zu schützen, und wenn man überzeugt ist, dass Menschenrechte nur dann begründbar sind, wenn sie sich aus einer so verstandenen Menschenwürde ergeben, dann hat die vorstehende Deutung Kants offensichtlich problematische Folgen. Es muss nämlich festgehalten werden, dass es sich dabei nicht um eine von Kant herkommende Menschenrechtstheorie handeln kann. Sie mag vom Kantischen Instrumentalisierungsverbot in dessen Moralphilosophie (auch) inspiriert sein, aber sie trifft Kants politische und Rechtsphilosophie nicht.

Aber muss man die Kantische bzw. eine Kantianische Menschenrechtstheorie notwendigerweise über die Menschenwürde konzipieren? Die vorstehende Rekonstruktion einiger der entscheidenden Grundgedanken aus Kants *Rechtslehre* hat gezeigt, dass sich der Anspruch aller auf Freiheit und d. h. auf Verhältnisse, unter denen sie nicht der Beherrschung durch andere ausgesetzt sind, unmittelbar aus der vernünftigen Einsicht in die Notwendigkeit des allgemeine Rechtsgesetzes ergibt. Menschenrechte lassen sich daher als Ansprüche auf einen Status verstehen, der es anderen verbietet, die Betroffenen zu beherrschen. Es handelt sich dabei um einen Rechtsstatus, der eine öffentliche Ordnung erfordert, in der jede Person sicher sein kann, dass sie sich an Institutionen wenden kann, die sie gegen mögliche Beherrschungsakte bzw. -vermögen schützen. Das mag als Effekt sicherstellen, dass niemand instrumentalisiert wird, weil niemand die Kompetenz hat (bzw. haben kann oder darf), andere zu instrumentalisieren. Aber der Ursprung dieser Nicht-Instrumentalisierung liegt im Rechtsgesetz und dessen Bestimmung der Regeln, von denen allein angenommen werden kann, dass sie das

Handeln im Raum pluraler Willküren koordinieren – und nicht in einer Einsicht in den absoluten Wert derjenigen, die nicht instrumentalisiert werden. Apriorisch oder überpositiv verstandene Menschenrechte mögen sich in einigen inhaltlichen Hinsichten darüber nur schwer begründen lassen (z. B. Menschenrechte auf bestimmte Erfüllungen fundamentaler Interessen [wie z. B. Nahrung, Unterkunft etc.], deren Nicht-Erfüllung nicht auf Handlungen, also Akte der Behrrschung anderer, zurückgeht), aber es wird sehr viel besser verstehbar, inwiefern es sich um Menschen*rechte* handelt.[18]

Literatur

Arendt, Hannah (2006): *On Revolution*. London: Penguin.

Berlin, Isaiah (2002): „Two Concepts of Liberty". In: Henry Hardy (Ed.): *Liberty*. Oxford: Oxford University Press, 166 – 217.

Bielefeldt, Heiner (1997): „Autonomy and Republicanism. Immanuel Kant's Philosophy of Freedom". In: *Political Theory* 25, 524 – 558.

Donnelly, Jack ([3]2013): *Universal Human Rights in Theory and Practice (Third. Ed.)*. Ithaca, London: Cornell University Press.

Horn, Christoph (2014): *Nichtideale Normativität. Ein neuer Blick auf Kants politische Philosophie*. Berlin: Suhrkamp.

Kersting, Wolfgang (1993): *Wohlgeordnete Freiheit. Immanuel Kants Rechts- und Staatsphilosophie (mit einer Einleitung zur Taschenbuchausgabe 1993: Kant und die politische Philosophie der Gegenwart)*. Frankfurt/M: Suhrkamp.

Klemme, Heiner F. (2012): „Immanuel Kant". In: Pollmann, Arndt/Lohmann, Georg (Hg.): *Menschenrechte. Ein interdisziplinäres Handbuch*. Stuttgart: Metzler, 44 – 51.

Lutz-Bachmann, Matthias (1996): „Kants Friedensidee und das rechtsphilosophische Konzept einer Weltrepublik". In: Lutz-Bachmann, Matthias/Bohman, James (Hg.): *Frieden durch Recht. Kants Friedensidee und das Problem einer neuen Weltordnung*. Frankfurt/M: Suhrkamp, 25 – 44.

Marchart, Oliver (2005): *Neu beginnen. Hannah Arendt, die Revolution und die Globalisierung*. Wien: Turia & Kant.

Maus, Ingeborg (1994): *Zur Aufklärung der Demokratietheorie. Rechts- und demokratietheoretische Überlegungen im Anschluss an Kant*. Frankfurt/M: Suhrkamp.

Niederberger, Andreas (2010): „Die Grenzen und Möglichkeiten kosmopolitanen Rechts in den Schriften von Hugo Grotius, Samuel von Pufendorf und Émer de Vattel". In: Lutz-Bachmann, Matthias/Niederberger, Andreas/Schink, Philipp (Hg.): *Kosmopolitanismus. Zur Geschichte und Zukunft eines umstrittenen Ideals*. Weilerswist: Velbrück Wissenschaft, 101 – 121.

18 Vgl. anschließend daran Niederberger 2014.

Für hilfreiche Anmerkungen zum vorliegenden Artikel danke ich Simone Dietz, Yasuyuki Funaba, Jan Gehrmann, Heiner Klemme, Ruben Langer, Thomas Pogge und Eva Weiler.

Niederberger, Andreas (2011): „Kant und der Streit um den Kosmopolitismus in der politischen Philosophie". In: Eberl, Oliver (Hg.): *Transnationalisierung der Volkssouveränität. Radikale Demokratie diesseits und jenseits des Staates.* Stuttgart: Steiner, 295–316.
Niederberger, Andreas (2014): „Are Human Rights Moral Rights?". In: Lutz-Bachmann, Matthias/Nascimento, Amos (Ed.): *Human Rights, Human Dignity, and Cosmopolitan Ideals. Essays on Critical Theory and Human Rights.* Farnham: Ashgate, 75–92.
Niederberger, Andreas (2015): „*Esse servitutis omnis impatientem* – Platonism, Liberty and Human Dignity as a Path to Modernity in Marsilio Ficino and Pico della Mirandola?" In: *The European Legacy* 19, 513–526.
Pogge, Thomas W. (1998): „Is Kant's Rechtlslehre comprehensive?" In: *The Southern Journal of Philosophy* 36, Special Volume 1, 161–187.
Ripstein, Arthur (2009): *Force and Freedom. Kant's Legal and Political Philosophy.* Cambridge (MA): Harvard University Press.
Rothhaar, Markus (2015): *Die Menschenwürde als Prinzip des Rechts. Eine rechtsphilosophische Rekonstruktion.* Tübingen: Mohr Siebeck.
Sangiovanni, Andrea (2015): „Why there Cannot be a Truly Kantian Theory of Human Rights". In: Cruft, Rowan/Liao, S. Matthew/Renzo, Massimo (Ed.): *Philosophical Foundations of Human Rights.* Oxford: Oxford University Press, 671–689.
Sensen, Oliver (2009): „Kant's Conception of Human Dignity". In: *Kant-Studien* 100, 309–331.
Sensen, Oliver (2011a): *Kant on Human Dignity.* Berlin, Boston: De Gruyter.
Sensen, Oliver (2011b): „Human dignity in historical perspective: The contemporary and traditional paradigms". In: *European Journal of Political Theory* 10, 71–91.
Vattel, Émer de (1959): Le droit des gens ou Principes de la loi naturelle. Tübingen: Mohr.
Von der Pfordten, Dietmar (2016): *Menschenwürde.* München: C.H. Beck.
Wilson, Eric Entrican (2013): „Kant on Autonomy and the Value of Persons". In: *Kantian Review* 18, 241–262.

Corinna Mieth und Christoph Bambauer

Kant, soziale Menschenrechte und korrespondierende Pflichten

Abstract In der jüngeren Diskussion um die Möglichkeit der Etablierung von sozialen Menschenrechten auf Kantischer Grundlage hat Pablo Gilabert die Position verteidigt, dass Kant zwar nicht explizit von strikten Hilfspflichten gegenüber den Armen spreche, solche Hilfspflichten jedoch im Ausgang von Kant gerechtfertigt werden könnten. Ein kritischer Blick auf Gilaberts Ansatz liefert Anlass zu grundsätzlichen Fragen: Was kann im Ausgang von Kants Aussagen zu Hilfs- und Wohltätigkeitspflichten im Hinblick auf eine Begründung von sozialen Menschenrechten beigetragen werden? Sind strikte positive Hilfspflichten gegenüber den Armen mit Kant vereinbar? Falls ja: Können solche Pflichten hinreichend spezifiziert werden? Wir diskutieren diese drei Fragen und stimmen Gilaberts Position insofern zu, als es in der Kantischen Systematik in der Tat Ansatzpunkte für die Entwicklung von strikten Hilfspflichten gegenüber den Armen gibt. Allerdings spricht gegen Gilabert, dass seine Argumente bestimmte gütertheoretische Annahmen voraussetzen, die bei Kant nicht gegeben sind. Eine Entwicklung von sozialen Menschenrechten auf Kantischer Grundlage muss daher vor allem in materialer Hinsicht über Kant hinausgehen.

I Einleitung

I.I Pflichten gegenüber den Armen

Viele Menschen glauben, dass reiche Menschen gegenüber armen Menschen, auch wenn diese von lebensbedrohlicher Armut betroffen sind, bloße Wohltätigkeitspflichten haben. Geld zu spenden ist moralisch gut und lobenswert, dies nicht zu tun dagegen kein moralischer Fehler, keine Schädigung und keine Menschenrechtsverletzung. Helfen wird entweder als supererogatorische Leistung oder als schwache Tugendpflicht verstanden, auf deren Erfüllung von Seiten der Bedürftigen kein Rechtsanspruch besteht, deren Erfüllung folglich nicht erzwingbar ist und deren Nichterfüllung kein Unrecht darstellt. Diejenigen, die hier stärkere Pflichten aufzeigen wollen, operieren zumeist mit direkten Gütervergleichen: Wenn ich jemandem das Leben retten kann, ohne dass es mich viel kostet, dann habe ich eine starke Pflicht, wenn ich es nicht tue, habe ich ein Unrecht begangen. So sieht das auch das deutsche Rechtssystem, das unterlas-

https://doi.org/10.1515/9783110572377-006

sene Hilfeleistung als Straftatbestand vorsieht. (§ 323 c StGB) Manche gehen sogar so weit, unterlassene Hilfeleistungen als Schädigungen durch Unterlassung zu interpretieren (Singer 1984, 228). Schon der Kirchenvater Basilius von Caesarea vertritt diese Position in Bezug auf dasjenige, was den Armen geschuldet ist: „Den Hungrigen gehört das Brot, das du hortest, den Armen das Geld, das du vergraben hast." (vgl. Basilius von Caesarea 1857, 267) Hier ist offensichtlich die Idee, dass sich die Besitzverhältnisse in moralischer Hinsicht den Bedürfnissen anpassen müssen: das Brot „gehört" dem Hungrigen, er hat ein Recht darauf. Soziale Menschenrechte, wie wir sie in der allgemeinen Erklärung der Menschenrechte finden, formulieren das Recht auf den Erhalt oder die Bereitstellung bestimmter Güter, die für das menschliche Leben als notwendig erachtet werden.[1]

Hier wird oft auch von Anspruchs- oder Leistungsrechten gesprochen. Wir haben dies schon bei Basilius gesehen: Wenn es ein Recht auf Nahrung gibt, dann hat der andere die Pflicht, das Brot, das mir gehört, weil ich Hunger habe, herauszugeben, also eine Leistung zu erbringen. Dies ist ein Vorteil, den soziale Menschenrechte als Ansprüche oder Trümpfe gegenüber einem Wohltätigkeitsmodell besitzen: Rechtsträger können gegenüber anderen Ansprüche stellen, sie können die Gewährleistung ihrer Rechte einfordern. Empfänger von Wohltätigkeiten und milden Gaben können dies nicht, sie bleiben passive Hilfsempfänger. Genau an dieser Stelle sehen viele ein Problem des Wohltätigkeitsmodells, das als Menschenwürdeproblem beschrieben werden kann: „Almosen zu empfangen ist beschämend und demütigend und für einen Menschen mit Selbstachtung ein unerträglicher Zustand" (Mises, zitiert nach Margalit 1999, 271). Der Hilfsgrundsatz einer wohltätigen Gesellschaft ist für Avishai Margalit das Prinzip der Barmherzigkeit. Dabei entsteht folgendes Problem: „Der Empfänger kann die Spende nur als Geschenk entgegennehmen, er hat keinerlei Anspruch auf sie, auch wenn der Gebende verpflichtet ist zu geben. Anders gesagt: Die Verknüpfung von Pflichten und Rechten wird gänzlich gelöst" (Margalit 1999, 276). Weitaus weniger demütigend sei es, wenn man ein Recht auf ein Existenzminimum habe

---

1 Die Artikel 22–27 der AEMR nennen unter anderem: „Jeder hat als Mitglied der Gesellschaft das Recht auf soziale Sicherheit und Anspruch darauf, durch innerstaatliche Maßnahmen und internationale Zusammenarbeit sowie unter Berücksichtigung der Organisation und der Mittel jedes Staates in den Genuß der wirtschaftlichen, sozialen und kulturellen Rechte zu gelangen, die für seine Würde und die freie Entwicklung seiner Persönlichkeit unentbehrlich sind. (Art. 22) „Jeder hat das Recht auf einen Lebensstandard, der seine und seiner Familie Gesundheit und Wohl gewährleistet, einschließlich Nahrung, Kleidung, Wohnung, ärztliche Versorgung und notwendige soziale Leistungen gewährleistet sowie das Recht auf Sicherheit im Falle von Arbeitslosigkeit, Krankheit, Invalidität oder Verwitwung, im Alter sowie bei anderweitigem Verlust seiner Unterhaltsmittel durch unverschuldete Umstände." (Art. 25)

und nicht vom guten Willen oder der Barmherzigkeit der Bessergestellten abhängig sei.[2]

I.II Kant und soziale Menschenrechte

Ein mit dem soeben genannten Problem der Demütigung durch Wohltätigkeit verwandter Aspekt spielt auch bei Kant eine Rolle, wenn er betont, derjenige, der seine Tugendpflicht zur Wohltätigkeit erfüllt, solle dies am besten im Verborgenen tun.[3] Allerdings wird dadurch das Problem einer nachvollziehbaren moralischen Stellungnahme zum Armutsproblem insofern nicht zufriedenstellend gelöst, als auch in Kants Moral- und Rechtsphilosophie zumindest prima facie kein *Recht* auf Unterstützung, sondern nur eine moralische Wohltätigkeitspflicht existiert, die nicht als korrespondierende individuelle Rechtspflicht vom Staat erzwingbar ist.[4] Die Konzentration auf die Tugendpflicht der Wohltätigkeit stellt allerdings nicht die einzige derzeit vertretene Antwort auf die Frage nach einer Kantischen Haltung im Hinblick auf einen moralisch adäquaten Umgang mit den Armen dar, wie insbesondere die jüngere Forschung von Pablo Gilabert deutlich macht (vgl. Gilabert 2010). Gilabert geht es nicht primär darum, was Kant explizit zum Umgang mit den Armen konstatiert, sondern er ist vielmehr an der Beantwortung der weiterführenden systematischen Frage interessiert, inwiefern es von Kantischer Grundlage aus möglich ist, strikt verbindliche Hilfspflichten gegenüber den Armen zu formulieren. Von Kant aus scheinen jedoch, wie zuvor angedeutet, keine strikten sozialen Menschenrechte, sondern allein moralisch wünschenswerte

2 In diesem Sinne konstatiert Shue: „Rights do not justify merely requests, pleas, petitions. It is only because rights may lead to demands and not something weaker that having rights is tied as closely as it is to human dignity“ (Shue [2]1996, 14 f.; vgl. ebenso Feinberg 1973, 58 f.).

3 „So werden wir gegen einen Armen wohltätig zu sein uns für verpflichtet erkennen; aber weil diese Gunst doch auch Abhängigkeit seines Wohls von meiner Großmuth enthält, die doch den Anderen erniedrigt, so ist es Pflicht, dem Empfänger durch ein Betragen, welches diese Wohltätigkeit entweder als bloße Schuldigkeit oder geringen Liebesdienst vorstellt, die Demütigung zu ersparen und ihm seine Achtung für sich selbst zu erhalten“ (TL, AA 06: 448 f.)

4 Vgl. O'Neills Kantische Position (O'Neill 1996) und dagegen die neueren Versuche, Kant als Sozialstaatstheoretiker zu deuten (z. B. Kühl 1999, 128 ff.). Zwar weist Kant zu Recht darauf hin, dass ein Handeln aus dem Bewusstsein der tugendethischen Verpflichtung gegenüber den Armen heraus grundsätzlich auf eine Weise geschehen sollte, die eine Demütigung des jeweiligen Wohltätigkeitsempfängers vermeidet, doch ändert dies nichts daran, dass eine solche Vermeidung von Demütigung in vielen Alltagssituationen kaum möglich zu sein scheint. Zudem wirft das Szenario einer Pflicht, deren Erfüllung im Verborgenen zu leisten ist, die grundlegende Frage auf, ob diese Pflicht tatsächlich den moralisch-praktischen Anforderungen genügt, zu deren Bewältigung sie konzipiert wurde.

Tugendpflichten gültig zu sein. Wie verträgt sich dies mit Gilaberts These, dass soziale Menschenrechte mit dem Kantianismus kompatibel sind? Und wie soll man in diesem Zusammenhang hinreichend verbindlich festlegen, was den von Gilabert fokussierten Kantianismus genau ausmacht? Unabhängig davon, welche Begründung von sozialen Menschenrechten man konkret als mit dem Kantianismus verbunden sehen will, ist die Annahme nahe liegend, dass sich eine solche Begründung zumindest auf bestimmte Kantische Kernaussagen beziehen muss – andernfalls bliebe unklar, inwiefern ein hinreichend aussagekräftiger Bezug zu Kant bestehen und entsprechend vom Kantianismus gesprochen werden sollte. Auch wenn Gilabert nicht behauptet, dass soziale Menschenrechte direkt aus Kants Aussagen folgen, müssen sie dennoch bis zu einem bestimmten Grad mit ihnen vereinbar sein, wenn Gilaberts Bezug zum Kantianismus nicht zu einer leeren Formel verkommen soll. In dieser Perspektive stellen sich grundlegende Fragen: Was kann im Ausgang von Kants zentralen Aussagen zu Hilfs- und Wohltätigkeitspflichten im Hinblick auf eine Begründung von sozialen Menschenrechten beigetragen werden? Sind strikte positive Hilfspflichten gegenüber den Armen mit Kants diesbezüglichen Aussagen vereinbar? Und falls letzteres der Fall ist: Inwiefern ist eine inhaltliche Spezifizierung dieser Hilfspflichten auf Kantischer Grundlage möglich? Wir werden diese beiden Fragen im Folgenden aufgreifen und insbesondere für drei Thesen argumentieren.

Erstens gibt es plausible systematische Gründe für die Annahme, dass das Konzept sozialer Menschenrechte keineswegs von außen an Kant herangetragen wird, sondern, so unsere These, folgerichtig aus bestimmten Kantischen Basisannahmen entwickelt werden kann. Dies gilt, weil Kants Konzept der Autonomie des moralischen Akteurs und auch die Idee bestimmter Rechtspflichten implizit auf die phänomenale Verfasstheit dieser Akteure verweist: Die empirische Verwirklichung autonomen Handelns und die tatsächliche Inanspruchnahme von Freiheitsrechten erfordert bestimmte materiale Voraussetzungen, die auch und gerade im Falle von gravierender Armut entweder weitgehend oder überhaupt nicht gegeben sind. Wenn man dieses, in verschiedener Form u. a. bei James Griffin, Elizabeth Ashford oder Alan Gewirth entwickelte, gütertheoretisch basierte Argument ernst nimmt, kann es dergestalt rekonstruiert werden, dass es auf die moralische Notwendigkeit bestimmter sozialer Rechte verweist, wie sie z. B. von Peter Koller definiert werden: „Soziale Rechte sind Rechte auf Teilhabe an den grundlegenden sozialen und ökonomischen Mitteln des Überlebens und Wohlergehens"(Koller 2002, 208).[5]

5 Auch wenn man prima facie berechtigterweise dafür argumentieren könnte, dass sich in Bezug auf die herzustellenden materiellen Bedingungen des autonomen Handelns allein die überle-

Allerdings können *zweitens* strikt verbindliche Hilfspflichten gegenüber den Armen nicht ohne weiteres im direkten Ausgang von Kant geltend gemacht werden – zahlreiche einschlägige Aussagen Kants zu Hilfs- und Wohltätigkeitspflichten belegen, dass zumindest ein klassischer, direkt an Kants Kernaussagen anschließender Kantianismus keine belastbare Grundlage zur Rechtfertigung von streng verbindlichen sozialen Menschenrechten bereitstellt. Es ist zwar entgegen einer strikt liberalen bzw. libertären Lesart Kants möglich, im Ausgang von Kants Menschheitszweck-Formel des Kategorischen Imperativs (MZF) das Bestehen von strikten Nothilfepflichten zu verteidigen, doch folgen daraus keine sozialen Menschenrechte. Das strukturelle Hauptproblem von Kants Moraltheorie besteht darin, keine adäquate gütertheoretische Fundierung für solche Rechte bereit zu stellen. In dieser Hinsicht kann Gilaberts Anschluss an Kant nur bedingt überzeugen, wiewohl wir seine Thesen in systematischer Hinsicht für richtig halten.

Vor diesem Hintergrund gilt *drittens*, dass auch Gilaberts weiterführende Rekurse auf Kants rechtsphilosophische Aussagen, die eine kontraktualistisch begründete Berechtigung von staatlich institutionalisierten sozialen Menschenrechten nahe legen, das zuvor genannte Problem nicht vollends auflösen können, da auch die kontraktualistischen Argumente auf bei Kant nicht ausgearbeitete gütertheoretische Voraussetzungen verweisen. Dieser Befund stützt die Annahme, dass zumindest punktuell eine strukturell bedingte Inkohärenz von moralischer und rechtlicher Normativität bei Kant vorliegt, die nicht vermieden werden kann, ohne den Rahmen der klassischen Kantischen Systematik zu durchbrechen.

Wir entwickeln diese drei Thesen in vier Schritten. Im *ersten* Abschnitt (Kap. II) wird im Anschluss an James Griffin zwischen einer liberalen und einer sozialen Interpretationsmöglichkeit des Konzepts der Menschenrechte differenziert, die auf entsprechende liberale und soziale moralische Intuitionen zurückgeführt werden können. Anstatt beide Intuitionen gegeneinander auszuspielen, argumentieren wir dafür, dass nicht nur die soziale Interpretation der Menschenrechte, sondern auch die liberale Idee des Schutzes der Person materiale gütertheoretische Voraussetzungen impliziert. Vor diesem Hintergrund werden im *zweiten* Abschnitt (Kap. III) die systematischen Kernpunkte von aktuellen Kantischen Theorien im Hinblick auf soziale Menschenrechte skizziert. In diesem Zu-

---

bensnotwendigen Güter als Gegenstand sozialer Menschenrechte nahelegen und der Begriff des „Wohlergehens" dementsprechend überflüssig erscheinen kann, ist zu berücksichtigen, dass auch Güter, die nicht lebensnotwendig sind, zu praktisch-moralisch konstitutiven Gütern zählen können. So ist die psychische Integrität von Personen nicht im strengen Sinne überlebensnotwendig, jedoch in der Regel eine wichtige Voraussetzung für das Ziel, das mit der Etablierung sozialer Menschenrechte verfolgt wird, nämlich die Befähigung von Personen zur Inanspruchnahme ihrer Freiheitsrechte.

sammenhang wird deutlich, dass auch den einflussreichen Interpretationen von Kants Pflichtenlehre z. B. bei Otfried Höffe, Onora O'Neill oder Elizabeth Ashford sowohl liberale wie auch soziale Intuitionen zugrunde liegen, wobei diese Intuitionen jeweils unterschiedlich gewichtet werden. Die liberale und soziale Lesart werden im *dritten* Abschnitt (Kap. IV) unter Rekurs auf verschiedene Kantische Originalpassagen sowie unter Berücksichtigung der Problematik überzeugender Kriterien für starke Pflichten einer Prüfung unterzogen. Die Resultate der Analyse einschlägiger Kant-Stellen sprechen dafür, dass die liberale Position gegenüber sozialen Menschenrechten, nicht jedoch die soziale Lesart in ihrer hier fokussierten strikten Variante gestützt wird. Man kann zwar im Ausgang von einer bestimmten Deutung der Menschheitszweck-Formel des Kategorischen Imperativs (MZF) eine strikte Nothilfepflicht ableiten, die zudem auch unabhängig von Kant u. a. gütertheoretisch begründbar ist, doch folgt daraus weder systematisch noch speziell bei Kant ein differenzierter Katalog von sozialen Menschenrechten. In diesem Kontext argumentieren wir dafür, dass auch Gilaberts an Kants Rechtsphilosophie anknüpfende kontraktualistische Argumentation für soziale Menschenrechte nicht zwingend ist, sondern grundsätzliche Fragen nach dem Verhältnis von Kants Moral- und Rechtsphilosophie aufwirft. Im *vierten* und letzten Abschnitt (Kap. V) fassen wir die Resultate zusammen.

II Zwei Interpretationen von Menschenrechten

Die Beantwortung der Frage nach der Möglichkeit von sozialen Menschenrechten im Kantischen Kontext erfordert eine vorgängige begriffliche Differenzierung zwischen zwei unterschiedlichen Interpretationen dessen, was mit Menschenrechten konkret gemeint ist. Damit ist nicht die Problematik ihres Verbindlichkeitsgrades, sondern diejenige ihres Gegenstandsbereichs adressiert. Im Anschluss an James Griffin ist grundsätzlich festzuhalten, dass Menschenrechte untrennbar mit der Sicherung und Bewahrung des Personenstatus' verbunden sind: „Human Rights are best seen as protections of one's human standing – one's personhood" (Griffin 2000, 29). Darüber hinaus gilt es allerdings zu berücksichtigen, dass das Konzept der Menschenrechte auf zweierlei Weisen rekonstruiert werden kann.

Die erste Deutung basiert auf der Grundlage der *liberalen Intuition*, dass sich die Funktion von Menschenrechten allein im Schutz bestimmter Freiheitsrechte des autonomen Akteurs erschöpft, d. h. sie sollen sicherstellen, dass der freien Wahl von Handlungsoptionen bzw. der Selbstverwirklichung des Akteurs nichts im Wege steht. In dieser Sicht beziehen sich Menschenrechte ausschließlich auf die Bedingungen autonomen Handelns im Sinne der Abwehr von möglichen

Hindernissen, die unmittelbar mit den Handlungen anderer Akteure verbunden sind.

Davon zu unterscheiden ist die zweite Rekonstruktionsmöglichkeit, die einer *sozialen Intuition* Ausdruck verleiht, indem Menschenrechte ihr zufolge nicht nur handlungsabhängige Hindernisse des freien Handelns abwehren, sondern dieses Handeln in dem Sinne ermöglichen sollen, dass sie die notwendigen materiellen Voraussetzungen von Handeln gewährleisten. Zu diesen notwendigen materiellen Bedingungen des Handelns gehören vor allem lebensnotwendige Güter („basic goods") wie Nahrung, Kleidung und Schutz der physischen wie psychischen Integrität des Akteurs. Die durch die soziale Intuition fundierte Interpretation der Menschenrechte steht entgegen einem gegebenenfalls naheliegenden Eindruck nicht im Widerspruch zur liberalen Lesart, sondern im Gegenteil dient die Gewährleistung von grundlegenden Gütern der Erfüllung der empirischen Bedingungen des in der liberalen Lesart fokussierten freien autonomen Handelns. Eine Gemeinsamkeit von liberaler und sozialer Lesart besteht darüber hinaus darin, dass beide Deutungen der Menschenrechte die Ermöglichung von Handeln über den Weg der Vermeidung von Hindernissen zum Ziel haben, d. h. streng genommen stellen soziale Menschenrechte primär eine materiale Erweiterung der liberalen Freiheitsrechte dar.

Das hier skizzierte Argument, dem zufolge soziale Menschenrechte auf die Sicherung der empirischen Voraussetzungen der Inanspruchnahme von liberalen Freiheitsrechten abzielen, verdankt seine Plausibilität nicht nur dem Umstand, dass gelebte Autonomie de facto nicht ohne bestimmte Güter möglich ist. Darüber hinaus ist zu berücksichtigen, dass dieses Argument auch deshalb gültig ist, weil liberale Freiheitsrechte allein zumindest unter bestimmten Bedingungen nicht dazu dienen können, ihre eigenen Voraussetzungen normativ abzusichern: Die Annahme, der freie autonome Akteur könne und müsse *prinzipiell* selbst für die Herstellung der materiellen Voraussetzungen seines Handelns sorgen, ist insofern irreführend, als auch und gerade im hier fokussierten Fall von gravierender Armut das für solche Akte notwendige Handlungsvermögen gar nicht zielführend aktualisiert werden kann – genau darin besteht ja das Kernproblem. Es mag sinnvoll sein, vom Akteur im Falle von bereits bestehenden materiellen Bedingungen des Handelns die eigenverantwortliche Sicherung und Bewahrung dieser Bedingungen zu fordern, d. h. dieses nicht durch soziale Menschenrechte abdecken zu wollen. Wenn der Akteur jedoch gar nicht hinreichend wirkungsvoll handeln kann, da es ihm an basalen Gütern mangelt, helfen liberale Freiheitsrechte nicht weiter. In diesem Sinne sieht auch Griffin eine enge systematische Verwiesenheit von liberaler und sozialer Auffassung der Menschrechte:

> „[...] there are two different ways of taking a personhood account of human rights. One can see it as justifying liberty rights, but giving no support at all to welfare rights. On this point of view, if human rights are protections of the essential components of agency, then they protect only our autonomous choice of a course of life and our not being stopped from pursuing it; nothing else is contained in the essence of agency. [...] But agency can be attached from different sides. I can be stopped from choosing and pursuing my conception of a good life either by other person's blocking me or by my suffering such depravation that I cannot even rise to the level of agency. So I am inclined to describe the protection of agency as requiring, and human rights therefore as including, not only autonomy and liberty but also minimum material provision – that is, some sort of welfare." (Griffin 2000, 29).

Zusammenfassend ist festzuhalten, dass das Konzept der Menschenrechte zwei unterschiedliche Intuitionen bedienen kann, die zu voneinander abweichenden Formulierungen dieser Rechte führen. Auf Basis der liberalen Intuition sind Menschenrechte Freiheitsrechte, die geschützt werden müssen – auch gegen die Ansprüche anderer auf Leistungen (daher kann es in dieser Hinsicht keine Leistungsrechte mit Menschenrechtsstatus geben). Auf Basis der sozialen Intuition setzen Freiheitsrechte zu ihrer Realisierung materiale Grundlagen voraus, die Gegenstand sozialer Menschenrechte sind. Im Anschluss an Griffin lässt sich im Hinblick auf das Verhältnis von liberaler und sozialer Interpretation der Menschenrechte folgende These formulieren: Soziale Menschenrechte setzen gütertheoretische Erwägungen voraus, denen zufolge lebensnotwendige Güter als die minimalen materialen Voraussetzungen der Handlungsfähigkeit von anderen, denen dies zumutbar ist, eingefordert werden können – der Schutz der Persönlichkeit darf nicht nur formal, sondern muss material interpretiert werden. Die systematische Pointe dieser Form des Arguments verdankt sich wohlgemerkt nicht der Annahme, dass auf handlungskonstitutive Güter bezogene soziale Menschenrechte auch unabhängig von liberalen Freiheitsrechten bestehen. Vielmehr handelt es sich bei diesen Rechten um notwendige Implikationen der Freiheitsrechte, deren Ignorierung das Konzept des freien autonomen Akteurs in praktisch-empirischer Hinsicht ad absurdum führen würde.

III Der Umgang aktueller Kantischer Positionen mit sozialen Menschenrechten

Liberale und soziale Intuitionen in Bezug auf strikte moralische Rechtsansprüche lassen sich, wie in diesem Abschnitt zu zeigen ist, auch im Kontext der Deutung von Kants Pflichtenlehre finden. Allerdings scheinen beide Interpretationsansätze weitgehend unverbunden nebeneinander zu stehen und die im vorherigen Abschnitt aufgezeigten Implikationsrelationen unbeachtet zu bleiben. Der Gegensatz zwischen geschuldeten, erzwingbaren Rechtsplichten und Tugendpflichten ist in der Kantischen Tradition weit verbreitet. Otfried Höffe konstatiert, dass wir es nur auf der Ebene der strengen Wechselseitigkeit mit der „Moral des Geschuldeten“, der „Rechtsmoral oder Gerechtigkeit“ zu tun haben (Höffe 1998, 37). Davon zu unterscheiden sei die „Sozialmoral“, die nicht auf die Gerechtigkeit beschränkt bleibe: „Die Moral der Menschenliebe gebietet vielmehr, der Gerechtigkeit das Salz der Liebe beizumischen und aus einem Mitleiden mit fremder Not heraus Wohltätigkeit, Hilfsbereitschaft, sogar Großzügigkeit zu üben. Wohltätigkeit ist allerdings nicht geschuldet. Als eine verdienstliche Mehrleistung gebührt ihr zwar ein Platz im Gemeinwesen, trägt sie doch als Gemeinsinn zu dessen Wohlergehen bei, als rein freiwillige Leistung darf sie aber nicht erzwungen werden“ (Höffe 1998, 39). Man sieht hier deutlich, dass das „Mitleiden mit fremder Not“ als wünschenswerte Haltung beschrieben („verdienstliche Mehrleistung“), aber gleichzeitig deutlich von den geschuldeten Gerechtigkeitspflichten durch die Qualifikation als „rein freiwillige Leistung“ unterschieden wird. Diese Kontur des Höffeschen Ansatzes hat Wurzeln bei Kant, von dem Höffe die Unterscheidung zwischen strengen oder unnachlasslichen Pflichten (bei Höffe: die geschuldeten Pflichten) und weiten oder verdienstlichen Pflichten (bei Kant: Tugendpflichten) übernimmt.[6]

Die innerstaatliche Konsequenz gegenüber der Perspektive derer, die ein Interesse an Hilfe und weitreichender Umverteilung haben, lässt sich mit folgendem Zitat verdeutlichen:

> Angesichts der Leichtfertigkeit, mit der man gelegentlich soziale Interessen zu sozialen Menschenrechten erklärt und aus ihnen großzügig Hilfs- und Betreuungspflichten ableitet, ist aber daran zu erinnern, daß selbst die Einsicht in die Unverzichtbarkeit eines Interesses nicht ausreicht, um Ansprüche zu reklamieren. (Höffe 1998, 39)

Die Legitimation sozialer Menschenrechte muss diese erst im obigen Sinne als geschuldete ausweisen. Der Vorteil der Argumentation liegt auf der Hand: Diejenigen Rechte, deren allgemeiner Menschenrechtsstatus im obigen Sinn legitimiert werden kann, müssen auch jedem gewährt werden. Dies sind bei Höffe auch grundlegende Sozialrechte. Gegenüber fremder Not und Ungleichheit, sofern sie darüber hinausgeht, können jedoch keine Gerechtigkeitsansprüche geltend gemacht werden. Hier liegt also eine Asymmetrie vor. Es gibt kein allgemeines Recht auf Hilfe und Betreuung, aber doch den Bereich der „freiwilligen Moral“, der es verdienstlich macht, anderen zu helfen.

6 Hier bleiben Pflichten gegen sich selbst außen vor, da sie weder rechtlich kodifizierbar noch Teil der Sozialmoral oder Menschenliebe sind.

In einem ähnlichen Sinne argumentiert auch Onora O'Neill:

> Leider werden in der Literatur über Rechte oft achtlos universelle Rechte auf Güter oder Dienstleistungen verkündet, insbesondere Wohlfahrtsrechte sowie Rechte auf sonstige soziale, ökonomische und kulturelle Rechte, die in internationalen Chartas und Deklarationen eine hervorstechende Rolle spielen, ohne, dass gezeigt würde, was eigentlich jeden vermeintlichen Rechtsinhaber mit spezifizierten Pflichtträgern verbindet, so dass der Inhalt dieser angeblichen Rechte völlig im Dunkeln bleibt. [...] der Punkt, an dem sich die Geister scheiden, ist gerade der, dass sie institutionalisiert werden müssen, denn wenn das nicht geschieht, ist gar kein Recht gegeben. [...] Die zunächst angenommene Unähnlichkeit zwischen universellen Freiheits- und Wohlfahrtsrechten ist demnach kein Ammenmärchen, sondern das Verhältnis zwischen den beiden ist wirklich asymmetrisch. (O'Neill 1996, 174)

Dabei besteht die Asymmetrie darin, dass man bei der Verletzung eines Freiheitsrechts unabhängig vom Bestehen von Institutionen jemanden für den Verstoß verantwortlich machen kann, „doch wenn unterstellte universelle Rechte auf Güter, Dienstleistungen oder Wohlfahrtshilfe nicht eingelöst werden und (noch) keine Institutionen für die Verteilung oder Zuweisung spezieller Pflichten eingerichtet worden sind, besteht nicht nur zufällige Ungewissheit über die Identität der Zuwiderhandelnden, sondern systematische Unklarheit darüber, ob überhaupt von einem Verstoß die Rede sein kann. Sofern nicht grundsätzlich klar ist, wo Ansprüche angemeldet werden sollten, bleiben Appelle an vermeintliche universelle Rechte auf Güter oder Versorgungs- und Wohlfahrtsleistungen im Wesentlichen rhetorisch, so dass ‚Manifest-Rechte' verkündet und Ansprüche gegen unspezifizierte andere angemeldet werden" (O'Neill 1996, 174). In dieser Perspektive sind soziale Rechte demnach prinzipiell institutionalisierungsabhängig.[7]

Dabei besteht die Pointe von O'Neill in der These, dass nur spezifizierte, vollkommene Pflichten soziale Rechte „hervorbringen" können:

> Einige spezielle, vollkommene Pflichten können ‚distributiv' universell sein (z. B. Wohlfahrtsrechte im Rahmen eines begrenzten Bereichs); andere dieser Pflichten werden durch vorübergehende oder fortwährende spezielle Beziehungen zwischen Pflichtträgern und Rechtsinhabern definiert (z. B. Verträge, Pachtabkommen, Versprechen und Familienbande). (O'Neill 1996, 192)

7 „Sofern es Pflichten gibt, denen die korrespondierenden Rechte abgehen, werden sie nicht den Erwartungen der Befürworter von ‚Wohlfahrtsrechten' entsprechen, denn sie bieten keine Grundlage für rechtsbezogene Ansprüche auf Handlungen von Seiten anderer. Falls es wirklich universelle Wohlfahrtsrechte gibt, werden sie sich nur durch Argumente rechtfertigen lassen, die für bestimmte Arten von institutionell abgesicherten und verteilten Pflichten sprechen" (O'Neill 1996, 182).

Die Hervorbringung der Wohlfahrtsrechte bleibt an einen spezifischen Kontext gebunden, da „spezifische vollkommene Pflichten [...] spezifische Strukturen oder Gebräuche [...] verlangen, von denen spezifische Akteure mit spezifizierten Empfängern der Leistung in Verbindung gebracht werden" (O'Neill 1996, 192). Insofern ist die Hervorbringung sozialer Rechte kontextabhängig, denn nur der Kontext macht unvollkommene zu vollkommenen Pflichten. Sowohl bei Höffe als auch bei O'Neill stehen demnach die liberalen Freiheitsrechte im Mittelpunkt, während Hilfs- und Wohltätigkeitspflichten entweder als nicht geschuldet (Höffe) oder als in der Regel nicht hinreichend spezifiziert bzw. institutionalisiert (O'Neill) angesehen werden und damit in beiden Fällen (wenn auch nicht aus identischen Gründen) als Kandidaten für strikte universelle Pflichten ausscheiden.

Dagegen hat Elizabeth Ashford eingewendet, dass nicht die Existenz sozialer Rechte von der Institutionalisierung der entsprechenden Pflichten abhängig sei, sondern vielmehr angesichts der mangelnden Realisierung von sozialen Rechten Institutionalisierungspflichten bestünden.[8] Ashford adressiert mit diesem gütertheoretisch fundierten Argument eine systematische Leerstelle in O'Neills Ansatz, da O'Neills Institutionalisierungskriterium offen lässt, wie genau mit Situationen umzugehen ist, in denen weitreichende praktisch-normative Probleme zu bewältigen sind, jedoch (noch) kein institutionstheoretischer Rahmen existiert, der eine Lösung unter Rekurs auf eine spezifische Pflichtenlehre ermöglicht. Zumindest kann es im Kontext von O'Neills Ansatz keine strikten Institutionalisierungspflichten geben, wenn Pflichten prinzipiell immer schon Institutionen voraussetzen.

---

8 Ferner vertritt sie die These, dass auch negativen Rechten unvollkommene Pflichten korrespondieren können. Das ist dann der Fall, wenn nicht klar ist, wem Verletzungen negativer Pflichten eindeutig zugerechnet werden können. Ashford greift zur Illustration dieser These auf ein Beispiel von Pogge zurück: „Wenn eine Fabrik fahrlässig in einer Weise die Umwelt verschmutzt, die vorhersehbar zahlreiche Tote fordert und zu schweren Gesundheitsproblemen in der lokalen Bevölkerung führt, muss der Fabrikeigentümer damit rechnen, für eine Menschenrechtsverletzung verantwortlich gemacht zu werden. Nehmen wir nun aber den Fall, dass zwei Fabriken Schadstoffe in denselben Fluss leiten, wo es zu einer chemischen Reaktion und einer schweren Verschmutzung des Flusses kommt. Für sich betrachtet würde keiner der jeweils von einer Fabrik produzierten Schadstoffe einen gravierenden Schaden erzeugen. Zusammen bilden sie aber eine tödliche Mischung, die wiederum zu zahlreichen Toten und schweren Gesundheitsproblemen der Flussanwohner führt. Unterstellen wir weiter, dass es für jeden der Fabrikbesitzer vollkommen vorhersehbar ist, wie katastrophal das Resultat sein wird, wenn sie beide den Fluß verschmutzen. Da eine solche Schädigung unstrittig als Menschenrechtsverletzung gilt, wenn sie von einer einzelnen Fabrik verursacht wird, ist nicht einzusehen, weshalb sie keine Menschenrechtsverletzung sein soll, wenn die beiden Fabriken sie gemeinsam verursachen" (Ashford 2007, 204; vgl. Pogge 2005). Dies gelte auch für Beispiele mit noch mehr Firmen. Die Pflichten, die den verletzten Menschenrechten entsprechen, sind hier unvollkommene Pflichten.

Im Hinblick auf das Problem gravierender Armut kann aus der Perspektive Ashfords nicht im Sinne O'Neills primär auf das Fehlen von diesbezüglichen Institutionen und entsprechend unterbestimmten Adressaten von bestehenden moralischen Ansprüchen verwiesen werden, sondern vielmehr muss eine solche Situation als unmissverständlicher sowie strikt verbindlicher moralischer Appell verstanden werden, sich nach Kräften um eine Spezifizierung von Adressaten und Hilfeleistungen zu bemühen, da die betroffenen Akteure entweder gar keinen oder nur einen unzureichenden Zugang zu grundlegenden bzw. lebensnotwendigen Gütern besitzen. Ashford argumentiert an dieser Stelle insofern im Sinne der sozialen Interpretation der Menschenrechte, als es im Kern ihrer Kritik an O'Neill um eine güterbasierte Forderung geht, die auf eine Ermöglichung der Inanspruchnahme von strikten moralischen Rechten abzielt.

Bei Pablo Gilabert findet sich ein explizit an Kant angelehnter Vorschlag zu einer gütertheoretischen Fundierung starker Pflichten gegenüber den Armen. Eine Besonderheit von Gilaberts Ansatz besteht darin, im Unterschied zu einer problematischen Ableitung von Rechtspflichten im Ausgang von Tugendpflichten u.a. mit Jeremy Waldron (vgl. Waldron 2006) auf die gemeinsame praktisch-moralische Funktion beider Pflichtentypen zu verweisen, nämlich die Sicherung der Freiheit des autonomen Handelns: „Kant saw both ethical and juridical duties as expressing the *negative* concern to preserve (not interfere with) people's autonomous functioning“ (Gilabert 2010, 388). Er vertritt insbesondere zwei Thesen, die in unserem Zusammenhang relevant sind:

Erstens müsse eine vernünftige Form des Kantianismus strikte Pflichten implizieren, die auf eine Minderung der Armutsproblematik abzielen (vgl. Gilabert 2010, 383).

Zweitens seien solche Pflichten im Rahmen der Kantischen Systematik konzipierbar: „Kant's practical philosophy provides sufficient resources to develop and make plausible the claim that there are basic positive duties of justice, some of which may have a global scope“ (Gilabert 2010, 382).[9]

Gilabert zufolge lassen sich auf Kantischer Grundlage starke positive Pflichten ableiten, die sich auf „basic needs“ und unmittelbar damit verbundene materielle Güter beziehen. In diesem Sinne versucht Gilabert, eine Kantische Position in der Weltarmutsdebatte stark zu machen. Er versucht zu zeigen, dass es starke positive Gerechtigkeitspflichten gibt, d.h. genauer: „Basic positive duties to reasonably contribute to the existence of the basic conditions for other people's

---

9 Als primäre moralphilosophische Grundlage von Gilberts Position fungieren die in der GMS und der MS formulierten Hilfspflichten gegenüber anderen in Not sowie die MZF sowie die Reich-der-Zwecke-Formel des Kategorischen Imperativs (vgl. Gilabert 2010, 389f.).

exercise of their capacities of autonomous agency" (Gilabert 2010, 386). Die Erfüllung dieser Rechte sei anderen geschuldet und zur Absicherung der entsprechenden Güter gebe es korrespondierende Rechte. Gilberts Konzept der basalen vollkommenen positiven Pflichten impliziert eine situativ bedingte Dynamik des jeweils vorliegenden Verpflichtungsgrades: „One can accept the thesis that the general obligation to be beneficient allows for wide latitude and is thus imperfect without this preventing the construction of certain specific duties of basic assistance that are perfect. All that one must do is specify the kinds of circumstances in which the discharge of such duties is owed" (Gilabert 2010, 396).

An dieser Stelle von Gilaberts Theorie existiert insofern eine formale Strukturanalogie zu Ashfords Argument für Institutionalisierungspflichten, als in beiden Fällen eine noch weitgehend unspezifizierte moralische Anforderung soweit präzisiert werden soll, dass ihr Gehalt in Form von strikt verbindlichen deontologischen Urteilen rekonstruiert werden kann. Ein struktureller Unterschied zwischen beiden Positionen lässt sich allerdings daran festmachen, dass Ashfords Institutionalisierungspflichten auf eine eigenständige Gütertheorie verweisen, während die Spezifizierung von basalen vollkommenen Pflichten bei Gilabert nicht von zusätzlichen Gütergewichtungen, sondern allein vom jeweils gegebenen Handlungskontext abhängt. Gilabert geht im Anschluss an David Cummiskey (vgl. Cummiskey 1996, 118 f.) davon aus, dass es innerhalb der Kantischen Systematik eine rational nachvollziehbare Hierarchisierung von Gütern gebe, die sich zumindest grundsätzlich an lebensnotwendigen Gütern orientiert. So nimmt er z. B. an, dass die temporäre Entwendung eines Autos (d. h. von Eigentum) erlaubt sei, um in einem Notfall eine Person zum Krankenhaus fahren zu können (vgl. Gilabert 2010, 394 f.). In diesem Fall übertrumpfe eine basale vollkommene (positive) Hilfspflicht eine strikte negative Pflicht. Dementsprechend legt seine Auffassung des Kantianismus nahe, dass dieser die theoretischen Mittel bereitstelle, um mögliche Pflichtenkollisionen unter Rekurs auf eine materiale Güterlehre zu vermeiden.

Die in diesem Abschnitt skizzierten Positionen von Höffe, O'Neill, Ashford und Gilabert knüpfen zwar auf verschiedene Weise und in unterschiedlichem Grad an Kants Pflichtenlehre an, kommen jedoch im Hinblick auf Kantisch begründete soziale Menschenrechte zu partiell stark voneinander abweichenden Resultaten, da der Fokus der beiden erstgenannten Ansätze auf der liberalen, derjenige der beiden letztgenannten Theorien auf der sozialen Intuition liegt. In dem folgenden Kapitel werden wir unter Rekurs auf einschlägige Kant-Stellen dafür argumentieren, dass sowohl die liberale als auch die soziale Lesart eine jeweils begrenzte Berechtigung besitzt, da beide Zugänge bis zu einem gewissen Grad durch Kantische Aussagen gestützt werden. Zugleich stellt sich heraus, dass keine der beiden Interpretationen eine Kantische Position zu sozialen Menschenrechten impliziert, die vollends überzeugen kann.

IV Tragweite und Grenzen von Kants Pflichtenlehre in Bezug auf Nothilfe und soziale Menschenrechte

In der Kantischen Rechts- und Moralphilosophie zeichnet es die Tugendpflichten konstitutiv aus, dass ihre Erfüllung nicht rechtlich erzwingbar ist.[10] Sie sind per definitionem jenseits des rechtlich Erzwingbaren liegende moralische Pflichten. Kant hat also – etwa im Unterschied zu Urmson[11] – einen Pflichtbegriff, der so weit ist, dass auch Pflichten darunter fallen, denen keine Rechte entsprechen, deren Erfüllung also von anderen nicht einforderbar oder gar von Dritten oder von Institutionen erzwingbar ist. Kant geht bezüglich der Tugendpflichten von einer Unbestimmtheit in der Art und im Ausmaß der Pflichterfüllung aus, die insbesondere in Bezug auf die Pflicht zur Wohltätigkeit entstehe. Diese verlangt die Einschränkung des eigenen Wohlstands „ohne Hoffnung der Wiedervergeltung", doch es kann nicht die Aufopferung der eigenen Glückseligkeit zugunsten der fremden verlangt werden: „Also ist diese Pflicht nur eine weite; sie hat einen Spielraum, mehr oder weniger hierin zu thun, ohne daß sich die Grenzen davon bestimmt angeben lassen" (TL, AA 06: 393). Ferner geht Kant davon aus, dass man zur Erfüllung der Tugendpflichten auf empirische Kenntnisse zurückgreifen muss: „was zu thun sei, kann nur von der Urtheilskraft nach Regeln der Klugheit (den pragmatischen), nicht denen der Sittlichkeit (den moralischen), d. i. nicht als enge (officium strictum), sondern nur als weite Pflicht (officium latum) entschieden werden. Daher [kann] der, welcher die Grundsätze der Tugend befolgt, zwar in der Ausübung im Mehr oder Weniger, als die Klugheit vorschreibt, einen Fehler (peccatum) begehn, aber nicht darin, daß er diesen Grundsätzen mit Strenge anhänglich ist, ein Laster (vitium) ausüben" (TL, AA 06: 433).[12]

Der problematische Status der Tugendpflichten, der sich aus ihrer Unbestimmtheit und damit aus ihrer normativen Schwäche ergibt, ist auch Kant bewusst. In den Vorarbeiten zur *Metaphysik der Sitten* schreibt er:

---

10 „Aller Pflicht correspondirt ein Recht, als Befugniß (facultas moralis generatim) betrachtet, aber nicht aller Pflicht correspondiren Rechte eines Anderen (facultas iuridica), jemand zu zwingen; sondern diese heißen besonders Rechtspflichten" (TL, AA 06: 383).

11 Urmsons Auffassung, die das Vorhandensein von Pflichten an das Vorhandensein von korrespondierenden Rechten bindet, ist weit verbreitet. So geht auch der moralische Kontraktualismus von einer notwendigen Verknüpfung von Rechten und Pflichten aus (vgl. Stemmer 2002, 4).

12 Vgl. Br, AA 11: 2.

> Die Materie der Willkühr ist der Zweck weil aber die Gesetzmäßigkeit derselben der Form nach die oberste Bedingung aller Verbindlichkeit ist wobey von jedem besonderen Zweck abstrahirt werden kann (der Zweck mag seyn welcher er wolle) mithin das Princip der Handlungen nach derselben unbedingt seyn muß dagegen alle Zwecke als Wirkungen in Beziehung auf ihre Ursache in der Sinnenwelt (die Willkühr) empirisch bedingt sind so wird die erstere allein Gesetze d. i. Principien der genauen Bestimmung der pflichtmäßigen Handlung ihrer Beschaffenheit und dem Grade nach die zweyte aber blos Anmahnungen (admonitiones) enthalten welche zwar unter einem Princip einer möglichen Gesetzgebung überhaupt stehen aber nicht durch Gesetze selbst bestimmt werden d. i. sie werden eine latitudinem haben. (VAMS, AA 23: 380)[13]

Angesichts dessen, dass die zuvor von uns skizzierte soziale Intuition gegen eine Vorstellung von Nothilfe als einer bloßen Anmahnung spricht, gilt zu prüfen, ob man – im Ausgang von Kant, jedoch in systematischer Hinsicht – nachvollziehbare Gründe dafür vorbringen kann, dass Nothilfe und Wohltätigkeit bis zu einem gewissen Grad und unter bestimmten Bedingungen als strikte positive Pflichten rekonstruierbar sind, d.h. die bei Kant maßgeblichen Kriterien für vollkommene Pflichten erfüllen. Doch um welche Kriterien handelt es sich dabei?

IV.I Kriterien für vollkommene Pflichten und der Gehalt des Sittengesetzes

Hilfreiche Überlegungen zu den Kantischen Kriterien für vollkommene Pflichten finden sich bei Wolfgang Kersting, dem zufolge sich vollkommene Pflichten in dreifacher Weise von unvollkommenen Pflichten unterscheiden: Erstens durch ihre größere *Bestimmtheit* (vgl. VAMS, AA 23: 380), zweitens durch ihre größere *Verbindlichkeit* (vgl. GMS, AA 04: 421), die sich aus ihrer größeren Bestimmtheit ergibt, und drittens durch ihre *Erzwingbarkeit* (vgl. TL, AA 06: 383). Sie sind Pflichten mit korrespondierenden Rechten, während Tugendpflichten Pflichten ohne korrespondierende Rechte sind. Die Erzwingbarkeit von Rechtspflichten geht mit der *Korrespondenzthese* einher, d.h. jeder Rechtspflicht korrespondiert ein subjektives Recht: „Da eine Unrechtshandlung dadurch gekennzeichnet ist, daß sie mit der Freiheit von jedermann nach einem allgemeinen Gesetz, mit der gesetzlichen Freiheit des Handlungsadressaten nicht vereinbar ist, ein jeder aber

---

13 Der Terminus „Tugendpflicht" ist dabei insofern erläuterungsbedürftig, als Pflicht von Kant in der *Grundlegung zur Metaphysik der Sitten* so bestimmt wird, dass sie Handlungen notwendig macht. „Pflicht ist die Notwendigkeit einer Handlung aus Achtung fürs Gesetz. [...] Nun soll eine Handlung aus Pflicht den Einfluß der Neigung und mit ihr jeden Gegenstand des Willens ganz absondern, also bleibt nichts für den Willen übrig, was ihn bestimmen könne, als objectiv das Gesetz und subjectiv reine Achtung für dieses praktische Gesetz, mithin die Maxime [...], einem solchen Gesetze selbst mit Abbruch aller meiner Neigungen Folge zu leisten" (GMS, AA 04: 400 f.).

ein Recht auf diese gesetzliche Freiheit hat, korrespondiert jeder Rechtspflicht ein subjektives Recht“ (Kersting 1997, 103). Rechtlich verpflichten kann man nur zu Unterlassungen, insofern sind die subjektiven Rechte der Kantischen *Rechtslehre* Abwehrrechte. Beispiele dafür sind Mord, Diebstahl und Vertragsbruch. Diese sind moralisch-rechtlich immer falsch, ihre Unterlassungen entsprechend geboten bzw. ihre Ausführungen strafbar. Auf wohltätige Leistungen gibt es weder ein vollkommenes, juridisches noch ein unvollkommenes, moralisches Recht.[14]

Dies ist in dem materialen Prinzip begründet, das den Tugendpflichten zugrunde liegt. Die innere Zwecksetzung muss sich aber dem äußeren Zwang und damit der äußeren Gesetzgebung entziehen. Von außen erzwungen werden können nur Handlungen, nicht Handlungsmaximen, Motive oder Zwecksetzungen.[15] Die Grenzziehung zwischen Recht und Ethik habe „die Gesinnungsindifferenz des Rechts einerseits und die Handlungsunbestimmtheit der Ethik andererseits“ (Kersting 1997, 105) zur Folge. Diese Unterbestimmtheit, die mit der Verbindlichkeitsdifferenz zwischen Rechts- und Tugendpflichten begründet wird, sei auch der Grund für die Vorordnung der Rechtspflichten.[16]

Diese Einteilung lässt allerdings die Frage offen, wie Rechtsverletzungen gewertet werden sollen, die aus tugendhafter Gesinnung erfolgen. Wer fremdes Eigentum beschädigt, um das Leben eines Kindes zu retten, handelt aus der Rechtsperspektive pflichtwidrig, aus der Tugendperspektive mindestens nicht lasterhaft, vielleicht aber sogar tugendhaft. Nach Kersting sei ein besonderer Vorzug der strengen Unterscheidung von Rechtspflichten und Tugendpflichten darin zu sehen, dass dadurch Pflichtenkollisionen vermieden würden. Dies mag

---

14 „Da nach Kant der Rechtsbegriff die Zwangsbefugnis impliziert, es also keine unbewaffneten Rechte geben kann, wird das moralische, das unvollkommene Recht der Tradition im Rahmen der Metaphysik der Sitten pflichtentheoretisch bedeutungslos. Die Recht-Pflicht-Korrespondenz ist ein wesentliches Charakteristikum der Rechtssphäre; es gibt für Kant kein moralisches Recht des Bedürftigen, das analog zu dem juristischen Recht des Berechtigten eine pflichtbegründende und -erzeugende Wirkung hätte. Tugendpflichten stehen keine Rechtsforderungen gegenüber“ (Kersting 1997, 104).

15 Kant ordnet die Tugendpflichten der Ethik zu, die er als ein „System der Zwecke der praktischen Vernunft“ beschreibt: „Da die Ethik Pflichten enthalte, zu deren Beobachtung man von andern nicht (physisch) gezwungen werden kann, ist blos die Folge daraus, daß sie eine Lehre der Zwecke ist, weil dazu (sie zu haben) ein Zwang sich selbst widerspricht.“ (TL, AA 06: 381)

16 „Die Verpflichtungskraft, die Verbindlichkeit der Rechtspflicht ist absolut, durch keine Bedingung eingeschränkt, und daher vollkommen; die Verpflichtungskraft der ethischen Pflicht dagegen ist hypothetisch, weil an die Bedingung der Rechtmäßigkeit gebunden. Die ethische Forderung ist demnach gegenüber der Forderung des Rechts zweitrangig; das Tugendgesetz besitzt im Rechtsprinzip eine Geltungsvoraussetzung. Die ausdrückliche Priorität des Rechts vermeidet eine Pflichtenkollision“ (Kersting 1997, 108).

theorieintern im Blick auf Kant für vollkommene Pflichten gelten (zumindest geht Kant selbst davon aus), jedoch ist bezüglich der Relation von Rechts- und Tugendpflichten in der skizzierten Situation das Gegenteil der Fall – auch und gerade im Hinblick auf die Annahme, dass die Sphäre des Moralischen zumindest in grundlegenden Hinsichten eine praktisch-begründungstheoretische Funktion in Bezug auf rechtliche Bestimmungen innehat. Man kann nicht ohne weiteres von einem eigenständigen Wert des Rechts ausgehen, der mit dem Moralischen konkurriert, beziehungsweise gleichsam bloß moralische Pflichten immer übertrumpft.[17]

Entweder muss man die Priorität der Rechtspflichten aufgeben, um Fälle wie die Beschädigung fremden Eigentums um der Rettung eines Kindes willen adäquat beschreiben zu können. Hier scheint nämlich eine Wohltätigkeitspflicht der Nothilfe Vorrang vor einer Rechtspflicht, fremdes Eigentum nicht zu beschädigen zu haben. Dies folgt einfach aus einem moralisch intuitiven Verhältnismäßigkeitsgrundsatz, der allerdings bereits auf eine intuitive Güterabwägung zurückgeht. Es scheint nicht nur erlaubt, dem Kind zu helfen, sondern sogar geboten, selbst wenn dazu fremdes Eigentum beschädigt werden muss. Wenn wir dieser Intuition folgen, darf hier eine Rechtspflicht verletzt werden und eine Tugendpflicht muss ausgeführt werden. Auf Basis dieser Intuition müssen wir entweder Nothilfepflichten Rechtspflichten zuordnen, sodass die Kantische Vorrangthese erhalten bliebe. Oder wir müssen behaupten, dass Tugendpflichten in manchen gütertheoretisch begründeten Fällen Vorrang gegenüber Rechtspflichten haben können. Kants Pflichteneinteilung ist an dieser Stelle in hohem Maße erläuterungsbedürftig. Auch wenn sie auf eine Vermeidung der Kollision von Rechtspflichten abzielt, darf um ihrer intuitiven Plausibilität willen die gütertheoretisch basierte Möglichkeit eines Konflikts von Rechts- und Tugendpflichten nicht ausgeschlossen werden. Für die systematische Plausibilität eines Kantianismus, der u. a. eine nachvollziehbare und immanent konsistente Antwort auf die Frage nach sozialen Menschenrechten geben können soll, stellt dieser Sachverhalt eine nachteilige theorieimmanente Spannung dar.

IV.II Die Menschheit als Basis strikter positiver Pflichten bei Kant und Gilabert

Die Anschlussfrage nach Möglichkeiten, bestimmte Hilfs- und Wohltätigkeitspflichten auf der Basis von Kants Systematik zu formulieren, erfordert einen genaueren Blick auf die Grundstrukturen von Kants praktischer Philosophie, d. h.

17 Vgl. zu diesem Problem im Kontext von Kants Politischer Philosophie: Horn 2014.

das Sittengesetz bzw. den Kategorischen Imperativ. Konkret gilt es, die Plausibilität einer Interpretation des Kategorischen Imperativs zu hinterfragen, die diesen als allein verbietendes, d.h. bestimmte Handlungszwecke ausschließendes Prinzip rekonstruiert. Eine genauere Interpretation der auch von Gilabert angeführten MZF des Kategorischen Imperativs zeigt, dass eine Interpretation des Kategorischen Imperativs als allein restringierendes Prinzip zur kurz greift. Kants MZF macht, so unsere Rekonstruktion, die Zwecksetzungsfähigkeit anderer zur „obersten einschränkenden Bedingung" der eigenen Zwecksetzung. Sehen wir uns die Formulierung nochmals an: „Handle so, daß du die Menschheit sowohl in deiner Person als auch in der Person eines jeden andern jederzeit zugleich als Zweck, niemals bloß als Mittel brauchst" (GMS, AA 04: 429).

Wird der Andere beim falschen Versprechen, einen Kredit zurückzuzahlen, bloß als Mittel gebraucht, so impliziert das, dass er nicht als Zweck behandelt wird.

> [...] was die notwendige oder schuldige Pflicht gegen andere betrifft, so wird der, so ein lügenhaftes Versprechen gegen andere zu thun im Sinne hat, sofort einsehen, daß er sich eines anderen Menschen bloß als Mittels bedienen will, ohne daß dieser zugleich den Zweck in sich enthalte. (GMS, AA 04: 429)

Wie sieht es bei unterlassener Nothilfe aus? Wir können wohl kaum sagen, dass jemand, der ein Kind in einem Teich ertrinken lässt, obwohl er es ohne großen Aufwand hätte retten können, das Kind als Mittel für seine Zwecke gebraucht. Aber – und das ist hier der entscheidende Punkt – er behandelt, wenn er keine Hilfe leistet, das Kind nicht als Zweck an sich selbst. Deswegen ist die Handlung moralisch nicht erlaubt. Während die Instrumentalisierung der Vorstellung von der „Menschheit als Zweck an sich selbst" entgegengesetzt ist, bezeichnet die Hilfe eine positive Übereinstimmung mit dem Menschheitszweck. Kant schreibt:

> [...] in Betreff der verdienstlichen Pflicht gegen andere ist der Naturzweck, den alle Menschen haben, ihre eigene Glückseligkeit. Nun würde zwar die Menschheit bestehen können, wenn niemand zu des andern Glückseligkeit was beitrüge, dabei aber ihr nichts vorsätzlich entzöge; allein es ist dieses doch nur eine negative und nicht positive Übereinstimmung zur Menschheit als Zweck an sich selbst, wenn jedermann auch nicht die Zwecke anderer, soviel an ihm ist, zu befördern trachtete. (GMS, AA 04: 430)

Es sieht so aus, als müssten bestimmte Zwecke anderer befördert werden. „Denn das Subject, welches Zweck an sich selbst ist, dessen Zwecke müssen, wenn jene Vorstellung bei mir alle Wirkung thun soll, auch so viel möglich, meine Zwecke sein" (GMS, AA 04: 430).

Aber welche Zwecke sind hier eigentlich gemeint? Bei genauer Hinsicht stellt sich heraus, dass keine bestimmten Zwecke gemeint sind. Kant schreibt im Anschluss:

> Dieses Princip der Menschheit und jeder vernünftigen Natur überhaupt, als Zwecks an sich selbst, (welche die oberste einschränkende Bedingung der Freiheit der Handlungen eines jeden Menschen ist) ist nicht aus der Erfahrung entlehnt: erstlich wegen seiner Allgemeinheit, da es auf alle vernünftigen Wesen überhaupt geht, worüber etwas zu bestimmen keine Erfahrung zureicht; zweitens weil darin die Menschheit nicht als Zweck der Menschen (subjectiv), d.i. als Gegenstand, den man sich von selbst wirklich zum Zwecke macht, sondern als objectiver Zweck, der, wir mögen Zwecke haben, welche wir wollen, als Gesetz die oberste einschränkende Bedingung aller subjectiven Zwecke ausmachen soll, vorgestellt wird, mithin aus reiner Vernunft entspringen muß. (GMS, AA 04: 431)

Wie genau ist es zu verstehen, dass die „Menschheit als Zweck an sich selbst [...] die oberste einschränkende Bedingung der Freiheit der Handlungen eines jeden Menschen ist"? Im Nothilfebeispiel liegt die Interpretation nahe, dass die Behandlung des Hilfsbedürftigen als Zweck an sich die Handlungsoptionen der potentiellen Helferin einschränkt. Ich bin nicht frei, weiterzulaufen und mir ein Eis zu kaufen, wenn jemand, der sich in einer objektiven Notlage befindet, dringend meine Hilfe braucht. In der Tat geht es hier noch gar nicht um die Beförderung partikularer Zwecke, die in der *Tugendlehre* Gegenstand der Tugendpflicht zur Beförderung fremder Glückseligkeit sind. Man muss die besonderen Zwecke des anderen kennen, um seine individuelle Glückseligkeit befördern zu können,[18] denn Glückseligkeit ist für Kant ein empirischer Begriff. Sie besteht für verschiedene Menschen in Verschiedenem. Gleichwohl scheint Nothilfe auch dann geboten, wenn man die spezifischen Zwecke des individuellen anderen nicht kennt beziehungsweise vollkommen unabhängig von ihrer Kenntnis. In der GMS wird auch nicht verlangt, man solle ganz bestimmte Zwecke des anderen befördern, sondern der andere solle als „Zweck an sich" selbst behandelt werden.

Was bedeutet das? Kant glaubt, alle Sachen, die wir begehren, hätten nur einen „bedingten Wert", der davon abhängt, dass wir sie begehren (GMS, AA 04: 428). Subjektive Zwecke beruhen auf unserem spezifischen, individuellen Wollen. Kant behauptet nun, es läge in der „Natur" des Menschen, nicht Sache sondern Person zu sein, ein Zweck, der nicht auf ein Mittel für die Zwecke anderer reduziert werden dürfe: Ein objektiver Zweck, dessen Wert nicht davon abhinge, dass er für

---

18 Das ist wichtig, um paternalistische Wohltätigkeit zu vermeiden: „Ich kann niemand nach meinen Begriffen Glückseligkeit wohlthun (außer unmündigen Kindern oder Gestörten), sondern nach jenes seinen Begriffen, dem ich eine Wohlthat zu erweisen gedenke, indem ich ihm ein Geschenk aufdringe" (TL, AA 06: 454; vgl. TL, AA 06: 393).

andere als Mittel zu deren Zwecken brauchbar sei. Insofern macht es einen Zweck an sich aus, dass er „alle Willkür einschränkt (und ein Gegenstand der Achtung ist)" (GMS, AA 04: 428). Die Achtung anderer als Zweck-an-sich scheint in der GMS nicht nur auf die vollkommenen Pflichten bezogen zu werden.[19] Denn gerade bei der unterlassenen Hilfeleistung lässt sich ja aus dem Instrumentalisierungsverbot keine Pflichtverletzung rekonstruieren, sondern vielmehr nur daraus, dass die Forderung, andere immer auch als Zweck zu behandeln, nicht erfüllt ist, wenn man sie nicht rettet, obwohl es leicht möglich wäre.

Insbesondere Thomas Hill arbeitet in diesem Zusammenhang zu Recht heraus, dass die Menschheit nach Kant als rationale Zwecksetzungsfähigkeit bzw. Autonomie kein hervorzubringender, sondern ein selbst-existenter Zweck ist, dem nicht allein durch die Vermeidung einer Instrumentalisierung anderer Genüge getan ist. Auch wenn, wie Hill konstatiert, der Begriff des „objektiven Zwecks" an vereinzelten Stellen in der *Grundlegung* als negativer Zweck bezeichnet wird, gewichtet er insgesamt diejenigen Aussagen Kants stärker, nach denen die Pointe auch und gerade von MZF in der moralischen Verpflichtung zur aktiven Übereinstimmung zumindest mit bestimmten Zwecken anderer Akteure besteht (vgl. Hill 1980, 89). Diese Zwecke würden von Kant selbst zwar letztlich nur unzureichend spezifiziert, doch sei die Annahme plausibel, dass es in der MZF nicht um die Beförderung von partikularen Zwecken anderer Akteure geht, die im Kontext der Tugendpflicht zur Beförderung der Glückseligkeit im Mittelpunkt stehen, sondern vielmehr um die Ermöglichung und den Schutz von konkret verwirklichter Autonomie im Sinne der Zwecksetzung und ihrer rationalen Verfolgung (vgl. Hill 1980, 97). Hills Rekonstruktion ist dabei nicht nur in hermeneutischer Hinsicht plausibel, sondern entspricht zudem der Kantischen Systematik, nach der die Erfüllung der Bedingungen der verwirklichten Autonomie der mit Glückszuständen verbundenen Erfüllung von partikularen Bedürfnissen prinzipiell vorgeordnet ist.[20]

In Bezug auf den letztgenannten Punkt ist zu klären, was Kant genau unter diejenigen Aspekte fremder Glückseligkeit zählt, die befördernswert sind. Die Pflicht

---

19 In der *Tugendlehre* sieht es dagegen so aus, als würde Heydenreichs Trennung eines Gebots der Gerechtigkeit und eines Gebots der Güte (Heydenreich ^{2}1801, 88 f.) bestätigt werden. „Die Pflicht der Nächstenliebe kann also auch so ausgedrückt werden: sie ist die Pflicht Anderer ihre Zwecke (so fern diese nur nicht unsittlich sind) zu den meinen zu machen; die Pflicht der Achtung meines Nächsten ist in der Maxime enthalten, keinen anderen Menschen blos als Mittel zu meinen Zwecken abzuwürdigen (nicht zu verlangen, der Andere solle sich selbst wegwerfen, um meinem Zwecke zu fröhnen)" (TL, AA 06: 450).

20 Dieser Punkt ist insofern plausibel, als die Freiheit zur rationalen Selbstbestimmung den Kern der Kantischen Moralphilosophie ausmacht, nicht jedoch die Herbeiführung von Glück.

der Wohltätigkeit scheint von akuten Notlagen bis zu allen möglichen Beförderungen fremder Glückseligkeit zu reichen. An den Stellen, an denen Kant die Wohltätigkeitspflicht begründet, geht er jedoch immer explizit von Notlagen aus.

> Daß diese Wohltätigkeit Pflicht sei, ergiebt sich daraus: dass, weil unsere Selbstliebe von dem Bedürfniß von Anderen auch geliebt (in Notfällen geholfen) zu werden nicht getrennt werden kann, wir also uns zum Zweck für Andere machen und diese Maxime niemals anders als bloß durch ihre Qualifikation zu einem allgemeinen Gesetz, folglich durch einen Willen Andere auch für uns zu Zwecken zu machen verbinden kann, fremde Glückseligkeit ein Zweck sei, der zugleich Pflicht ist. (TL, AA 06: 393) [21]

Weil wir als bedürftige Wesen auf die Hilfe anderer angewiesen sind, müssen wir die Wohltätigkeitsmaxime annehmen. Diese ist allerdings, was ihre Verbindlichkeit angeht, schwach und zudem unterbestimmt in Bezug auf ihren Anwendungsbereich. Insofern ist sie eben nur eine unvollkommene Pflicht. Kant führt dies auf ein Zumutbarkeitsargument zurück. Aus der Maxime der Wohltätigkeit folgen „Opfer an Andere ohne Hoffnung der Wiedervergeltung [...], weil es Pflicht ist“. Die Grenze hiervon sei allerdings „unmöglich“ zu bestimmen (vgl. TL, AA 06: 393). Denn erstens kommt es beim Wohltun darauf an, was für jeden eigentlich unter seinen wahren Bedürfnissen zu verstehen ist – und das kann wohl nur jeder selber bestimmen. Hier kann keine klare Zumutbarkeitsgrenze angegeben werden. „Denn mit Aufopferung seiner eigenen Glückseligkeit (seiner wahren Bedürfnisse) Anderer ihre zu befördern, würde eine an sich selbst widerstreitende Maxime sein, wenn man sie zum allgemeinen Gesetz machte“ (TL, AA 06: 393). Deswegen ist insgesamt die Beförderung fremder Glückseligkeit als Maxime geboten, aber das Gesetz gilt nicht für bestimmte Handlungen.

Nun gilt im Hinblick auf Nothilfeszenarien, dass zumindest grundsätzlich keine Rede von einer unzumutbaren Aufopferung des hilfeleistenden Akteurs sein kann. Weder muss man in klassischen easy rescue-Situationen seine wahren Bedürfnisse opfern, noch ist die erforderliche Handlung der Nothilfe unterbestimmt. Solche Fälle scheinen sich durch ihre besondere Dringlichkeit von anderen Situationen, in denen wir das Wohlergehen anderer verbessern können, zu

21 Parallelstellen, an denen Kant ebenfalls explizit auf Notlagen Bezug nimmt, bestätigen den Befund, dass die Wohltätigkeitspflicht damit begründet wird, dass wir uns notwendig Beistand wünschen müssen, weil wir als bedürftige Sinnenwesen darauf angewiesen sind. In GMS heißt es, ein Wille, der eine Maxime der wechselseitigen Nothilfe ablehnen würde, „würde sich selbst widerstreiten, indem der Fälle sich doch manche eräugnen können, wo er anderer Liebe und Theilnehmung bedarf, und wo er durch ein solches aus seinem eigenen Willen entsprungenes Naturgesetz sich selbst alle Hoffnung des Beistandes, den er sich wünscht, rauben würde“ (GMS, AA 04: 423; vgl. TL, AA 06: 450 f.).

unterscheiden. Die Stellen aus der GMS, in denen davon die Rede ist, dass wir einen anderen nicht als Zweck an sich behandeln, wenn wir ihm in einer Notlage nicht helfen, unterstreichen das. Ein anderer ist nur dann ein objektiver Zweck für mich, wenn ich mein Handeln auf ihn einstelle, ohne dass ich ein besonderes Interesse an ihm habe. Die Bezeichnung des autonomen Akteurs als objektiver Zweck oder Selbstzweck impliziert nach Kant, dass es sich um ein Wesen mit absolutem Wert handelt, d. h. andere Akteure stellen für mich ein *absolutes Gut* dar. In diesem Sinne kann man die Tugendpflicht zur Wohltätigkeit in der *Tugendlehre* im Lichte der Menschheitszweck-Formel der GMS in der Tat mit Gilabert so verstehen, dass sie je nach spezifischem Kontext sowohl eine unvollkommene als auch eine vollkommene Pflicht artikuliert: Nur dann, wenn es um das Leben des anderen geht, ist sie vollkommen, ansonsten jedoch verdienstlich im Sinne des moralisch Erwünschten. Stellen wir uns hier einen anderen Fall vor: Peters Herzenswunsch ist es, einmal im Leben den Mount Everest zu besteigen. Das mag für ihn wichtig sein, um eine grundlegende Bedingung seiner Handlungsfähigkeit handelt es sich jedoch nicht. Nun kann er dieses Ziel nicht alleine verwirklichen. Er ist auf die Hilfe seines Freundes Paul angewiesen, der Bergführer ist. Das Vorhaben ist für beide lebensgefährlich. Hat Paul nun eine Pflicht, Peter zu helfen? Hier handelt es sich offensichtlich nicht um eine von § 323 StGB erfassbare unterlassene Hilfeleistung, wenn Paul nicht hilft. Es scheint sich, so lange sie nicht aufbrechen, auch nicht um eine Nothilfepflicht zu handeln (selbst wenn sich diese Konstellation im Laufe des Abenteuers ergeben könnte). Vielmehr scheint dieser Fall genau unter die Pflicht zur generellen Beförderung fremder Glückseligkeit zu fallen, die Paul einen Spielraum lässt: er kann selbst entscheiden, ob er Peter helfen will. Wenn er es tut, ist das verdienstlich, wenn nicht, hat er kein Unrecht begangen. Das Problem bei Kant ist, dass seine Theorie keine klare Abgrenzung von Nothilfepflichten zur generellen Beförderung fremder Glückseligkeit liefert. Dies wäre nur auf der Grundlage gütertheoretischer Überlegungen möglich, die Kant eben kontraintuitiverweise nicht anstellt.

Deshalb hat auch Gilaberts soziale Interpretation, was den Bezug zu Kantischen Aussagen zur Moralphilosophie anbetrifft, eben hier ihre Grenzen, und das gilt auch in Bezug auf den Übergang von Nothilfepflichten zu sozialen Menschenrechten. Selbst dann, wenn man die Annahme von strikten Kantischen Nothilfepflichten verteidigt, resultieren daraus keine sozialen Menschenrechte in dem Sinne, dass spezifische, praktisch-anthropologisch fundierte Güter in einer bestimmten Hierarchisierung als Grundlage entsprechend konkreter sozialmoralischer Pflichten identifiziert werden können. Die bisherige Kant-Analyse konnte allenfalls zeigen, dass theorieinterne Argumente dafür vorgebracht werden können, Nothilfepflichten als strikte Rechtspflichten und nicht nur als Tugendpflichten zu verstehen. Alles, was über direkte Nothilfe hinausgeht, bleibt in dieser Perspektive verdienstlich im Sinne des nicht geschuldeten Leistungsverdienstes.

Es ist nun zu berücksichtigen, dass Gilaberts Kantisch inspirierter Versuch der Etablierung von globalen sozialen Menschenrechten seine Pointe nicht zuletzt darin hat, nach einer Analyse der moralphilosophischen Grundlagen zu bestimmten kontraktualistischen Elementen von Kants Staatsphilosophie überzugehen (vgl. Gilabert 2010, 400 ff.). Seine Überlegungen münden dementsprechend in eine Beantwortung der Frage, ob und wie positive Hilfspflichten *institutionalisiert* werden können.[22] Hier geht es demnach nicht mehr um die bisher fokussierte Begründung individueller Anspruchsrechte, sondern um Kantische Argumente für die Übernahme bestimmter sozialer Aufgaben von Seiten des Staates.

Unter Rekurs auf Kants Rechtslehre arbeitet Gilabert das Problem heraus, dass Kant zwei miteinander konfligierende Positionen zu vertreten scheint: Erstens sei der Staat nur durch negative Plichten gegenüber dem Bürger gebunden, die ihn zur Abwehr von Schädigungen anhalten; zweitens sei der Staat im Notfall bzw. gegenüber Bedürftigen zur Bereitstellung grundlegender Güter verpflichtet (vgl. Gilabert 2010, 402 f.). Das der Rechtslehre zugrunde liegende universale Rechtsprinzip (vgl. TL, AA 06: 230) ist mit dem Unterlassen von Hilfeleistungen gegenüber anderen kompatibel, da es nur besagt, dass jeder Bürger bestimmte Grundfreiheiten besitzt, die nicht durch andere eingeschränkt werden dürfen.[23] Der Staat darf daher nur mittels Zwang eingreifen, um Bürger daran zu hindern, diese Freiheit bei anderen einzuschränken (z. B. im Falle von Sklaverei), nicht aber die Bürger zwingen, anderen zu helfen. Gilabert versucht diese Diskrepanz dadurch aufzulösen, dass er sich auf einen Kerngedanken von Kants Rechtsphilosophie bezieht: Diejenigen Rechtsgesetze seien richtig, denen alle durch sie gebundenen Bürger rationalerweise zustimmen würden (vgl. Gilabert 2010, 405). Dieser Grundsatz diene auch als Kriterium zur Bestimmung derjenigen Freiheiten der Bürger, die als unbedingt schützenswert zu betrachten seien (vgl. Gilabert 2010, 406). Es kommt hier also – nach Gilabert – allein darauf an, was jeder einzelne Akteur für schützenswert hält. Daraus folge: „Institutional schemes under which basic needs are not met (but could be met under a feasible alternative), and thus render the claim to independence unfulfilled, are not ones to which all citizens could give their consent“ (Gilabert 2010, 406). Wir werden an dieser Stelle nicht mehr detailliert auf die beiden von Gilabert erläuterten Vari-

22 Er fokussiert hierbei das Prinzip der Besteuerung der Reichen zugunsten der Bereitstellung von grundlegenden Gütern für Bedürftige (vgl. Gilabert 2010, 400, Anm. 21).

23 Gilabert deutet diese Aussage plausiblerweise dahingehend, dass besagte Freiheiten konstitutiv mit der Handlungsfähigkeit bzw. Autonomie der Akteure verbunden sind (vgl. Gilabert 2010, 401).

anten eingehen, da sie nach ihm (vgl. Gilabert 2010, 406) auf den zuvor skizzierten kontraktualistischen Kerngedanken zurückgeführt werden. Zusammengefasst lauten die beiden Argumentationen folgendermaßen: Das libertäre Argument besagt, kein rationaler Akteur könne wollen, dass eine Theorie des Eigentums die Nicht-Bereitstellung von grundlegenden Gütern impliziere, d.h. die Rechtmäßigkeit von Eigentum setze voraus, dass der kontraktualistische Standard der allgemeinen Zustimmungsfähigkeit erfüllt werde; aus dem egalitaristischen Argument soll folgen, dass die Wohlhabenden sich deswegen zur Abgabe von Reichtum zugunsten der Bedürftigen verpflichtet ansehen müssten, weil sie sich selbst als Teil einer kooperativen Gemeinschaft von freien und gleichen Bürgern auffassen und den Bedürftigen dasjenige schulden, was zur Inanspruchnahme der zu dieser Teilnahme an besagter Gemeinschaft erforderlich ist (vgl. Gilabert 2010, 407 f.).

Zur Debatte steht vor dem Hintergrund der zuvor herausgearbeiteten Grenzen eines Kantischen Fundaments strikter positiver Hilfspflichten, ob Gilaberts weiterführende Argumentationen die zuvor skizzierten Bedenken gegen Kantische soziale Menschenrechte überzeugend aus dem Weg räumen können. Diesbezüglich aufschlussreich ist seine Feststellung, dass der von ihm fokussierte kontraktualistische Standard als politischer Ausdruck des Gehalts der MZF des Kategorischen Imperativs verstanden werden solle:

> [...], it makes sense to see the Contractualist Standard as expressing and elaborating at the level of social institutions the negative and positive dimensions of the constraint to honor the dignity of all that FH [Formula of Humanity] (and FRE [Formula of the Realm of Ends]) articulates at the level of individuals' inner maxims. (Gilabert 2010, 411 f.)

An dieser Stelle unterscheidet sich sein Ansatz von demjenigen Allen D. Rosens, da Rosen zufolge die staatliche Unterstützung von Bedürftigen im Hinblick auf grundlegende Güter eine politische Fortführung der Tugendpflicht zur Wohltätigkeit darstellt, Gilabert jedoch die notwendigen gütertheoretischen Bedingungen von gelebter Autonomie in den Mittelpunkt stellt (Rosen 1993, 6 ff.).[24]

Auch wenn Gilaberts staatsphilosophischer Rekurs an dieser Stelle nicht mehr ausführlicher thematisiert werden kann, sind abschließend drei Punkte festzuhalten. *Erstens* ist die von Gilabert intendierte Anbindung der strikten rechtlich-politischen Verpflichtung zur Unterstützung der Armen an die MZF gegenüber Rosens Verweis auf die sozusagen vom Staat übernommene Tugendpflicht zur Wohltätigkeit vorzuziehen, wenn eine Erfüllung dieser Verpflichtungen

---

24 Vgl. Gilabert 2010, 406, Anm. 30.

strikt geboten und nicht nur verdienstlich sein soll.[25] *Zweitens* ist allerdings nach wie vor unklar, warum solche Rechtsansprüche bestehen sollten – auch und gerade im Hinblick auf die von Gilabert betonte Rückbindung des Bereichs des Rechtlichen an die MZF. In diesem Zusammenhang wird relevant, dass sich Gilabert im Hinblick auf die Rechtfertigung von durch den Staat garantierten sozialen Menschenrechten auf den kontraktualistischen Standard beruft, dem zufolge das Kriterium der allgemeinen Zustimmungsfähigkeit für die Annahme der Sicherung sozialer Menschenrechte durch den Staat ausschlaggebend ist. Hier wird deutlich, dass Gilaberts Position auf einer spezifischen *Verbindung von Vertrags- und Gütertheorie* beruht: Die Akteure bzw. Bürgerinnen könnten nicht wollen, dass die Gefahr besteht, keinen Zugang zu basalen Gütern zu haben, *weil* diese Güter für sie als freie Akteure überhaupt bzw. als politisch Handelnde in der sozialen Welt notwendig sind. Die kontraktualistische Argumentationslinie kann offenbar nur dann überzeugen, wenn ihr gütertheoretisches Fundament plausibel ist. Daher gilt *drittens* im Hinblick auf die von uns zuvor konstatierte Fraglichkeit einer Rechtfertigung von über Nothilfe hinausgehenden sozialen Menschenrechten unter Rekurs auf die MZF, dass auch im Rahmen von Gilaberts Interpretation und Weiterführung von Kant nicht ohne weiteres ersichtlich ist, warum soziale Menschenrechte auf rechtlich-politischer Ebene durch den Staat gewährleistet werden müssen, *insofern* diese Ebene so eng an das Moralische (MZF) und damit an eine vorausgesetzte Gütertheorie rückgebunden ist, wie es nach Gilabert im Ausgang von Kant der Fall ist. Gilabert beruft sich in diesem Kontext zwar vollkommen zu Recht auf Aussagen Kants, die eine staatlich erzwingbare Sicherung der materiellen Bedingungen der Handlungsfähigkeit der Bürgerinnen von Seiten der Reichen[26] nahelegen, doch ist das Problem des begrenzten gütertheoretischen Potentials der MZF damit nicht gelöst. Vielmehr stellt sich die umfassendere strukturanalytische Frage, inwiefern Kants Rechtsphilosophie tat-

---

25 Allerdings verliert der Kantische Überforderungseinwand gegenüber der Idee von vollkommenen Wohltätigkeitspflichten zumindest nicht grundsätzlich seine Kraft, nur weil der Adressat entsprechender Rechtsansprüche nicht mehr das Individuum, sondern der Staat ist. Dies gilt, weil eine zumutbare Unterstützung der Armen durch die Reichen auch durch nicht-staatliche Organisationen geregelt werden könnte. Man kann argumentieren, dass im letztgenannten Fall empirisch gesehen keine Erzwingbarkeit der jeweiligen Leistungen vorläge, doch zielt dieser Punkt nicht auf den Aspekt der Überforderung, sondern auf das Problem der effektiven Umsetzung ab.

26 Gilabert bezieht sich hier u. a. auf die *Tugendlehre* (TL, AA 06: 454). Kants hier entwickeltem Argument zufolge sei fraglich, ob man im Falle von Wohltätigkeiten der Reichen gegenüber den Armen überhaupt noch von Wohltätigkeit sprechen könne, da großer Reichtum nicht ohne systemisch implementierte Vorteile und Bevorzugungen der jeweils Vermögenden gegenüber den Armen zustande kommen könne. Die Plausibilität dieses Arguments wird von Gilabert nicht mehr weiter hinterfragt.

sächlich zumindest in entscheidenden Hinsichten als sozial-politische Spiegeltheorie seiner praktischen Philosophie gelesen werden sollte (vgl. Horn 2014). Wenn man diese Auffassung im Anschluss an Gilabert vertritt, erlangt die Frage nach einer moralisch relevanten Gütertheorie bei Kant ein besonderes begründungstheoretisches Gewicht. Die alternative Position, nach der das Politische bzw. das Recht eine eigenständige Normsphäre ausmacht, setzt zwar keine moralische Gütertheorie voraus, impliziert jedoch die unattraktive Herausforderung, zwei Formen von strikter Verbindlichkeit ohne schwerwiegende Pflichtenkollisionen zu koordinieren und zugleich nachzuweisen, auf welcher nicht-moralischen Basis strikte rechtliche Normativität unter der Bedingung theorieinterner Kohärenz zu etablieren sein soll.

V Schluss: Nothilfe, soziale Menschenrechte und grundlegende Güter

Was folgt nun aus der Analyse von Kants Aussagen zu Hilfspflichten in Bezug auf die liberale und soziale Interpretation der Menschenrechte? Am Beispiel von Kerstings libertärer Kant-Rekonstruktion wurde gezeigt, dass eine Interpretation des Sittengesetzes bzw. Kategorischen Imperativs als allein verbietendes, die individuellen Freiheitsrechte schützendes Prinzip weder Kollisionen von Rechts- und Tugendpflichten vermeiden kann, noch dem materialen werttheoretischen Gehalt der MZF aus der GMS gerecht wird. Entweder müssen Nothilfepflichten unter Rechtspflichten subsumiert werden oder Kollisionen von Rechts- und Tugendpflichten müssen in diesem Fall zugunsten der Tugendpflicht aufgelöst werden. Beides geht nur, wenn man gütertheoretische Überlegungen, die bei Kant weitgehend fehlen, mit einbezieht. Die Alternative dazu wäre ein moralisch kontraintuitiver Libertarianismus, in dem es, wie es in den meisten Bundesstaaten der USA, dem englischen Common Law und Australien auch der Fall ist, kein Recht auf Nothilfe und keinen entsprechenden Straftatbestand gibt. Die liberale Lesart entspricht zwar insgesamt weitgehend den Kantischen Kernaussagen, entwirft jedoch zugleich ein unterkomplexes Bild von den Möglichkeiten, auch strikte positive Pflichten zur Nothilfe mit Kants Theorie zu verbinden. Vor dem Hintergrund der drei Kriterien für vollkommene Pflichten bei Kersting sowie der Analyse von Kants Formulierung der Wohltätigkeitspflicht und der MZF lässt sich dagegen Folgendes festhalten: Es ist keineswegs selbstevident, warum individuelle Nothilfe unter klar definierten Bedingungen im Kontext von Kants Pflichtenlehre eine unvollkommene Pflicht sein sollte. Eine Nothilfepflicht scheint weder weniger verbindlich als bestimmte anerkannte negative Pflichten, noch scheint sie notwendig unterbestimmt zu sein oder in der Regel das Überforderungsproblem aufzuwerfen. Auch für ihre mangelnde Erzwingbarkeit gibt es keinen guten Grund, sobald man Bestimmtheit und Bezug zu wichtigen Gütern als Kriterien für starke Pflichten für plausibel hält.

Auch unabhängig von Kant ist die Annahme plausibel, dass Hilfspflichten klar spezifiziert sein können. Sie im Konkurrenzfall Rechtspflichten unterordnen zu müssen, die z. B. die Beschädigung fremden Eigentums verbieten, ist aus gütertheoretischer Perspektive erstens moralisch kontraintuitiv und zweitens insofern problematisch, als das zu schützende Eigentum seine rechtliche Bedeutung primär dadurch erhält, dass es *jemandes* Eigentum und nicht nur ein bloß vorhandener Gegenstand ohne jedwede Zugehörigkeit ist. Umgekehrt ist Eigentum jedoch nicht relevant für die Selbstzweckhaftigkeit von Akteuren. Im Hinblick auf diese praktisch-werttheoretischen Bedingungsrelationen ist es daher irrational, den bedingten Wert des Eigentums seiner unbedingten Wertgrundlage (dem Menschen) prinzipiell überzuordnen. Zudem scheint es in easy-rescue-Szenarien starke Nothilfepflichten zu geben, die genau spezifiziert und erzwingbar sind (vgl. 323c StGB, Analoges gilt für die meisten europäischen Staaten). Eine Deutung, die die Möglichkeit strikter positiver Hilfspflichten als Rechtspflichten bei Kant zugesteht, ist daher zum Vorteil von Kants Theorie, was ihre Überzeugungskraft anbetrifft.

Im Hinblick auf den Vorschlag von Gilabert, eine gütertheoretisch basierte strikte Pflicht zur Hilfeleistung im Ausgang von Kant anzunehmen, gilt, dass bedenkenswerte Argumente für eine solche Lesart existieren. Zwar werfen Kants explizite Aussagen zur Wohltätigkeitspflicht in der *Tugendlehre* die Frage auf, warum es sich bei Nothilfe nur um eine unvollkommene Pflicht handelt soll, doch spricht die Auszeichnung des autonomen Akteurs als objektiver Zweck und daher als absolute Grenze der Willkür der eigenen Zwecksetzung in der GMS dafür, dass strikte positive Hilfspflichten gegenüber Menschen in Not als mit zumindest einigen zentralen Kantischen Aussagen kompatibel gedeutet werden können. Allerdings – hier sind sowohl Gilabert als auch Ashford zu hinterfragen – implizierte auch eine Kantisch begründete strikte Nothilfepflicht noch keinen umfangreicheren Katalog sozialer Menschenrechte. Die MZF umfasst mit dem objektiven Zweck bzw. Selbstzweck des autonomen Akteurs zwar *ein* absolutes Gut, nicht jedoch eine differenzierte Gütertheorie, welche die z. B. von Höffe angesprochene Sozialmoral zumindest partiell in den Status von geschuldeten Pflichten heben würde. Gilaberts kontraktualistisch fundierte, rechtsphilosophische Erweiterung seines Arguments kann dieses Problem deswegen nicht ohne weiteres vermeiden, weil es immer noch an zugrunde liegende gütertheoretische Annahmen gebunden ist, deren Anbindung an Kant bezweifelt werden kann. Dies bedeutet nicht, dass keinerlei Begründung sozialer Menschenrechte im Ausgang von Kants Staatsphilosophie möglich ist, doch wenn man die von uns vorgeschlagene Lesart der

MZF des Kategorischen Imperativs nachvollziehen kann, stellt sich nicht trotz, sondern vielmehr *aufgrund* der von Gilabert referierten Kant-Stellen zu politisch verfassten sozialen Menschenrechten die übergeordnete Frage nach dem grundsätzlichen systematischen Zusammenhang von Moral und Recht bei Kant.

Dieser umfangreiche Themen- und Problemkomplex soll an dieser Stelle jedoch nur angedeutet werden. In den vorhergehenden Überlegungen haben wir primär dafür argumentiert, dass Kants Theorie der Pflichten und der Kategorische Imperativ trotz ihrer auch kontroversen und angreifbaren Aspekte weniger eindimensional sind, als die dominante liberale Lesart suggeriert, zugleich jedoch weniger zu leisten vermag, als es ihr die soziale Interpretation zuschreibt. Die von uns über beide Lesarten hinaus vertretene Position beruht auf der Einsicht, dass die konkrete und moralisch geforderte Möglichkeit der Inanspruchnahme von liberalen Freiheitsrechten zumindest bestimmte soziale Menschenrechte rechtfertigt, da diese das absolute Gut der Handlungsfähigkeit von Akteuren nicht nur schützen, sondern dessen Verwirklichung ermöglichen. Vor diesem Hintergrund existieren nachvollziehbare Gründe für die Annahme, dass man in systematischer Hinsicht *mit* und zugleich in hermeneutischer Hinsicht *gegen* Kant nicht nur die Möglichkeit, sondern die Notwendigkeit moralisch fundierter sozialer Menschenrechte verteidigen kann.

Literatur

Ashford, Elizabeth (2006): „The Inadequacy of our Traditional Conception of the Duties Imposed by Human Rights". In: *Canadian Journal of Law and Jurisprudence* XIX:2, 217–35.
Ashford, Elizabeth (2007): „Unsere Pflichten gegenüber Menschen in chronischer Armut". In: Barbara Bleisch/Peter Schaber (Hg.): *Weltarmut und Ethik*, Paderborn: Mentis, 195–211.
Ashworth, Andrew/Steiner, Eva (1990): „Criminal Omissions and Public Duties: the French Experience". In: *Legal Studies* 10, 153–164.
Basilius von Caesarea (1857): „Homilia in illud Lucae". In: *Patrologia Graeca*. Vol. 31. Jacques-Paul Migne (Hg.). University of Michigan, 266–276.
Cummiskey, David (1996): *Kantian Consequentialism*. Oxford: Oxford University Press.
Feinberg, Joel (1973): *Social Philosophy*. New Jersey: Prentice-Hall.
Gewirth, Alan (1978): *Reason and Morality*. Chicago: University of Chicago Press.
Gilabert, Pablo (2005): „The Duty to Eradicate Global Poverty: Positive or Negative?" In: *Ethical Theory and Moral Practice* 7:5, 537–550.
Gilabert, Pablo (2010): „Kant and the Claims of the Poor". In: *Philosophy and Phenomenological Research* 81/2, 382–418.
Griffin, James (2000): „Welfare Rights". In: *The Journal of Ethics* 4:1, 27–43.
Karl Heinrich Heydenreich ([2]1801): *System des Naturrechts nach kritischen Prinzipien*. Leipzig: J. F. Junius Wittwe.
Hill, Thomas (1980): „Humanity as an End in Itself". In: *Ethics* 91 (1), 84–99.

Höffe, Otfried (1998): „Transzendentaler Tausch. Eine Legitimationsfigur für Menschenrechte?" In: Gosepath, Stefan / Lohmann, Georg (Hg.): *Philosophie der Menschenrechte.* Frankfurt/M: Suhrkamp, 29 – 47.

Horn, Christoph (2001): „Gibt es globale Sozialrechte?" In: *epd Entwicklungspolitik* 7, 25 – 29.

Horn, Christoph (2014): *Nichtideale Normativität.* Frankfurt/M: Suhrkamp.

Kersting, Wolfgang (1997): „Das starke Gesetz der Schuldigkeit und das schwächere der Gütigkeit". In: Kersting, Wolfgang (Hg.): *Recht, Gerechtigkeit und demokratische Tugend.* Frankfurt/M: Suhrkamp, 74 – 120.

Koller, Peter (2002): „Soziale Rechte und globale Gerechtigkeit". In: Gosepath, Stefan/Merle, Jean-Christoph (Hg.): *Weltrepublik. Globalisierung und Demokratie.* München: C.H. Beck, 208 – 219.

Kühl, Christian (1999): „Von der Art, etwas Äußeres zu erwerben, insbesondere vom Sachenrecht". In: Höffe, Otfried (Hg.): *Immanuel Kant. Metaphysische Anfangsgründe der Rechtslehre.* Berlin: Akademie Verlag, 117 – 132.

Margalit, Avishai (1999): *Politik der Würde.* Frankfurt/M: Suhrkamp.

Mises, Ludwig von (1980): *Nationalökonomie. Theorie des Handelns und Wirtschaftens.* München: Philosophia Verlag.

O'Neill, Onora (1996): *Tugend und Gerechtigkeit. Eine konstruktive Darstellung des praktischen Denkens.* Berlin: Akademie Verlag.

Pogge, Thomas (2002): *World Poverty and Human Rights.* Cambridge: Polity.

Pogge, Thomas (2005): „Real World Justice". In: *The Journal of Ethics* 9 (1/2), 29 – 53.

Rosen, Allen D. (1993): *Kant's Theory of Justice.* Ithaca: Cornell University Press.

Shue, Henry ([2]1996): *Basic Rights. Subsistence, Affluence and US Foreign Policy.* Princeton: Princeton University Press.

Stemmer, Peter (2002): „Moralischer Kontraktualismus". In: *Zeitschrift für philosophische Forschung* 50, 1 – 21.

Waldron, Jeremy (2006): „Kant's Theory of the State". In: Pauline Kleingeld (Hg.): *Kant. Toward Perpetual Peace and Other Writings on Politics, Peace and History.* New Haven, London: Yale University Press, 179 – 200.

Henning Hahn

Eine Reaktualisierung von Kants Recht auf Hospitalität

Abstract In diesem Beitrag wird dem Recht auf Hospitalität eine vermittelnde Funktion zwischen idealistischer und realistischer Utopie zugeschrieben. Kants Besuchsrecht stellt demnach ein Provisorium dar, das die Möglichkeit eines ewigen Friedens in Form einer weiterführenden kosmopolitischen Rechtsordnung anbahnen soll. Diese Lesart impliziert einen Vorschlag, wie sich die Vorzüge von moralischem und politischem Konstruktivismus miteinander verbinden und ihre Nachteile überwinden ließen. Denn die einen entwickeln ein moralisch konsequentes, realpolitisch aber utopisch bleibendes weltrepublikanisches Ordnungsmodell; die anderen konstruieren ein politisch anschlussfähiges Ideal, ohne aber ihre Konzessionen an politische Fakten noch einmal hinreichend rechtfertigen zu können. Mein daran angelehnter Vorschlag lautet, dass insbesondere John Rawls' realistische Utopie eines Völkerrechtsbundes nach dem Modell von Kants transitorischer Weltbürgerrechtskonzeption als Ermöglichungsbedingung einer stärkeren kosmopolitischen Vision verteidigt werden könnte – und dass eine solche Rechtfertigung aus dem utopischen Denken heraus substantielle Änderungen in Ansätzen globaler Gerechtigkeit erfordert.

In diesem Beitrag vertrete ich eine bestimmte Lesart der *Friedensschrift*, die dem Recht auf Hospitalität eine überleitende Funktion zwischen idealistischer und realistischer Utopie, zwischen moralischen Menschenrechtsforderungen und positiven Rechtsansprüchen zuschreibt. Kants Besuchsrecht stellt demnach ein Provisorium dar, das die Möglichkeit eines ewigen Friedens in Form einer kosmopolitischen Rechtsordnung anbahnen soll. Meine Absicht besteht zunächst darin, diese Interpretation an Kants kosmopolitischen Schriften plausibel zu machen. Doch unabhängig davon, ob mir das gelingt, hätte diese Lesart immer noch eine wichtige systematische Pointe. Sie macht einen interessanten Vorschlag, wie sich ein grundlegender Streit in der gegenwärtigen Politischen Philosophie auflösen ließe. Dieser Streit ist vor allem in der Auseinandersetzung um globale Gerechtigkeit zu Tage getreten und betrifft das Verhältnis zwischen moralischen Normen und politischen Fakten.

Die einen – moralische Kosmopolitisten – entwickeln eine idealistische Utopie globaler Gerechtigkeit, ungeachtet ihrer politischen Realisierungsmöglichkeiten. Die anderen – politische Konstruktivisten – beschränken sich auf eine,

https://doi.org/10.1515/9783110572377-007

wie John Rawls es nennt, realistische Utopie, gehen dabei aber Kompromisse zwischen moralischer Rechtfertigung und politischen Sachzwängen ein, die nicht noch einmal moralisch gerechtfertigt werden. Ich meine nun, dass uns Kants kosmopolitische Philosophie einen Weg aufzeigt, wie sich beide Ansätze miteinander versöhnen ließen. Zwar macht Kant in der Friedensschrift deutliche Konzessionen an die politische Wirklichkeit; seine realistische Utopie eines Friedens- bzw. Völkerrechtsbundes ist aber als Fortschritt zu einer kosmopolitischen Rechtsordnung begründet. Angelpunkt dabei ist das Recht auf Hospitalität. Es ist sowohl Ziel seiner realistischen als auch Brücke zu seiner idealistischen Utopie – und verbindet gerade darin die moralische mit der konstruktivistischen Perspektive.

Um diese Lesart und die daran anschließende systematische These plausibel zu machen, gehe ich folgendermaßen vor: Zunächst werde ich auf die eingangs umrissene Auseinandersetzung zwischen moralischen Kosmopolitisten und politischen Konstruktivisten eingehen und die Problemstellung in der gegenwärtigen Debatte zuspitzen. Dabei werde ich mich insbesondere auf Unterscheidungen stützen, die von John Rawls' einflussreicher Gerechtigkeitstheorie herrühren. In einem zweiten Schritt werde ich die transitorische Lesart von Kants kosmopolitischer Philosophie erläutern. Mit Blick auf die *Idee zu einer allgemeinen Geschichte in weltbürgerlicher Absicht* (kurz: *Idee*, 1784) werde ich zunächst zeigen, wie Kants Geschichtsphilosophie mit der Utopie einer vollkommenen kosmopolitischen Freiheitsordnung verbunden wird. Als nächstes geht es mir darum nachzuvollziehen, dass und warum eine geschichtsphilosophische Grundierung auch in den vermeintlichen Revisionen seiner kosmopolitischen Philosophie in *Über den Gemeinspruch: Das mag in der Theorie richtig sein, taugt aber nicht für die Praxis* (kurz: *Gemeinspruch*, 1793) und *Zum ewigen Frieden* (kurz: *Friedensschrift*, 1795) beibehalten wird. In der meines Erachtens plausibelsten Lesart kommt dem Weltbürgerrecht die komplizierte Funktion zu, den provisorischen Frieden hier und jetzt in einem freiwilligen Völkerrechtsbund zu festigen und zugleich den kosmopolitischen Fortschritt in Gang zu halten. Damit macht Kant Konzessionen an die politische Realität, die aber noch einmal im Lichte seiner ferner liegenden Utopie transitorisch gerechtfertigt werden.

Die Idee einer Rechtfertigung des politischen Konstruktivismus aus dem utopischen Denken heraus ist für gegenwärtige Debatten in der globalen Gerechtigkeitstheorie besonders aufschlussreich. In einem dritten und abschließenden Teil werde ich den systematischen Vorschlag darlegen, den Streit zwischen moralischen und politischen Konstruktivisten in Kantischer Manier aufzulösen. Meine These lautet, dass die realistische Utopie eines Völkerrechtsbundes mitsamt ihren Konzessionen an politische Fakten noch einmal transitorisch als Ermöglichungsbedingung einer weiterführenden kosmopolitischen

Rechtsordnung verteidigt werden sollte. Das Recht auf Hospitalität unterbietet zwar universelle Freiheits- und damit auch Menschenrechtsansprüche, es bereitet aber den Boden für eine bindende globale Menschenrechtsordnung. Mit dieser transitorischen Rechtfertigung wird die Begründungslücke zwischen moralischem Universalismus und politischem Realismus in der globalen Gerechtigkeitsdebatte geschlossen.

1

In der gegenwärtigen politischen Philosophie schwelt ein grundsätzlicher Streit zwischen realistischen und utopischen Positionen. Dieser Streit ist in der Debatte zu globaler Gerechtigkeit virulent geworden, weil kosmopolitische Ideale im besonderen Kontrast zu den realpolitischen Verwirklichungsmöglichkeiten stehen. Ich kann diesen Streit hier nicht erschöpfend kartographieren und will mich auf die Einführung einiger hilfreicher Unterscheidungen und eine grobe Problemskizze beschränken.

Die erste Unterscheidung betrifft die zwischen moralischem und politischem Konstruktivismus.[1] Für den moralischen Konstruktivisten lässt sich das Ideal einer freiheitlichen und sozial gerechten Weltordnung unmittelbar aus der kosmopolitisch-universalistischen Moraldoktrin heraus entwickeln. Ein Beispiel hierfür sind globale Kontraktualisten (Beitz 1979; Pogge 1989; Höffe 1999). Sie argumentieren dafür, dass eine globale Gerechtigkeitsordnung die unparteiliche Zustimmung aller Individuen finden müsste. Die Vision einer freiheitlichen Weltrepublik ist demnach ein Gebot der Moral – aber eins, das fern der politischen Realität angesiedelt bleibt.

Dagegen setzen politische Konstruktivisten eine *realistische* Utopie. Gemeint ist ein politisch praktikables Szenario, das, so Rawls, an „the deep tendencies and inclinations of the social world“ (Rawls 1999, 128) anknüpft. Der politische Konstruktivismus geht von unhintergehbaren politischen Fakten (wie der internationalen Staatenordnung) aus und rekonstruiert von hier aus eine geteilte Gerechtigkeitskonzeption. Mit anderen Worten: die bestehende Praxis ist für die realistische Utopie konstitutiv; sie geht von den realen politischen Handlungsspielräumen aus, und macht explizit, wie diese mit einer einigermaßen gerechten Völkerrechtsordnung in Einklang zu bringen sind. Ihr Vorzug ist, dass sie sich

1 Ich benutze hier den Term Konstruktivismus eher weitläufig und sehe die Unterscheidung zwischen moralischem und politischem Konstruktivismus ähnlich wie Rainer Forst in „Das grundlegende Recht auf Rechtfertigung. Zu einer konstruktivistischen Konzeption der Menschenrechte“ (Forst 2007).

unmittelbar in politische Verantwortlichkeiten übersetzen lässt; ihr Problem besteht aber darin, dass sie bestimmte politische Fakten unhinterfragt voraussetzt und damit fundamentale moralische Fragen (wie die nach offenen Grenzen oder territorialem Eigentum) von vornherein ausklammert. Grundsätzlich steht die Politische Philosophie damit vor dem Dilemma, entweder ein realistisches Ideal zu konstruieren, das dann aber unparteiliche Moralstandards unterbietet, oder ein moralisch konsequentes, politisch aber irrelevantes Wolkenkuckucksheim.

Kant bietet nun eine Antwort auf dieses Dilemma, die es in ihren Grundzügen zu reaktualisieren gilt. Zuvor ist aber noch eine weitere Begriffsunterscheidung zu berücksichtigen, nämlich die zwischen idealer und nichtidealer Theorie. Diese ebenfalls der Rawls'schen Gerechtigkeitstheorie entlehnten Begriffe haben zu einiger Verwirrung geführt. Insbesondere hat sich ein unsauberer Begriffsgebrauch eingeschlichen, den es von Anfang an zu korrigieren gilt. Wenn in der globalen Gerechtigkeitsdiskussion von idealer und nichtidealer Theorie gesprochen wird, dann wird dies oftmals (und fälschlicherweise) mit dem Unterschied zwischen idealistischen und angewandten Ansätzen gleichgesetzt. Demnach entwerfe der ideale Theorieteil das moralische begründete Ideal; der nichtideale Theorieteil untersuchte hingegen, wie dieses dann in der Realität so weit wie möglich umgesetzt werden könnte. So jedenfalls scheint es Rawls zu suggerieren: „The intuitive idea is to split the Theory of Justice into two parts. The first or ideal part assumes strict compliance and works out the principles that characterize a well-ordered society under favorable conditions. [...] Nonideal theory, the second part, is worked out after an ideal conception of justice has been chosen; only then do the *parties* ask which principles to adopt under less happy conditions." (Rawls 1999a, 216)

Es ist aber ein Missverständnis zu meinen, dass es erst im nichtidealen Theorieteil um die Vereinbarkeit von moralischem Sollen und politischem Können gehe, während sich der ideale Teil einer Gerechtigkeitstheorie mit der Explikation einer vollkommen gerechten Gesellschaft befasse. Vielmehr formuliert der ideale Theorieteil bereits eine *realistische* Utopie. Das bedeutet unter anderem, dass Probleme der nichtidealen Theorie, also Anwendungsfragen, für die Konstruktion des Gerechtigkeitsideals konstitutiv sind. Denn wenn es sich bei einer realistischen Utopie um ein Ziel für politische Reformen handelt, müssen die politischen Voraussetzungen praktisch möglicher Reformen darin bereits mit reflektiert werden. Die Utopie ist realistisch, weil sie im Lichte der wichtigsten politischen Fakten und Möglichkeiten konstruiert wurde. Rawls' politischer Konstruktivismus ist bereits auf der idealen Theorieebene angesiedelt.[2]

Entsprechend ist ihm wiederholt und zu Recht vorgeworfen worden, dass seine internationale Gerechtigkeitstheorie hinter den Kernforderungen seiner eigenen liberalen Moraldoktrin und insbesondere hinter einem legitimatorischen Individualismus zurückbleibe.[3] Rawls' liberaler Anspruch auf gleiche Achtung und Berücksichtigung würde Forderungen nach globaler politischer Teilnahme und globaler sozialer Teilhabe begründen, die in seiner politischen Konstruktion einer minimalen Völkerrechtsordnung auf der Strecke blieben. Im Grunde, so der Vorwurf, rekonstruiere er bloß das außenpolitische Interesse und vorherrschende Völkerrechtsverständnis liberaler Staaten, ohne seine Konzessionen an die politische Wirklichkeit noch einmal moralisch begründen oder kritisieren zu können.

Zusammengefasst hinterlässt uns die Rawls'sche Gerechtigkeitstheorie ein ungelöstes Problem. Die realistische Utopie einer freiwilligen Völkerrechtsordnung setzt bereits politische Fakten als Konstruktionsprinzipien voraus, deren Geltung aber noch einmal aus moralischer Sicht zu rechtfertigen wären. Es handelt sich um das *Problem der ungeklärten normativen Relevanz politischer Fakten*. Der Kern für eine Lösung dieses Problems besteht darin, bestimmten Fakten wie der internationalen Staatenordnung eine transitorische Bedeutung zuzuschreiben, das heißt, sie als notwendige Zwischenschritte in Richtung kosmopolitischer Rechtsverhältnisse anzusehen. Die normative Relevanz politischer Fakten ließe sich so im Lichte einer idealistischen Utopie begründen. Ganz gleich, ob die kosmopolitische Vision einer Weltrepublik jemals wirklich zustande kommt, ließen sich Konzessionen an die politische Praxis transitorisch verteidigen. Eine solche Rechtfertigung aus dem utopischen Denken heraus findet sich nun bei Kant vorgezeichnet. Mit Kant ließe sich die moralische Begründungslücke des politischen Konstruktivismus schließen, ohne dadurch entweder weltfremd oder inkonsequent zu argumentieren.

2

Kants kosmopolitische Schriften machen die Innovationskraft seines Denkens besonders deutlich, haben aber auch spürbar Patina angesetzt. In der Debatte zu globaler Gerechtigkeit haben sich Kosmopolitisten und Partikularisten gleicher-

---

2 Zu Rawls' Auffassung gibt es eine ausführliche Debatte. Vgl. dazu: Schaub 2012; Simmons 2010; Valentini 2012; Ypi 2010a.

3 Rawls wichtigster Kritiker ist hier Cohen (2008).

maßen auf Kant berufen.[4] Bei Lichte besehen bleiben ihre Anleihen aber an der Oberfläche. Kosmopolitisten berufen sich auf Kants universalistische Moraldoktrin, Partikularisten auf seine Idee eines bloß freiwilligen Friedensbundes.[5] Die geschichtsphilosophische Einbettung von Kants kosmopolitischer Philosophie, aber auch ihr historischer Zuschnitt auf die politischen Möglichkeiten des aufgeklärten Absolutismus finden dagegen weniger Beachtung.

Trotz dieser ernüchternden Zwischenbilanz meine ich, dass es sich vor dem Hintergrund der oben beschriebenen Debattenlage wieder lohnt, Kants kosmopolitische Schriften durchzusehen. Kant hat selbst eine realistische Utopie konstruiert, die noch einmal als notwendiges Zwischenstadium auf dem Weg zum kosmopolitischen Ideal gerechtfertigt wird. Anders gesagt, lese ich Kants Völkerbundsidee als einen Zwischenschritt in Richtung einer robusten kosmopolitischen Rechtsordnung, die Kant in der *Idee* als „künftigen großen Staatskörper" (IaG, AA 08: 28.28) und in der *Friedensschrift* als „Völkerstaat (*civitas gentium*)" (ZeF, AA 08: 357.10) bezeichnet.

In den folgenden Abschnitten werde ich am Text zeigen, dass Kant auch in seinen vermeintlichen Revisionen in den 1790er Jahren über die realistische Utopie eines freiwilligen Völkerbundes hinausweist und an der Idee einer fortschreitenden kosmopolitischen Verrechtlichung festhält. Insbesondere in der *Friedensschrift* wird deutlich, dass ein freiwilliger Völkerrechtsbund den Frieden nicht ewig sichern wird, wohl aber als ein notwendiger Entwicklungsschritt gerechtfertigt ist. Movens dieser Entwicklung ist eben das Recht auf Hospitalität. Auch wenn diese Lesart umstritten bleiben wird, ist es doch in jedem Falle instruktiv zu sehen, dass sich Kant an strukturell ähnlichen Problemen abarbeitet, wie sie in der Debatte zwischen politischen und moralischen Konstruktivisten hervorgetreten sind – und dass er eine Lösung für das Problem der normativen Relevanz politischer Fakten anzubieten hat.

A. Die geschichtsphilosophische Notwendigkeit der Weltrepublik: In der *Idee* (1784) macht Kant unmissverständlich deutlich, warum wir die Hoffnung auf einen kosmopolitischen Geschichtsgang nötig haben. Ohne die begründete Hoffnung auf die vollständige Ausbildung aller Vernunftanlagen in einer globalen

---

4 So stellen Eberl/Niesen in ihrem Kommentarband zur *Friedensschrift* fest: „Kaum ein Jurist, Philosoph oder Politikwissenschaftler formuliert heute eine Position zu Krieg und Frieden, zur Ausbreitung demokratischer Herrschaft, zu globalen Institutionen, zu Frieden und Menschenrechtsschutz oder zu kosmopolitischen Ansprüchen, ohne sich zumindest zu Kants Auffassungen in Beziehungen zu setzen." (Eberl/Niesen 2011, 97)

5 Zu den wichtigsten sich auf Kant beziehenden Autorinnen und Autoren in der globalen Gerechtigkeitsdebatte zählen: Benhabib 2006, 2008; Höffe 1999; Pogge 2011; Rawls 1999; Ypi 2011. Vgl. für eine übersichtliche Einordnung: Anderson-Gold 2005.

Rechtsordnung wären „alle praktischen Principien" (IaG, AA 08: 19.13) aufgehoben. Damit uns der Anspruch von Vernunft und Moral überhaupt zweckmäßig erscheine, müssten wir auf eine allmähliche, aber sich schließlich doch mit naturgesetzlicher Notwendigkeit durchsetzende weltbürgerliche Absicht in der Geschichte vertrauen können.[6] Kants idealistische Utopie besteht in einer *vollkommenen kosmopolitischen Freiheitsordnung*, die nicht nur die äußere Handlungsfreiheit des Menschen schützen, sondern zugleich seine innere Moralisierung ermöglichen soll: Sie ist „der Schoß, worin alle ursprüngliche Anlagen der Menschengattung entwickelt werden" (IaG, AA 08: 28.35 – 36).[7]

Kants kosmopolitisches Ideal ist im Wortsinne eine Utopie, da sie nicht einfach durch gemeinsames Handeln erschaffen werden könne.[8] Es werde nicht aus einem „verabredeten Plane" (IaG, AA 08: 17.28 – 29) vernünftiger Weltbürger hervorgehen, sondern müsse als das Resultat einer langfristigen Entwicklung betrachtet werden, zu der uns unsere antagonistische Natur antreibe: „Der Mensch will Eintracht; aber die Natur weiß besser, was für seine Gattung gut ist: sie will Zwietracht" (IaG, AA 08: 21.29 – 31) und zwingt ihn zuletzt dazu, in eine freiheitssichernde globale Rechtsordnung einzutreten.

Kants Geschichtsphilosophie schlüsselt diese Entwicklung in einzelne Stadien auf. Der erste Entwicklungsschritt ist mit der Gründung von Rechtsstaaten abgeschlossen. Im nächsten Entwicklungsschritt gründet sich daraus die freiheitliche Republik, „in welcher Freiheit unter äußeren Gesetzen im größtmöglichen Grade mit unwiderstehlicher Gewalt verbunden angetroffen wird, d.i. eine vollkommen gerechte bürgerliche Verfassung" (IaG, AA 08: 22.16 – 18). Auch damit ist aber das Ende der Entwicklung nicht erreicht. Denn die „Errichtung einer

---

6 Kant geht in der *Idee* aber noch einen entscheidenden Schritt weiter, wenn er nicht nur die Denknotwendigkeit, sondern auch die reale Möglichkeit einer weltbürgerlichen Absicht in der Geschichte betont. Entsprechend stellt er die Frage: „Denn was hilfts, die Herrlichkeit und Weisheit der Schöpfung im vernunftlosen Naturreiche zu preisen und der Betrachtung zu empfehlen, wenn [...] die Geschichte des menschlichen Geschlechts [...] ein unaufhörlicher Einwurf dagegen bleiben soll, [...] und, indem wir verzweifeln jemals darin eine vollendete vernünftige Absicht anzutreffen, uns dahin bringt, sie nur in einer anderen Welt zu hoffen?" (IaG, AA 08: 30.21 – 28)

7 Otfried Höffe meint in diesem Zusammenhang, dass Kant „zwei Arten von moralischem Fortschritt" kennt, nämlich einen rechtsmoralischen und einen tugendmoralischen. „Dort wird das *Zusammenleben* der Menschen, selbst das ihrer Gemeinwesen, hier die *Denkungsart* der Individuen, ihre Gesinnung, von moralischen Gesetzen bestimmt." (Höffe 2007, 187)

8 Vorausgesetzt also, dass die Natur „nach einem bestimmten Plane" (IaG, AA 08: 18.10) verfahre und „alle Naturanlagen eines Geschöpfes" dazu bestimmt habe, „sich einmal vollständig und zweckmäßig auszuwickeln" (IaG, AA 08: 18.19 – 20), ließe sich eine „Naturabsicht in diesem widersinnigen Gange menschlicher Dinge entdecken" (IaG, AA 08: 18.08 – 09).

vollkommnen bürgerlichen Verfassung" sei wiederum, drittens, abhängig von der Einrichtung eines „gesetzmäßigen äußeren Staatenverhältnisses" (IaG, AA 08: 24.02–04). Und so treibe die Natur die Menschen zu dem, „was ihnen die Vernunft auch ohne soviel traurige Erfahrung hätte sagen können, nämlich: aus dem gesetzlosen Naturzustande der Wilden hinauszugehen und in einen Völkerbund zu treten" (IaG, AA 08: 24.21–23).

Entscheidend ist nun, dass selbst der rechtsförmige Völkerbund (also der Vorschlag seiner späteren Schriften) noch kein Endstadium markiert, sondern bloß einen Übergang zum, viertens, globalen Nachtwächterstaat darstellt.[9] Schließlich würden wir, fünftens, durch die freiheitsgefährdenden Folgen des internationale Kreditsystems und der sich ankündigenden wirtschaftlichen Globalisierung dazu gezwungen, einen globalen Rechtsstaat zu schaffen. Es lohnt sich, diese instruktiven Passagen noch einmal in Gänze anzusehen:

> Endlich wird selbst der Krieg [...] auch durch die Nachwehen, die der Staat in einer immer anwachsenden Schuldenlast [...] fühlt, deren Tilgung unabsehlich wird, ein so unbedenkliches Unternehmen, dabei der Einfluss, den jede Staatserschütterung in unserem durch seine Gewerbe so sehr verketteten Weltteil auf alle Staaten tut, so merklich: dass sich diese, durch ihre eigene Gefahr gedrungen, [...] zu Schiedsrichtern anbieten, und so alles von weitem zu einem künftigen großen Staatskörper anschicken, wovon die Vorwelt kein Beispiel aufzuzeigen hat. Obgleich dieser Staatskörper für jetzt nur noch sehr im rohen Entwurfe dasteht, so fängt sich dennoch gleichsam schon ein Gefühl in allen Gliedern, deren jedem an der Erhaltung des Ganzen gelegen ist, an zu regen; und dieses gibt Hoffnung, dass nach manchen Revolutionen der Umbildung endlich das, was die Natur zur höchsten Absicht hat, ein allgemeiner weltbürgerlicher Zustand [...] einmal zu Stande kommen werde. (IaG, AA 08: 28.20–37)

Zusammengefasst führt der Gang der Geschichte zunächst zur Gründung einzelner Rechtsstaaten, dann zur Konstitutionalisierung freiheitlicher Republiken, von dort zum Völkerbund und endlich, auch wenn er den Begriff der Weltrepublik schon hier zu vermeiden scheint, in die „vollkommene bürgerliche Vereinigung in der Menschengattung" (IaG, AA 08: 28.03–04).

B. Kants realistische Utopie eines freiwilligen Friedens- und Völkerrechtsbundes: Bislang ist deutlich geworden, dass die Hoffnung auf eine verbindliche kosmopolitische Rechtsordnung moralisch geboten, sie aber kein bewerkstelligbares Handlungsziel ist. Auch darum scheint Kant in den kosmopolitischen Abhandlungen der 1790er Jahre auf die realistische Utopie eines freiwilligen Völkerbundes umzuschwenken. Eine gängige Lesart besagt, dass sich Kant nun ganz

---

9 Kant spricht vom „weltbürgerlichen Zustand der öffentlichen Staatssicherheit" (IaG, AA 08: 26.10–11).

auf das zweitbeste, dafür aber politisch erreichbare Szenario eines internationalen Friedensregimes zurückgezogen hat.[10] Vielleicht habe ihn der berüchtigte *Terreur* der französischen Revolution zum Umdenken bewogen. Viel grundlegender sei aber, dass die normative Logik seiner Rechtsphilosophie von der seiner Moralphilosophie unterschieden werden müsse. Von einer Inkonsistenz zwischen dem moralisch-geschichtsphilosophischen Konstrukt einer Weltrepublik und der politisch-rechtlichen Konstruktion eines freiwilligen Völkerbundes könne daher keine Rede sein.[11] Es handele sich eben um zwei voneinander zu trennende normative Ordnungen.

Statt die verblüffende Differenz zwischen dem moralischen Ideal einer kosmopolitischen Freiheitsordnung in der *Idee* und der realistischen Utopie einer freiwilligen Völkerrechtsordnung in *Gemeinspruch*, *Friedensschrift* und *Metaphysische Anfangsgründe der Rechtslehre* (kurz: *Rechtslehre*; 1797) zu erklären, sucht meine transitorische Lesart hingegen, sie zu versöhnen.[12] Dabei orientiere ich mich weitgehend an den Schriften Pauline Kleingelds.[13] Kleingeld beginnt mit der Beobachtung, dass die realistische Utopie eines freiwilligen Völkerbundes bereits in der *Idee* als ein notwendiges Zwischenstadium auftauchte und dass sich auch in *Gemeinspruch* und *Friedensschrift* Formulierungen finden, die ganz klar von einem weiterführenden kosmopolitischen Fortschritt sprechen. Demnach

---

10 Reinhard Brandt sieht diesen Bruch erst im Übergang zur *Friedensschrift*. Er macht einen „Wandel vom *Gemeinspruch* zu der neuen Theorie von 1795" (Brandt 2011, 99) aus, da es Kant von nun an einzig darum gehe, partikulare Republiken nebeneinander bestehen zu lassen, statt sie in irgendeiner rechtsverbindlichen Form zu vereinigen.

11 Zuletzt hat Christoph Horn (2014) dafür argumentiert, dass Kant in seiner kosmopolitischen Rechtsphilosophie eine „nichtideale Normativität" entwickelt hat. Auch wenn ich mit Horn in weiten Zügen übereinstimme, spricht sich dieser doch explizit gegen die von mir favorisierte transitorische Lesart aus (2014, 45).

12 Zu den Autoren, die Kant weitgreifende Inkonsistenzen unterstellen, gehört auch Jürgen Habermas: „Kants Begriff eines auf Dauer gestellten und gleichwohl die Souveränität der Staaten respektierenden Völkerbundes ist, wie gezeigt, nicht konsistent. Das Weltbürgerrecht muss so institutionalisiert werden, dass es die einzelnen Regierungen bindet. Die Völkergemeinschaft muss ihre Mitglieder unter Androhung von Sanktionen zu rechtmäßigem Verhalten mindestens anhalten können." (Habermas 1996, 208) Ein weiteres Beispiel findet sich bei Thomas Pogge: „Understandably, Kant is rather uncomfortable with this theory's demand for a world state, presupposing (as for him it does) an absolute world sovereign. His position on this matter is extraordinarily unsettled, sometimes leading to inconsistencies even within a single passage." (Pogge 1997, 101) Ähnlich äußert sich auch Matthias Lutz-Bachmann (1997).

13 In Bezug auf Kants vermeintlichen Rückzug auf das zweitbeste Ideal eines freiwilligen Völkerbundes stellt Kleingeld wiederholt fest: „In order to make peace durable a merely voluntary league of republics is not enough, but it does make a positive contribution to progress towards this goal." (Kleingeld 2013, 66) Vgl. dazu auch Kleingeld 2004, 1999, 1997, 1995.

wäre der Völkerbund bloß eine Station auf dem Weg zum moralisch notwenigen Ideal einer verbindlichen kosmopolitischen Rechtsordnung.

Begeben wir uns also auf Spurensuche. Ganz im Einklang mit der *Idee* kündigt Kant im dritten Abschnitt des *Gemeinspruchs* („Vom Verhältnis der Theorie zur Praxis im Völkerrecht") eine Untersuchung in „allgemein philanthropischer, d.i. kosmopolitischer Absicht" (TP, AA 08: 307.03) an. Und wie dort argumentiert er auch hier, dass uns die Moral normativ auf eine „weltbürgerliche Verfassung, diese aber auf die Gründung eines Völkerrechts" (TP, AA 08: 307.Anm.) festlegen müsste. Ergebnis des moralischen Konstruktivismus ist zunächst auch hier der robuste kosmopolitische Rechtszustand.

Dann aber macht sich Kant an die politische Konstruktion der realistischen Utopie eines freiwilligen Völkerrechtsbundes. Diese Annäherung an die Praxis hält er insbesondere deshalb für ratsam, weil ein Weltstaat (jedenfalls im gegebenen sittlichen Entwicklungsstadium)[14] in einen freiheitsverschlingenden Leviathan auszuarten drohe. Und da „ein solcher Zustand eines allgemeinen Friedens [...] der Freiheit noch gefährlicher" werden könnte, „indem er den schrecklichsten Despotismus herbei führt, so muss sie [die Staaten, H.H.] diese Not doch zu einem Zustande zwingen, der zwar kein weltbürgerliches gemeines Wesen unter einem Oberhaupt, aber doch ein rechtlicher Zustand der *Föderation* nach einem gemeinschaftlich verabredeten *Völkerrecht* ist" (TP, AA 08: 310.37–311.06).

C. Kants transitorische Verbindung zwischen kosmopolitischer Vision und Völkerrechtsbund: Vordergründig hat sich Kant damit vom Ideal der Weltrepublik abgewendet. Im Horizont der transitorischen Lesart wäre der Völkerbund aber nicht das Ziel, sondern bloß eine entscheidende Etappe und Ermöglichungsbedingung auf dem Weg dahin. Ein Völkerbund hätte dadurch zwei Vorzüge: Sein unmittelbarer Vorteil besteht darin, einen provisorischen Friedenszustand einzurichten, während der mittelbare Vorteil darin zu sehen ist, dass mit der Institutionalisierung rechtsförmiger Beziehungen die Ausbildung eines kosmopolitischen Rechts- und Gerechtigkeitssinns einsetzen kann.[15] Zwar bedeutet die Rechtsförmigkeit der internationalen und weltbürgerlichen Beziehungen noch

---

14 Es ist ein Fehlschluss zu meinen, dass Kant, weil er zu diesem historischen Zeitpunkt und gegen eine bestimmte Form globaler Souveränität argumentiert, diesen Vorbehalt auch gegen jede künftige Weltrepublik hegt. Darauf macht u. a. Sharon Byrd (1995, 186 f.) aufmerksam.

15 Die sittliche Einübung einer weltbürgerlichen Gesinnung ist auch Gegenstand von Kants *Religionsschrift*, worin sich für das konventionelle Kantverständnis erstaunliche Passagen zu den kommunitaristischen und sozialpsychologischen Voraussetzungen seiner kosmopolitischen Moraldoktrin finden. Aber auch dort warnt Kant vor einem zu frühen, weil moralisch unreifen „Zusammenschmelzen der Staaten" (RGV, AA 06: 123 Anm.).

keine Rechtssicherheit – weil die Befugnis zu zwingen fehlt –, aber sie strukturiert bereits die Art und Weise, wie sich Völker in einer kosmopolitischen Rechtsordnung als Gleichberechtigte anerkennen.[16] Damit hätte der Völkerbund nicht nur eine friedensstiftende Funktion in der Gegenwart, sondern auch die prospektive Funktion, eine robuste kosmopolitische Rechtsordnung sittlich und institutionell anzubahnen.

Wie gesagt, tritt die geschichtsphilosophische Grundierung aus der *Idee* auch in der *Friedensschrift* noch hervor.[17] Im Vordergrund steht hier die Frage, wie eine beständige Friedens- und Freiheitsordnung unter den politischen Verhältnissen des aufgeklärten Absolutismus zu realisieren wäre. Kants politischer Konstruktivismus nimmt hier die Form eines internationalen Friedensvertrages an, der in Aufbau und Sprache zeitgenössischen Friedensverträgen folgt.[18] Wie ein Durchgang durch den Vertragstext zeigt, ist sein vordergründiges Ziel die Friedenssicherung, sein hintergründiges Ziel bleibt aber die Ermöglichung des kosmopolitischen Fortschritts.[19]

Im Staatsbürgerrecht einigen sich die Parteien zunächst auf die Einführung einer republikanischen Verfassung, in der der Wille des Volkes im Gesetzgebungsprozess – Kant spricht von „der Form der Regierung (*forma regiminis*)" (ZeF, AA 08: 352.10) – repräsentiert wird.[20] Die Hoffnung auf einen stabilen Frieden gründet vorerst darauf, dass republikanisch verfasste Staaten weniger leichtsinnig in den Krieg ziehen werden, da in ihnen diejenigen, die den Blutzoll ent-

---

16 In der *Rechtslehre* spricht Kant entsprechend davon, dass sie sich darin üben, „ihre Streitigkeiten auf zivile Art, gleichsam durch einen Prozess, nicht auf barbarische (nach Art der Wilden), nämlich durch Krieg zu entscheiden" (RL, AA 06: 351.06 – 08). Vgl. dazu Eberl/Niesen (2011, 82).

17 Andernfalls müsste man mit Eberl/Niesen soweit gehen zu konstatieren, dass Kants Geschichtsphilosophie „dazu ein[lade], nicht ganz ernst genommen zu werden" (2011, 268 f.). Ähnlich argumentiert Bernd Ludwig (2005).

18 Das ist nicht bloß eine interessante stilistische Darstellungsform. Vielmehr zeigt Kant mit dem Entwurf eines internationalen Friedensvertrages zugleich den politischen Weg zur Umsetzung der darin entworfenen Rechtsordnung auf (vgl. Saner 2011, 30). Den historischen Hintergrund bildet der Friedensschluss von Basel zwischen Preußen und Frankreich, der, zur ausdrücklichen Freude Kants, festschreibt, dass sich Preußen nicht in die inneren Angelegenheiten der jungen französischen Republik einmischt.

19 Auch Otfried Höffe (2011, 76 ff.) kommt in seinem Kommentar dieser Abschnitte zu dem Schluss, dass die *Friedensschrift* nicht als endgültige Absage an die Idee einer Weltrepublik, sondern als deren Vorbereitung verstanden werden muss.

20 „Die bürgerliche Verfassung in jedem Staate soll republikanisch sein." (ZeF, AA 08: 349) Was Kant genau mit einer *republikanischen* Verfassung meint, ist Gegenstand konkurrierender Deutungen. Der Volkswille könne nach Kant auch durch einen Monarchen vertreten werden, die republikanische Regierungsform verlange aber, wie Kant in der *Rechtslehre* erklärt, zumindest die Repräsentation über Delegierte (RL, AA 06: 319 und 341).

richten, auch „alle Drangsale des Krieges über sich selbst beschließen müssten" (ZeF, AA 08: 351.07–08). Zudem beruht die besondere Friedfertigkeit von Republiken auf dem Handelsinteresse bürgerlicher Gesellschaften. Kant sieht aber, dass sich auf der Idee des demokratischen Friedens nur eine fragile Friedensarchitektur gründen ließe.[21] In Abwesenheit zwangsbefugter internationaler Rechtsverhältnisse entstehe immerhin ein provisorischer Rechtsfriede, der aber eben kein ewiger, das heißt auf Dauer gesicherter Friede wäre.

Die zweite Stufe in Kants realistischer Utopie betrifft das Völkerrecht, das „auf einen Föderalismus freier Staaten gegründet sein" (ZeF, AA 08: 354.02) soll. Wie im *Gemeinspruch* zeichnet Kant hier die Konturen eines freiwilligen Friedens- und Völkerrechtsbundes, und wie dort scheinen es pragmatische Gründe zu sein, die ihn dazu veranlassen, das moralisch implizierte Ideal einer Weltrepublik zu verwerfen. Der Verdacht, dass Kant seinerseits eine realistische Utopie konstruiert, bei der politische Fakten eine konstitutive Rolle spielen, stellt die Kantexegese vor ein nicht zu vernachlässigendes Problem. Denn darüber, was die Vernunft eigentlich fordert, lässt er auch in der *Friedensschrift* keinen Zweifel: „Für Staaten im Verhältnisse untereinander kann es nach der Vernunft keine andere Art geben, aus dem gesetzlosen Zustande, der lauter Krieg enthält, herauszukommen, als dass sie ebenso wie einzelne Menschen ihre wilde (gesetzlose) Freiheit aufgeben, sich zu öffentlichen Zwangsgesetzen bequemen und so einen (freilich immer wachsenden) Völkerstaat (*civitas gentium*), der zuletzt alle Völker der Erde befassen würde, bilden." (ZeF, AA 08: 357.05–11)

Aber während er noch im *Gemeinspruch* gegen die Ansicht polemisierte, dass etwas „*in thesi*" (als Gebot der Vernunft) richtig sein könne, während es zugleich „*in hypothesi*" (in praktischer Absicht) falsch sei (TP, AA 08: 276.17–18), ist es genau das, was er nun mit Blick auf die Utopie eines Weltstaates zuzugestehen scheint. Denn hier konzediert er ganz ausdrücklich:

> Da sie [die Staatssouveräne im Verhältnisse untereinander, H.H.] dieses [den Völkerstaat, H.H.] aber nach ihrer Idee vom Völkerrecht durchaus nicht wollen, mithin, was *in thesi* richtig ist, *in hypothesi* verwerfen, so kann an die Stelle der positiven Idee einer Weltrepublik (wenn nicht alles verloren werden soll) nur das negative Surrogat eines den Krieg abwehrenden, bestehenden und sich immer ausbreitenden Bundes den Strom der rechtscheuenden, feindseligen Neigungen aufhalten, doch mit beständiger Gefahr ihres Ausbruchs. (ZeF, AA 08: 357.11–17)

---

21 Heute gerät die These von der Friedfertigkeit von Demokratien vor dem Hintergrund der Technisierung, Professionalisierung und Privatisierung der Kriegsführung immer weiter in die Defensive (vgl. Doyle 1983, 205–235 und 323–353).

Eine Möglichkeit, diesen Abschnitt zu verstehen, ist die, dass die Souveräne aus Machtinteresse nicht dazu imstande sind, den politischen Willen aufzubieten, das umzusetzen, was vernünftigerweise geboten wäre. Die Gründung eines Weltstaates liegt nicht in ihrem Interesse. Sie betrachten das Völkerrecht lediglich als Instrument zur „Erhaltung und Sicherung der Freiheit eines Staats für sich selbst" (ZeF, AA 08, 356.11–12). Mit Otfried Höffe (1993), Kevin Dodson (1993)[22] Walter Jaeschke (2008) oder Howard Williams (1953) meine ich, dass Kant hier tatsächlich eine Konzession an die politische Praxis macht – auch zu dem Preis, dass mit dem fragilen „Surrogat" eines Völkerbundes das eigentliche Vertragsziel, der im ersten Präliminarartikel verankerte Ewigkeitsanspruch, unerfüllt bleiben muss.[23]

Dass Kant eine Einschränkung des vernünftigerweise Gebotenen aus pragmatischen Gründen in Kauf nimmt, lässt sich mithilfe der transitorischen Lesart erklären. Danach wäre die politische Konstruktion des Völkerrechtsbundes als moralisch gebotener, politisch möglicher und nicht zuletzt zielführender Schritt zum kosmopolitischen Fernziel einer robusten Rechtsordnung gerechtfertigt. In geschichtsphilosophischer Perspektive markiert die Einführung einer rechtsförmigen, aber noch nicht rechtsverbindlichen Friedensordnung ein Zwischenstadium, in dem sich eine globale Rechtskultur und mit ihr eine kosmopolitische Gesinnung ausbilden kann.[24] Kants Vorschlag eines freiwilligen Friedensvertrages stünde damit in Kontinuität zu seinen geschichtsphilosophischen Ausführungen und Kleingelds Zusammenfassung bliebe auch hier nichts hinzuzufügen:[25] „The initial separation of states, reinforced by differences in language and religion, furthers the internal development within states (also called ‚culture' by Kant), and this development will prepare humankind for the future establishment of a world federation of the right kind." (2004, 313)

---

22 Dodson meint, Kant „explicitly accepts the subordination of considerations of justice to empirical judgments" (1993, 7).

23 Für Otfried Höffe (2011, 87) kann ein „negatives Surrogat" nur ein Provisorium bereitstellen, das darauf abzielt, einen peremtorisch gesicherten Zustand („eine sanktionsbewehrte Rechtsordnung") vorzubereiten. Thomas Kleinlein wendet jedoch ein, diese Passage sei „nicht als ein pragmatisches Zugeständnis zu verstehen" (Kleinlein 2012, 296). Ähnlich argumentiert Geismann (1997, 357).

24 „Den Mangel an Rechtsgarantien", so Thomas Kleinlein (2012, 297 f.), „der aus der Ablehnung einer supranationalen Zwangsgewalt folgt, versucht Kant bewusst durch seine natur- und geschichtsphilosophische Theorie des Vernunft-, Moral- und Rechtsfortschritts der Menschheit zu kompensieren." Vgl. zur Idee des Rechtsfortschritts auch Otfried Höffe (2001, 189 ff.).

25 Zudem macht Kleingeld (2004, 311) geltend, dass Kant sein „ideal of a federal state" an keiner Stelle „for reasons of feasibility" preisgäbe. Ausdrücklich dagegen argumentieren Eberl/Niesen (2011, 242).

Vor diesem Hintergrund erschließt sich nun auch die transitorische Bedeutung des im dritten Definitivartikel entwickelten „*ius cosmopoliticum*" (ZeF, AA 08: 349.Anm.). Zunächst handelt es sich dabei um eine Konsequenz der naturrechtlichen Pflicht, jeden Naturzustand zugunsten eines rechtmäßigen Zustandes zu verlassen. Denn „alle Menschen, die aufeinander wechselseitig einfließen können, müssen zu irgendeiner bürgerlichen Verfassung gehören" (ZeF, AA 08: 349.Anm.). Neu ist, dass Kant dieses Verrechtlichungsgebot auf die Verhältnisse zwischen Individuen und Drittländern überträgt. Dafür aber, dass Kants Einführung einer kosmopolitischen Rechtssphäre als seine große Innovation gilt, scheint die inhaltliche Bestimmung dieses Rechts ziemlich bescheiden auszufallen. Sie legt lediglich fest, dass das Weltbürgerrecht „auf Bedingungen der allgemeinen Hospitalität eingeschränkt sein" soll (ZeF, AA 08: 357.20 – 21). Es handelt sich um ein „Besuchsrecht, welches allen Menschen zusteht, sich zur Gesellschaft anzubieten vermöge des Rechts des gemeinschaftlichen Besitzes der Oberfläche der Erde" (ZeF, AA 08: 358.7 – 10).

Damit scheint die kosmopolitische Rechtsebene weit davon entfernt zu sein, einen universellen Menschenrechtsschutz oder ein modernes Asylrecht einzuführen. Denn auch wenn Kant erklärt, dass ein Ankömmling nur dann abgewiesen werden darf, „wenn es ohne seinen Untergang geschehen kann" (ZeF, AA 08: 358.03), hat er zumeist nicht das Schicksal humanitärer Flüchtlinge, sondern eher die Situation kolonialer Handelsgesellschaften vor Augen. Vornehmlich handelt es sich eben um ein, in den Worten Otfried Höffes, „Kooperationsrecht" (2007, 189). Für den globalen Handel hat ein grenzenloses Kooperationsrecht die Funktion, „die Bedingungen der Möglichkeit" zu schaffen, „einen Verkehr mit den alten Einwohnern zu versuchen" (ZeF, AA 08: 358.24 – 25), also Handel und diplomatischen Austausch sicherzustellen. Deutlich macht Kant auch, dass dieses Recht nicht bloß die Besucher vor Gewalt in der Fremde schützen soll. Genauso dient es nämlich dazu, das Verhalten der Handelsunternehmen in ihren Gastländern zu reglementieren.[26]

Ganz auf der Linie der transitorischen Lesart erhofft sich Kant vom Recht auf Hospitalität vor allem eins: einen kosmopolitischen Entwicklungsschub. Es dient dazu, dass „entfernte Weltteile mit einander friedlich in Verhältnisse kommen, die zuletzt öffentlich gesetzlich werden und so das menschliche Geschlecht endlich einer weltbürgerlichen Verfassung immer näher bringen können" (ZeF, AA 08: 358.25 – 28). Ein globales Besuchsrecht ist also ausdrücklich *kein* Bestandteil der

26 In seinen Beispielen bezieht sich Kant in erster Linie auf koloniale Verfehlungen und die Festschreibung eines friedlichen Besuchsrechts meint daher auch: Wer den Boden eines anderen Landes betritt, sollte das Recht haben, Handelsbeziehungen anzubieten *und nicht mehr.*

angestrebten Weltverfassung, sondern lediglich eine zielführende Vorstufe. Es soll globale Handelsbeziehungen ermöglichen, Kommunikationskanäle offen halten und dadurch dem kosmopolitischen Vergesellschaftungsprozess Vorschub leisten. An dieser transitorischen Funktion lässt Kant dann auch in der resümierenden Abschlusspassage keinen Zweifel. Hier unterstreicht er noch einmal, dass „die Idee eines Weltbürgerrechts [...] eine notwendige Ergänzung des ungeschriebenen Kodexes sowohl des Staats- als Völkerrechts zum öffentlichen Menschenrechte überhaupt und so zum ewigen Frieden [ist, H.H.], zu dem man sich in der kontinuierlichen Annäherung [sic!] zu befinden nur unter dieser Bedingung schmeicheln darf." (ZeF, AA 08, 360.04–09) Ein Völkerrechtsbund ermöglicht den provisorischen Frieden; er ist aber zugleich die Voraussetzung für eine Fortentwicklung zum ewigen Frieden, der robuste kosmopolitische Rechtsverhältnisse erfordert.

3

In diesem Abschnitt kann ich nun die Ergebnisse der transitorischen Lesart auf die eingangs genannten Probleme in der globalen Gerechtigkeitstheorie übertragen. Bislang wurde Kants Idee eines freiwilligen Völkerrechtsbundes als ein Zwischenstadium interpretiert. Ihr Vorzug liegt darin, Konzessionen an politische Konsequenzen (globaler Despotismus) und Fakten (machtpolitisches Souveränitätsinteressen) mit Blick auf ein langfristiges Ideal rechtfertigen zu können. Dass Kant eine provisorische Völkerrechtsordnung ohne rechtsverbürgende Gewalt einführt, dass er die vernünftigerweise gebotene Weltrepublik aus pragmatischen Gründen zurückzunehmen scheint und dass er das kosmopolitische Recht darauf reduziert, sich gefahrlos „zur Gesellschaft anzubieten" (ZeF, AA 08: 358.08), all diese Elemente seiner realistischen Utopie scheinen mit dem Gebot der Vernunft, einen globalen Staatskörper einzurichten, unvereinbar zu sein. Sie lassen sich aber als Vorbereitungsschritte in Richtung einer robusten kosmopolitischen Rechtsordnung transitorisch rechtfertigen. So sieht es im Übrigen auch die zeitgenössische Rezeption: Für Johann Gottlieb Fichte ist „der von Kant vorgeschlagene Völkerbund zur Erhaltung des Friedens [...] lediglich ein Mittelzustand, durch welchen die Menschheit zu jenem großen Ziele wohl dürfte hindurchgehen müssen; so wie ohne Zweifel die Staaten auch erst durch Schutzbündnisse einzelner Personen unter sich entstanden sind." (1971 [1796], 433)

Ich habe versucht, Kants geschichtsphilosophische Konturen auch in der *Friedensschrift* hervortreten zu lassen. Unabhängig aber, ob die transitorische Lesart auf Einverständnis stößt, ließe sich aus ihr immer noch ein systematischer Vorschlag gewinnen, der das Problem der normativen Relevanz politischer Fakten zu lösen verspricht. Zur Erinnerung: In der gegenwärtigen Theoriebildung zu globaler Gerechtigkeit bemühen sich politische Konstruktivisten, eine realistische Utopie explizit zu machen, die sich an realpolitischen Fakten und Handlungsspielräumen orientiert. Moralische Kosmopolitisten kritisieren daran einen *Status-Quo-Bias* und halten an der idealistischen Utopie einer freiheitlichen Weltrepublik fest. Dadurch handeln sie sich aber ein massives Realisierungsproblem ein. Kants Lösung lautet nun, dass die politische Konstruktion einer realistischen Utopie als Zwischenschritt zum moralischen Ideal gerechtfertigt werden kann. Die Konzessionen, die ein Völkerrechtsbund an politische Fakten macht, sind gerechtfertigt, wenn er a) die (moralisch und politisch) bestmögliche Friedensperspektive unter den gegebenen politischen Möglichkeiten präsentiert und er zugleich b) eine Entwicklung in Gang zu setzen verspricht, die zu weiteren Verrechtlichungsschritten und ultimativ zur Gründung einer Weltrepublik führt.

Dieser Vorschlag lässt sich direkt auf die Auseinandersetzung zwischen Rawls und den moralischen Kosmopolitisten übertragen. Im Anschluss an Kant entwirft auch Rawls die realistische Utopie einer freiwilligen Völkerrechtsgemeinschaft. Darin werden fundamentale politische Fakten bereits vorausgesetzt, allen voran die territoriale und außenpolitische Souveränität einzelner Staaten (oder „Völker"). Kosmopolitisten (Beitz 1979; Pogge 1989; Höffe 1999) machen hingegen geltend, dass ein moralisches Konstruktionsverfahren auf globale soziale Gerechtigkeitsgrundsätze führt, die nur in einer (demokratischen, subsidiären und komplementären) Weltrepublik zu gewährleisten wären. Die transitorische Auflösung dieses Streits ließe sich dann folgendermaßen zusammenfassen: Die normative Relevanz fundamentaler politischer Fakten ist gerechtfertigt, wenn ihre Anerkennung notwendig ist, um einen praktikablen Zwischenschritt in Richtung moralischer Utopie zu setzen.

Allerdings bleibt dieser Vorschlag einem überzeugenden Einwand ausgesetzt. Er lautet, dass langfristige historische Entwicklungen notorisch ungewiss bleiben. Eben diese Einsicht hatte Kant ja bereits in der *Idee* dazu bewogen, eine unsichtbare Hand der Natur einzuführen und die Möglichkeit zu verneinen, dass sich ein kosmopolitisches Ideal nach einem „verabredeten Plane" (IaG, AA 08: 17.28 – 29) verwirklichen ließe. Wenn aber gilt, dass sich langfristige historische Entwicklungen nicht voraussagen oder planen lassen, dann gilt dies auch für den Übergang zwischen realistischer und idealistischer Utopie. Dass ein Völkerrechtsbund die Weltrepublik vorbereitet, lässt sich in vielen Punkten plausibel machen, mit hinreichender Sicherheit prognostizieren lässt sich diese Entwicklung allerdings nicht. Kurzum, die transitorische Rechtfertigung bleibt auf eine positive Geschichtsphilosophie angewiesen, und damit auf einer scheinbar metaphysischen Voraussetzung, die deutlich gegen eine Reaktualisierung Kants zu sprechen scheint.

Um diesen Einwand zu entkräften, ist es in der Tat nötig, ein anschlussfähiges Verständnis von Kants kosmopolitischer Geschichtsphilosophie zu gewinnen. Klar ist, dass Kant an keiner Stelle beansprucht, einen wahrscheinlichen Verlauf der Geschichte vorherzusagen. Stattdessen spricht er im *Gemeinspruch* von „auf Hoffnung genommenen Entschließungen" (TP, AA 08: 309.35), welche einzig und allein praktisch zu rechtfertigen seien: Es handele sich um eine Spekulation, die nötig ist, um das Gesetz der praktischen Vernunft sinnvoll erscheinen zu lassen. Aber eben dazu müssen wir uns ihrer realen Möglichkeit versichern können. In diesem Sinne macht Axel Honneth in „Die Unhintergehbarkeit des Fortschritts" (2007) auf eine, wie er es nennt, dritte Deutung von Kants *Friedensschrift* aufmerksam.[27] In dieser Deutung, so Honneth, hätte bei Kant zuerst die politische Aufklärungsabsicht gestanden, der dann eine bestimmte Darstellung der Geschichte folgt. Entsprechend zeigt er, wie Kant in der *Friedensschrift* das „teleologische Schema" seiner Geschichtsphilosophie „zum narrativen Organisationsprinzip der historischen Selbstvergewisserung im politisch [sic!, H.H.] vorangetriebenen Aufklärungsprozeß" (2007, 19) gemacht habe. Kant habe aus „den politischen Reformen Friedrich II oder dem Verfassungsentwurf der französischen Republik" einen immanenten Standard rekonstruiert – nämlich die „Idee universeller Bürger- und Menschenrechte" – den er dann als Fortschrittskriterium der geschichtlichen Entwicklung eingesetzt habe. Im Rückspiegel der „dabei zugrunde gelegten Maßstäbe", so Honneth, ließen sich nicht nur die Überwindung von Sklaverei, Despotismus und Rechtlosigkeit als Fortschritt erkennen, sondern sie vermittelten zugleich auch einen prospektiven „Richtungssinn", der auf eine „moralisch weiter zu gestaltende Zukunft" (Honneth 2007, 19), eben auf eine fortlaufende kosmopolitische Verrechtlichung verweise.

Knapp zusammengefasst stehen bei der Rekonstruktion einer kosmopolitischen Absicht in der Geschichte handfeste reformatorische Absichten im Vordergrund. Die Geschichte wird so ausgelegt, dass sich eine hier und heute machbar erscheinende Friedensordnung als historischer Entwicklungsschritt zeigt. Die Idee der Weltrepublik wird als Hoffnungshorizont konstruiert, um davor die völkerrechtliche Realität als Fortschritt und eben nicht als einen bloßen

27 Insgesamt unterscheidet Honneth hier zwischen drei Funktionen der Kantischen Geschichtsphilosophie. Ihre *theoretische* Funktion besteht darin, die Natur als einen zweckgerichteten Prozess zu deuten, der auf die Realisierung moralischer Freiheit hinführt; Kants Geschichtsteleologie fungiert somit als eine notwendige theoretische Hypothese, unter der sich die Gesetze von Natur und Freiheit vereinigen lassen. Zweitens schreibt er der Kantischen Gesichtsteleologie eine *praktisch-moralische* Funktion zu; sie soll die Hoffnung auf eine Welt begründen, in der das Sittengesetz mit naturgesetzlicher Notwendigkeit zur Wirklichkeit kommt. Vgl. für eine ähnliche Sicht auf Kants Geschichtsphilosophie: Pollmann 2011; Wood 1995; Ypi 2010.

Kompromiss mit der Wirklichkeit oder als eine bloße Konzession an den machtpolitischen Zynismus erscheinen zu lassen. Auch wenn sich über den Verlauf und Ausgang der Geschichte nichts mit Sicherheit aussagen lässt, ginge es darum, die Hoffnung zu begründen, dass konkrete Reformschritte mit vernünftigen letzten Zielen und moralischen Überzeugungen in Verbindung stehen.

Zwar findet sich eine pragmatisch begründete Geschichtsphilosophie ebenfalls schon bei Rawls, allerdings bezieht er sie eben nur auf die Möglichkeit seiner realistischen Utopie.[28] Für eine Reaktualisierung Kants in der globalen Gerechtigkeitstheorie müsste Rawls' Framework daher an zwei Punkten erweitert werden. Erstens träte anstelle der zweischrittigen Aufteilung in ideale und nichtideale Theorie die dreischrittige Aufteilung in einen moralischen und einen politischen Konstruktivismus sowie zusätzlich in einen nichtidealen Theorieteil. Der moralische Konstruktivismus beginnt damit, die liberale Moralkonzeption der gleichen Achtung und Berücksichtigung in globale Gerechtigkeitsprinzipien zu übersetzen und die idealistische Utopie einer vollkommen gerechten Weltgesellschaft kompromisslos darzustellen. Im zweiten Schritt ginge es dann um die politische Konstruktion einer realistischen Utopie *im Lichte* dieses Ideals. Die darin entworfene Völkerrechtsordnung sollte nicht bloß einen praktikablen Ausgleich zwischen den gegebenen politischen Möglichkeiten und den dringendsten moralischen Anforderungen der Friedens- und Menschenrechtssicherung herstellen, sondern zudem Brückenköpfe in die kosmopolitische Zukunft aufzeigen. Dadurch wären die notwendigen Kompromisse auch moralisch gerechtfertigt und stünden im Einklang mit der Hoffnung auf eine vollkommen gerechte Weltordnung. Erst im dritten Schritt ginge es dann im strengen Sinne um nichtideale Probleme, die mit ungünstigen Bedingungen und Nichtkonformität zusammenhängen.[29]

---

28 „For so long as we believe for good reasons that a self-sustaining and reasonably just political and social order both at home and abroad is possible, we can reasonably hope that we or others will someday, somewhere, achieve it; and we can then do something toward this achievement. This alone, quite apart from our success or failure, suffices to banish the dangers of resignation and cynicism.“ (Rawls 1999, 128)

29 In Rawls' Verhältnisbestimmung von idealer und nichtidealer Theorie greift ohnehin eine transitorische Logik. Probleme mit armen, aggressiven oder autoritären Staaten sollen so gelöst werden, dass die betreffenden Staaten in die Mitte der Völkerrechtsgemeinschaft zurückfinden. Entsprechend geht es im nichtidealen Theorieteil nicht bloß darum, Armut zu mindern, Menschenrechte zu schützen oder Frieden herzustellen, sondern ultimativ darum, wie ein moralisch zulässiger und politisch machbarer Prozess in Richtung einer minimal gerechten und einigermaßen stabilen Völkerrechtsordnung in Gang gesetzt werden kann. Diese transitorische Lesart lässt sich bei Rawls hinreichend breit belegen und wird u. a. von Michael Phillips (1985) vertreten. Auf nationaler Ebene sind Einschränkungen des Freiheitsprinzips für Rawls beispielsweise nur dann gerechtfertigt, wenn damit das unter den gegebenen Umständen größtmögliche System von

Die zweite Erweiterung betrifft die Wiedereinführung der kosmopolitischen Rechtsebene in Rawls' Völkerrechtsansatz. Es ist insgesamt bemerkenswert, dass Rawls in dieser Hinsicht hinter Kant zurückfällt. Ich habe Kants Recht auf Hospitalität als ein notwendiges Verbindungsglied zwischen realistischer und idealistischer Utopie gedeutet, ohne das Konzessionen an die politische Praxis nicht zu rechtfertigen wären. Rawls' Hilfspflicht (1999, 105–113) zielt immerhin darauf, eine respektable und ultimativ liberale politische Kultur einzurichten, und könnte als ein solches Verbindungsglied interpretiert werden.[30] Zur weiteren Anbahnung eines weltbürgerlichen Rechtsbewusstseins und Gerechtigkeitssinnes bräuchte es aber weiterer Ergänzungen. Zu denken wäre an eine im Weltbürgerrecht verankerte Individualbeschwerde vor einem globalen Menschenrechtsgerichtshof oder auch ein dem Kantischen Hospitalitätsrecht nachempfundenes Menschenrecht auf temporäre Visa-Regelungen. Eine entsprechende Erweiterung der globalen Menschenrechtsjurisdiktion würde nicht nur bestehende Ungerechtigkeiten und Ausschlüsse unterbinden, es würde auch gleichzeitig Übergänge in Richtung einer globalen politischen (eben: kosmopolitischen) Kultur bilden – und damit auch eine moralische Rechtfertigung für die (vorübergehende) normative Relevanz faktischer Grenzen und partikularer Rechtsprivilegien nachliefern.

4

Ich komme zum Schluss. Mit Kant lässt sich eine Auffassung von globaler Gerechtigkeit vertreten, die politische Fakten ebenso ernst nimmt, wie die kosmopolitischen Implikationen einer universalistischen Moraldoktrin. Der berechtigte Wunsch, die politische Philosophie theoretisch näher an die Theorie Internationaler Beziehungen und praktisch an realpolitische Handlungsmöglichkeiten heranzuführen, hat zuletzt zu einer deutlichen Utopiephopie (Estlund 2009) der politischen Philosophie geführt. Der dadurch erzielte Gewinn politischer Anschlussfähigkeit ist sicher begrüßenswert. Tatsache bleibt aber, dass jede Konzession an die Praxis noch einmal mit einer strikteren moralischen Perspektive versöhnt werden muss. Eine überzeugende Theorie globaler Gerechtigkeit ergibt

Freiheiten gewährleistet wird *und zugleich* gezeigt werden kann, dass es sich um notwendige „transition cases" (Rawls 1999a, 218). handelt

30 Wenn Rawls dem Weltarmutsproblem nicht durch Umverteilung, sondern durch Hilfe beim Aufbau einer politischen Kultur begegnen will, ist dies ein gutes Beispiel für seinen transitorischen Umgang mit nichtidealen Problemen: „The role of the duty of assistance is to assist burdened societies to become full members of the Society of Peoples and to be able to determine the path of their own future for themselves. It is a principle of *transition*." (Rawls 1999, 118)

sich somit erst dann, wenn der Rawls'sche Ansatz Kants hier skizzierten Vorschlag in sich aufnimmt. Mit Rawls sind wir zunächst einmal gefordert, eine funktionierende Völkerrechtsordnung zu konstruieren und die Behandlung nichtidealer Probleme an dieser Leitidee zu orientieren. Von Kant können wir aber lernen, dass auch diese realistische Utopie noch einmal einer Rechtfertigung bedarf – und dass diese Rechtfertigung aus der Idee eines kosmopolitischen Fortschritts zu gewinnen ist.

Mit Blick auf die Leitfrage dieses Bandes lässt sich sagen, dass Kants Recht auf Hospitalität einen, wie es Seyla Benhabib (2006, 22) formuliert, konzeptionellen Raum zwischen moralischen Menschenrechten und bürgerlich-politischen Mitgliedschaftsrechten ausfüllt. In ihrer Diktion artikulieren Menschenrechte moralische Ansprüche, die wir aufgrund unseres bloßen Menschseins aneinander zu richten berechtigt sind. Im Kern meint dies ein universelles Recht auf gleiche Freiheiten ungeachtet der sozialen Position oder Herkunft. Es ist dieses Menschenrechtsverständnis, auf dessen Basis der moralische Kosmopolitismus seine weltrepublikanische Utopie gründet. Auf der anderen Seite handelt es sich bei bürgerlich-politischen Grundrechten um juridische Rechte, deren Geltung auf Bürger einzelner Republiken beschränkt bleibt und die verbindlich sanktioniert werden. Das kosmopolitische Recht auf Hospitalität ist nun erstmals darauf abgestellt, einen Rechtsraum zwischen universellen Menschenrechten und juridischen Grundrechten zu etablieren. Wie ein Menschenrecht erhebt es Anspruch auf universelle Gültigkeit und wie ein Grundrecht soll es mit Zwangsbefugnissen verbunden werden. Damit besteht die Funktion des Hospitalitätsrechts nicht nur darin, die Beziehungen zwischen Ausländern und Gastländern zu schützen, sondern insgesamt eine neue Beziehungsform zu etablieren, nämlich eine Rechtsordnung, die globale Individualrechte anerkennt. Auch in diesem Sinne lässt sich Kants Hospitalitätsrecht letztlich transitorisch, nämlich als Übergang zu einem robusten globalen Menschenrechtsregime rechtfertigen.

Literatur

Anderson-Gold, Sharon (2005): „Kantische Grundlagen des gegenwärtigen Kosmopolitismus". In: *Deutsche Zeitschrift für Philosophie* 53, 97–101.

Beitz, Charles (1979): *Political Theory and International Relations*. Princeton (NJ): Princeton University Press.

Benhabib, Seyla (2008): *Kosmopolitismus und Demokratie: Eine Debatte*. Frankfurt/M: Campus.

Benhabib, Seyla (2006): *Another Cosmopolitanism*. Oxford: Oxford University Press.

Brandt, Reinhard (2011): „Vom Weltbürgerrecht". In: Höffe, Otfried (Hg.): *Immanuel Kant: Zum ewigen Frieden*. Berlin: Akademie Verlag, 95–106.

Byrd, Sharon (1995): „The State as a Moral Person“. In: Robinson, Hoke (Hg.): *Proceedings of the Eighth International Kant Congress.* Milwaukee: Marquette University Press, 171–189.
Cohen, G.A. (2008): *Rescuing Justice and Equality.* Cambridge (MA): Harvard University Press.
Dodson, Kevin (1993): „Kant's Perpetual Peace: Universal Civil Society or League of States?“. In: *Southwest Philosophical Studies*, 15, 1–9.
Doyle, Michael W. (1983): „Kant, Liberal Legacies, and Foreign Affairs“. In: *Philosophy and Public Affairs* 12, 205–235 und 323–353.
Eberl, Oliver/Niesen, Peter (2011): *Immanuel Kant: Zum ewigen Frieden.* Berlin: Suhrkamp.
Estlund, David M. (2009): „Utopophobia: Concessions and Aspirations in Democratic Theory“. In: Ders.: *Democratic Authority. A Philosophical Framework.* Princeton (NJ): Princeton University Press, 258–276.
Fichte, Johann Gottlieb (1971): „Von Kant zum ewigen Frieden [1796]“. In: *Fichtes Werke, Bd. VIII, Vermischte Schriften und Aufsätze, Wiederabdruck.* Berlin: De Gruyter, 427–436.
Forst, Rainer (2007): „Das grundlegende Recht auf Rechtfertigung. Zu einer konstruktivistischen Konzeption der Menschenrechte“. In: Ders., *Das Recht auf Rechtfertigung*, Frankfurt/M: Suhrkamp, 291–327.
Geismann, Georg (1997): „Kants Weg zum Frieden. Spätlese von Seels ‚Neulese' des Definitivartikels zum Völkerrecht“. In: Oberer, Hariolf (Hg.): *Kant: Analysen – Probleme – Kritik III.* Würzburg: Königshausen und Neumann, 333–362.
Habermas, Jürgen (1996): „Kants Idee des Ewigen Friedens – aus dem historischen Abstand von 200 Jahren“. In: Ders., *Die Einbeziehung des Anderen*, Frankfurt/M: Suhrkamp, 192–236.
Höffe, Otfried (2011): „Völkerbund oder Weltrepublik?“. In: Ders. (Hg.): *Immanuel Kant: Zum ewigen Frieden.* Berlin: Akademie Verlag, 77–94.
Höffe, Otfried (2007): „Kants universaler Kosmopolitismus“. In: *Deutsche Zeitschrift für Philosophie* 55, 179–191.
Höffe, Otfried (2001): *Königliche Völker. Zu Kants kosmopolitischer Rechts- und Friedenstheorie.* Frankfurt/M: Suhrkamp.
Höffe, Otfried (1999): *Demokratie im Zeitalter der Globalisierung.* München: C.H. Beck.
Höffe, Otfried (1993): *Kategorische Rechtsprinzipien. Ein Kontrapunkt der Moderne.* Frankfurt/M: Suhrkamp.
Honneth, Axel (2007): „Die Unhintergehbarkeit des Fortschritts. Kants Bestimmung des Verhältnisses von Moral und Geschichte“. In: Ders., *Pathologien der Vernunft. Geschichte und Gegenwart der kritischen Vernunft.* Frankfurt/M: Suhrkamp, 9–27.
Horn, Christoph (2014): *Nichtideale Normativität: Ein neuer Blick auf Kants politische Philosophie.* Berlin: Suhrkamp.
Jaeschke, Walter (2008): „Vom Völkerrecht zum Völkerrecht. Ein Beitrag zum Verhältnis von Philosophie und Rechtsgeschichte“. In: *Deutsche Zeitschrift für Philosophie* 56, 277–298.
Kleingeld, Pauline (2013): *Kant and Cosmopolitanism. The Philosophical Ideal of World Citizenship.* Cambridge, UK: Cambridge University Press.
Kleingeld, Pauline (2004): „Approaching Perpetual Peace: Kant's Defence of a League of States and his Ideal of a World Federation“. In: *European Journal of Philosophy* 12, 304–325.
Kleingeld, Pauline (1999): „Kant, History, and the Idea of Moral Development“. In: *History of Philosophy Quarterly* 16, S. 59–80.
Kleingeld, Pauline (1997): „Kants Politischer Kosmopolitismus“. In: *Jahrbuch für Recht und Ethik* 5, 333–348.

Kleingeld, Pauline (1995): *Fortschritt und Vernunft: Zur Geschichtsphilosophie Kants.* Würzburg: Königshausen und Neumann.
Kleinlein, Thomas (2012): *Konstitutionalisierung im Völkerrecht: Konstruktion und Elemente einer idealistischen Völkerrechtslehre.* Heidelberg: Springer.
Ludwig, Bernd (2005): „Zum Frieden verurteilt? Was ‚garantiert' die Natur in Kants Traktat vom Ewigen Frieden?" In: *Jahrbuch für Recht und Ethik* 13, 275–286.
Lutz-Bachmann, Matthias (1997): „Kant's Idea of Peace and the Philosophical Conception of a World Republic". In: Bohman/Lutz-Bachmann (Hg.): *Perpetual Peace: Essays on Kant's Cosmopolitan Ideal.* Cambridge (MA): MIT Press, 59–77.
Phillips, Michael (1985): „Reflections on the Transition From Ideal to Non-Ideal Theory". In: *Noûs* 19, 551–570.
Pogge, Thomas (2011): *Weltarmut und Menschenrechte.* Berlin: De Gruyter.
Pogge, Thomas (1997): „Kant's Theory of Justice". In: Nida-Rümelin/Vossenkuhl (Hg.): *Ethische und politische Freiheit.* Berlin: De Gruyter, 78–108.
Pogge, Thomas (1989): *Realizing Rawls*, Ithaca und London: Cornell University Press.
Pollmann, Arnd (2011): „Der Kummer der Vernunft. Zu Kants Idee einer allgemeinen Geschichtsphilosophie in therapeutischer Absicht". In: *Kant-Studien* 102, 69–88.
Rawls, John (1999): *The Law of Peoples*, Cambridge, MA: Harvard University Press.
Rawls, John (1999a): *A Theory of Justice. Revised Edition*, Cambridge (MA): Harvard University Press.
Saner, Hans (2011): „Die negativen Bedingungen des Friedens". In: Höffe, Otfried (Hg.): *Immanuel Kant: Zum ewigen Frieden.* Berlin: Akademie Verlag, 29–46.
Schaub, Jörg (2012): „Ideale und/oder nicht-ideale Theorie – oder weder noch? Ein Literaturbericht zum neuesten Methodenstreit in der politischen Philosophie". In: *Zeitschrift für philosophische Forschung* 4, 393–409.
Simmons, John A. (2010): „Ideal and Nonideal Theory". In: *Philosophy and Public Affairs* 38, 5–36.
Valentini, Laura (2012): „Ideal vs. Non-ideal Theory: A Conceptual Map". In: *Philosophy Compass* 7, 654–664.
Williams, Howard (1983): *Kant's Political Philosophy.* New York: Palgrave Macmillan.
Wood, Allen (1995): „Kant's Project of Perpetual Peace". In: Robinson, Hoke (Hg.): *Proceedings of the Eighth Kant Congress.* Milwaukee: Marquette University Press, 3–18.
Ypi, Lea (2011): *Global Justice and Avant-Garde Political Agency.* Oxford: Oxford University Press.
Ypi, Lea (2010): „Natura Daedala Rerum. On the Justification of Historical Progress in Kant's Guarantee of Perpetual Peace". In: *Kant Review* 14, 103–135.
Ypi, Lea (2010a), „On the Confusion between Ideal and Non-ideal in Recent Debates on Global Justice". In: *Political Studies* 58, 536–555.

Georg Lohmann

Kant als Anreger. Menschenrechte und Menschenwürde nach Kant.

Abstract Obwohl Kant kein Theoretiker der Menschenrechte im heutigen Sinne ist, versucht der Beitrag, auch in kritischer Distanz zu Kant, seine Anregungen für die Klärung einiger grundlegender Probleme der Menschenrechte sichtbar zu machen. Zwar führt eine zu enge Anbindung der Menschenrechte an Kants Moralphilosophie zur Gefahr eines „moralischen Fundamentalismus", doch schon Kants moralische Idealisierungen („Reich der Zwecke"; „ethisch gemeines Wesen") weisen in ihrem unausgeführten republikanischen Ansatz auf eine oft übersehene Spannung zwischen den universalistischen moralischen Ansprüchen und der notwendig partikularen politischen Rechtsetzung der Menschenrechte. Positiv anregend für ein angemessenes Verständnis der Menschenrechte ist Kant als Differenztheoretiker: Er gestattet, Moral, Recht und Politik als jeweils eigensinnige Bereiche zu unterscheiden. Eine kritische Auseinandersetzung mit seinen innovativen Differenzierungen zwischen Staats- Völker- und Weltbürgerrecht ist ebenso fruchtbringend wie eine differenzierte Aufnahme seiner unterschiedlichen Würdebegriffe. Insbesondere der republikanische Hintergrund bei der erstmaligen Verwendung des Würdebegriffs in der Erläuterung eines „Reichs der Zwecke" ist für die Klärung des Würdebegriffs, wie er seit dem Zweiten Weltkrieg in der internationalen Menschenrechtskonzeption verwendet worden ist, überaus anregend.

1 Einleitung

In philosophischen und rechtstheoretischen Kreisen wird gemeinhin und oft Kant als der entscheidende historische Autor zum Verständnis und zur Begründung der Menschenrechte gesehen. Einige glauben, dass man in direktem Rückgriff auf Kant die Menschenrechte explizieren und begründen kann (König 1994; Bielefeldt [2]2009; Höffe 1990; Kersting [2]1993). Und wiederum einige radikalisieren sogar noch ihren Kantbezug: Nur was sich von Kant ausgehend als Menschenrecht explizieren und begründen lässt, das verdiene auch, Menschenrecht zu heißen, alles andere sei philosophisch nicht begründbar und also „eigentlich" ohne Existenzberechtigung.

Es ist aber sehr fraglich, ob man mit Kant oder in seiner direkten Nachfolge die Menschenrechte explizieren und begründen kann. Gegen solche Positionen kann gezeigt werden, dass in dem Sinne, wie wir heute, in einer internationalen

https://doi.org/10.1515/9783110572377-008

Konzeption, die Menschenrechte verstehen (und auch verstehen sollten), Kants Philosophie *direkt* keine Theorie oder Philosophie der Menschenrechte enthält. Das haben überzeugend in jüngster Zeit Heiner Klemme (2012) und Christoph Horn (2014) (noch mal) belegt: „Kants mehrdimensionale Konzeption von Würde, Recht und Pflicht ist auf heute vertretene menschenrechtliche Positionen kaum abbildbar", fasst Klemme seinen informativen Handbuchartikel zusammen und schließt mit der These: „Kant ist (im Gegensatz zu Locke) kein klassischer Menschenrechtstheoretiker" (Klemme 2012, 50). Und Horn legt differenziert und immer mit meines Erachtens überzeugenden Textbelegen dar, warum „man bei Kant (k)eine Konzeption der Menschenrechte (in unserem modernen Wortsinn) finden kann" (Horn 2014, 67 f.). Und er gibt zugleich eine Reihe von Gründen an, warum das so ist, insbesondere weil Kant „kein anspruchsberechtigtes Rechtssubjekt in den Mittelpunkt seiner Theorie rückt" (Horn 2014, 84).

Ich teile diese Auffassungen und so stellt sich die Frage, wie ich denn den Titel meines Beitrags verstehen will oder sollte? Mein Vorschlag ist, den Begriff des „Anregens" mehr indirekt wirkend, gewissermaßen anstupsend zu verstehen. Aber nicht wie die neueren nudging-Theorien (Thaler/Sunstein 2008) implizieren, auf einen „libertären Paternalismus" ausgerichtet, sondern neutraler als Anstoß zu einem richtigen und angemessenen wie zu einem irrigen und falschen Verständnis der Menschenrechte. Und auch das „nach" ist nicht als „im Sinne von Kant", sondern als „zeitlich später und kritisch zu Kant" zu verstehen. Wenn aber so viel, auch kritische Distanz zwischen Kant und unserem Verständnis der Menschenrechte liegt, warum dann überhaupt noch einer, wenn auch nur indirekt wirkenden „Anregung" durch Kant nachspüren? Ich vertraue hier auf eine Lektüreerfahrung mit Kant: Bei Kant kann man immer lernen, selbstverständlich da, wo er Recht hat, aber wichtiger noch da, wo er Unrecht hat.

Ich will daher zunächst und kürzer skizzieren, wo Kants Moralphilosophie, wenn sie verabsolutiert wird, zu einem meines Erachtens falschen oder irrigen Verständnis der Menschenrechte anregt (2.1). Werden aber Kants moralische Idealisierungen als Kontrast zur Welt der Menschenrechte gesehen, enthalten sie durchaus kritische Potentiale (2.2). Etwas ausführlicher will ich dann die Stichpunkte markieren, die m. E. für eine positive Anregung stehen können (3). Positiv anregend für ein angemessenes Verständnis der Menschenrechte ist Kant als Differenztheoretiker, der die begrifflichen und sachlichen Unterschiede zwischen Moral, Recht und Politik festhält, und der die Unterschiede zwischen Staatsrecht und Völkerrecht, zwischen Bürgerrechten und Weltbürgerrecht formuliert (3.1). Schließlich nimmt Kant in einer republikanischen Bedeutung des Würdebegriffs die Bedeutung des Würdebegriffs gewissermaßen vorweg, die erst seit der internationalen Konzeption der Menschenrechte (nach dem Zweiten Weltkrieg) das Verständnis der Menschenrechte bestimmt (3.2).

2.1 „Moralischer Fundamentalismus"

Auf Kant sich beziehende Menschenrechtsinterpreten verstehen häufig die Menschenrechte als moralische Rechte und setzen zumeist mit Kants Moralphilosophie an. Aus *Grundlegung*, *Zweiter Kritik* und *Tugendlehre* destillieren sie Beschreibungen einer universellen Moral, die je nach Interesse auf reiner „Vernunft", „Freiheit", „Autonomie", „Unparteilichkeit" oder „Würde" (seltener: auf „Pflicht") aufgebaut sei. Nun macht es sicherlich Sinn, unterschiedliche Grundbegriffe zur Rekonstruktion von Kants Moralphilosophie heranzuziehen; das ist, je nach theoretischem Interesse des Interpreten, auch durchaus angemessen und zu verteidigen. Davon ausnehmen würde ich freilich die Versuche, die „Würde" als systematischen Grundbegriff von Kants Moralphilosophie verstehen (dazu später). Solche Interpretationen von Kants Moralphilosophie sind also für sich genommen vollkommen akzeptabel und Streitigkeiten in diesem Bereich bewegen sich dann im normalen Streit der Interpreten um eine Kant-treffende und -angemessene Interpretation. In diesen Fällen ist Kants Moralphilosophie positiv anregend, zunächst in dem unspektakulären Sinn, dass die moralischen Begründungsansprüche der normativen Behauptungen auf Universalität, Egalität, Individualität und Kategorizität der Menschenrechte durchaus durch Moralkonzeptionen, die in der Kantianischen Tradition einer universellen und egalitären Achtungsmoral stehen, erfüllt werden können.[1]

Problematisch wird es erst, wenn eine bestimmte Kantische Moralposition zur alleinigen oder dominierenden Grundlage einer Menschenrechtsinterpretation gemacht wird. Denn die Menschenrechte sind, in welchen historischen Konzeptionen (s. Lohmann 2015b) sie auch betrachtet werden, Rechte, die nicht nur moralisch zu betrachten sind, sondern die Bereiche von Moral, Recht und Politik betreffen (Lohmann 2010). Nun ist der Ausdruck „Recht" im Deutschen mehrdeutig; er meint einmal ein subjektives Recht (*right*) von jemandem (einer Person), dann das Rechtssystem oder die Rechtsordnung selbst (*law*) einer Rechtsgemeinschaft, und schließlich adjektivisch, dass etwas „recht" (*just*) ist im Sinne von richtig, zustimmungsfähig, angemessen etc. Und was mit „Politik" alles gemeint und mitangesprochen ist, ist ebenfalls oft vage und bedarf einer genaueren begrifflichen Bezeichnung: Gemeint sein können hier einmal die unterschiedlichen Herrschaftsformen von Staaten, dann die öffentlichen Meinungs- und Willensbildungsprozesse, durch die gemeinsame, bindende Entscheidungen erreicht und politische Macht generiert wird, oder schließlich der Streit und Kampf un-

1 S. zu meinem eigenen Versuch Lohmann 2015a.

terschiedlicher Akteure um Macht. Für eine angemessene Menschenrechtstheorie wären alle diese Bedeutungsunterschiede relevant und zu beachten.

Werden hingegen die Menschenrechte auf Basis einer die Bereiche Recht und Politik durchbestimmenden Moral bestimmt, so wundert es nicht, dass die Folge dieses Ansatzes ist, dass die Menschenrechte ebenfalls auf Moral reduziert werden. Dabei schrumpft der Rechtsbegriff auf so etwas wie ein rein „moralisches Recht" zusammen. Darunter wird dann häufig nichts anderes verstanden, als einen *moralischen Anspruch* erheben zu können, dass andere ihre moralischen Pflichten erfüllen, worunter auch Pflichten sind, die zugunsten des Anspruchserhebers sich auswirken oder auf ihn gerichtet sind. Sofern dann auf die rechtliche Form und politische Rechtssetzung von Menschenrechten Bezug genommen wird, konzipieren solche Auffassungen Politik als das (neutrale) Mittel, um die moralischen Inhalte in eine bloß rechtliche Form zu transformieren. In diesem Transformationsprozess sind die moralischen Bestimmungen fundamental und allein entscheidend, Recht und Politik werden als Anwendungsfall moralischer Gebote verstanden und haben gegenüber der Moral keinen berechtigten Eigensinn. Meines Erachtens vertreten solche Auffassungen einen „moralischen Fundamentalismus", da sie ihr Verständnis der Menschenrechte, die ja in historisch unterschiedlichen Konzeptionen vorliegen, allein auf die moralische Dimension reduzieren und (verfälschend) vereinfachen.

Wenn diese reduktiven Interpretationen sich dabei auf die Kantische Moralphilosophie berufen, vertreten sie die Auffassungen, dass auch bei Kant Recht und Politik durchgängig durch Moral bestimmt sind. Offenbar schon auf der Ebene einer reinen Kantinterpretation ist dies unzutreffend. Horn z. B. bringt eine Reihe von Belegen und Argumenten, warum diese, wie er es nennt: „rechtsmoralische Deutung", also die These, dass Recht und auch Politik von der Moral abhängig seien oder nichts anderes als Anwendungen der Moral seien, für Kant nicht zutreffen kann (Horn 2014, 38 ff.; s. auch Kersting ^{2}1993, 175 ff.).

Hinzu kommt zweitens eine in meinen Augen ebenfalls problematische Annahme: Rechte und Pflichten liegen keineswegs, auch bei Kant, auf einer begrifflichen Ebene: Rechte sind zwar immer mit korrespondierenden Pflichten verbunden, aber Pflichten konstituieren nicht per se Rechte. Eine Auffassung, die einen gleichartigen und wechselseitigen Übergang von Pflichten und Rechten impliziert, könnte sich auch nicht auf Kant beziehen. Kant entwickelt eine moralische Pflichtentheorie, nach der eine Person moralisch verpflichtet ist, weil sie sich nach dem Test ihrer Handlungsmaximen gemäß dem Kategorischen Imperativ als vernunftbegabtes Wesen dazu in Freiheit bestimmen kann. Ein Rechtsbegriff kommt und kann hier gar nicht vorkommen. Kant könnte nicht sagen, dass jemand moralisch verpflichtet ist, weil eine andere Person ein Recht hat, andere zu verpflichten. Vergessen wird, dass für Kant andere mir gegenüber nur moralisch verpflichtet sind, weil sie wie ich als vernunftbegabte Wesen sich nach dem *Kategorischen Imperativ* bestimmen können. Keinesfalls aber erwächst mir daraus ein Recht, andere moralisch zu verpflichten. Für Kant gibt es so etwas wie Recht (*right*) nur innerhalb einer Rechtsordnung (*law*) einer Rechtsgemeinschaft. Dazu bedarf es einer willentlichen Entscheidung, in eine Rechtsgemeinschaft einzutreten, in der dann erst überhaupt so etwas wie Träger von Rechten zu konstituieren und wechselseitig anzuerkennen sind. Sowohl der Übergang von einem nichtrechtlichen Zustand (Naturzustand) in einen Rechtszustand wie auch die Rechtsordnung selbst konzipiert Kant gerade nicht, auch das hat Horn überzeugend gezeigt, als Verwirklichung von moralischen Pflichten (Übergang) oder als wechselseitige Verwirklichung von moralischen subjektiven Ansprüchen (Rechtsordnung) (Horn 2014, 174 ff.).

In diesen Fällen sind es also Fehldeutungen von Kants Moralphilosophie, die zu einem irrigen oder reduktiven Menschenrechtsverständnis führen. Ich möchte aber noch auf eine entgegengesetzte, anregende Wirkung von Kants Moralphilosophie hinweisen.

2.2 Idealisierungen als Kontrast

Kants rein moralische Idealisierungen, insbesondere seine Ausführungen in der *Grundlegung zur Metaphysik der Sitten* zum „Reich der Zwecke“ (GMS, AA 04: 443 ff.) und seine Spekulationen in der *Religionsschrift* über ein „ethisches gemeines Wesen“ (RGV, AA 06: 93 ff.) geben Anlass, wiederum in kritischer Distanz zu Kant und unter Beachtung der begrifflichen Differenzen, gewissermaßen Ernst zu machen mit dem moralischen Begründungsanspruch der Menschenrechte. Zwar sind, wie betont, die Menschenrechte nicht nur und ausschließlich moralisch, aber ihre „unbedingt“ erhobenen moralischen Ansprüche auf Egalität und Universalität stehen in Kontrast und Spannung zu ihrer rechtlichen Fassung und politischen Setzung. Als legale „subjektive Rechte“ sind sie jeweils Rechte einer besonderen Rechtsgemeinschaft und bedürfen einer je besonderen, auch historisch kontingenten politischen Rechtssetzung. Kants moralische Idealisierungen sind nun deshalb von besonderem Interesse, weil sie bestimmte Aspekte dieser Spannungen zwischen dem Moralischen und dem Rechtlich-Politischen der Menschenrechte verdeutlichen können.

Zunächst einmal sind beide Ideale von Interesse, weil sie den Standpunkt einer rein individualistischen Moral, bei dem es um das Tun oder Unterlassen eines einzelnen Menschen geht, überschreiten oder erweitern durch die Frage, was soll ich in Gemeinschaft mit (allen) anderen tun oder unterlassen. Dieser Gemeinschaftsbezug ist auch konstitutiv für Menschenrechte, da niemand ein

Recht haben kann, ohne Mitglied in einer entsprechenden Rechtsgemeinschaft zu sein. Gemeinschaften bestehen aber nicht aus einer Ansammlung unterschiedslos gleichartiger Menschen, sondern aus voneinander verschiedenen Menschen, die sich erst zu einer Gemeinschaft vereinigen müssen. Wie also sähen solche gemeinschaftlichen Vereinigungen von Verschiedenen aus, wenn es nur um die moralischen Aspekte einer Gemeinschaft geht?

Kant behandelt dieses Problem, insofern beide Ideale eine orientierende Funktion bekommen und in einem gewissen Sinne sogar mit einer „Pflicht von ihrer eigenen Art" (RGV, AA 06: 97)[2] zur Bildung einer moralischen (idealen) Gemeinschaft verbunden werden. Dabei bezieht er die Verpflichtungen aus der praktischen Vernunft nicht mehr nur exemplarisch auf die moralische Perfektion des einzelnen Individuums (s. auch Horn 2014, 60 f.), sondern auf die *gemeinschaftlichen* Formen einer Befolgung der individualistischen Moral durch alle, aber voneinander verschiedenen Menschen. Zu beachten ist, dass sich Gehalt und normative Funktion beider Ideale unterscheiden.

Ein „Reich der Zwecke" ist „die systematische Verbindung *verschiedener* vernünftiger Wesen durch gemeinschaftliche Gesetze" (GMS, AA 04: 433; Hv. G.L.). Kant abstrahiert hier aber von einer Konkretion dieser Gemeinschaft, und beschränkt seine Explikation dieses „*mundus intelligibis*" (GMS, AA 04: 438) auf die abstrakte „Form des Willens" (GMS, AA 04: 436) und auf die Rolle, die dem Einzelnen bei einem „*möglichen* Reich der Zwecke" (GMS, AA 04: 435; Hv. G.L.) zukommt.[3] Er muss als „gesetzgebendes Glied" agieren, und „darin zwar allgemein gesetzgebend, aber auch diesem Gesetze selbst unterworfen"[4] sein (GMS, AA 04: 433). Zur formalen Struktur dieser idealen und nur als Möglichkeit explizierten Gemeinschaft sagt Kant nur, „dass alle Maximen aus eigener Gesetzgebung zu einem möglichen Reiche der Zwecke [...] zusammenstimmen sollen" (GMS, AA 04: 436).

Für unsere Fragestellung aber wird schon so viel deutlich: *Eigentlich* ist das Ideal des Reichs der Zwecke der politischen, republikanischen Struktur einer allgemeinen Gesetzgebung im Sinne Rousseaus nachgebildet.[5] Die Einzelnen sind

---

2 Um welche Art von Pflicht es sich hier handeln soll, das ist die leitende Frage in dem anregenden Aufsatz von Habermas 2005, bes. 226 ff.

3 Diese Einschränkung auf die individuelle Perspektive betonen auch Habermas 2005, 233, und Horn 2014, 56 f.

4 Die Tauglichkeit zu dieser Doppelrolle bestimmt Kant dann, und verwendet hier zum ersten Mal diesen Begriff in der *Grundlegung* (!) als „Würde" (GMS, AA 04: 434). Die genauere Bedeutung dieses Würdebegriffs wird in 3.2. behandelt.

5 So ist es auch von vielen Interpreten aufgefasst worden, z. B. Korsgaard 1996. Habermas hingegen sieht zwar Anklänge an ein „gewissermaßen republikanisch geordnetes [...] Zusammenleben", betont aber, dass Kant sich im Rahmen seiner Moralphilosophie auf die Perspektive des individuellen Handelns beschränkt. Wie Kants Vorstellung eines „höchsten Gutes", „das ebenfalls

deshalb von vornherein als (Mit-)Glieder mit passiven und aktiven Rollen in einer Gemeinschaft bestimmt. Aber die republikanische „Verbindung verschiedener vernünftiger Wesen" wird nicht expliziert, sondern Kant erläutert dieses „Ganze aller Zwecke" nach einer „Analogie mit einem Reich der Natur" (GMS, AA 04: 438; dazu Horn 2014, 56). Das kann er auch machen, weil er nicht expliziert, wie denn aus der Perspektive des jeweils Einzelnen, der „aus diesem Gesichtspunkt sich selbst und seine Handlungen [...] beurtheil[t]" (GMS, AA 04: 433), eine gemeinschaftliche Vereinigung entstehen kann. Kants verlegene Ankündigung, dass dieser Blick aus einer individuellen, moralischen Selbstbestimmung zu einem „*anhängenden* sehr fruchtbaren Begriff, nämlich de[m] eines Reichs der Zwecke" *führe* (GMS, AA 04: 433; Hv. G.L.), erläutert er mit einem begrifflichen Trick und einem Rückgriff auf die Metaphysik des „Entspringens": Ausgangspunkt sind nicht die Selbstbestimmungen jeweils verschiedener, *einzelner* Individuen, sondern die „vernünftige[r] Wesen" (Plural!), die „*alle* unter dem Gesetz" der Selbstzweckformel des Kategorischen Imperativs „stehen". „*Hiedurch* aber *entspringt* eine systematische Vereinigung vernünftiger Wesen durch gemeinschaftliche objektive Gesetze" (GMS, AA 04: 433; Hv. G.L.). Die Allheit vernünftiger Wesen wird also schon begrifflich vorausgesetzt, und die Metaphysik des „Entspringens"[6] lässt eben unerläutert, wie denn eine Mehrheit (Allheit) vernünftiger Wesen sich zu einer systematischen Abstimmung ihrer Zwecke und erst recht zu einer Gemeinschaft in der zeitlichen Wirklichkeit vereinigen kann. Durch diesen „Trick" wird schlicht vorausgesetzt, dass die „vernünftigen Wesen" schon vereinigt sind, und deshalb kann Kant sich auf eine Erläuterung der formalen Struktur dieses Reichs der Zwecke beschränken.

Das in der *Religionsschrift* entworfene Ideal eines „ethisch gemeinen Wesens" geht genau in diesem Punkte über das Ideal eines „Reiches der Zwecke" hinaus. Die moralischen Gefährdungen und Anfechtungen, die dem einzelnen Menschen schon durch die verderbenden Effekte seines Umgangs mit anderen Menschen drohen,[7] sind „nicht anders" abzuwehren, „als durch Errichtung und Ausbreitung

‚die Zusammenstimmung von Moral und Glückseligkeit' als einen Zustand in der Welt entwirft", sei dieses Ideal nur „der erhoffte kollektive Effekt aller einzelnen, unter moralischen Gesetzen je individuell verfolgten Zwecke", Habermas 2005, 225. Kritisch zu einer unmittelbaren republikanischen Deutung des Reiches der Zwecke auch Horn 2014, 56 f.

6 Kant unterscheidet mit der Tradition (s. Holzhey/Schoeller Reisch 2001) ein Entspringen (einen Ursprung) der Vernunft nach und der Zeit nach. Da er hier von der wirklichen, zeitlichen Gemeinschaftsbildung abstrahiert, bezieht sich „entspringen" wohl nur auf die Vernunftursachen, die hier für eine Systematik der Zwecke vorauszusetzen sind.

7 Kant versteht das als „Anfechtung des bösen Prinzips" gegen das „jeder moralisch wohlgesinnte Mensch" kämpfen muss (RGV, AA 06: 93).

einer Gesellschaft nach Tugendgesetzen und zum Behufe derselben“ (RGV, AA 06: 94). Eine solche „Verbindung der Menschen unter bloßen (öffentlichen)Tugendgesetzen“ (RGV, AA 06: 94) nennt Kant auch eine „ethisch-bürgerliche ... Gesellschaft“ und erläutert sie von vorherein und durchgängig in Analogie, aber auch Kontrast zu einem „rechtlich-bürgerliche[n] [politischen] Zustand [... der] Verhältnisse der Menschen untereinander, sofern sie gemeinschaftlich unter *öffentlichen Rechtsgesetzen* (die insgesamt Zwangsgesetze sind) stehen“. In dem ethisch-bürgerlichen Zustand sind sie hingegen „unter zwangsfreien, d.i. bloßen *Tugendgesetzen* vereinigt“ (RGV, AA 06: 95).

Die Kontraste und Beziehungen nun, die Kant zwischen dem ethisch-bürgerlichen und dem rechtlich-bürgerlichen Zustand anführt, sind es, die zu einem besseren Verständnis der Menschenrechte anregen können. Ungeachtet ihrer moralischen Dimension sind die Menschenrechte als solche Bestandteile einer rechtlich-politischen Verfassung und unterliegen deren Charakteristika. Das „Vereinigungsprinzip“ eines politischen Gemeinwesens sind öffentliche Zwangsgesetze, im ethischen Gemeinwesen sind es hingegen öffentliche,[8] zwangsfreie Tugendgesetze. Diese Vereinigungsprinzipien beziehen sich aber auf die jeweiligen Zustände der Vereinigungen, nicht schon auf die Modi, wie denn diese Vereinigungen zustande gebracht werden können. Kant unterscheidet hier, in der Tradition des Naturrechts, explizit Hobbes, einen jeweiligen Naturzustand, der zu verlassen ist, von einem gesellschaftlichen Zustand, der zu errichten ist.[9] Im Falle des politischen rechtlichen Staates optiert Kant klarerweise für eine republikanische Variante: „Die sich zu einem Ganzen vereinigende Menge (würde) selbst der Gesetzgeber (der Constitutionsgesetze) sein müssen, weil die Gesetzgebung von dem Prinzip ausgeht: die Freiheit eines jeden auf die Bedingungen einzuschränken, unter denen sie mit jedes andern Freiheit nach einem allgemeinen Gesetze zusammen bestehen kann“ (RGV, AA 06: 98). Dieses „Prinzip alles äußeren Rechts“ gilt auch für die Menschenrechte, die in revolutionären Verfassungen (nationale Konzeptionen der Menschenrechte am Ende des 18. Jahrhunderts) oder durch internationale Verträge (Internationale Konzeption im Rahmen der Vereinten Nationen) deklarierte, „subjektive Rechte“ sind. Ihre Rechtsetzung erfordert daher, so kann man diese Anregung Kants verstehen, eine demokratische, republikanische Prozedur, in der die Rechtsträger zugleich Mitautoren einer allgemeinen Gesetzgebung sind oder sein können.[10]

8 Kant scheint hier nur seinen vernunftbezogenen Begriff von „Öffentlichkeit“ zu unterstellen, in einer politischen Bedeutung ist der Begriff hier nicht gemeint; s. hierzu Hutter 2005.

9 S. insbesondere die Fußnote zu Hobbes, RGV, AA 06: 97.

10 Die republikanisch doppelte Rolle des Bürgers kennzeichnet durchgehend den Ansatz von Habermas‘ Rechtstheorie, s. Habermas 1992, 153f. u.ö. In der *internationalen* Konzeption der

Dieses republikanische Prinzip scheint Kant für die Bildung eines ethisch gemeinen Wesens aufzugeben. Da hier nicht die „Legalität der Handlungen", sondern die „(innere) Moralität" (RGV, AA 06: 99) relevant ist, glaubt Kant, dass „das Volk als ein solches nicht selbst für gesetzgebend angesehen werden" (RGV, AA 06: 98) kann. Da die innere Moralität „nicht unter öffentlichen menschlichen Gesetzen stehen kann", glaubt Kant, dass hier nur ein göttlicher „Herzenskundiger" als „moralische[r] Weltherrscher" verfassungsgebend sein kann (RGV, AA 06: 99).[11] Freilich kann dieser philosophische „Gott" nicht machen was er will: Seine Verfassungsgebung muss den republikanischen Anforderungen genügen, denn die „ethischen Gesetze" sind nur „wahre Pflichten" oder „freie Tugend", wenn sie den Bedingungen der moralischen Gesetzgebung entsprechen.

Dass Kant zur Bildung eines ethischen Gemeinwesens glaubt auf Gott angewiesen zu sein, kann man freilich auch kritisch gegen Kants Überlegungen wenden. Deutlich wird das, wenn Kant, der diese ideale und universale ethische Gemeinschaft eine „unsichtbare Kirche" (RGV, AA 06: 101) nennt, zu der Bildung einer „sichtbaren" Kirche, die „die wirkliche Vereinigung" ist, übergeht. Diese ist dann eine „bloße Repräsentantin eines Staates Gottes" und „hat eigentlich keine ihren Grundsätzen nach der politischen ähnliche Verfassung" (RGV, AA 06: 102). Aus der für das moralische Ideal angestrebten republikanischen Verfasstheit wird nun eine „Hausgenossenschaft (Familie) unter [sic!] einem gemeinschaftlichen, obzwar unsichtbaren, moralischen Vater" (RGV, AA 06: 102). Die religiöse Deutung und Verwirklichung des moralischen Ideals gibt den republikanischen Ansatz der idealen Konstruktion auf und schwenkt um auf eine traditionelle Ordnungsvorstellung. Zwar entwickelt Kant dann auch eine bedenkenswerte Kritik konkreter, „von irgend einem historischen (Offenbarungs-) Glauben" ausgehender Kirchen (RGV, AA 06: 102 ff.), doch bleibt in meinen Augen der entscheidende Schritt in seiner Argumentation uneinsichtig: Warum sollen nicht die Menschen selbst ein ethisches Gemeinwesen schaffen können, wenn die Moral, um verpflichtend zu sein, gerade auch nach Kants Meinung keine göttliche Gesetzgebung nötig hat? Eine Antwort auf diese Frage müsste freilich auch Kants Begriff

---

Menschenrechte ist diese normative Forderung nicht erfüllt; sie hat deshalb ein demokratisches Defizit: Einer der Gründe, warum eine *transnationale* Konzeption normativ zu fordern ist, die mit einer globalen, transnationalen Demokratie verbunden werden müsste. S. statt vieler anderer Lohmann 2014a.

11 Man kann deshalb fragen, welche Bedeutung dann noch „Öffentlichkeit" haben kann; sie scheint sich „Offenbarung" anzugleichen.

der Moralität und ihren absoluten Anspruch in Frage stellen und geht daher über das hier gestellte Thema weit hinaus.[12]

Ich möchte daher, gegen Kants Selbstkorrektur, eine republikanische Konstitutionsweise auch einer wirklichen moralischen Gemeinschaft vertreten, dabei aber, mit Kant, den universellen Anspruch dieser Gemeinschaft beibehalten: „Der Begriff eines ethischen gemeinen Wesens (ist) immer auf das Ideal eines Ganzen aller Menschen bezogen, und darin unterscheidet es sich von dem eines politischen" (RGV, AA 06: 96).[13] Es ist nun dieser Kontrast zwischen dem notwenigen Partikularismus der rechtlich-politischen Verfassungsgebung und dem unaufgebbaren Universalismus einer Gemeinschaftsbildung unter rein moralischen Aspekten, der für ein kritisches Verständnis der Menschenrechte anregend ist. Die rechtliche Form und die notwendig partikulare politische Setzung der Menschenrechte (ob durch demokratische Gesetzgebung oder Vertrag), stehen in Spannungen zum qualitativen Universalismus ihrer moralischen Ansprüche: universell, egalitär, individuell und kategorisch zu sein. Diese Spannungen können durch Veränderungen der rechtlichen Formen, durch die Differenzierungen zwischen Staats-, Regional- und Weltbürger, zwischen „Grundrechten" und „Menschenrechten", und durch politische Erweiterungen nationaler Rechtssetzungen durch regionale und transnationale Demokratisierungen gemildert werden, vollständig aufgehoben aber können sie durch Veränderungen in Recht und Politik nicht. Deshalb bleiben sie, auch das ein Motiv von Kant, auf Unterstützungen und Herausforderungen aus der moralischen „Welt" angewiesen.[14]

Und auch hier ist Kant für warnende Anregungen gut: Sollte ein politisches Gemeinwesen hingegen eine passende moralische Einstellung oder Gesinnung seiner Bürger mit rechtlichen Zwangsmitteln erreichen wollen, so würde es nicht nur die Moral verfehlen, sondern auch sich selbst gefährden, weil es zu einer Tugenddikatur führen könnte.[15] Kant ist überdem der Meinung (ganz im Gegen-

---

12 Ich würde wie Ernst Tugendhat eine nicht-absolute Moralkonzeption vertreten wollen, die freilich auf einen objektiven Begründungsanspruch nicht verzichtet; s. Tugendhat 1993; meine Position habe ich skizziert in Lohmann 2014b.

13 Matthias Lutz-Bachmann deutet das „ethisch gemeine Wesen" daher als Forderung der moralischen Vernunft nach einer „Weltrepublik" und sieht darin Kants religionsphilosophische Ergänzung zu seiner Argumentation in der *Friedensschrift*, Lutz-Bachmann 2005.

14 Auch Habermas sieht hierin die bleibende Bedeutung von Kants Idee eines „ethisch gemeinen Wesens": „Die orientierenden Bilder von nicht-verfehlten Lebensformen, die der Moral auf halbem Wege entgegenkämen, schweben uns auch ohne die Gewissheit göttlichen Beistandes als ein zugleich erschließender und begrenzender Horizont des Handels vor", Habermas 2005, 235.

15 „Weh aber dem Gesetzgeber, der eine auf ethische Zwecke gerichtete Verfassung durch Zwang bewirken wollte! Denn er würde dadurch nicht allein gerade das Gegenteil der ethischen bewirken, sondern auch seine politische untergraben und unsicher machen" (RGV, AA 06: 96).

satz zu einem oben skizzierten „moralischen Fundamentalismus"), dass nicht erst eine entsprechende moralische Praxis da sein muss, damit dann die Politik diese in Recht umsetzen kann. Vielmehr glaubt er, dass nur wenn ein „politisch[...] gemeine[s] Wesen" „zu Grunde liegt", ein ethisch gemeines Wesen „zu Stande gebracht werden könnte" (RGV, AA 06: 94). Bezieht man diese Überlegungen auf die Menschenrechte, so heißt das, dass eine fördernde moralische Unterstützung einer Verwirklichung der Menschenrechte ihrerseits von einer Verrechtlichung der Menschenrechte in einem gewissen Sinne abhängt, und es daher politisch durchaus klug ist, zunächst eine wenn auch oft nur formelle Verrechtlichung von Menschenrechten in den unterschiedlichen Rechtssystemen zu versuchen. Beide Überlegungen machen zudem deutlich, dass die Menschenrechte weder vollständig mit Moral gleichzusetzen sind, noch dass sie beanspruchen können, eine umfassende Konzeption des Guten darzustellen oder zu verwirklichen. Vielmehr zeigen die letzten Ausführungen, dass gerade die Differenzen, die Kant zwischen Moral, Recht und Politik (und Religion) beachtet, ihn zu einem fruchtbaren Anreger eines besseren Verständnisses der Menschenrechte machen.

3 Kantianische Anregungen zum besseren Verständnis der Menschenrechte

Es sind nun solche, oben angesprochene begriffliche und theoretische Differenzierungen, die Kant zu einem positiven Anreger für ein angemessenes Verständnis der Menschenrechte machen. Dabei gibt Kant in unterschiedlicher Weise Anregungen für deren differente Bestimmungen vor; man kann sie nicht unmittelbar, wie Kant sie versteht, übernehmen, sondern muss, z.T. auch gegen Kants eigene Auffassung, ihre theoretische Bedeutung entwickeln. Positiv anregend ist Kant in diesem Sinne als Differenztheoretiker (3.1). Schließlich ist Kant für eine gegenwärtige Menschenrechtstheorie deshalb aktuell, weil seine unterschiedlichen begrifflichen Bestimmungen von „Würde" Anregungen oder Interpretamente für den Würdebegriff der Menschenrechte gegeben haben oder geben können. Darauf werde ich im letzten Teil eingehen (3.2).

3.1 Kant als Differenztheoretiker

Ich beschränke mich hier auf einige Unterscheidungen Kants, die zu einem angemesseneren Verständnis der Menschenrechte führen können. Dabei muss die Darstellung skizzenhaft bleiben, weil eine ausführliche Diskussion dieser Kantbezüge den Rahmen dieses Beitrags sprengen würde.

a) Kant unterscheidet, wie schon angesprochen, systematisch zwischen Moral, Recht und Politik, und gestattet so, die Mehrdimensionalität der Menschenrechte zu explizieren.

b) Als innovativ gilt Kants Unterscheidung zwischen Staatsrecht, Völkerrecht und Weltbürgerrecht. Diese Differenzierungen sind für eine gegenwärtige Theorie der Menschenrechte unabweisbar, auch wenn dann im Einzelnen zu diskutieren wäre, was von Kants Anregungen übernommen werden kann. Dabei gibt Kant Anlass, zwischen universalem „Menschenrecht" und partikularer Volkssouveränität zu unterscheiden, und gestattet so, die konstitutiven Spannungen zwischen der politischen demokratischen (im heutigen Sinne) Gesetzgebung, der die Menschenrechte ihre rechtliche Form verdanken, und ihren universellen moralischen Ansprüchen festzuhalten.

Ad a) Die Unterschiede, die Kant zwischen Moral, Recht und Politik macht, betreffen einmal die charakteristischen Strukturen der jeweiligen „Verhältnisse", zum anderen aber auch die je unterschiedlichen normativen Rechtfertigungen von Moral, Recht und Politik. Über beides wäre im Einzelnen sehr viel mehr zu sagen, als ich hier anführen kann.

Moralische Beziehungen sind für Kant selbstbezogene und wechselseitige Verpflichtungen autonomiefähiger Personen, wobei das Rechtfertigungsprinzip, der Maximen überprüfende *Kategorische Imperativ*, zugleich zu einer entgrenzenden Universalisierung der wechselseitigen Achtung und Hilfe zwischen „allen" vernünftigen Wesen führt. Für moralische Beziehungen ist konstitutiv, dass diese Überprüfung eine, wie Kant sagt, „innere Willensbestimmung" ist, und dementsprechend aus innerer, moralischer Überzeugung, „aus Pflicht", geschieht.

Rechtliche Beziehungen sind für Kant wechselseitige, willkürliche und „äußerliche" Handlungsbeziehungen unterschiedlicher Rechtsgenossen. Sie sind daher immer auf eine besondere Rechtsgenossenschaft begrenzt, umfassen nicht alle Menschen. Sie sind rechtlich erlaubt, wenn sie die gleiche Willkürfreiheit aller Rechtsgenossen nach einem allgemeinen Gesetz beachten. Kant meint aber nicht, dass dafür die subjektive Zustimmung und Einverständigung aller erforderlich ist, sondern beschränkt sich auf eine gewissermaßen extern beobachtete und formale Feststellung des Zusammen-bestehen-könnens. Genau genommen sagt er daher nicht, was man von einer Position der Menschenrechte aus fordern muss: Rechtliche Beziehungen sind dann im rechtlichen Sinne „gerecht", wenn sie mit der freien Zustimmung aller rechnen könnten. Kant formuliert stattdessen abstrakter: wenn sie der äußerlichen und formalen Übereinstimmung mit dem Gesetz nicht widersprechen. Mit Horn und anderen muss man daher betonen, dass Kant hier nur die Struktur objektiven Rechts erfasst, in ihm aber nicht Entstehung und Rechtfertigung des objektiven Rechts an die subjektive Zustimmung der Rechtsgenossen bindet (Horn 2014, 144 ff.).

Diese sind Leistungen und Aufgabe der Politik. Politische Beziehungen sind für Kant einmal in einem besonderen Sinn verstandene Vertragsbeziehungen, zum andern die Teilnahme an einer allgemeinen Gesetzgebung. Wiederum versteht Kant diese Begriffe nicht in unserem heutigen Sinne (s. Horn 2014, 175 ff.) und ich kann auf die Feinheiten hier nicht eingehen. Man könnte aber in dieser Differenz der vertraglichen oder gesetzgebenden Konstitution von politischer Ordnung die beiden konkurrierenden Paradigmata sehen, die heute die nationalen wie globalen Versuche bestimmen, eine den Menschenrechten entsprechende Verfassung zu entwickeln. Wiederum ist Kant hier Stichwortgeber, insbesondere in seinen völkerrechtlichen Schriften, und besonders anregend da, wo man seiner Lösung nicht zustimmen will oder kann. Kant versucht nämlich, obwohl aus moralischer Perspektive alle Beteiligten in gleicher Weise in den politischen Verfassungs- und Recht- und Gesetzgebungsprozessen zu beteiligen wären (s. oben), die Rechtsordnung selbst und damit auch den politischen Prozess gewissermaßen vertikal zu bestimmen. Einmal, indem er annimmt, dass ein Rechtszustand nur durch Gewalt errichtet werden kann, auch wenn die Vernunft den Übergang von einem Naturzustand zu einem Rechtszustand allen Bürgern empfiehlt, zum anderen wenn er über die Rechtmäßigkeit und Gerechtigkeit der Gesetze nicht die Bürger, sondern den moralisch-sein-sollenden Monarchen bestimmen lässt. Korrigiert man aber diese „vertikalen“ Züge in Kants Konzeptionen, und setzt mit den modernen Menschenrechtsbegriffen auf eine horizontale Verwirklichung von Verfassungsgebung und Gesetzgebung, in der alle Bürger gleichberechtigt an den gemeinsamen Entscheidungen mitwirken, so kann man auch nicht mehr, wie noch Kant, auf vorgegebene absolute Normen setzen, sondern behält nur noch, wie es Habermas in seinen durch Kant inspirierten Überlegungen dargelegt hat, ein formales Verfahren der Recht- und Gesetzgebung übrig (Habermas 1992, 349 ff.).

Freilich: Kant regt auch hier dazu an, die Unterschiede zwischen Moral, Recht und Politik zu beachten. Während das moralisch Richtige und Verpflichtende von überzeugenden Begründungen abhängt, bestimmen in Recht und Politik gemeinsam erreichte Entscheidungen das, was gelten soll. Und keineswegs können rechtliche oder politische Entscheidungen die in der Welt der Gründe situierten moralischen Rechtfertigungen ersetzen. Was immer daher im Recht festgelegt und in der Politik beschlossen wird, es bleibt der öffentlichen Kritik moralischer Überlegungen, aber auch pragmatischen Einwänden ausgesetzt. Kant ist hier sehr zurückhaltend: Ein Menschenrecht auf Meinungsfreiheit und Menschenrechte auf politische Beteiligung, letztlich auf demokratische Mitbestimmung schließt er aus, obwohl er andererseits das legitime Recht an Öffentlichkeit bindet und die

Rechtssetzung als Ergebnis einer allgemeinen, und das müsste ja auch heißen, öffentlichen Gesetzgebung versteht.[16]

Ad b) Diese Fragen sind zugleich im Lichte der Kantischen Differenzierungen zwischen Staatsrecht, Völkerrecht und Weltbürgerrecht zu diskutieren. Die Frieden sichernde Funktion des Rechts will Kant nicht nur, wie in der Tradition, auf das Staatsrecht und das Völkerrecht beschränken, sondern er argumentiert, „dass Menschen [auch, G.L.] auf globaler Ebene unmittelbar, also nicht nur vermittelt über eine Staatsangehörigkeit, als Rechtsträger anzusehen sind“ (Hoesch 2015, 2620). Obwohl nach Kant dieses individuelle Weltbürgerrecht nicht mehr wie das Staatsbürgerrecht durch Verträge (oder durch eine republikanische allgemeine Gesetzgebung) gestiftet werden kann, sondern als durch das „Naturrecht“ (RL, AA 06: 358) gegeben anzusehen ist, betont Kant, dass es nicht nur eine moralische „Philanthropie“, sondern ein „Recht“ ist. Wie freilich dieser Rechtscharakter des Weltbürgerrechts genauer zu verstehen ist, ist, obwohl Kant glaubt, dass es „zuletzt öffentlich gesetzt werden“ kann „und so das menschliche Geschlecht endlich einer weltbürgerlichen Verfassung immer näher“ (RL, AA 06: 358) gebracht werden kann, auch bei Kant umstritten (s. Brandt 2011; Kleingeld 2010). Aus diesen, aber auch aus anderen Gründen beschränkt Kant dann seine an sich so spannende und überzeugende Begründung für die normative Notwendigkeit eines Weltbürgerrechts auf die rein passive Befugnis eines Besuchsrechts.[17] Ähnlich wie Kant die Staatsbürgerrolle aufspaltet in aktives Bürgerrecht für einige, die „selbstständig sind“, und passive Rechtsgenossenschaft für solche, die es nicht sind, entschärft und gewissermaßen vermindert Kant die mit der Rousseauschen Idee der allgemeinen Gesetzgebung (Autonomie) implizierten Ansprüche. Was in moralischer Hinsicht noch ausbuchstabiert wird, das soll in Recht und Politik nicht unbeschränkt gelten. Man kann jetzt darüber streiten, ob man das als „nichtideale Normativität“ (Horn 2014) oder als Strukturfehler der Kantischen politischen Philosophie sehen soll oder kann. Aber Kants Weltbürgerrecht ist ein Vorbote unserer heutigen Menschenrechte, sicherlich in seiner inhaltlichen Beschränkung auf ein Besuchsrecht zu kritisieren und zu erweitern, aber doch in seiner systematischen Anlage im hier vertretenen Sinne anregend.[18]

Die Schwierigkeiten, die Kant hat mit dem universellen Anspruch eines individuellen Weltbürgerrechts und einer „weltbürgerlichen Verfassung“, gemäß derer dieses Recht „öffentlich gesetzt“ werden kann, kennzeichnen auch heute

---

16 „Die gesetzgebende Gewalt kann nur dem vereinigten Willen des Volkes zukommen“ (RL, AA 06: 313).

17 S. den Aufsatz von Henning Hahn in diesem Band.

18 In diesem Sinne bezieht sich auch Habermas auf Kants Weltbürgerrecht, s. Habermas 1996, auch Lutz-Bachmann/Bohman 1996.

noch die Spannungen zwischen dem Universalismus der Menschenrechte und den notwendigerweise partikularen Formen ihrer demokratischen Rechtssetzung (Lohmann 2014a). Bezogen auf dieses Problem macht Kant mit seiner Rede vom „angeborenen Recht" einen interessanten Vorschlag. Gemeinhin wird dies als seine Definition des Begriffs „Menschenrecht" verstanden. Aber Kant spricht hier gerade nicht von „Menschenrecht" in unserem heutigen Sinne als einem konkreten, subjektiven Anspruchsrecht: „Freiheit (Unabhängigkeit von eines Anderen nöthigender Willkür), sofern sie mit jedes Anderen Freiheit nach einem allgemeinen Gesetz zusammenbestehen kann, ist dieses einzige, ursprüngliche, jedem Menschen kraft seiner Menschheit zustehende Recht" (RL, AA 06: 237).

Zwar sagt Kant hier, dass jedem Menschen „kraft seiner Menschheit" ein „Recht" „zusteht",[19] doch wird dieses „Recht" gerade nicht inhaltlich bestimmt, da es sich auf einen rein negativen Freiheitsbegriff bezieht, so dass es nur formal erfasst, was für jedes konkrete Anspruchsrecht auf etwas gelten soll. Hinzu kommt noch eine verdeckte Spannung zwischen Universalität (alle Menschen) und Partikularität (alle einer Rechtsordnung). Ich verstehe diese Textstelle daher so, dass Kant hier einmal das formale Prinzip aller Menschenrechte formuliert, indem er damit zugleich die Bedeutung bestimmt, in der hier von „Recht" die Rede ist. Damit ist der Rechtsbegriff, der in dem Begriff „Menschenrecht" verwendet wird, der Struktur (partikularen) objektiven Rechts entlehnt, und gerade nicht mit (universellen) moralischen Beziehungen gleichzusetzen. Das ist einer der Gründe, warum der Begriff eines „moralischen Rechts" so schwierig, zumindest aber erläuterungsbedürftig ist, weil er unter „Recht" hier ganz etwas anderes verstehen muss, als der aus dem objektiven Recht kommende Rechtsbegriff, der meines Erachtens unserem Begriff „Menschenrecht" zugrunde liegt. Zum andern kann man diese Stelle so verstehen, dass alle Menschen ein „Recht" auf eine Rechtsordnung haben, in der ihre rechtlich gefasste Willkürfreiheit, sofern sie mit der Willkürfreiheit aller anderen Rechtsgenossen (aller anderen Menschen?) nach einem allgemeinen Gesetz zusammen bestehen kann, anerkannt ist. Damit wären Universalität und Partikularität im Begriff des „angeborenen Rechts" zusammengebracht: Alle haben ein „Recht" auf eine besondere Rechtsordnung. Und die Ausübung dieses Rechts führt zur Frage, wie denn ein solches „Recht", das gegenüber besonderen Rechtsverfassungen vorkonstitutiv wäre, selbst aber doch ein „öffentlich gesetztes" Recht einer „weltbürgerlichen Verfassung" sein müsste, zu verstehen ist.[20] Eine mögliche Lösung dieses Pro-

19 Was das genauer bedeutet, dazu s. Klemme 2012, 46 ff. und Horn 2014, 113 ff.

20 Seit Hannah Arendts Formel eines „Rechts auf Rechte", s. Arendt 2008, 614, wird diese Verwendung zweier unterschiedlicher Rechtsbegriffe benutzt, um einen konstitutiven Anspruch ($Recht_1$) auf Menschenrechte ($Rechte_2$) zu formulieren und ggf. zu begründen. S. auch Forst 2007.

blems könnte in einer der Bedeutungen gesehen werden, die Kant dem Würdebegriff gibt.

3.2 Kants republikanischer Würdebegriff und die Folgen

Wenn die Verwendungsweisen eines Begriffs seine Bedeutungen festlegen, dann verwendet Kant den Würdebegriff in unterschiedlichen Bedeutungen.[21] Anregend im genannten Sinne ist eine republikanische Bedeutung, die Kant bei der Ersteinführung des Begriffs in der *Grundlegung zur Metaphysik der Sitten* verwendet (z. B. GMS, AA 04: 434),[22] und wichtig für den Menschenrechtsdiskurs ist noch seine Konzeption von Würde als zu achtender Selbstzweck, die er besonders in der *Tugendlehre* der *Metaphysik der Sitten* benutzt (z. B. TL, AA 06: 462 u. ö.). Kritischer sehe ich seine Rede von Würde als dem „inneren Werth" oder „absoluten Werth" (GMS, AA 04: 435, 439).

In der *Grundlegung* führt Kant, was oft übersehen wird, einen Begriff der Würde erst bei der Erläuterung des „Reichs der Zwecke" und der Selbstgesetzgebungsformel des *Kategorischen Imperativs* ein, nicht schon bei der Selbstzweckformel.[23] Kant hat den Begriff der Selbstgesetzgebung von der politischen Philosophie Rousseaus in den Bereich der Moral importiert, aber seine Bestimmung von Würde hat mit „Rechte haben" und Rechtspflichten nichts zu tun, sondern verbleibt allein im Bereich der vernünftigen moralischen Selbstbestimmung. Würde ist für Kant zunächst in der Fähigkeit des einzelnen Menschen gegründet, „allgemein gesetzgebend" zu sein, „obgleich unter dem Beding, eben dieser Gesetzgebung zugleich selbst unterworfen zu sein" (GMS, AA 04: 440). Hier ist „Würde" etwas, was der einzelne Mensch besitzt, *sofern* er „tauglich" ist, ein „mögliches Glied im Reich der Zwecke" zu sein, d. h. sofern er nur denjenigen Gesetzen gehorcht, die er zugleich sich mit allen anderen als allgemeines Gesetz gegeben hat (GMS, AA 04: 435 f.). Würde ist daher für Kant auf eine *moralische, allgemeine* Gesetzgebung bezogen, in der der einzelne Mensch in Bezug auf alle anderen in zwei Rollen auftritt: einmal als Gesetzgeber, also Autor des Gesetzes, zum anderen als jemand, der dem Gesetz gehorcht oder unterworfen ist, also als Adressat des Gesetzes. Kant fasst dieses doppelte moralische Rollenspiel als Autonomie: „Autonomie ist also [!] der Grund der Würde der menschlichen und

---

21 Auf unterschiedliche Würdebegriffe bei Kant weisen Seelmann 2009; Dietmar 2009; Sensen 2011; von der Pfordten 2016 hin.

22 Ich korrigiere im Folgenden einige Ausführungen, die ich an anderer Stelle gemacht habe, s. Lohmann 2013.

23 Darauf weisen Seelmann 2009 und von der Pfordten 2009 hin.

jeder vernünftigen Natur" (GMS, AA 04: 436). Viele Kantinterpreten sehen allein in dem Vermögen der vernünftigen Willensbestimmung des einzelnen Menschen den Kantischen Würdebegriff begründet, was dann auch besser zu der in der *Metaphysik der Sitten* von Kant vorgenommenen Erläuterung des Würdebegriffs mit der Selbstzweckformel passt.[24] Hält man sich aber an die erstmalige Einführung des Würdebegriffs in der *Grundlegung*, so erscheint das als eine einseitige Reduzierung des von Kant Gemeinten. So ist doch unstrittig, dass das *Oberhaupt* im Reich der Zwecke, ein rein vernünftiges Wesen wie Gott, dessen Wollen rein durch Vernunft bestimmt ist und keinen sinnlichen Neigungen ausgesetzt ist, nur in einer Rolle auftaucht: als Gesetzgeber, aber nicht als dem Gesetz gehorchend. Das Oberhaupt hat deshalb auch keine Würde, vielleicht muss man ergänzen: *nötig*, denn es ist von Pflichten gegen sich und von Pflichten gegen andere und von einer Achtung seiner Würde durch andere ganz unabhängig. Nur der endliche, sinnlich bestimmte und zu vernünftiger Selbstbestimmung fähige, zugleich aber, so darf man gegen Kants Intellektualismus ergänzen: der geistig und körperlich *verletzbare und vielfältig fähige und bedürftige*[25] Mensch *bedarf* der Würde, die ihm aber erst durch die Fähigkeit zur Teilnahme an einer allgemeinen Gesetzgebung, also in der Rolle eines (Mit-)Glieds, zukommt. In dieser, wie ich sie nennen möchte: *republikanischen* Bedeutung ist der Würdebegriff daher ein *relationaler Begriff*, abhängig von der Teilnahme an einer allgemeinen Gesetzgebung, und deshalb erscheint es unplausibel, ihn in dieser Bedeutung als eine von der Beziehung auf andere unabhängige, *innere* Eigenschaft zu verstehen.[26]

Ohne Zweifel verwendet Kant den Ausdruck „Würde" aber auch in einer anderen Bedeutung, nach der Würde als ein „innerer Wert" auf Grund des absoluten Wertes der „vernünftigen Natur" des Menschen konzipiert wird. Diese Auffassung passt auch besser zu Kants These, dass der vernünftige Mensch als Zweck an sich selbst zu achten ist, und „niemals bloß als Mittel, sondern jederzeit zugleich als Zweck in jedem Wollen geschätzt werden muß" (GMS, AA 04: 437). In dieser, wenn man so will, „Selbstzweck-Bedeutung" von „Würde" verwendet Kant den Würdebegriff häufig in der *Tugendlehre*.[27] Wie in seiner Moralphilosophie auch sonst, entsprechen ihm nicht nur Pflichten gegen andere, sondern auch Pflichten gegen sich. Würdeverletzungen in dieser Bedeutung sind dann „absolute Instrumentalisierungen" durch andere, aber auch durch die würdige Person

24 Zum Verhältnis von Selbstzweck- und Selbstgesetzgebungsformel bei Kant s. Seelmann 2008.

25 Siehe zu dieser Kant-kritischen Ergänzung Nussbaum 2010, 91ff.

26 Das aber ist die wesentliche Bestimmung, auf die von der Pfordten seinen Begriff einer „großen" Würde aufbaut, s. von der Pfordten 2016, 9 u.ö.

27 S. die entsprechenden Stellen und die Diskussion dazu auch bei Sensen 2011 und Seelmann 2008.

selbst. Eine erzwingbare *Rechts*pflicht gegen sich lässt sich aber, auch wenn Kant das glaubt, nicht begründen (Joerden 2009). Das mag eine der Schwierigkeiten sein, die sich bei einer Übertragung dieses moralischen Begriffs in das Recht ergeben, nach der ein Rechtsbegriff der Würde mit dem Instrumentalisierungsverbot gleichgesetzt wird.[28] Mit Bezug auf Kant hat sich aus dieser Bedeutung von „Würde" eine anschwellende Literatur zum Instrumentalisierungsverbot ergeben, mal moralisch, mal juristisch, mal zwischen beidem frei oszillierend, mal verteidigend, mal kritisch.[29] Ich kann auf diese Anregungen Kants hier nicht im Einzelnen eingehen.[30]

Fragt man sich nun, welche der beiden Bedeutungen von „Würde" für den gegenwärtig in der internationalen Menschenrechtskonzeption verwendeten Menschenwürdebegriff „anregend" ist, so scheinen beide Bedeutungen relevant zu sein. Sieht man, dass für die internationale Menschenrechtskonzeption keine externen Begründungen der normativen Ansprüche der Menschenrechte mehr plausibel sind, so müssen die Rechtssetzungskompetenzen wie die Rechtsbefolgungspflichten „horizontal" geregelt werden, d. h. mit der Annahme eines gleichwertigen, passiven wie aktiven Rechtsstatus aller Menschen verbunden werden. Für diese Annahme steht der nach 1945 in den internationalen Dokumenten neu gesetzte Menschenwürdebegriff, und für seine Explikation ist der republikanische Kantische Würdebegriff höchst anregend.[31] Die „Selbstzweck"-Bedeutung ist hingegen für die Explikation von Menschenwürdeverletzungen hinsichtlich der mit dem Würdebegriff ebenso zugeschrieben Freiheit relevant (Lohmann 2015a).

Dass eine republikanische Deutung der „Würde" die grundlegende für die heutige rechtlich gefasste Menschenwürde der internationalen Menschenrechtskonzeptionen ist, kann auch noch durch einen weiteren Gedankengang Kants Unterstützung finden. In der „Selbstzweck"-Bedeutung wird dem einzelnen Menschen zwar ein erhabener, mit allen anderen gleichen Rang zugesprochen, aber nicht ein ihn individualisierender und insofern *unersetzbar* machender Wert. Er hat insoweit nur einen gleichen allgemeinen Wert, den auch alle anderen vernünftigen Wesen haben. Wie also kann Kant den „inneren Wert" der Würde zugleich als einen, den Einzelnen in seiner Nichtersetzbarkeit auszeichnenden Wert verstehen? Kants Lösung im Rahmen der Selbstzweck-Bedeutung von Würde

---

28 In Deutschland ist diese Interpretation prominent geworden durch die (sich nicht explizit auf Kant beziehende) Grundrechtsinterpretation von Düring, s. Düring 1956, 117 ff.

29 Statt vieler anderer: Birnbacher 2008; Schaber 2010; Hilgendorf 2011.

30 Zu meiner Sicht einer akzeptablen Verwendung des Instrumentalisierungsverbotes als Verletzung der Menschenwürde s. Lohmann 2015a, 34.

31 Ausführlicher in Lohmann 2013, 185 ff.

benötigt eine Ursprungsmetaphysik: „Diese Gesetzgebung muß aber in jedem vernünftigen Wesen selbst angetroffen werden und aus *seinem* Willen *entspringen* können" (GMS, S.AA 04: 434; Hv. G.L.). Plausibler erscheint mir eine Erklärung im Rahmen der republikanischen Bedeutung. Unersetzbar ist jedes einzelne Glied im Reich der Zwecke, insofern jedes Glied sich von allen anderen unterscheidet, und von jedem einzelnen eine Zustimmung zur allgemeinen Gesetzgebung verlangt wird, in der er nicht durch irgendeinen anderen ersetzt werden kann. Kant beachtet diese Verschiedenheit zu vernünftiger Selbstbestimmung fähiger Menschen, wenn er sie als „Glied" bestimmt oder von ihrem „Antheil [...] an der allgemeinen Gesetzgebung" (GMS, AA 04: 435) spricht. Aber ähnlich wie später bei dem *ethisch allgemeinen Wesen* (s. oben) expliziert Kant diesen republikanischen Ansatz des Begriffs nicht. Er verwischt diese konstitutive Verschiedenheit, wenn er abgehoben und manchmal unklar im Singular vom „vernünftigen Wesen", seiner „Autonomie" und dann „Würde" spricht, oder statt für alle verschiedenen, vernünftigen Menschen ihre „Würde" in der Tauglichkeit zu einer Teilnahme an der allgemeinen Gesetzgebung zu sehen, sie als „Würde der Menschheit" (GMS, AA 04: 440) erläutert. Dem republikanischen Ansatz nach müsste er stattdessen zugeben (oder behaupten), dass erst um dieser gemeinschaftlich auszuübenden Fähigkeit willen dem Menschen eine ihn zugleich individualisierende Würde zugeschrieben wird, die unbedingte Achtung verdient und in der sich eine vorrangige („absolute" nach Kant) Wertschätzung ausdrückt.

An diese Strukturbestimmungen von Würde kann anknüpfen, wenn man die rechtsverbürgende Kraft der Würde, nun aber nicht mehr Kantianisch, sondern als Konstitutionsbedingungen für die internationalen Menschenrechte erläutern will. Die sich aus dieser republikanisch zu verstehenden Deutung der Menschenwürde (nach 1945) ergebenden Probleme habe ich an anderen Stellen behandelt und zu diskutieren versucht (Lohmann 2013, 2015a, 2015c). Hier kam es mir darauf an zu zeigen, wie sehr Kant, obwohl er nicht unmittelbar ein Menschenrechtstheoretiker ist, für viele Probleme der gegenwärtigen Menschenrechtstheorie anregend sein kann.

Literatur

Arendt, Hannah (2008): *Elemente und Ursprünge totaler Herrschaft.* München: Pieper Verlag.

Bielefeldt, Heiner (1998, [2]2009): *Philosophie der Menschenrechte. Grundlagen eines weltweiten Freiheitsethos.* Darmstadt: Wiss. Buchgesellschaft.

Birnbacher, Dieter (2008): „Annäherung an das Instrumentalisierungsverbot". In: Brudermüller, Gerd/Seelmann, Kurt (Hg.): *Menschenwürde. Begründung, Konturen, Geschichte.* Würzburg: Königshausen & Neumann, 1–24.

Brandt, Reinhard (2011): „Vom Weltbürgerrecht". In: Höffe, Otfried (Hg.): *Immanuel Kant. Zum Ewigen Frieden.* Berlin: Akademie Verlag, 95 – 106.

Düring, Günter (1956): „Der Grundrechtssatz von der Menschenwürde. Entwurf eines praktischen Wertsystems der Grundrechte aus Art. 1 Abs. I in Verbindung mit Art.19 Abs. II des Grundgesetzes". In: *Archiv des öffentlichen Rechts* 81, 117 ff.

Forst, Rainer (2007): „Das grundlegende Recht auf Rechtfertigung. Zu einer konstruktivistischen Konzeption von Menschenrechten." In: Ders., *Das Recht auf Rechtfertigung.* Frankfurt/M: Suhrkamp, 291 – 327.

Habermas, Jürgen (1992): *Faktizität und Geltung,* Frankfurt/M: Suhrkamp.

Habermas, Jürgen (1996): „Kants Idee des ewigen Friedens – aus dem historischen Abstand von zweihundert Jahren". In: Lutz-Bachmann, Matthias/Bohman, James (Hg.): *Frieden durch Recht. Kants Friedensidee und das Problem einer neuen Weltordnung.* Frankfurt/M: Suhrkamp, 7 – 24.

Habermas, Jürgen (2005): „Die Grenze zwischen Glauben und Wissen. Zur Wirkungsgeschichte und aktuellen Bedeutung von Kants Religionsphilosophie". In: Ders., *Zwischen Naturalismus und Religion. Philosophische Aufsätze.* Frankfurt/M: Suhrkamp, 216 – 257.

Hilgendorf, Eric (2011): „Instumentalisierungsverbot und Ensembletheorie der Menschenwürde". In: Paeffgen, Hans-Ullrich u. a. (Hg.): *Strafrechtswissenschaft als Analyse und Konstruktion. Festschrift für Ingeburg Puppe zum 70. Geburtstag.* Berlin: Duncker & Humblot, 1657 ff.

Höffe, Otfried (1990): *Kategorische Rechtsprinzipien. Ein Kontrapunkt der Moderne.* Frankfurt/M: Suhrkamp.

Hoesch, Matthias (2015): „Weltbürgerrecht". In: Willaschek, Marcus u. a. (Hg.): *Kant-Lexikon.* Berlin, New York: De Gruyter, Band 3, 2620.

Holzhey, Helmut/ Schoeller Reisch, Donata (2001): „Ursprung". In: Ritter, Joachim u. a. (Hg.): *Historisches Wörterbuch der Philosophie.* Basel: Schwabe Bd. 11, Sp. 417 – 424.

Horn, Christoph (2014): *Nichtideale Normativität. Ein neuer Blick auf Kants politische Philosophie.* Frankfurt /M: Suhrkamp.

Hutter, Axel (2005): „Zum Begriff der Öffentlichkeit bei Kant". In: Städtler, Michael (Hg.): *Kants „Ethisches Gemeinwesen". Die Religionsschrift zwischen Vernunftkritik und praktischer Philosophie.* Berlin: Akademie Verlag, 135 – 146.

Joerden, Jan (2009): „Kants Lehre von der ‚Rechtspflicht gegen sich selbst' und ihre möglichen Konsequenzen für das Strafrecht. In: Klemme, Heiner F. (Hg.): *Kant und die Zukunft der europäischen Aufklärung.* Berlin: De Gruyter, 448 – 468.

Kersting, Wolfgang ([2]1993): *Wohlgeordnete Freiheit. Immanuel Kants Rechts- und Staatsphilosophie.* Frankfurt/M: Suhrkamp.

Kleingeld, Pauline (2010): *Kant and Cosmopolitianism: The Philosophical Ideal of World Citizenship.* Cambridge: Cambridge University Press.

Klemme, Heiner F. (2012): „Immanuel Kant. Klassische Positionen". In: Pollmann, Arnd/ Lohmann, Georg (Hg.): *Menschenrechte. Ein interdisziplinäres Handbuch.* Stuttgart, Weimar: Metzler Verlag, 44 – 51.

König, Siegfried (1994): *Zur Begründung der Menschenrechte: Hobbes – Locke – Kant,* Freiburg/München: Verlag Karl Alber.

Korsgaard, Christine (1996): *Creating the Kingdom of Ends.* Cambridge/New York: Cambridge University Press.

Lohmann, Georg (2010): „Zur moralischen, juridischen und politischen Dimension der Menschenrechte“ In: Sandkühler, Hans Jörg (Hg.): *Recht und Moral*. Hamburg: Felix Meiner Verlag, 135–150.

Lohmann, Georg (2013): „Menschenwürde als „Basis“ von Menschenrechten“. In: Joerden, Jan C./ Hilgendorf, Eric/ Thiele, Eric (Hg.): *Menschenwürde und Medizin. Ein interdisziplinäres Handbuch*. Berlin: Duncker& Humblot, 179–194.

Lohmann, Georg (2014a): „Menschenrechte und transnationale Demokratisierungen. Überforderungen oder Erweiterungen der Demokratie?“ In: Reder, Michael/Cojocaru, Mara-Daria (Hg.): *Zukunft der Demokratie*. Stuttgart: Kohlhammer, 64–77.

Lohmann, Georg (2014b): „Ethik der radikalen Endlichkeit“. In: *Information Philosophie*, Heft 1, 5–11.

Lohmann, Georg (2015a): „Was muss man wie bei den „Menschenrechten“ begründen?“ In: Demko, Daniela/Brudermüller, Gerd/Seelmann, Kurt (Hg.): *Menschenrechte. Begründung – Bedeutung – Durchsetzung*. Würzburg: Königshausen & Neumann, 23–43.

Lohmann, Georg (2015b): „Different Conceptions and a General Concept of Human Rights. In: *Fudan Journal of the Humanities and Social Sciences*, Volume 8, Issue 3. Berlin Heidelberg: Springer, 369–385.

Lohmann, Georg (2015c): „Welchen Status begründet die Menschenwürde?“ In: *Rechtsphilosophie. Zeitschrift für Grundlagen des Rechts* 2, 170–186.

Lutz-Bachmann, Matthias (2005): „Das ‚ethisch gemeine Wesen‘ und die Idee der Weltrepublik“. In: Städtler, Michael (Hg.): *Kants „Ethisches Gemeinwesen“. Die Religionsschrift zwischen Vernunftkritik und praktischer Philosophie*. Berlin: Akademie Verlag, 207–220.

Lutz-Bachmann, Matthias/Bohman, James (Hg.) (1996): *Frieden durch Recht. Kants Friedensidee und das Problem einer neuen Weltordnung*. Frankfurt/M: Suhrkamp.

Nussbaum, Martha (2010): „Menschenwürde und politische Ansprüche“. In: *Zeitschrift für Menschenrechte*, Jg.4, Nr. 1, 80–97.

Schaber, Peter (2010): *Instrumentalisierung und Würde*. Paderborn: Mentis.

Seelmann, Kurt (2008): „Menschenwürde und die zweite und dritte Formel des Kategorischen Imperativs. Kantischer Befund und aktuelle Funktion“. In: Brudermüller, Gerd/Seelmann, Kurt (Hg.): *Menschenwürde. Begründung, Konturen, Geschichte*. Würzburg: Königshausen & Neumann, 67–78.

Seelmann, Kurt (2009): ‚Menschenwürde‘ als ein Begriff des Rechts? In: Gander, Hans-Helmuth (Hg.): *Menschenrechte. Philosophische und juristische Positionen*. Freiburg, München: Verlag Karl Alber, 166–180.

Sensen, Oliver (2011): *Kant on Human Dignity*. Berlin, New York: De Gruyter.

Thaler, Richard H/Sunstein, Cass R. (2008): *Nudge. Improving Decisions About Health, Wealth, and Happiness*. New Haven & London: Yale University Press.

Tugendhat, Ernst (1993): *Vorlesungen über Ethik*. Frankfurt/M: Suhrkamp.

Von der Pfordten, Dietmar (2009): „Zur Würde des Menschen bei Kant“. In: Ders., *Menschenwürde, Recht und Staat bei Kant*. Paderborn: Mentis, 9–26.

Von der Pfordten, Dietmar (2016): *Menschenwürde*. München: C.H. Beck.

II Menschenrechte (auch) ohne Kant

Christoph Horn

Kants Rechtsbegriff und seine deontologischen Grundlagen

Abstract Kant formuliert nirgends ein individuelles Recht auf Leben, auf körperliche und psychische Integrität, auf Eigentum, Meinungsfreiheit, Religionsfreiheit, Freizügigkeit usw. Wenn es aber zutrifft, dass Kant keine Konzeption der Menschenrechte in unserem modernen Sinn besitzt, stellt sich die Frage nach den Gründen. Im vorliegenden Aufsatz wird gezeigt, dass sich auch der Versuch, ein Kantisches Menschenrecht im „angeborenen Recht auf Freiheit" zu identifizieren, als aussichtslos erweist (I.). Sodann wird eine Erklärung dafür angeboten, weshalb es verfehlt ist, von Kant eine Konzeption der Menschenrechte überhaupt zu erwarten (II.). Diese Erklärung beruht auf zwei Punkten: (a) Kant wählt seinen theoretischen Ausgangspunkt bei den Pflichten, nicht bei den Rechten; und (b) er fasst das Haben von Rechten nicht als die Zusicherung oder Gewährleistung bestimmter moralischer Güter für das Individuum auf. Und schließlich (III.) wird der pflichtentheoretische Rechtsbegriff Kants näher charakterisiert, auf dem sein ‚deontologischer Liberalismus' beruht. In der Konsequenz zeigt sich, dass Kant die Menschenrechtsidee auf der Basis seiner eigenen Überzeugungen ablehnen muss (also keineswegs hinter seinen eigenen Ideen oder Vorgaben zurückbleibt).

In diesem Aufsatz gehe ich der Frage nach, warum Kant keine Konzeption der Menschenrechte besitzt – zumindest nicht in unserem modernen Sinn.[1] Weshalb ist es so, dass er keinen Begriff subjektiver Individualrechte formuliert, von denen gelten würde, dass sie als normativ verbindliche Inhalte für alle Menschen gleich und in allen Kulturen und zu allen Zeiten verbindlich wären? Das ist soweit natürlich eine naive Frage, weil sie allzu sehr Wunsch spiegelt, *unsere Menschenrechtsidee* in Kant vorgeprägt zu finden. Eindeutig ist immerhin, dass Kant nirgends das individuelle Recht auf Leben, auf körperliche und psychische Integrität, auf Eigentum, Meinungsfreiheit, Religionsfreiheit, Freizügigkeit oder auf sexuelle Autonomie unter einen unbedingten staatlichen Schutz stellt. Die Textevidenz für die Feststellung, dass Kant über keine solche Konzeption verfügt (sei es, dass er nicht zu ihr gelangt ist, oder sei es, dass er sie für falsch hält und

1 Wenn Kant selbst vom ‚Menschenrecht' oder vom ‚Recht der Menschheit' spricht (wie z. B. in der Fußnote zur ‚Allgemeinen Anmerkung': RL, AA 06: 320 – 322), scheint er stattdessen die normativ gebotene Etablierung einer Rechtsordnung zu meinen. Vgl. Horn 2014, 76 – 78.

https://doi.org/10.1515/9783110572377-009

ablehnt), scheint mir erdrückend zu sein – auch wenn es verschiedene Versuche von Kant-Forschern gibt, solche Menschenrechte nachzuweisen, etwa die ‚Freiheit der Feder' im *Gemeinspruch.*[2] Letztlich sind solche Versuche allein schon deswegen hoffnungslos, weil Kant nirgendwo ein einzelnes subjektives Individualrecht oder gar eine Liste von solchen Rechten klar benennt. Klarheit wäre in diesem Punkt jedoch wegen der Zentralität der Forderung mehr als naheliegend gewesen.

Auch der Versuch, ein Kantisches Menschenrecht in jenem „angeborenen Recht auf Freiheit" zu identifizieren, erweist sich als aussichtslos. Ich beginne im Folgenden mit diesem Punkt, also mit dem *ius innatum* (I.). Sodann werde ich eine Erklärung dafür anbieten, weshalb es verfehlt ist, von Kant eine Konzeption der Menschenrechte überhaupt zu erwarten (II.). Meine Erklärung beruht besonders auf zwei Punkten: (a) Kant wählt seinen theoretischen Ausgangspunkt bei den Pflichten, nicht bei den Rechten; und (b) er fasst das Haben von Rechten nicht als die Zusicherung oder Gewährleistung bestimmter moralischer Güter für das Individuum auf. Und schließlich (III.) werde ich den pflichtentheoretischen Rechtsbegriff Kants näher charakterisieren, auf dem sein – wie ich es nenne – ‚deontologischer Liberalismus' beruht. In der Konsequenz zeigt sich, dass Kant die Menschenrechtsidee auf der Basis seiner eigenen Überzeugungen ablehnen muss (also nicht einfach hinter seinen eigenen Ideen oder Vorgaben zurückbleibt).

I

Kant akzeptiert keine subjektiven moralischen Individualrechte; es existiert keine einzige Textstelle, die belegen würde, dass Individuen einen moralischen Anspruch auf Leib und Leben, physische und psychische Unversehrtheit, politische Freiheit oder Religionsfreiheit, Meinungsfreiheit, freie Berufswahl, Freizügigkeit usw. hätten. Aber nicht nur die liberalen Abwehr- und Gewährleistungsrechte fehlen, sondern die politischen Teilhaberechte und die Sozialrechte.[3] Erst recht erklärt er nicht *alle* Menschen für freie und gleiche Träger solcher Rechte. Er spricht sich nirgendwo für die weltweite Geltung von Menschenrechten aus, die z. B. auch Arme, abhängig Beschäftigte, Frauen, ausländische Besucher oder fremde Völker in ihren jeweiligen Ländern einschließen würden. Bekanntlich

2 TP, AA 08: 304.3–20. Die weiteren relevanten Stellen habe ich gesammelt und diskutiert in Horn 2014, 68–84. Zur Diskussion vgl. auch Ju 1985, König 1994 und Müller 1999.

3 In RL, AA 06: 326 ist m. E. nicht von einem Recht auf Subsistenz die Rede; wie Merle 1999 annimmt. Wood 2004 zeigt, dass Kant lediglich an eine Steuer zugunsten der Armen denkt.

liegen zur Zeit Kants bereits mehrere Kataloge oder Listen von Menschenrechten vor – darunter die *Virginia Declaration of Rights* (1776) und die *Déclaration des droits de l'homme et du citoyen* (1789). Beide Texte betonen, dass alle Menschen von Natur aus frei geboren und einander gleich sind und zählen dann unveräußerliche Rechte von Individuen auf, die von Staaten respektiert und aktiv geschützt werden müssen. Kant schließt sich diesen zeitgenössischen Forderungen – anders als z. B. Thomas Paine in *The Rights of Man* (1791/92) – jedoch nirgendwo an.

Es fehlen bei Kant aber nicht nur Menschenrechtslisten und ein expliziter Menschenrechtsuniversalismus, auch das für die Menschenrechtsidee so grundlegende Merkmal des kategorischen Vorrangs lässt sich nicht identifizieren. Kant vertritt vielmehr die Auffassung, es sei die staatliche Rechtsordnung als solche, der ein solcher Vorrang gebührt. Daher ist es ganz folgerichtig, dass er kein Recht auf Widerstand oder zivilen Ungehorsam zulässt; er gesteht keine fundamentalen Abwehrrechte gegen den Staat zu, die das Individuum schützen würden, und zwar selbst dann nicht, wenn der Regent eine fragwürdige Gesetzeslage schafft oder gegen geltendes Recht verstößt. Der Herrscher (genau genommen der Gesetzgeber) hat gegenüber dem Bürger keinerlei Pflichten, sondern nur Rechte.[4] Nirgendwo spricht Kant davon, dass die grundlegende Staatsaufgabe darin bestünde, die moralischen Ansprüche von Individuen zu schützen. Basale Staatsaufgabe ist vielmehr die Etablierung einer Rechtsordnung, worunter Kant ein System geregelter individueller Freiheitsspielräume versteht. In der Wirkung mag dieser Gedanke in vielen Fällen vergleichbar mit der der Menschenrechtsidee sein: Ein rechtlich geschützter Freiheitsspielraum leistet günstigenfalls das, was Menschenrechte erreichen sollen. Aber so einfach liegen die Dinge nicht. Denn da Kant inhaltliche Festlegungen vollständig vermeidet, ist mit der bloßen Rechtsordnung nichts gewonnen: Wenn jemand zwar sicher sein kann, als Rechtsperson angesehen und behandelt zu werden, ohne jedoch irgendwelche Inhalte zugesichert zu bekommen, ist seine Rechtssicherheit von ziemlich begrenztem Wert. Erst die Inhaltsdimension (nämlich die der *Zusicherung bestimmter moralischer*

4 Vgl. RL, AA 06: 319.12–22: „Hieraus folgt nun der Satz: der Herrscher im Staat hat gegen den Unterthan lauter Rechte und keine (Zwangs-)Pflichten. – Ferner, wenn das Organ des Herrschers, der Regent, auch den Gesetzen zuwider verführe, z. B. mit Auflagen, Recrutirungen u.dergl. wider das Gesetz der Gleichheit in Vertheilung der Staatslasten, so darf der Unterthan dieser Ungerechtigkeit zwar Beschwerden (*gravamina*), aber keinen Widerstand entgegensetzen. Ja es kann auch selbst in der Constitution kein Artikel enthalten sein, der es einer Gewalt im Staat möglich machte, sich im Fall der Übertretung der Constitutionalgesetze durch den obersten Befehlshaber ihm zu widersetzen, mithin ihn einzuschränken."

Güter) macht aus der Gewährleistung von Rechtlichkeit das, was wir von der Durchsetzung der Menschenrechtsidee erwarten.

Auch den Gedanken der Unveräußerlichkeit individueller moralischer Rechte teilt er nicht. Dies liegt daran, dass Kant ein grundlegend anderes Verständnis der ‚Würde' einer Person entwickelt als die Autoren, die die Menschenwürde für das Fundament des Anspruchs auf moralische Rechte halten. Dass dies so ist, lässt sich an seiner Theorie des Strafrechts zeigen. In der Linie des Menschenrechtsbegriffs müsste es unstrittig sein, dass ihre Unverwirkbarkeit selbst Schwerstkriminelle einschließt. Kant betont zwar in seiner Straftheorie, es müsse „auch noch auf Achtung für die Menschheit in der Person des Missethäters" Rücksicht genommen werden (RL, AA 06: 362f.; vgl. RL, AA 06: § 49). Aber das ist nicht so gemeint, als habe sogar der Straftäter unveräußerliche Rechte. Gemeint ist gemäß der Kantischen Vergeltungskonzeption der Strafe, dass die staatliche Rechtsordnung den Täter nicht als ein Mittel zum Zweck der Abschreckung anderer potentieller Straftäter missbrauchen darf, wie dies nach einer Präventionstheorie erlaubt wäre. Kant ist jedoch durchaus der Überzeugung, ein Straftäter könne seine Würde vollkommen einbüßen (RL, AA 06: 329f.).

Aber wenden wir uns nun dem ‚angeborenen Recht' (*ius innatum*) zu, das in seiner emphatischen Formulierung zunächst wie ein besonders aussichtsreicher Kandidat für ein Kantisches Äquivalent unserer Menschenrechtsidee wirkt. In der *Rechtslehre* steht die Passage vom angeborenen, ursprünglichen Recht im Kontext der ‚Eintheilung der Rechte'. Unterschieden wird dort zum einen zwischen natürlichen (also apriorischen) und positiven (statutarischen) Rechten und zum anderen zwischen angeborenen und erworbenen Rechten (inneres bzw. äußeres Mein und Dein: *meum vel tuum internum*). Die erste Unterscheidung ist quellen- und geltungstheoretisch gemeint, die zweite beschreibt dagegen, aufgrund welcher Umstände jemandem ein Recht zukommt. Das angeborene Recht besitzt jeder Mensch unmittelbar aufgrund seiner Geburt; insofern kann es nur zum Naturrecht gehören. Auch das Privatrecht ist nach Kant *a priori* erkennbar, also Naturrecht; es handelt sich aber um erworbenes Recht. Der kurze Text ist nun mit den Worten überschrieben „Das angeborne Recht ist nur ein einziges" und lautet (RL, AA 06: 237.29–32):

> Freiheit (Unabhängigkeit von eines Anderen nöthigender Willkür), sofern sie mit jedes Anderen Freiheit nach einem allgemeinen Gesetz zusammen bestehen kann, ist dieses einzige, ursprüngliche, jedem Menschen kraft seiner Menschheit zustehende Recht.

Es ist gut möglich, dass man Kants Formulierungen, wonach es ein „angeborenes", „ursprüngliches" und „jedem Menschen kraft seiner Menschheit zustehendes Recht" gibt, als semantische Bezugnahmen auf die zeitgenössischen

Proklamationen der Menschenrechte zu lesen hat. Das impliziert aber keineswegs bereits, dass Kant dasselbe meint wie die zeitgleich schreibenden amerikanischen und französischen Verteidiger der Menschenrechte.[5] Die Gemeinsamkeit zwischen ihnen und Kant besteht im Angeborensein, in der Egalität und Allgemeinheit der Teilhabe an diesem Recht sowie in der Teilhabe aufgrund bloßen Menschseins. Trennend ist hingegen, dass Kant sein angeborenes Recht inhaltlich ganz offen und unbestimmt lässt.

In die Klasse angeborener Rechte, so betont Kant bereits in der Überschrift, gehört nur ein einziges: nämlich das auf Freiheit. Warum nur eines, nicht mehrere? Es scheint zunächst attraktiv, Kants Äußerungen in der Linie des Diktums von Hannah Arendt zu verstehen, wonach es „nur ein einziges Menschenrecht" gibt, nämlich das „Recht, Rechte zu haben" (1951/1986, 614). Doch Kant meint damit (aufgrund seiner ‚pflichtentheoretischen Fokussierung', von der noch zu sprechen sein wird) nicht so sehr einen Anspruch des Individuums auf Zugehörigkeit zu einer Rechtsgemeinschaft, sondern dessen Pflicht zum Eintritt in eine solche Gemeinschaft (zu dieser Differenz genauer Klemme 2013). Kants grundlegende Idee wird gut im *Naturrecht Feyerabend* greifbar, wo der Mensch als ‚Zweck an sich selbst' charakterisiert wird, weil er über Freiheit (verstanden als Vermögen, nach seinem eigenen Willen zu handeln) verfügt (AA 27: 1319 – 1322); sodann wird diese Freiheit wie in der *Rechtslehre* als ursprüngliches Naturrecht (*ius naturale originarium*) bezeichnet und wie folgt bestimmt (AA 27: 1339.19 f.):

> Das 1ste Recht ist das der unumschränkten Freiheit seiner Person. Quilibet est sui juris. Wenn seine Handlungen sich nicht auf andere Personen beziehen, so sind sie nicht unrecht.

Kant meint, jeder Mensch sei ursprünglich sein eigener ‚Herr'; er sei frei im Sinn eines unbeschränkten, beliebigen Freiheitsgebrauchs – sofern er nicht die Freiheit anderer einschränke; zugleich wird betont, der Mensch sei nicht ‚Eigentümer' seiner selbst – er hat also kein beliebiges Verfügungsrecht über sich.[6] Aus dem ursprünglichen Anspruch auf Freiheit ergibt sich nach Kant also ein negatives Recht darauf, von anderen nicht gehindert zu werden, und folgerichtig auch ein Recht, anderen dann Widerstand entgegenzusetzen, wenn sie den Betreffenden in seiner Freiheitsausübung zu behindern versuchen. Dieses Recht ist in einer Rechtsgemeinschaft voll realisiert – und darum *muss* eine Gruppe von Menschen den Naturzustand verlassen. Kants Rechtsbegriff ist also der eines normativen Multilateralismus: Jeder Mensch hat ein ursprüngliches

5 Dazu Klippel 1976, 120 ff.

6 Vgl. RL, AA 06: 270.16 – 18: „[...] daher ein Mensch sein eigener Herr (*sui iuris*) [ist], aber nicht Eigenthümer von sich selbst (*sui dominus*) (über sich selbst beliebig verfügen zu können) [...]."

Freiheitsrecht, verbunden mit einer ethischen Pflicht, es unter empirischen Bedingungen zu realisieren und zu entfalten. Unter empirischen Bedingungen muss er mit anderen auskommen, die in seine Freiheit einzugreifen versuchen, so dass er zu dem Ausmaß an Zwang legitimiert ist, der zum Schutz seiner ursprünglichen Freiheit aufgeboten werden muss.

Hierin deutet sich bereits an, dass es mindestens fünf Probleme für eine Lesart gibt, welche aus dem Kantischen *ius innatum* ein Menschenrecht im modernen Sinn zu machen versucht:

[1] *Bloße Unterscheidung ursprünglicher und abgeleiteter Ansprüche:* Das *ius innatum* hat für Kant genau besehen die rechtssystematische Funktion, den originären Rechtsanspruch – nämlich den auf Freiheitsspielräume – von abgeleiteten Ansprüchen – etwa auf Gleichheit, Ehre oder Selbständigkeit – abzugrenzen. Ein angeborener Rechtsanspruch kann und muss nicht erst erworben werden, wohl aber alle späteren Ansprüche. Es handelt sich um eine Art Prioritätsregel, die bei der korrekten Herstellung einer Rechtsordnung herangezogen werden muss. Dabei gilt, dass eine menschenrechtsähnliche Konstellation der Sicherung von Grundfreiheiten herauskommen *kann*, aber nicht *muss*. Das dies nur ein mögliches Ergebnis des Primats des *ius innatum* ist, scheint mit der Menschenrechtsidee kaum kompatibel zu sein (dazu Horn 2014, 118).

[2] *Keine Angabe einer Kriteriologie:* Das *ius innatum* Kants ist nicht nur nicht mit einer Menschenrechtsliste verbunden, es enthält auch keine wirkliche Kriteriologie, nach der man eine solche Liste generieren könnte. Einziger Maßstab der Berechtigung einer Rechts- oder Freiheitsordnung ist für Kant, dass diese nach einer allgemeinen Regel formuliert ist. Das lässt aber starke Rechtsasymmetrien zu, wie Kant sie in Gestalt der Unterscheidung von Aktivbürgern und Passivbürgern oder der Ausgrenzung von Frauen ja tatsächlich vornimmt. Das *ius innatum* weist keinen fixierten materialen oder kriteriologischen Gehalt auf.

[3] *Unpassendes Verbot der Selbsterniedrigung:* Der Formulierung des *ius innatum* geht in der *Rechtslehre* unmittelbar die Formulierung der drei Ulpianischen Rechtsregeln voraus, die Kant gegenüber ihrer älteren historischen Bedeutung markant uminterpretiert. Dabei zielt er auf eine Art handlungstheoretische Grundbeschreibung der Ausgangssituation eines Subjekts, das sich in der äußeren Welt unter vernünftige Normen gestellt sieht. Die erste dieser Regel, das *honeste vive*, versteht Kant als Verbot der Selbsterniedrigung, nämlich die Regel „Mache dich anderen nicht zum bloßen Mittel, sondern sei für sie zugleich Zweck“ (RL, AA 06: 236.27 f.). Das ist ein merkwürdiger Gedanke: Er meint weder eine Pflicht, die andere in Bezug auf meine Rechtsschutz haben, noch eine Pflicht, die ich in Bezug auf fremden Rechtsschutz erfüllen muss, sondern eine Aufforderung zur Selbstbehauptung. Dies ist der Idee der Menschenrechte denkbar

fremd und belegt, dass das aus den Ulpianischen Rechtsregeln gewonnene *ius innatum* nichts Menschenrechtsähnliches sein kann.

[4] *Seltsame Forderung nach einer primären Eigenleistung:* Überhaupt gilt, dass die drei Ulpianischen Rechtsregeln Gebote benennen, die an ein Individuum adressiert sind. Dies deutet bereits darauf hin, dass Kant beim *ius innatum* nicht an quasi-naturrechtliche Grundansprüche denkt. Ausgangspunkt seiner Überlegungen ist vielmehr das, was ein Individuum unter den äußeren Handlungsbedingungen, wie sie für Menschen im Naturzustand typisch sind, tun muss. Dass eine obligatorische Eigenleistung am Anfang einer Menschenrechtstheorie stehen könnte, ist aber sicher eine abwegige Annahme. Kants Modell gehört in eine grundlegend andere Kategorie von Rechtskonzeption.

[5] *Keine Basis für das exeundum:* Wäre das *ius innatum* ein grundlegendes Menschenrecht, so müsste er seine Forderung nach dem *exeundum* auf es stützen. Stattdessen formuliert Kant das *exeundum* gleichsam als Konklusion aus den drei Ulpianischen Rechtsregeln, also aus den Forderungen nach äußerem Selbstschutz und nach dem äußeren Schutz vor meinem potentiellen Unrechttun. Die Pointe, die Kant aus den drei Regeln gewinnen will, ist, dass es elementare, an jedes Individuum gerichtete Vernunftforderungen gibt, aus denen folgt, dass ein Rechtssystem mit äußerer Zwangsbefugnis geschaffen werden muss.

II

Eine fundamentale Gemeinsamkeit zwischen Kant und vielen Theoretikern der Menschenrechte besteht allerdings tatsächlich. Kant konzipiert seine Rechtsidee auf der Basis eines normativ gehaltvollen Selbstverhältnisses. Jedoch vertritt Kant nicht das, was andere Philosophen am Selbstverhältnis eines Individuums für normkonstitutiv halten: nämlich die Idee eines praktischen, eines akteursbezogenen Selbstverhältnisses. Gemäß einem klassischen Modell, das bis zur Antike zurückreicht, können moralische Normen und Werte aus dem praktischen Selbstverhältnis des Akteurs abgeleitet werden, indem man die innere Selbstwahrnehmung des Handelnden auf ihre impliziten Sinnbedingungen und Präsuppositionen hin untersucht; dabei erweist sich (gelingendenfalls), das jedes rationale Handeln unter moralisch gehaltvollen Voraussetzungen steht. Mit Blick auf die stoische Tradition, in der dies (oder etwas Ähnliches) behauptet wurde, nenne ich dies die *oikeiôsis-Theorie der Werte.*

Nur auf den ersten Blick scheint es möglich, Kant im Lager der *oikeiôsis*-Theoretiker zu verorten. Zwar ist diese Theorie (wie mir zumindest scheint) sachlich attraktiv; auch besitzt sie einen gewissen Rückhalt in seinen Texten. Kant scheint an verschiedenen Stellen zu sagen, dass es die Freiheit oder rationale

Handlungsfähigkeit oder die Zwecksetzungsfähigkeit sei, die dem Akteur aus der Innenperspektive als ein hohes Gut oder zentraler Wert erscheine, dessen Anerkennung er prinzipiell nicht bestreiten könne. Doch insgesamt sind die Texte zu rar und zu ambig, auf die sich die These stützen ließe, Kant vertrete eine solche *oikeiôsis*-Theorie. Plausibler ist, dass er das vertritt, was ich eine *Imperativtheorie* der Wertkonstitution nenne. Zugunsten der Imperativtheorie lassen sich hingegen starke Belege anführen. Eine wichtige Belegstelle zugunsten der imperativischen Lesart nimmt etwa Bezug auf den Würdebegriff (GMS, AA 04: 436.1–7):

> Denn es hat nichts einen Werth als den, welchen ihm das Gesetz bestimmt. Die Gesetzgebung selbst aber, die allen Werth bestimmt, muß eben darum eine Würde, d.i. unbedingten, unvergleichbaren Werth, haben, für welchen das Wort Achtung allein den geziemenden Ausdruck der Schätzung abgiebt, die ein vernünftiges Wesen über sie anzustellen hat. Autonomie ist also der Grund der Würde der menschlichen und jeder vernünftigen Natur.

Der Wert einer jeden Sache, so sagt Kant explizit, wird vom Gesetz bestimmt; das Gesetz ist mithin die entscheidende wertgenerierende Größe. Man muss natürlich einschränken: Was Kant meint, ist nicht, das Gesetz – also das, was beim moralischen Universalisierungstest von Maximen als verbindliches Ergebnis herauskommt – generiere schlechterdings jeden Wert. Das wäre natürlich absurd, weil es ja auch nicht-moralische Werte gibt. Aber das Gesetz generiert doch *alle diejenigen Werte, die in letzter Konsequenz zählen*, nämlich die moralischen. Aspektweise ist Kant hier sicherlich Humeaner; es gibt für ihn auch glücksgenerierte Werte, doch meint er gegen Hume, die (arbiträre und sinnliche) Glücksperspektive sei der des (invariant-vernünftigen) Sittengesetzes unterzuordnen. In diesem Sinn hat die Gesetzgebung selbst einen „unbedingten, unvergleichbaren Werth", d. h. eine Würde: nämlich als die alleinige wertgenerierende Größe. Wenn danach von Autonomie die Rede ist, darf man den Text nicht missverstehen: Gemeint ist nicht die Freiheit der Willkür, sondern die Freiheit der vernünftigen Selbstgesetzgebung. Im Hintergrund steht also nicht eine Axiologie der Freiheit in der Linie einer *oikeiôsis*-Theorie, sondern die Lehre vom Faktum der Vernunft. Anders gesagt, es ist die spontane imperativische Festlegung des moralischen Gesetzes, die allen vorrangigen Wert für Akteure generiert, nicht die impliziten Sinnbedingungen ihres praktischen Selbstverhältnisses.

Damit bin ich beim ersten meiner zwei Kerneinwände gegen die Vorstellung angelangt, Kants Modell gehöre irgendwie in die Theoriefamilie von Menschenrechtskonzeptionen. Das kann sie gar nicht, wie wir nun sehen, weil gar nicht rechte-, sondern pflichtenbasiert ist. Ein wichtiges Zitat dafür ist etwa folgendes (RL, AA 06: 239.13–21):

> Warum wird aber die Sittenlehre (Moral) gewöhnlich (namentlich vom Cicero) die Lehre von den Pflichten und nicht auch von den Rechten betitelt? da doch die einen sich auf die andern beziehen. – Der Grund ist dieser: Wir kennen unsere eigene Freiheit (von der alle moralische Gesetze, mithin auch alle Rechte sowohl als Pflichten ausgehen) nur durch den moralischen Imperativ, welcher ein pflichtgebietender Satz ist, aus welchem nachher das Vermögen, andere zu verpflichten, d. i. der Begriff des Rechts, entwickelt werden kann.

Der Begriff des Rechts, so erfahren wir in diesem Text, ist nicht ursprünglich; er kann erst später aus dem der Pflicht abgeleitet werden. Das deckt sich genau mit unserer Analyse des Kantischen Staatsloyalismus als der Basis seiner Rechtsidee. Für einen genuinen Menschenrechtstheoretiker wären dagegen die moralischen Rechte basal und die Pflichten aus ihnen abgeleitet.

Damit zu meinem zweiten Hauptpunkt. Was genau macht das Unmoralische an Menschenrechtsverletzungen aus? Ich glaube, dies lässt sich nur so formulieren, dass man einen *Zentralbereich politischer Güter* eines Individuums identifiziert. Politische Güter sind wesentlich zahlreicher als die, auf die sich unsere weitergefassten ‚moralischen Interessen' richten. So lassen sich Menschenrechtsverletzungen als Verstöße gegen das Prinzip deuten, die zentralen politischen Güter eines Individuums zu schützen, nicht zu mindern oder zu erweitern.

Denkt man an das Beispiel der Folter eines politischen Dissidenten, so wird die Person mindestens in fünf relevanten Hinsichten geschädigt: Nehmen wir z. B. an, dass die Folterer ihrem Opfer (a) qualvolle Schmerzen an den Händen zufügen. (b) Seine dabei kompliziert gebrochene linke Hand wird niemals wieder voll funktionsfähig sein. (c) Das Folteropfer ist von nun an traumatisiert und wird sein Leben lang unter den psychischen Folgeschäden leiden. (d) Durch die extreme Respektlosigkeit des Vorgangs ist seine Selbstachtung gravierend beschädigt. (e) Hinzu kommt, dass die Schläger Verletzungen hervorrufen, die ihn für Wochen arbeitsunfähig machen. Gegeben solche grausamen Fakten, sind die moralrelevanten Momente im vorliegenden Fall (a) Schmerz, (b) Körperverletzung, (c) Traumatisierung, (d) Demütigung und Minderung der Selbstachtung sowie (e) die Einschränkung der Erwerbsfähigkeit. Ich denke, dass alle diese Beeinträchtigungen einer Person von moralischer Bedeutung sind, weil es sich bei ihnen um die *freiheitsbezogenen Güter* einer Person handelt, um die Güter, die ihre *rationale Autonomie* betreffen.

Machen wir uns den springenden Punkt der Vorrangigkeit freiheitsbezogener Güter an einem einfachen Beispiel aus dem Bereich interpersonalen Handelns klar: Angenommen, eine Person *A* wäre dazu in der Lage, eine Person *B* vor dem Ertrinken zu retten. *A* wäre selbst in keiner lebensbedrohlichen Situation, sie allein wäre am Ort des Geschehens, und sie wäre zu einer Rettung mühe- und folgenlos imstande; zudem handelte es sich um eine für *A* eindeutige Situation: ohne einen Rettungsversuch wäre *B* verloren. Dann würden wir es für moralisch angemessen halten, dass Person *A* um der Rettung von *B* willen beispielsweise eine Verabredung fallen lässt. Diese moralische Angemessenheit würden wir nicht nur als lobenswerte Solidarität oder als verdienstlich beurteilen; wir würden sie vielmehr als verbindliche Pflicht von *A* gegenüber *B* kennzeichnen. Anders wäre wohl zu urteilen, wenn es um die Frage ginge, ob *A* der Person *B* dabei behilflich sein soll, das Leben eines verwöhnten Schlemmers zu führen. *A* braucht, so würden wir sagen, einen wichtigen Termin nicht zu verpassen, um *B* mit kulinarischen Köstlichkeiten zu versorgen, selbst wenn *B* diese dringend wünschen würde und nur *A* zu ihrer Beschaffung imstande wäre usw. Hier läge – nach unserer moralischen Intuition – keine Pflicht vor, vielleicht nicht einmal eine geringere Stufe moralischer Angemessenheit wie Mitgefühl oder Solidarität. Günstigstenfalls würden wir die uneigennützige Freundlichkeit von *A* loben, wenn er aus einem solchen Grund seinen Termin verpassen sollte; vielleicht würden wir ihn sogar tadeln, nämlich wegen seiner Nachgiebigkeit gegenüber den eigenwilligen Wünschen von *B*. Anders gesagt, das moralische Moment beruht zentral darauf, dass freiheitsbezogene Gütern im Spiel sind (in unserem Beispiel: in Gefahr sind), die beim Handeln sowohl bezüglich der eigenen Person als auch bezüglich aller anderen Handlungsbetroffenen respektiert und gefördert oder aber verletzt und geschädigt werden können.

Kant hingegen kann sich dieser für uns so naheliegenden Intuition nicht anschließen. Für ihn liegt die moralische Dimension der Verletzung von Grundrechten nicht darin, dass moralische Güter geschädigt werden, sondern darin, dass eine Freiheitsverletzung den *homo noumenon* in mir selbst und in anderen Personen missachtet. Freiheit besteht nach Kant dann, wenn ein Individuum nicht der Fremdbestimmung unterworfen ist. Diese Beobachtung ist deswegen so wichtig, weil Kants deontologischer Liberalismus scheinbar etwas sehr Ähnliches impliziert wie Rawls' Ansatz – indem er nämlich die Rechte für die Aufgabe des Staates erklärt, nicht die Glückseligkeit –, sich dabei aber in Wahrheit fundamental von einem güterbasierten Liberalismus unterscheidet.

III

Kants normative Idee des Rechts ist die eines reziproken Multilateralismus der regelförmigen Zuerkennung und Inanspruchnahme von individuellen Freiheitsspielräumen. Faktisch existiert jede Rechtsordnung allerdings nur dadurch, dass ein historischer Usurpator die Individuen eines Territoriums unter seinen Willen gezwungen und dann bestimmte Interaktionsregeln für seine Untertanen festgelegt hat. Das klingt stark ‚nicht-ideal'; aber Kant meint tatsächlich, kein Mensch könne dem Gebot folgen, man müsse den Naturzustand verlassen, weil stets unklar bliebe, wie man etwas eindeutig Normerfüllendes ausführen kann. An die Stelle individueller Erfüllbarkeit setzt Kant vielmehr den Gedanken einer indirekten Realisierung des *exeundum* durch einen Usurpator, der seine gewaltsame Machtergreifung legitimatorisch auf eine *lex permissiva* stützen darf. Moral muss nach Kant hingegen Normen enthalten, welche für ihre individuellen Adressaten erfüllbar sind; Recht kann offenkundig anders vollzogen werden.

Generell ist es wichtig zu sehen, wie weit Kants Rechtsidee von der idealen Normativität der moralischen KI-Prozedur entfernt ist. In den einschlägigen Kantischen Schriften hat man es mit folgenden sieben Einschränkungen gegenüber der Normativität des Moralischen zu tun: [1] *Recht verlangt keine innere Motivation seitens des Akteurs,* [2] *Recht verlangt (und erlaubt) keine innere Prüfung eines Inhalts auf Richtigkeit seitens des Akteurs,* [3] *Recht beschränkt sich auf äußere Freiheit,* [4] *Recht erlaubt einen äußeren Zwang, der streng genommen als heteronom zu betrachten ist,* [5] *Recht impliziert eine raumzeitliche Begrenzung und verlangt keine volle Universalität des Adressatenkreises und keine Omnitemporalität seiner Geltung,* [6] *Recht kann unter konkreten Umständen durchaus asymmetrisch und inegalitär sein*, und [7] *Recht ist auch dann gültig, wenn sich der Gesetzgeber bei seiner kontingenten Setzung nur unzureichend am Gemeinwillenstest orientiert.* Alles dies belegt die These von der nichtidealen Normativität des Rechts; eine ideale Normativitätsform würde solche gravierenden Defizite und Einschränkungen nicht zulassen.

Kants Rechtsmodell ist zudem nicht güterbasiert konzipiert, sondern beruht auf deontologischen Grundlagen. Dies zeigt sich besonders in zwei Hinsichten: (a) Für Individuen wird der Besitz bestimmter Rechte nicht aus der Güterperspektive beschrieben (denn das heißt für Kant: aus der Glücksperspektive). (b) Die staatliche Rechtsordnung lässt sich nicht mithilfe einer ‚rechtsmoralischen Bilanz' verstehen; bessere Rechtsordnungen lassen sich von schlechteren nicht am Maßstab einer kriteriologischen Liste von Gütern identifizieren. Kant ist überdies nicht Perfektionist, sondern Liberaler; er vertritt einen *deontologischen Liberalismus.* Die beiden Momente hängen wie folgt zusammen: Teleologische Begriffe wie Güter, Zwecke, Werte oder Interessen spielen in Kants praktischer Philosophie nur eine abgeleitete Rolle: Sie kommen nur indirekt ins Spiel, insofern sie sich als Konsequenz aus der Pflichtbefolgung ergeben. Der einzige wertgenerierende Akt für moralische Güter ist für ihn der des Gehorsams eines Subjekts gegenüber den Geboten des Kategorischen Imperativs. Gehorcht man den Geboten, so verleiht man sich damit selbst einen absoluten inneren Wert, indem man den *homo noumenon* in sich gleichsam stärkt und sich ihm immer weiter annähert. Kant erweist sich dabei ein werttheoretischer Konstruktivist, d.h. als Vertreter einer Position, die eigentümlich zwischen Realismus und Anti-Realismus changiert und schwer zu verorten ist.

Im Hintergrund steht die Idee des *homo noumenon:* Demnach beruht mein moralischer Wert als Akteur für mich selbst und andere zunächst darauf, dass ich ein freiheits- und moralfähiges Wesen bin; die Größe, die in mir einen Wert generiert, ist allein der noumenale Mensch. Kants Idee ist es, dass sich das eigene rationale Wollen ebenso wie das moralische Sollen aus der Beschaffenheit des *homo noumenon* ergibt. Kant stellt die Sachlage so dar, dass das phänomenale Ich unter die regulative Bedingung eines noumenalen Ichs gestellt wird: Der Akteur darf seinen Neigungen, Impulsen, Wünschen usw., also dem Prinzip der Selbstliebe immer nur soweit und solange folgen, wie sein übergeordnetes ‚wahres Selbst' dagegen keinen Einspruch erhebt.

Der Grundcharakter des deontologischen Liberalismus ist am leichtesten zu verstehen, wenn man sich verdeutlicht, wie Kant Fragen der politischen Behandlung der Glücksperspektive bewertet. Kant selbst erläutert den Gegensatz von Recht und Glückseligkeit im *Gemeinspruch* wie folgt (TP, AA 08: 289 f.):

> Der Begriff aber eines äußeren Rechts überhaupt geht gänzlich aus dem Begriffe der Freiheit im äußeren Verhältnisse der Menschen zu einander hervor und hat gar nichts mit dem Zwecke, den alle Menschen natürlicher Weise haben (der Absicht auf Glückseligkeit), und der Vorschrift der Mittel dazu zu gelangen zu thun: so daß auch daher dieser letztere sich in jenes Gesetze schlechterdings nicht als Bestimmungsgrund derselben mischen muß. Recht ist die Einschränkung der Freiheit eines jeden auf | die Bedingung ihrer Zusammenstimmung mit der Freiheit von jedermann, in so fern diese nach einem allgemeinen Gesetze möglich ist; und das öffentliche Recht ist der Inbegriff der äußeren Gesetze, welche eine solche durchgängige Zusammenstimmung möglich machen. Da nun jede Einschränkung der Freiheit durch die Willkür eines Anderen Zwang heißt: so folgt, daß die bürgerliche Verfassung ein Verhältniß freier Menschen ist, die (unbeschadet ihrer Freiheit im Ganzen ihrer Verbindung mit anderen) doch unter Zwangsgesetzen stehen: weil die Vernunft selbst es so will und zwar die reine, *a priori* gesetzgebende Vernunft, die auf keinen empirischen Zweck (dergleichen alle unter dem allgemeinen Namen Glückseligkeit begriffen werden) Rücksicht nimmt; als in Ansehung dessen, und worin ihn ein jeder setzen will, die Menschen gar verschieden denken, so daß ihr Wille unter kein gemeinschaftliches Princip, folglich auch unter kein äußeres, mit jedermanns Freiheit zusammenstimmendes Gesetz gebracht werden kann.

Glücksverfolgung lässt sich nicht unter eine formale Gesetzmäßigkeit bringen; hierin liegt übrigens ein zentraler verbindender Punkt von innerer, individueller Moralität und äußerer, juridisch-politischer Normativität. Unser Glück ist daher nichts, wozu uns die praktische Vernunft ein Gebot auferlegen könnte. Kant rekonstruiert den Wert eines deontologischen Liberalismus also nicht in Begriffen moralischer Güter, wie man dies zeitgenössischen Liberalismus, etwa bei Rawls, tut. Das Verwandtschaftsverhältnis ist also oberflächlicher, als viele Interpreten der Frage ‚Wie Kantisch ist Rawls?' dies annehmen. Die Güterperspektive hält er vielmehr für verfehlt, weil sie immer an der Glückseligkeit der Bürger orientiert sei. Hier kommt die bekannte Eudämonismus-Kritik Kants ins Spiel, der zufolge Glück ein zu schwankender, vager und individuenrelativer Begriff sein soll, als dass er universalisierungsfähig wäre. Zudem ist das menschliche Leben nicht dazu da, Glück zu erreichen. Glück kann somit kein zentrales Konzept der politischen Philosophie sein. Kants Punkt ist also genau genommen nicht, dass der Staat in Glücksfragen neutral bleiben sollte (im Sinn des anti-perfektionistischen Neutralitätsgebots). Dies wäre ein moralisches Bedenken; ließe sich dann zeigen, dass ein liberaler Staat seinen Bürgern solche Güter bereitstellen kann, die als ‚Allzweckmittel' in unterschiedlichen Lebensplänen vorkommen, so wäre das Bedenken ausgeräumt. Denn Güter müssen keineswegs Glücksgüter sein; es kann in der politischen Sphäre auch um Moralgüter gehen, etwa Rechte als Güter, die man dann z. B. mit einem lexikalischen Vorrang versieht. Aber Kant hat nicht dies im Sinn. Vielmehr verwirft er die Glücksperspektive aus epistemischen Gründen als Basis der politischen Philosophie. Kants Zuspitzung dieser epistemischen Unterscheidung, wonach Glück unbestimmt, Recht aber präzise bestimmbar sei, geht so weit, dass er die Auffindung des rechtlich Richtigen immer für eindeutig möglich hält (TP, AA 08: 298 f.):

> In dieser Beurtheilung, ob jene Maßregel klüglich genommen sei oder nicht, kann nun zwar der Gesetzgeber irren, aber nicht in der, da er sich selbst fragt, ob das Gesetz auch mit dem Rechtsprincip zusammen stimme oder nicht; denn da hat er jene Idee des ursprünglichen Vertrags zum unfehlbaren Richtmaße und zwar *a priori* bei der Hand (und darf nicht wie beim Glückseligkeitsprincip auf Erfahrungen harren, die ihn von der Tauglichkeit seiner Mittel allererst belehren müssen). Denn wenn es sich nur nicht widerspricht, daß ein ganzes Volk zu einem solchen Gesetze zusammen stimme, es mag ihm auch so sauer ankommen, wie es wolle: so ist es dem Rechte gemäß.

Nehmen wir, um die Besonderheit des Kantischen Standpunkts zu sehen, ein zentrales Beispiel, das des Krieges. Was ist nach Kant das Verwerfliche am Krieg? Zu beachten ist, dass Kant gerade nicht sagt, der Krieg sei selbst der unmoralischste aller sozialen Zustände, weil er uns irgendwelcher Güter beraubt. Sein Ablehnungsgrund liegt also nicht darin, dass der Krieg Menschen körperliche Schädigungen zufügt, Schmerzen hervorruft, nächststehende Verwandte und Freunde verlieren lässt, Demütigungen erzeugt, Rechte verletzt, Eigentum vernichtet oder Gemeinschaftsgüter zerstört. Vielmehr besteht das moralisch Inakzeptable des Krieges für Kant darin, dass er durch seine widrigen äußeren Begleitumstände Menschen daran hindert, selbst moralisch zu sein oder sich zum Moralischen hin zu entwickeln. Folgt man einer Bemerkung Kants im *Streit der Fakultäten*, so bildet der Krieg „das größte Hinderniß des Moralischen" (SF, AA 07: 93.18): Menschen werden durch den Krieg von der inneren Moralisierung abgehalten, sie verrohen und verlieren damit ihren moralischen Wert.

Die wenigsten heutigen Philosophen (und Nicht-Philosophen) würden diesen Kantischen Punkt teilen. Das wichtigste Bedenken läge wohl darin, dass Kant allein die Akteursperspektive, nicht die Empfängerperspektive einnimmt; geschädigt wird der unmoralisch Handelnde oder der, der umständehalber seine Selbstperfektionierung nicht weiterführen kann. Damit bleiben die Opfer und ihre Schädigungen (ausgedrückt in den für uns relevanten Schädigungskategorien: Gütern, Interessen, Schmerzen, Demütigungen usw.) gänzlich außer Betracht. Wir würden geltend machen: Das Unmoralische im Feld des Politischen besteht nicht entscheidend darin, dass Akteure durch ungünstige soziale Kontextbedingungen verrohen oder daran gehindert werden, sich moralisch zu verhalten. Zumindest würden wir dies nicht für zentral halten. Stattdessen machen wir die moralische Bindung des Politischen besonders an Grundfreiheiten und Menschenrechten und damit letztlich an einer Theorie moralischer Güter fest.

Meiner Auffassung nach lässt sich unsere intuitive moralische Normativitätskonzeption für politisches Handeln am besten in einem einfachen güterethischen Sollenssatz wiedergeben: „Politische Handlungen sind so zu wählen, dass sie den Interessen und Gütern aller Betroffenen Rechnung tragen, wobei die moralischen Interessen und Güter von Personen eine vorrangige Rolle spielen sollen." Es geht dann hauptsächlich darum zu entscheiden, was unter ‚moralischen Interessen' im Feld des Politischen zu verstehen sein soll und wann und wodurch diese durch politisches Handeln berührt werden. Um besonders deutliche Beispiele zu wählen: Wenn in einer real existierenden (oder gedachten) politischen Ordnung die klassischen Abwehrrechte der liberalen Tradition verletzt werden, wenn die politischen Teilnahmerechte nur ungenügend gewährleistet sind, wenn die sozialen, das Existenzminimum sichernden Rechte lückenhaft sind oder wenn mangelhafte Verfahrensrechte zur Durchsetzung grundrechtlicher Ansprüche bestehen, dann hat eine politische Ordnung ein deutliches Moralproblem. Auch die Sphäre des Politischen kennt hierbei den Vorrang des Moralischen, eine Idee, der etwa John Rawls in seiner Theorie der Gerechtigkeitsprinzipien durch seine Priorisierung der Grundrechte vor sozioökonomischen Gütern und anderen Interessen Ausdruck verliehen hat.

Der wichtigste Punkt, der es ausschließt, dass man Kant eine Menschenrechtskonzeption in unserem modernen Sinn vertritt, ist damit, dass er überhaupt das Recht nicht auf die ideale Normativität der Moral stützt. Das nun wiederum sagt viel über die Tragwürde seiner Moralitätsidee. Moralität beschreibt offenbar nicht das Fundament der Normativität überhaupt – und das scheint auch vollkommen plausibel zu sein. Denn wäre die Moral von *Grundlegung* und zweiter *Kritik* sein letztes Wort in Sachen Normativität, so hätte uns Kant zum Bereich des Rechtlichen und Politischen einfach nichts Relevantes zu sagen, außer dass er die Inkongruenz der Moral mit der Mehrzahl der politischen Handlungssituationen konstatieren müsste. Politische Akteure müssen sich einer Kunst des Machbaren bedienen; Politiker sind etwa zu strategischem Verhalten genötigt oder müssen sich dabei ‚schmutzige Hände' zuziehen. Das Politische bildet *par excellence* das Feld nichtidealer Verhältnisse, in denen man ‚nach besten Kräften' oder ‚im Rahmen des Möglichen' Güter wie äußere Freiheiten, Sicherheit oder Wohlstand herstellen oder erhalten muss. Solche Güter, zumal wenn sie vom Politiker für die Partialgruppe der eigenen Staatsbürger generiert werden sollen, sind *per se* weder moralisch geboten noch verboten. Ihnen inhäriert eine schwächere, aber doch genuin moralische Sollensforderung als die eines Lügen- oder Tötungsverbots.

Gegeben, dass Kant andererseits aber auch keiner abgeschwächten Variante seiner Moralphilosophie zustimmen kann und dass er das Juridisch-Politische ebenso wenig als moralisch gleichgültig betrachtet, bleibt ihm nur, seiner politischen Philosophie eine selbständige Form von Normativität zu verschaffen, die mit den nichtidealen Anwendungsbedingungen kompatibel ist. Diese theoretische Option bestand für Kant möglicherweise noch nicht, als er in der *Grundlegung* vollkommene (=erzwingbare) Pflichten von unvollkommenen (=nicht erzwingbaren) unterschied, ohne diese Distinktion mit der zwischen pflichtmäßigem Handeln und Handeln aus Pflicht zu kombinieren. Das irritierende Moment liegt, wie wir sahen in der Kombination dieser beiden Unterscheidungen, für die sachlich gesehen wenig spricht. Kant tut so, als ließen sich die vollkommenen Pflichten aufgrund ihrer äußeren Erzwingbarkeit (falls dieses Kriterium überhaupt eine präzise Pflichtenklasse identifizierbar macht) zugleich als motivational indifferent (‚bloß pflichtmäßig') beschreiben.

Aber abgesehen von der Unplausibilität dieses Eröffnungsschachzugs enthält sein Rechtsbegriff ein beachtliches theoretisches Potenzial. Kants Idee des Rechts beruht auf der Vorstellung, dass die praktische Vernunft die Etablierung einer äußeren Zwangsordnung gebietet, welche eine Normativität eigener Art enthält, sich zugleich aber zur Moralität wie eine Abschwächung, nämlich im Sinn einer Beschränkung auf äußeres Rechthandeln, verhält. Nach Kant besitzt die Rechtsordnung eine Legitimität *sui generis*. Dazu gehört zunächst, dass sie, obwohl ebenfalls der praktischen Vernunft entstammend, eine andere Genese hat als die Moral: die peremtorische Sicherung des Eigentumsrechts. Zudem kommt sie anders zustande als durch moralische Normativität: nämlich durch einen Akt der Nötigung von Individuen zum Eintritt in einen *status civilis*. Der wichtigste Vorzug der Nichtidealitäts-Interpretation ist es also zu zeigen, wie der Rechtsbegriff es Kant erlaubt, eine abgemilderte Spielart von Normgeltung zu formulieren und damit der verfehlten Alternative zwischen voller Moralität und normativer Indifferenz zu entgehen.

Die Pointe des Kantischen Rechtsbegriffs lässt sich, wie mir scheint, auf folgende Weise formulieren: Es handelt sich um ein Konzept, das *normativ* einsetzt, *funktional* weitergeführt wird und wiederum *normativ* endet. Die ursprüngliche Rechtsidee beruht auf dem Gedanken einer omnilateralen Ordnung, dem Gedanken einer regelförmigen Gewährung und Anerkennung von Freiheitsspielräumen für Vernunftwesen. Insofern hat sie mit dem *homo noumenon* zu tun. Dann aber wird betont, dass jede positive Rechtsordnung strikt und kriterienunabhängig zu befolgen und bereits für sich, ohne Ansehen ihrer Entstehung und ihrer moralischen Qualität, unantastbar sei. Um ein zugespitztes Beispiel zu gebrauchen: Als Friedrich II. seine Bürger zu den Waffen rief, um den Siebenjährigen Krieg zu beginnen, handelte es sich bei dieser Einberufung nach Kant zweifellos um ein Gebot der praktischen Vernunft. Der Krieg war jedoch ebenso zweifelsfrei auch nach Kantischen Prinzipien ungerecht; aber dies einzusehen, wäre die Sache Friedrichs gewesen, nicht die Sache protestierender Philosophen oder aufständischer Bürger.[7] Der Souverän erscheint bei Kant als eigentlicher Normadressat des historischen Fortschritts; Fortschritt kommt überdies verlässlich dadurch zustande, dass man nur den Gang der Institutionen nicht stört. Letzten Endes bleibt die Rechtsidee aber unter normative Prinzipien gestellt, wie etwa folgender Text aus § 45 der *Rechtslehre* deutlich macht (AA 06: 313):

> Ein Staat (*civitas*) ist die Vereinigung einer Menge von Menschen unter Rechtsgesetzen. So fern diese als Gesetze *a priori* nothwendig, d.i. aus Begriffen des äußeren Rechts überhaupt von selbst folgend, (nicht statutarisch) sind, ist seine Form die Form eines Staats überhaupt, d.i. der Staat in der Idee, wie er nach reinen Rechtsprincipien sein soll, welche jeder wirklichen Vereinigung zu einem gemeinen Wesen (also im Inneren) zur Richtschnur (*norma*) dient.

Wir sehen, dass die von Kant hier gemeinte Normativität bei weitem nicht deckungsgleich ist mit jener Normativitätsform, die wir aus der Grundlegung und der Kritik der praktischen Vernunft kennen. Meine These von (2014) bleibt also bestehen: Kant entwickelt eine Idee rechtlich-politischer Normativität im Sinn einer pointierten Nichtidealität.

7 Erst in einer Republik wäre die faktische „Beistimmung der Staatsbürger" erforderlich; und die Staatsbürger würden den Krieg laut Kant tatsächlich mit Blick auf seine drohenden „Drangsale" – also basierend auf einer Güterkonzeption – ablehnen: „als da sind: selbst zu fechten, die Kosten des Krieges aus ihrer eigenen Habe herzugeben; die Verwüstung, die er hinter sich läßt, kümmerlich zu verbessern; zum Übermaße des Übels endlich noch eine den Frieden selbst verbitternde, nie (wegen naher, immer neuer Kriege) zu tilgende Schuldenlast selbst zu übernehmen ..." (SF, AA 07: 351).

Literatur

Horn, Christoph (2014): *Nichtideale Normativität. Ein neuer Blick auf Kants politische Philosophie*. Berlin: Suhrkamp.

Ju, Gau-Jeng (1985): *Kants Lehre vom Menschenrecht und von den staatsbürgerlichen Grundrechten*. Diss., Bonn.

Klemme, Heiner F. (2013): „Das Recht auf Rechte und die Pflicht zur Staatlichkeit". In: Falk Bornmüller/Thomas Hoffmann/Arnd Pollmann (Hg.): *Menschenrechte und Demokratrie*. Freiburg/München: Verlag Karl Alber, 159 – 180.

König, Siegfried (1994): *Zur Begründung der Menschenrechte: Hobbes – Locke – Kant*, Freiburg/München: Verlag Karl Alber.

Merle, Jean-Christophe (1999): „Funktionen, Befugnisse und Zwecke der Staatsverwaltung". In: Höffe, Otfried (Hg.): *Immanuel Kant. Metaphysische Anfangsgründe der Rechtslehre*, (Klassiker Auslegen, Bd. 19). Berlin: Akademie Verlag, 195 – 212.

Mohr, Georg (2009): „‚nur weil es verbrochen hat' – Menschenwürde und Vergeltung in Kants Strafrechtsphilosophie". In: Klemme, Heiner F. (Hg.): *Kant und die Zukunft der europäischen Aufklärung*. Berlin: De Gruyter, 469 – 499.

Müller, Jörg Paul (1999): „Das Weltbürgerrecht (§62) und Beschluss". In: Höffe, Otfried (Hg.): *Immanuel Kant. Metaphysische Anfangsgründe der Rechtslehre*. Berlin: Akademie Verlag, 257 – 278.

Niesen, Peter (2005/[2]2008): *Kants Theorie der Redefreiheit*. Baden-Baden: Nomos.

von der Pfordten, Dietmar (2009): *Menschenwürde, Recht und Staat bei Kant. Fünf Untersuchungen*. Paderborn: Mentis.

Wood, Allen W. (2004): „Kant and Fichte on Right, Welfare and Economic Redistribution". In: *Internationales Jahrbuch des Deutschen Idealismus* 2, 77 – 101.

Stefan Gosepath

Das Problem der Menschenrechte bei Kant

Abstract Kant wird oft als einer derjenigen großen Philosophen angesehen, dessen Werk wesentlich zum jetzigen Verständnis der Menschenrechte und Menschenwürde beigetragen hat. Kant scheint, wenn man in seine Schriften schaut, jedoch keine Theorie der Menschenrechte im modernen Sinne gehabt zu haben. Bei näherem Hinsehen zeigt sich folgender Grund: Kant unterscheidet zwischen dem bloß privaten Recht, das dem positiven Recht untergeordnet ist, und dem öffentlichen Recht, das die begrifflichen Bedingungen einer jeden legitimen, legalen Ordnung darstellt. Der Inhalt des öffentlichen Rechts wird bei ihm weder direkt aus einer freistehenden Moraltheorie abgeleitet, noch aus vertraglichen Übereinkünften oder dem positiven Recht. Stattdessen soll es aus den Ermöglichungsbedingungen einer rechtmäßigen Verfassung expliziert werden, unter der allein Ansprüchen auf (ein) „Recht" irgendeine verbindliche Autorität zukommt. Wenn man diesen Ansatz ernst nimmt, kann man kaum eine Lesart bei Kant finden, die sich mit der modernen Auffassung von Menschenrechten vereinbaren lässt. Warum aber denken dann manche, dass Kant etwas zum modernen Verständnis der Menschenrechte beizutragen hätte? So lauten denn die Leitfragen der Erörterung: Welche Auffassungen in Kants Werk kommen einem zeitgenössischen Verständnis von Menschenrechten am nächsten? Warum jedoch können diese menschrechtlich vielleicht ähnlich klingenden Auffassungen Kants den heutigen Befürwortern der Menschenrechte doch keine Quelle oder Stütze bieten?

1 Einleitung

Am 10. Dezember 1948 verkündeten die gerade erst gegründeten Vereinten Nationen die *Allgemeine Erklärung der Menschenrechte* (AEMR). Mit ihr trat der anspruchsvolle Versuch in die entscheidende Phase, die im 17. Jahrhundert in der Tradition des Naturrechts entworfene und im 18. Jahrhundert in der *Virgina Bill of Rights* von 1776 und der französischen *Déclaration des droits de l'homme et du citoyen* von 1789 erklärte Idee der Menschenrechte als Maßstab einer weltweit verbindlichen Moralordnung zu etablieren. Menschenrechte sind – so lässt sich heute feststellen – in der zweiten Hälfte des 20. Jahrhunderts, bei allen Einschränkungen, zu einem global wirksamen, normativen Maßstab der Menschheit geworden. Obwohl sie weiterhin in manchen Staaten zu manchen Zeiten missachtet und verletzt werden, sind fast alle Menschen und Staaten bereit, die Menschenrechte faktisch als gemeinsamen moralischen Standard zu akzeptieren,

https://doi.org/10.1515/9783110572377-010

auch wenn das teilweise nur ein Lippenbekenntnis ist. Die meisten Staaten haben die AEMR anerkannt und auch die sich darauf stützenden, jedoch jetzt völkerrechtlich bindenden Verträge und Menschenrechtskonventionen unterschrieben und ratifiziert. Kaum eine Regierung heute leugnet die Idee der Menschenrechte ganz, allenfalls versuchen sie sie anders zu interpretieren. Zwar gibt es leider weiterhin Völkermord, Folter, Gräueltaten und andere Formen staatlicher Willkür, aber Menschenrechtsverletzungen und die Missachtung der Menschenwürde werden von der Völkergemeinschaft geächtet, angeprangert und sie sind größtenteils durch die internationale Staatengemeinschaft rechtlich und politisch sanktionierbar. Ihre Sanktionierung beginnt sogar so langsam juristische und politische Realität anzunehmen. So beklagenswert die Verletzungen der Menschenrechte sind, bleibt doch festzuhalten, dass mit den Menschenrechten etwas erreicht ist, was in der bisherigen Geschichte ohne Beispiel ist: *eine globale, transkulturelle und transnationale moralische Ordnung.*

Unter „Menschenrechten" versteht man dabei heute zumeist vorstaatliche individuelle Rechtsansprüche adressiert primär an die staatliche Ordnung. Dieses heutige Verständnis der Menschenrechte umfasst zumindest – bei allen unterschiedlichen Auffassungen – erstens vorstaatliche, moralische Ansprüche, die Menschen als Menschen haben, die sich zweitens auf grobes moralisches Unrecht beziehen, die es drittens zwingend erforderlich machen, dass es eine politische Ordnung gibt, die dieses grobe moralische Unrecht effektiv verhindert. Mit Menschenrechten ist also die an alle gerichtete Forderung verbunden, das jeweilige moralische Recht als positives oder legales Recht rechtstaatlich zu institutionalisieren, so dass Verletzungen dieses Menschenrechts mit staatlichen Zwangsmitteln sanktioniert werden können. Menschenrechte haben also eine Komponente eingebaut, die uns moralisch verpflichtet, sie auch rechtlich zu konkretisieren und zu institutionalisieren.[1]

Professionelle Philosophen könnten zur Selbstgratulation des eigenen Faches neigen, sieht die Entwicklung der Menschenrechte bzw. ihrer Idee doch nach einer welthistorischen Erfolgsgeschichte des Fortschreitens der Vernunft und ihrer Realisierung aus. Was aber – so muss man sich – durchaus selbstkritisch – philosophisch-reflexiv fragen – hat den außerordentlichen Erfolg der Menschenrechte wirklich ermöglicht, und zwar gerade im Unterschied zu sonstigen Normen der Moral, der Idee liberaler Grundrechte und demokratischer Politik? [2]

Waren es in der Tat unsere großen Philosophen und deren Ideen, die diesen Siegeszug ermöglichten? Im Folgenden möchte ich mich einem besonderen phi-

1 So schon Kant in RL, AA 06: 312.

2 Zu einem philosophischen Versuch einer Erklärung dieses Phänomens s. Gosepath 2009.

losophiegeschichtlichen Fall in der Geschichte der Menschenrechtsidee zuwenden, nämlich Immanuel Kant, weil er immer wieder – meines Erachtens fälschlicherweise, wie ich im Folgenden zeigen möchte – als Mitbegründer der Idee der Menschenrechte angesehen wird.

Kant wird oft als einer derjenigen großen Philosophen angesehen, dessen Werk wesentlich zum jetzigen Verständnis der Menschenrechte und Menschenwürde beigetragen hat.[3] Wenn man von heute, also aus der Perspektive der gegenwärtigen Politischen Philosophie der Menschenrechte auf Kant (zurück) schaut, ist mancher überrascht, nichts Vergleichbares in Kants Schriften zu finden. Wenn man sich nicht besonders gut in Kants Theorie auskennt, könnte man sehr wohl erstaunt sein, nirgends in seinen Schriften so etwas wie das, was wir heute „Menschenrechte" nennen, entdecken zu können.[4] Kant scheint, wenn man in seine Schriften schaut, offenbar keine Theorie der Menschenrechte im modernen Sinne gehabt zu haben. Bei näherem Hinsehen zeigt sich folgender Grund: Kant unterscheidet zwischen dem bloß privaten Recht, das dem positiven Recht untergeordnet ist, und dem öffentlichen Recht, das die begrifflichen Bedingungen einer jeden legitimen, legalen Ordnung darstellt. Der Inhalt des öffentlichen Rechts wird bei ihm weder direkt aus einer freistehenden Moraltheorie abgeleitet, noch aus vertraglichen Übereinkünften oder dem positiven Recht. Stattdessen soll es aus den Ermöglichungsbedingungen einer rechtmäßigen Verfassung expliziert werden, unter der allein Ansprüchen auf (ein) „Recht" irgendeine verbindliche Autorität zukommt. Wenn man diesen Ansatz ernst nimmt, kann man kaum eine Lesart bei Kant finden, die sich mit der modernen Auffassung von Menschenrechten vereinbaren lässt.

---

3 So beispielsweise explizit bei Bielefeld 1998, 45–47, Höffe 1990, 135–145 und 2000, König 1994, 186.

4 Schon der Ausdruck „Menschenrecht(e)" findet sich äußerst selten in Kants Schriften, schon gar kaum im Plural; hinzu kommen semantische Äquivalente wie „Rechte der Menschheit". Für Belege der wenigen Stellen s. Höffe in diesem Band, Horn 2014, 75–84; Hruschka 2015, 1518 f., zur Diskussion vgl. auch König 1994 und Müller 1999. In (fast) allen angeführten Stellen verwendet Kant „Menschenrecht(e)" nicht im heutigen Sinn. Meist meint er damit die positiven Rechte bzw. die Rechtsordnung. So z. B. in der Fußnote zur ‚Allgemeinen Anmerkung' (RL, AA 06: 320–322). Im hier interessierenden naturrechtlichen Sinn subjektiver Rechte unabhängig vom positiven Recht spricht Kant vielleicht im *Gemeinspruch* von ihnen als den „heiligsten Menschenrechte[n]" (TP, AA 08: 307). – Verschiedene Autoren benennen Beispiele für Menschenrechte bei Kant, etwa wenn Kant die Freiheit der Feder im *Gemeinspruch* (TP, AA 08: 304) als „einziges Palladium der Volksrechte" bezeichnet oder wenn er in derselben Schrift sagt: „Ein jedes Glied des gemeinen Wesens hat gegen jedes andere Zwangsrechte" (TP, AA 08: 291). Ich schließe mich Horns Interpretation (2014, 79–83) an, dass diese Beispiele nicht für Menschenrechte in unserem Sinne bei Kant stehen.

Warum aber denken dann manche, dass Kant etwas zum modernen Verständnis der Menschenrechte beizutragen hätte? So wird denn die Leitfrage der folgenden Erörterung lauten: Welche Auffassungen in Kants Werk kommen einem zeitgenössischen Verständnis von Menschenrechten am nächsten? Warum jedoch können diese menschenrechtlich vielleicht ähnlich klingenden Auffassungen Kants den heutigen Befürwortern der Menschenrechte doch keine Quelle oder Stütze bieten?

Für die Zwecke meiner Erörterung werde ich Kants Unterscheidung zwischen drei Arten der Verpflichtungen (TP, AA 08: 277 f.) aufgreifen, von denen jede in einer anderen Sphäre gültig ist:

1. Erstens die Sphäre der Moralität überhaupt, wie sie Kant vor allem in der *Grundlegung zur Metaphysik der Sitten* entwickelt: Die Moral ergibt sich aus dem Standpunkt eines jeden moralisch urteilenden Individuums, von dem aus es seine Urteile darüber fällt, wie es sein eigenes Handeln ihm selbst, anderen Individuen und der Menschheit im Allgemeinen gegenüber rechtfertigen kann. Vom Standpunkt der Moral aus gesehen müssen wir – Kant zufolge – stets fragen: Was sollte ich als Individuum tun in meiner Beziehung zu anderen Individuen, denen gegenüber ich keine Verpflichtungen der politischen Gerechtigkeit habe? Die Bedingungen der Moral betreffen die Beziehungen zu mir selbst, zu anderen, mit denen ich nicht politisch verbunden bin (mit denen ich mich also im Naturzustand befinde), und zu anderen, denen gegenüber ich zwar politische Verpflichtungen habe, die aber nicht erschöpfend sind – zum Beispiel wenn ich bestimmten Personen gegenüber jenseits meiner positiv-rechtlichen Verpflichtungen auch moralische Verpflichtungen als Freund, Familienmitglied, Nachbar oder Geschäftspartner habe.
2. Zweitens die Sphäre der Politik oder des Staatsrechts, wie sie Kant vornehmlich in der *Rechtslehre*, dem ersten Teil der *Metaphysik der Sitten*[5] bestimmt: Hier nimmt man den Standpunkt des Staates ein bzw. den der Staatsbürger(inn)en, die verpflichtet sind, die Gesetze ihrer Staaten zu achten als eine Weise ihren moralischen Verpflichtungen untereinander nachzukommen. Während die Forderungen der Moral auch im Naturzustand gelten (z. B. die Forderung, dass man niemanden zum eigenen Vorteil töten darf), gelten die Anforderungen des Rechts vollständig nur in der bürgerlichen Gesellschaft. In dieser gibt – Kant zufolge – jedes Individuum sein Recht auf, selbst zu bestimmen, wo die Grenzen zwischen der eigenen Freiheit und der

5 Zu den *Metaphysischen Anfangsgründen der Rechtslehre* (*Rechtslehre*) vgl. Höffe 1999; Ripstein 2009; Rosen 1993; Timmons 2000.

Freiheit anderer zu ziehen ist, und erkennt stattdessen den Staat als legitimen öffentlichen Richter an. Vom Standpunkt der politischen Gerechtigkeit oder des Staatsrechts aus lautet die entscheidende praktische Frage also: Wozu darf ich berechtigterweise meine Mitbürger(inn)en im Medium des Rechts zwingen, und wozu sind sie in reziproker Weise berechtigt, mich zu zwingen?

3. Die dritte und letzte Sphäre der Verpflichtung ist die des Völkerrechts, oder das, was wir heutzutage die Sphäre der Gerechtigkeit jenseits der Staaten, bei Kant der internationalen Gerechtigkeit nennen könnten: Vom Standpunkt der internationalen Gerechtigkeit aus müssen wir fragen: Welchen Bedingungen innerhalb von Staaten sowie in den internationalen und transnationalen Beziehungen dürfen wir nicht widersprechen, und welche sind wir sogar verpflichtet, hervorzubringen? Im *Ewigen Frieden*[6] und der *Metaphysik der Sitten*, in denen Kant diesen Teil seiner politischen Theorie ausführlich ausarbeitet, unterscheidet Kant drei Ebenen der Gerechtigkeit: Im Unterschied zum Staatsbürgerrecht, das innerhalb einzelner Staaten gilt, gelten das Völkerrecht sowie das Weltbürgerrecht für die internationale Sphäre der Gerechtigkeit. Die von Kant gezogene Differenz zwischen dem Völkerrecht (RL, AA 06: 334–336) und dem Weltbürgerrecht (RL, AA 06: 352f.) soll dabei den Unterschied angemessen aufnehmen, dass eine gerechte Ordnung jenseits der Staaten nicht nur gerechte Beziehungen zwischen den Staaten, sondern auch zwischen den Staaten und der Gesamtheit der Individuen beinhaltet. Deshalb sollen – nach Kant – die Individuen jenseits ihres eigenen Staates den Status von Weltbürgern innehaben. Die drei Definitivartikel des *Ewigen Friedens* entsprechen diesen drei Ebenen der Gerechtigkeit: (1) „Die bürgerliche Verfassung in jedem Staate soll republikanisch sein“ (ZeF, AA 08: 349), (2) „Das Völkerrecht soll auf einen Föderalismus freier Staaten gegründet sein“ (ZeF, AA 08: 354), (3) „Das Weltbürgerrecht soll auf Bedingungen der allgemeinen Hospitalität eingeschränkt sein“ (ZeF, AA 08: 357).

Um etwas in Kants Werk zu finden, das dem modernen Verständnis von Menschenrechten nahekommt, schaue ich im Folgenden drei Kandidaten in Kants Theorie etwas näher an, denen man Ähnlichkeit zum heutigen Menschenrechtsverständnis unterstellen könnte und unterstellt hat: 1. Menschenwürde in der Sphäre der Moral, 2. das angeborene Recht im Staatsrecht und 3. das Weltbürgerrecht in der Sphäre der globalen Gerechtigkeit.

6 Zu *Zum ewigen Frieden* vgl. Habermas 1996; Höffe 2011; Lutz-Bachmann/Bohman 1996.

1 Menschenwürde in der Sphäre der Moral

Allgemein geht man davon aus, dass Kant Menschenwürde als einen absoluten inneren Wert aller menschlichen Wesen konzipiert.[7] Ebenso wird weithin angenommen, dass dieser Wert den Grund darstellt, dessentwegen wir andere zu achten haben.

> Nun ist Moralität die Bedingung, unter der allein ein vernünftiges Wesen Zweck an sich selbst sein kann [...] Also ist die Sittlichkeit und Menschheit, insofern sie derselben fähig ist, dasjenige, was allein Würde hat. (GMS, AA 04: 434 f.)

Dieses Zitat scheint nahezulegen, dass Kant die Würde als Begründung der Moral und *a fortiori* der moralischen Rechte und Pflichten betrachtet.

Menschenwürde wird von Kant charakterisiert durch Attribute wie „innerer Wert" (z.B. GMS, AA 04: 434f.) und „unbedingt". Diese Zuschreibungen sollen anscheinend ausdrücken, dass der Wert des Menschen von nichts anderem abhängt: Menschen haben einen Wert allein aufgrund ihrer Menschlichkeit. Von diesem Wert wird oft behauptet, dass es der normative Grund sei, aus dem wir Achtung vor dem Menschen haben sollten. Dieser Wert wird von vielen außerdem als „unvergleichlich" bezeichnet, was bedeutet, dass er nicht gegen andere Werte abgewogen werden kann, etwa gegen den Wert von Dingen.

Das scheint einem heute weit verbreiteten Verständnis zu entsprechen. Einer solchen, prominenten heutigen Lesart zufolge ist Menschenwürde eine nicht-relationale Werteigenschaft menschlicher Wesen, die normative Forderungen generiert, Menschen und ihre Rechte zu achten. Dies ist nach verbreiteter Meinung das zeitgenössische Verständnis der Würde, das zum Beispiel der UN-Menschenrechtserklärung zugrunde liegt, in der von der „inhärenten Würde aller Mitglieder der Menschheitsfamilie" die Rede ist, und der üblichen Auslegung von Art. 1 Abs. 1 des deutschen Grundgesetzes entspricht. Wenn Würde ein innerer Wert ist und die Menschheit Würde hat, dann hat auch die Menschheit einen inneren Wert, und von dort aus ist es nur ein kurzer Schritt zu der Konklusion, dass man die Menschheit aufgrund ihres inneren Werts zu achten hat.

Menschenrechte im modernen Sinn werden oft in derselben Weise aus der Würde des Menschen abgeleitet. Es wird dann behauptet, wir hätten Menschenrechte, weil wir Würde hätten. Und wir haben Würde – so lässt sich kantisch ergänzen – aufgrund unserer Fähigkeit zur Vernunft und Autonomie.

Da Kant Menschenwürde als Grundlage der Moral konzipiert und da Menschenrechte in der Menschenwürde begründet und von ihr ableitbar seien, fänden

7 So beispielsweise Paton 1947, 189; Schönecker/Wood 2003, 142.

wir in Kants Werk – nach dieser Auffassung – die notwendigen Voraussetzungen für ein modernes Verständnis der Menschenrechte.

Wie steht es um den Wahrheitsgehalt dieser populären Inanspruchnahme von Kant? Schlecht, will mir scheinen: Denn erstens ist dies gar nicht das, was Kant tatsächlich sagt. Und zweitens ist dies auch nicht die angemessenste, systematische Begründung der Menschenrechte. Dazu im Einzelnen nun noch etwas genauer:

1. Wie Kant-Interpreten (besonders Sensen 2009 und 2011; Horn 2014) betonen, sprechen mindestens vier Argumente gegen diese Würde-Lesart von Kant: Erstens hängt für Kant das Gute vom Rechten ab (i); zweitens hat nicht die Menschheit, sondern nur die Moral einen inneren Wert (ii); drittens begreift Kant die Würde nicht als eine nicht-relationale Eigenschaft (iii) und schließlich impliziert Menschenwürde bei Kant keine Unverletzlichkeit der Person seitens des Staates.
   i) Bezüglich des ersten Punkts macht Kant in der *Grundlegung* klar, dass das Gute vom Rechten abhängt.

> Denn es hat nichts einen Werth als den, welchen ihm das Gesetz bestimmt. Die Gesetzgebung selbst aber, die allen Wert bestimmt, muss ebendarum eine Würde d.i. unbedingten, unvergleichbaren Wert haben, für welchen das Wort *Achtung* allein den geziemenden Ausdruck der Schätzung abgibt, die ein vernünftiges Wesen über sie anzustellen hat. Autonomie ist also der Grund der Würde der menschlichen und jeder vernünftigen Natur. (GMS, AA 04: 436)

Es gibt daher bei Kant keinen unabhängigen *Wert*, der die normative Forderung andere zu achten begründen könnte. Vielmehr stellt sich für Kant die Beziehung genau andersherum dar: Man soll andere achten, weil es durch den Kategorischen Imperativ in der Reich-der-Zwecke Formel so vorgeschrieben wird. Kant behauptet, dass die Forderung seine Maximen zu universalisieren „im Grunde einerlei" sei mit der Forderung andere zu achten (GMS, AA 04: 437 f.). Denn die Forderung, seine Maximen zu universalisieren, verlangt, dass man all jene Maximen, die dem Willen der betroffenen Subjekte nicht entsprechen, verwerfen muss, denn damit erweisen sie sich eben als nicht verallgemeinerbar. Das aber besagt dasselbe wie die Zweck-an-sich Formel. So heißt es in der *Kritik der praktischen Vernunft:* Ein vernünftiges Wesen ist

> [...] keiner Absicht zu unterwerfen, die nicht nach einem Gesetze, welches aus dem Willen des leidenden Subjects selbst entspringen könnte, möglich ist; also dieses niemals bloß als Mittel, sondern zugleich selbst als Zweck zu gebrauchen. (KpV, AA 05: 87.24–26).

ii) Es ist wegen des moralischen Gesetzes – und nicht wegen irgendeines inneren Wertes des Menschen – dass wir Menschen achten sollen. Diese Interpretation wird belegt durch die Tatsache, dass Kant in der *Grundlegung* und anderswo einen absoluten inneren Wert (fast) ausschließlich der Moral und nicht den Menschen als solchen zuschreibt. Kant begründet die Forderung, andere zu achten, also weder in einem absoluten inneren Wert aller Menschen, noch behauptet er einen solchen Wert. Der Würdebegriff spielt in Kants praktischer Philosophie noch nicht mal eine begründende Rolle für die Pflichten (Klemme 2012, 45).

iii) Der „innere Wert“ ist lediglich ein anderer Ausdruck für dasjenige, was wir jenseits seiner Nützlichkeit schätzen sollen, jedenfalls insofern wir völlig vernunftgeleitet sind.

iv) Man sollte Kants Trennung zwischen Moral und Recht beachten. Es ist mehr als unklar, ob Kant an irgendeiner Stelle in seiner Rechtsphilosophie der Menschenwürde einen rechtebasierenden absoluten Status zuweist.

v) Pointierte Passagen über Kriminelle in der Rechtslehre (RL, AA 06: 329 f.) legen zudem nahe, dass Kant zugesteht, dass Verbrecher ihre Würde verlieren können (Horn 2014, 73 und 99). Kants Behandlung der Beteiligungsrechte von Frauen, Schutzrechte von unehelichen Kindern, Versklavungsrechte für Angehörige fremder Ethnien, Strafgefangene, Menschen im Krieg lassen Zweifel aufkommen, ob er tatsächlich alle Menschen, denen er Würde zuspricht, als auch mit unveräußerlichen Menschenrechten ausgestattet ansieht (Horn 2014, 84–98). Vielmehr scheint die Würde des Staatsbürgers (statt des Menschen) die zentrale Grundlage individueller Rechtsansprüche bei Kant (Horn 2014, 110).

2. Zur Frage der *systematischen* Interpretation der Menschenrechte: Nicht nur bei Kant, sondern auch unter uns Zeitgenossen ist Menschenwürde ein vieldiskutierter Begriff, dessen inhaltliche und argumentative Rolle in einer Theorie der Menschenrechte und in der Rechtspraxis umstritten ist.
   i) Es ist keineswegs klar, dass Menschen gewisse gemeinsame Eigenschaften haben – wie etwa die Fähigkeit zur Vernunft –, die ihnen Würde verleihen. Weder haben alle Menschen diese Eigenschaften, noch im gleichen Umfang.
   ii) Es ist auch nicht offensichtlich, weshalb genau diese Eigenschaften notwendig sein sollten – im Sinne einer notwendigen Begründung –, um Menschenrechte zu haben.
   iii) Um einen naturalistischen Fehlschluss zu vermeiden, dürfen diese Eigenschaften, über die Würde supervenieren soll, nicht rein biologistisch aufgefasst werden.
   iv) Wenn wir davon ausgehen, dass Autonomie diejenige Eigenschaft darstellt, die Würde begründen kann und soll, dann stellt sich die weitere Frage nach der Extension der Würde: Warum sollten nur jene Menschen,

die über diese Eigenschaft verfügen, als Subjekte und Objekte der Moral und der Menschenrechte angesehen werden? Warum begründet die Autonomie bei rationalen Wesen deren moralischen Status? Die Fähigkeit zum Vernunftgebrauch, so sahen wir gerade, gibt uns doch vielmehr die Möglichkeit das moralische Gesetz zu erkennen, das heißt den Kategorischen Imperativ, und die Pflichten, die sich aus seiner Anwendung ergeben. Warum gelten Rechte und Pflichten nur für Wesen, die im Prinzip in der Lage sind diese auch selbst zu erkennen und aus Vernunftgründen zu befolgen?

Als ein erstes Zwischenergebnis kann ich also festhalten, dass es ziemlich fragwürdig ist – in Kantischer als auch systematischer Hinsicht –, ob Menschenwürde moralisch verstanden ein Wert ist, der eine begründende Rolle innerhalb einer Menschenrechtskonzeption spielen kann. So wende ich mich denn Kants politischer Philosophie zu.

2 Ein einziges angeborenes Recht

Kants Rechtsphilosophie und politische Philosophie beginnt mit einer einfachen, aber eindrucksvollen Auffassung von Freiheit als Unabhängigkeit von den Entscheidungen anderer Personen. Der normative Ausgangspunkt von Kants Politischer Philosophie liegt in einem ‚angeborenen Recht' (*ius innatum*), das zunächst wegen seines angeborenen, d. h. naturrechtlichen, Charakters seiner Gleichheit und Allgemeinheit ein besonders aussichtsreicher Kandidat für ein Kantisches Äquivalent heutiger Menschenrechte zu sein scheint.

> DAS ANGEBORENE RECHT IST NUR EIN EINZIGES
>
> Freiheit (Unabhängigkeit von eines anderen nötigender Willkür), sofern sie mit jedes Anderen Freiheit nach einem allgemeinen Gesetz zusammenstehen kann, ist dieses einzige, ursprüngliche, jedem Menschen, kraft seiner Menschheit, zustehende Recht. (RL, AA 06: 237 f.)

Der potentielle Eingriff in die Freiheit einer anderen Person schafft eine Art von Abhängigkeit. Unabhängigkeit verlangt daher, dass eine Person nicht der Willkür einer anderen Person unterworfen ist. Unabhängigkeit ist das grundlegende Prinzip des Rechts. Dieses garantiert zugleich gleiche Freiheit, und verlangt daher, dass keine Person der Willkür einer anderen unterworfen ist. Gleiche Freiheit garantiert also den Status des Menschen *als eigener Herr (sui iuris)*, und so das Recht eines jeden Menschen auf Unabhängigkeit.

Personen genießen Rechte nach Kant nur in einer Rechtsgemeinschaft, nicht aber im Naturzustand. Kant akzeptiert keine moralischen, universellen, kategorischen und unveräußerlichen Individualrechte.[8] Die einzige Art und Weise, in der eine Pluralität von Personen ihre Freiheit so genießen können, dass sie mit der Freiheit anderer vereinbar ist, besteht darin, sich mit den anderen zu vereinigen und in einen rechtlichen Zustand einzutreten. Als systematische Verwirklichung der Freiheit eines jeden, zusammen mit der eines jeden anderen, unter einem allgemeinen Gesetz, ist der rechtliche Zustand nicht lediglich das Recht eines jeden Menschen für sich allein, sondern das von allen zusammengenommen. Freiheit unter dem öffentlichen Gesetz ist das Recht der Menschen als solches.

Der wesentliche Punkt hier ist, dass in Kants Rechts- und politischer Sphäre nicht der unilaterale Wille, sondern der „vereinigte Willen des Volkes" die Quelle der Normativität ist. Das heißt, dass die normative Kraft des Allgemeinen Prinzips des Rechts im Konsens und der Übereinkunft vernünftiger Akteure verortet ist, die einander im kooperativen Modus der Achtung begegnen und sich gegenseitig als Mitglieder des Reichs der Zwecke anerkennen.

Man könnte hierin eine bemerkenswerte Parallele zwischen Moral und Politik bei Kant erkennen – sofern man einer kohärentistischen Lektüre von Kants praktischer Philosophie zustimmt, also annimmt, dass die Politische Philosophie Kants von seiner Moralphilosophie abhängig ist.[9] Allerdings ist der Gegenstand der Übereinkunft der vernünftigen Akteure in beiden Bereichen verschieden. In der Politik ist es das zwingende Recht. „Das Recht ist also der Inbegriff der Bedingungen, unter denen die Willkür des einen mit der Willkür des andern nach einem allgemeinen Gesetze der Freiheit zusammen vereinigt werden kann" (RL, AA 06: 230). Erzwungen werden darf dazu, was nötig ist, um allen den gleichen Personen-Status, d.h. als Freier, zu sichern im Staat (RL, AA 06: 203–205). Das

---

8 Dies zeigt Horn 2014, 68–84 und in diesem Band. Mit diesem Nachweis unter anderem argumentiert Horn auf andere, ergänzende Weise als ich für die mit meiner Auffassung konforme These, dass es bei Kant keine Menschenrechte im Sinne moralischer Grundrechte gibt.

9 Bekanntlich stehen sich zwei grundsätzliche Lesarten von Kants praktischer Philosophie gegenüber. Die Vertreter einer Abhängigkeitsthese auf der einen Seite argumentieren für die Abhängigkeit des Rechts von Prinzipien der Moralphilosophie bei Kant. Diese Abhängigkeitsthese, nach der Recht sich bei Kant letztlich aus dem Kategorischen Imperativ ableiten lasse, vertreten vor allem B. Ludwig, W. Kersting, O. Höffe, P. Guyer und G. Seel. Die Vertreter einer Unabhängigkeits- oder Trennungsthese auf der anderen Seite sehen hingegen Kants Verständnis von Recht und Moral als voneinander unabhängige normative Phänomene. Die Vertreter der Unabhängigkeitsthese wie J. Ebbinghaus, G. Geismann, M. Willaschek, A. Ripstein und A. Wood unterscheiden sich allerdings teilweise stark in ihren Argumentationen. Für diese Zuordnung der Sekundärliteratur zum Verhältnis von Kants Moral- und Rechtsphilosophie vgl. Mosayebi 2013, 3–7, und Horn 2014, Kap 1.; dort finden sich auch die entsprechenden Literaturhinweise.

unterstreicht die kategorische Differenz, die Kant zwischen einer moralischen Forderung zieht, die das individuelle Gewissen bestimmt, und einer Forderung der Gerechtigkeit, die Zwang durch juridische Gewalt erlaubt. Kant zufolge kann man letztere – Forderungen des Rechts – nicht direkt aus der ersteren – Forderungen der Moral – ableiten, ohne die Vermittlung durch eine legitime Autorität. Kant besteht auf der Notwendigkeit legitimer öffentlicher Autoritäten als logischer Bedingung jeder rechtmäßigen Ordnung.

Menschenrechte heute werden allgemein als vorstaatliche individuelle Rechtsansprüche primär an eine staatliche Ordnung verstanden. Der zentrale Einwand, der sich aus Kants politischer Philosophie gegen unser heutiges Verständnis der Menschenrechte entnehmen lässt, ist, dass alle individuellen vorstaatlichen Rechtsansprüche nur vorläufig moralische Geltung beanspruchen können. Während Kant wohlintendierte Bemühungen von Individuen, die eigene Auffassung des eigenen Rechts zu verteidigen, im Naturzustand durchaus rechtfertigt, stellt privates Recht ihm zufolge in der bürgerlichen Gesellschaft keine legitime Alternative zur Autorität öffentlicher Institutionen dar. Jene operieren in Vertretung des Gemeinwillens, sie interpretieren und schützen private Rechte, aber beschränken sie auch gemäß den Erfordernissen öffentlichen Rechts. Letztere Erfordernisse sind Freiheit, Gleichheit und Unabhängigkeit aller. Dies sind die Bedingungen, unter denen der Einzelne Gesetze als Ausdruck des Gemeinwillens aller und somit als gerecht anerkennen kann.

Wenn man über die Möglichkeit einer politisch-rechtlichen Begründung der Menschenrechte bei Kant nachdenkt, darf man also zum einen nicht außer Acht lassen, dass für Kant politisch-rechtliche Entscheidungen immer in einem bestimmten institutionellen Kontext des Staates stattfinden müssen und in komplexe Kooperationsbeziehungen eingebettet sind. Noch wichtiger ist, dass für Kant jeder Anspruch auf irgendein Menschenrecht der Autorität öffentlicher Institutionen überantwortet und überlassen werden muss, die die Rechtsansprüche im Namen des Gemeinwillens interpretieren und ihnen entsprechen, aber eben gegebenenfalls auch als nicht mit diesem Gemeinwillen vereinbar abweisen. Die tatsächliche Entscheidung öffentlicher Institutionen darüber, welche Rechtsansprüche und Gesetze mit dem Gemeinwillen des gesamten Volkes übereinstimmen und darum gerecht sind, ist die zentrale Forderung der Gerechtigkeit an Rechtsansprüche jeder Art.

Kants Theorie kennt also keine *a priori* gerechtfertigten, vorstaatlichen Menschenrechtsansprüche, unabhängig von den tatsächlichen Entscheidungen öffentlicher Institutionen. Denn nach Kant erfüllt nur öffentliches Recht die Bedingungen einer legitimen rechtlichen Ordnung. Der Inhalt des öffentlichen Rechts aber ist weder direkt aus irgendeiner freistehenden Moralphilosophie, noch aus Konventionen oder positivem Recht einfach abzuleiten. Stattdessen muss er aus und unter den Bedingungen einer rechtmäßigen Verfassung expliziert werden, unter der allein Ansprüchen auf (ein) „Recht" irgendeine verbindliche Autorität zukommt. Statt direkt zu bestimmen, welches rechtmäßige oder legitime Rechtsansprüche sind, definiert Kant also vielmehr die Bedingungen, unter denen ein legitimer Richter existieren kann, der diese Entscheidung trifft (für eine bestimmte Gruppe, in Bezug auf die diese Entscheidungen des Richters dann verbindlich wirken).

Kants einziges ‚angeborenes Recht' eignet sich also nicht als Grundlage unseres heutigen Menschenrechtsverständnisses, weil sich aus ihm gerade keine spezifischen prä-politischen konkreten (Menschen-)Rechte ableiten lassen. Das angeborene Recht ist also zu unbestimmt, formal und relational, um entsprechend dem heutigen Menschenrechtsverständnis als naturrechtliche, bestimmte, substantive Rechtsansprüche gegenüber anderen fungieren zu können (Flikschuh 2015). Das ‚angeborene' Recht kann auch nicht bloß eine Art Meta-Recht darstellen, aus dem sich dann konkretere Menschenrechte entwickeln ließen. Es kann auch nicht nur als eine Menschenrechtsschranke fungieren, die mögliche konkrete Menschenrechtskonstruktionen begrenzt. Denn diese beiden letzten Möglichkeiten sind mit Kants Forderung, dass Recht(e) nur aus tatsächlichen Entscheidungen öffentlicher Institutionen generiert werden können, unvereinbar. Es ist nicht die Abstraktheit, Unbestimmtheit, Un-Interpretiertheit des *ius innatum* allein, die dieses als Menschenrecht oder Menschenrechtsbasis ungeeignet sein lässt. Vielmehr bedarf es nach Kants zentraler politisch-philosophischer Auffassung, um von Rechten im vollen Sinne sprechen zu können, des Übergangs vom unilateralen zum omnilateralen Willen. Deshalb müssen wir nach Kant den Naturzustand verlassen und gemeinsam mit den anderen in den Staatszustand eintreten. Das ‚angeborene Recht' kann deshalb also kein Menschenrecht im heutigen Sinne sein, weil dessen Anspruch sich unilateral gegen andere Individuen und noch schlimmer, gegen andere Personen im vereinigten Staats- und damit Rechtzustand richten würde.

3 Völkerrecht und Weltbürgerrecht

Kants generelle Forderung, dass Beziehungen zwischen den Staaten dem Recht unterzuordnen seien, könnte einen zunächst zu der Annahme verführen, Kant müsse eigentlich irgendeine Form der Weltregierung befürworten. Im Naturzustand zwischen Individuen entscheidet jeder einzelne, was als ein legitimer Rechtsanspruch gilt, der anderen und sich selbst aufgezwungen werden kann. Aus den daraus resultierenden Kontroversen zwischen Individuen entsteht für Kant die Notwendigkeit, einen Staat einzurichten, der im Namen des Gemeinwillens des ganzen Volkes Recht spricht und durchsetzt. Die einzelnen Staaten befinden sich aber nach Kant zunächst einmal auch in einer Art Naturzustand zueinander. Deshalb läge es nahe, nun einzig einen Weltstaat als Lösung dieser Naturzustandsproblematik zu fordern. Tatsächlich aber weist Kant die vernünftige Möglichkeit einer solchen Weltregierung explizit zurück. Aber immerhin fordert er im dritten Definitivartikel seines Entwurfs *Zum ewigen Frieden* für alle Menschen ein Weltbürgerrecht jenseits ihrer Staaten, denen sie angehören (Hoesch 2015). Damit gibt es bei Kant ein Recht, das allen Menschen qua Menschseins und nicht qua Staatsangehörigkeit zusteht. Im wesentlichen Unterschied zu unserem heutigen Verständnis der Menschenrechte wird in Kants Theorie die Reichweite des weltbürgerlichen Rechts (*ius cosmopoliticum*, RL, AA 06: 352) explizit beschränkt auf die „Bedingungen der allgemeinen Hospitalität" (ZeF, AA 08: 357), also eines „Besuchsrecht[s], welches allen Menschen zusteht, sich zur Gesellschaft anzubieten" (ZeF, AA 8: 357).

Das ist wohl kaum das, was gegenwärtige Völkerrechtler im Sinn haben, wenn sie behaupten, dass Staaten in unserem gegenwärtigen Völkerrecht inzwischen den Menschenrechten verpflichtet seien. Diese Tatsache, dass staatliche Souveränität heute im Völkerrecht an die Anerkennung und Garantie der Menschenrechte durch den betreffenden Staat gebunden ist, ist wirklich ein bemerkenswerter normativer weltgeschichtlicher Fortschritt, den Kant aber weder vorhergesehen noch vernunftrechtlich gefordert hat.

Man schaue sich dazu Kants Argument an: Das Hauptanliegen seiner Konzeption einer gerechten internationalen Ordnung liegt darin, *Beherrschung* auszuschließen, erstens im Verhältnis zwischen republikanischen Staaten und zweitens zwischen diesen und unabhängigen Bürgern *in* diesen Staaten. Kant zufolge ist die einzige wirklich rechtliche internationale Ordnung diejenige, die die drei Definitivartikel des *Ewigen Friedens* erfüllt: In dieser Ordnung ist jeder Staat republikanisch verfasst. Die souveränen Völker als Staaten stehen zueinander in einer Beziehung der freien Föderation und des gegenseitigen Schutzes statt der Hierarchie und Beherrschung. Im Verhältnis zwischen den Staaten und einzelnen Fremden steht Nichtstaatsbürgern ein Weltbürgerrecht zu, allerdings stark eingeschränkt auf das Recht auf nicht feindliche Behandlung als Nicht-Bürger.

Die republikanische Verfasstheit von Staaten ist deshalb gefordert, weil nur sie garantiert, dass die Beziehungen zwischen Bürgern gerecht sind, d. h. vereinbar mit der Freiheit aller geregelt sind, so wie es das Prinzip des öffentlichen Rechts erfordert. Dieselbe Forderung gilt aber auch für das Verhältnis zwischen Staaten: Ungerechte Hierarchien in den zwischenstaatlichen Beziehungen sind zu vermeiden. Während Kant einräumt, dass dieses Erfordernis im Prinzip (*in thesi*) durchaus durch eine allgemeine Weltrepublik verwirklicht werden könnte, gibt er zu bedenken, dass die Welt realiter (*in hypothesi*) bereits in Staaten aufgeteilt ist und diese der Einrichtung einer Weltrepublik nicht zustimmen würden. Unter diesen Bedingungen bestehe die einzige Möglichkeit, ungerechte Beziehungen der Beherrschung zwischen Staaten zu vermeiden, in der freiwilligen Entscheidung aller Staaten, einer Föderation beizutreten, die jeden von ihnen vor äußerlichen Angriffen schützt und gleichzeitig garantiert, dass keiner der Mitgliedsstaaten in die Angelegenheiten der jeweils anderen interveniert (ZeF, AA 08: 357; vgl. ZeF, AA 08: 346; RL, AA 06: 351). Dieses Argument ist nicht lediglich prudentiell oder pragmatisch begründet, sondern auch historisch. Kant ist zwar nicht der Überzeugung, dass grundsätzlich irgendetwas falsch sei mit einer allgemeinen Weltrepublik (ZeF, AA 08: 357), sondern vielmehr, dass ein solcher Zustand im Ausgang von den gegenwärtigen Bedingungen einer Welt der unabhängigen Einzelstaaten anders als durch ungerechte und darum unerlaubte Akte der Eroberung nicht zu erreichen ist. In einem Zustand der völligen Anarchie zwischen Individuen – einem regelrechten Naturzustand – mag es gerechtfertigt sein, andere zum Eintritt in einen bürgerlichen Zustand zu zwingen. Aber sobald mehrere bürgerliche Staaten existieren, hat jeder von diesen einen *prima facie* legitimen Anspruch, dass kein anderer Staat (oder Individuum, oder Staatenbund) unilateral in seine Angelegenheiten intervenieren darf. Dies ist Kants entscheidendes Argument für die Konzeption einer zwischenstaatlichen statt wirklich globalen Gerechtigkeit.

Von dieser Warte aus können wir auch verstehen, warum Kant vermutlich nahezu jeden Anspruch auf „Menschenrechte“, wie wir sie heute üblicherweise verstehen, zurückweist bzw. zurückweisen würde. Denn einen solchen Anspruch zu legitimieren hieße, den souveränen Staaten das Recht abzusprechen, selbst darüber zu entscheiden, welche Rechte ihre Bürger haben sollen und wie diese durchzusetzen sind. Kein Staat und keine Gruppe von Staaten kann für einen anderen Staat, sofern er republikanisch verfasst ist, im Namen der Gerechtigkeit entscheiden, welche Rechte dieser seinen Bürgern zu gewähren hat, denn dies wäre für Kant ein Fall von Ungerechtigkeit. Jedoch – so könnte man an dieser Stelle Kantianisch weiterdenken – könnten souveräne republikanische Staaten im Frieden miteinander ohne eine höhere supranationale Autorität sich selbst frei, gleich, reziprok, omnilateral an Menschenrechte binden. Aber – das ist für die Kantische Position im *Ewigen Frieden* von zentraler Bedeutung – dürfen sie dazu niemals gegen ihren souveränen Willen gezwungen werden (wie das im heutigen Völkerrecht aber der Fall sein könnte).

Man könnte nun jedoch annehmen, dass Kant die Möglichkeit von so etwas wie „Menschenrechten“ auf einer anderen Ebene einräumt.

(i) Ließen sich Menschenrechte mit Kant nicht doch als Teil eines Weltbürgerrechts denken? Könnten Menschenrechte nicht Teil eines übergeordneten Weltbürgerrechts sein, das der Souveränität von Einzelstaaten legitime Grenzen auferlegt? In der Tat sieht Kant, wie bereits erwähnt, zwar als rechtsphilosophische Innovation ein Weltbürgerrecht vor, aber lediglich eingeschränkt auf das Recht auf Hospitalität, was so viel bedeutet wie „nicht-feindselig behandelt zu werden" (ZeF, AA 08: 358), um zu erlauben, in Kommunikation miteinander treten zu können (Eberl/Niesen 2011, 251). Die Tatsache, dass dieses so sehr abweicht von den üblichen Kandidaten auf bekannten Listen von Menschenrechten, ist vielsagend: Für Kant ist nur dieses eine Recht als ein weltbürgerliches vorstellbar, weil es aus keinerlei Prinzipien der Moral, der Metaphysik oder der menschlichen Natur abgeleitet ist – die ihrerseits freilich im Zweifelsfall durch die souveräne Entscheidung der Einzelstaaten aufgehoben würden. Kants Argument für das Recht auf Hospitalität ist weder unmittelbar moralisch noch politisch: Der Grund, aus dem es verboten ist, dieses Recht zu missachten, ist vielmehr der, dass diese Missachtung unserer Pflicht zuwiderlaufen würde, die Bedingungen zu achten und zu erhalten, unter denen individueller Zugang zu einer gerechten globalen Ordnung allein möglich ist. Vermutlich ist dieses Recht nicht gegen den souveränen Willen von Staaten durchsetzbar. In jedem Fall aber ist es kein unmittelbares moralisches Recht, das mit dem Recht der Staaten auf Souveränität konkurrieren würde, oder ein Gebot der Gerechtigkeit, das irgendjemand anderes als die Staaten selbst interpretieren und anwenden dürfte. Es entspricht also keineswegs dem herkömmlichen neuzeitlichen Verständnis der Menschenrechte. Das aus heutiger Perspektive überraschende Moment in Kants Argumentation ist also, dass er abgesehen von dem Recht auf Hospitalität jedes mögliche weitergehende Menschenrecht ausschließt, das die souveräne Unabhängigkeit republikanischer Staaten, wie sie im ersten und zweiten Definitivartikel des *Ewigen Friedens* definiert ist, beschränken könnte. Wenn man diesen Zusammenhang bei Kant erkennt, dann muss man auch einsehen, dass vieles von dem, was Vertreter von Menschenrechten heute propagieren, den Bedingungen der Möglichkeit von internationaler Gerechtigkeit aus Kantischer Sicht widerspricht und sie also – wiederum aus Kants Sicht – sogar dieselben Werte untergraben, die sie zu befördern behaupten.

(ii) Vielleicht gibt es noch eine weitere Möglichkeit, Menschenrechte bei Kant zu verorten. Könnte man mit Kant „Menschenrechte" als bindende Bedingungen für staatliche Legitimität denken? Menschenrechte könnten Minimalbedingungen darstellen, welche legitime Staaten erfüllen müssen, um überhaupt als legitime souveräne Staaten anerkannt werden zu können.[10] Menschenrechte könnten dann als konstitutive Rechte verstanden werden, die jedes Gesetz beachten muss, das den Anspruch erhebt, dem Gemeinwillen des Volkes zugeschrieben werden zu

10 S. z.B. Stilz 2009 und Valentini 2012.

können. Kant lehnt diese Möglichkeit indes ziemlich deutlich ab: Denn auch wenn es in gerechten Staaten immer möglich sein muss, eigene Ansichten in Fragen der Gerechtigkeit öffentlich zu äußern, so liegt der Zweck des Staates für Kant doch letztlich gerade darin, dass dieser als Richter in den öffentlichen Debatten um Gerechtigkeit auftritt, dessen Autorität nicht durch private Parteien oder andere Staaten oder Staatenbünde in Frage gestellt werden darf. Dies ist Kants berühmt-berüchtigtes kategorisches Argument gegen ein Recht auf Widerstand/Rebellion/Revolution (vgl. z. B. TP, AA 08: 303 f.; RL, AA 06: 318–322).[11] Falls man nun für das Recht von Individuen oder anderen Staaten argumentieren wollte, über andere Staaten zu urteilen und verbindlich für diese zu entscheiden (statt ihnen z. B. nur beratend die eigene Ansicht darzustellen), so stellte man damit gemäß Kants vertragstheoretischer Konzeption nun die Legitimität von Staaten generell in Frage. So dürften beispielsweise auch internationale Gerichtshöfe Staaten nicht menschenrechtlich verurteilen, denn das würde ihre Souveränität einschränken (Sangiovanni 2015, 677). Kant könnte diese einheitliche absolute Konzeption der Souveränität auch nicht ohne weiteres aufgeben, denn sie folgt aus seiner Theorie der notwendigen omnilateralen Zustimmung des ganzen Volkes für volle Rechtsgeltung. Nur der vereinigte Willen hat die Autorität Recht zu setzen. Jeder einzelne, der widerspräche, hätte nur einen unilateralen Willen. Aus diesem Argument Kants ergibt sich Kants strikte Zurückweisung eines Rechts auf Revolution. Wenn es auf einer höheren Ebene kein autorisiertes Organ gibt, dass den Disput zwischen dem Staat und den (aus moralischen Gründen) Rebellierenden lösen kann, dann läuft das nach Kant im Endeffekt darauf hinaus, dass die Rebellierenden eine Rückkehr in den Naturzustand verlangen. Das aber ist nach Kant „das höchste und strafbarste Verbrechen" (TP, AA 08: 299), weil sich so die Bedingungen für Recht (s. RL, AA 06: 256) überhaupt auflösen.[12]

---

11 Zu Revolution bei Kant s. Flikschuh 2008; Guyer 2006, 284–294; Ripstein 2009, 325–352.

12 Ripstein (2009) diskutiert die Möglichkeit, ob Kant nicht wenigstens zulassen könne, dass gegen den Staat rebelliert wird, wenn dieser nicht einmal die Bedingungen des Rechtsstaats (rule of law) garantiere und damit barbarisch würde. Vgl. Byrd/Hruschka 2010, 91 und 181. Wie Sangiovanni (2015, 681–684) richtig und naheliegenderweise bemerkt, erlaubt die Bedingung der Rechtsstaatlichkeit zwar einige Unrechtsregime zu kritisieren (z. B. Nazi-Deutschland), aber diese Bedingung ist viel zu schwach, um auch nur etwas Vergleichbares annähernd den heutigen Menschenrechten zu generieren.

4 Kantische Auffassung von Menschenrechten

Wenn es also keine Menschenrechtskonzeption bei Kant selbst gibt, dann kann man dennoch eine Auffassung vom Inhalt und der Begründung von Menschenrechten im Kantischen Geiste entwickeln. Dazu bezieht man sich auf einige Teile der Theorie Kants und vernachlässigt bewusst andere Teile in seiner Theorie, die der eigenen Auffassung entgegenstehen, oder widerspricht ihnen sogar mit guten Gründen. Solche Ansätze kann man dann kantische (mit einem kleinen „k") bzw. Kantianische Menschenrechtstheorien nennen. Zwei naheliegende und nicht unplausible Möglichkeiten will ich abschließend noch erwähnen.[13]

a) Eine mögliche kantisch (mit kleinem „k") inspirierte Menschenrechtstheorie nimmt ihren Ausgangspunkt bei Kants Zweck-an-sich Formel und Reich-der-Zwecke Formel des Kategorischen Imperativs in der *Grundlegung*. Kant habe damit das zentrale Anliegen eines unverletzlichen *Status von Personen* als Personen auf den Begriff der Menschenwürde gebracht. Mit der Zweck-an-sich und der Reich-der-Zwecke Formel des Kategorischen Imperativs wird nach dieser verbreiteten Auffassung ein naturrechtlicher, universaler, absoluter und unveräußerlicher Status von Personen etabliert. Jede Rechtsordnung hat dementsprechend die Würde des Menschen zu achten und zu schützen. Das ist die Verpflichtung aller staatlichen Gewalt und Rechte. Die moralisch vorstaatlich, naturrechtlich begründete Würde des Menschen ist danach das tragende Konstitutionsprinzip und Ziel einer jeden Verfassung. In dieser Form muss Menschenwürde als oberstes Konstitutionsprinzip eine strukturbildende Funktion für

---

13 Nicht vielversprechend scheint mir hingegen der Versuch, Kants Moralphilosophie auf den Bereich der Politik direkt zu übertragen. Damit würde die moralphilosophische Prozedur Kants, der Kategorische Imperativ, direkt auf das die äußeren Freiheiten regelnde Recht übertragen. Unabhängig von der Debatte zwischen den Vertretern der Abhängigkeitsthese und der Unabhängigkeitsthese muss man wohl festhalten, dass Kant selbst eine solch direkte Übertragung der Moral auf das Recht so nicht vorgesehen hat. Aus guten Gründen, will mir scheinen. Ich erwähne nur einige: Moral kann in einem Rechtssystem kaum unmittelbar gelten. Das würde die Unterscheidung Kants von Moralität und Legalität einziehen. So müsste zunächst von diesem Ansatz gezeigt werden, warum moralische Pflichten legale Pflichten und Rechte generieren sollen. Manche moralische Pflichten gelten aus gutem Grund in unseren Rechtssystemen nicht, z. B. das Lügenverbot. In diesem Fall ist etwas moralisch verboten, was aber rechtlich erlaubt bleiben soll. Es müsste ferner erörtert werden, ob nach diesem Ansatz contra Kant auch für das Recht gelten soll, dass es aus der rechten Gesinnung heraus befolgt werden muss. Schließlich müsste der nach Kant und vielen, die ihm darin folgen, mit einem jeden Recht einhergehende Zwang moralisch begründet werden. Zugleich muss vermieden werden, dass der Zwang des öffentlichen Rechts gegenüber jenen, die nicht eingewilligt haben, diese als bloße Mittel zur öffentlichen Ordnung des Staates benutzen (Willaschek 2009 und 2012, 559).

die Rechtsordnung der Staaten übernehmen. Der Würdegrundsatz umschreibt das Fundament wechselseitiger Achtung von Menschen als Rechtspersonen als eine quasi transzendentale Voraussetzung rechtsstaatlicher Ordnung. Alle Rechtspersonen im Staat haben Anspruch auf gleiche Achtung, d. h. sie haben Anspruch darauf, *als Personen* gleichermaßen respektiert zu werden. Als solche kommt ihnen unter anderem ein ‚Recht, Rechte zu haben' (so Hannah Arendts berühmte Formel, [11]2006 [1955], 614) zu. Der Würdesatz soll dem Einzelnen in seinem irreduziblen Eigenwert einen schlechthin nicht antastbaren Freiheits- und Schutzbereich gegenüber Kollektivinteressen garantieren. Die primäre Struktur und Funktion des Würdeschutzes ist die einer deontologisch zu verstehenden Grenze dessen, was Rechtspersonen angetan werden darf. Diese Konzeption ist also keine auf einem (gegebenenfalls kommensurablen) *Wert* basierende Auffassung, sondern eine, die im Geiste der Zweck-an-sich und der Reich-der-Zwecke Formel des Kategorischen Imperativs dem Menschen einen absoluten *Status* zuerkennt. Basierend auf dem als transzendental angesehenen Grund der Würde eines jeden Menschen, nämlich der Autonomie der Person, wird der moralische und politische Sinn der Menschenrechte darin gesehen, einen Status von Personen als rechtlich, politisch und sozial Gleiche innerhalb ihrer normativen Ordnung zu etablieren (Rawls 1993, Kap. 3; O'Neill 1989).

Aufbauend auf dem moralisch basalen Status als Freie und Gleiche kann man sodann diskurstheoretisch-kantisch dafür argumentieren, dass Personen deshalb auch den bürgerlichen Status als gleichberechtigte normative Autorität bei der Konstruktion der politischen Ordnung zuerkannt bekommen müssen. Menschenwürde ist die „Würdigkeit eines jeden vernünftigen Subjects, ein gesetzgebendes Glied im Reiche der Zwecke zu sein" (GMS, AA 04: 439). Ein solches gesetzgebendes Glied zu sein, heißt, nicht legitimatorisch übergangen zu werden und zu wissen, dass man andere nicht übergehen soll. Subjekte mit Menschenwürde sind deshalb Menschen mit einem unbedingt zu achtenden Recht auf Rechtfertigung (Forst 2007 und in diesem Band). So begründet der kantisch inspirierte gleiche Menschenwürdestatus als basalstes moralisches und juridisches Recht zugleich zum einen basale Schutzrechte für Individuen, zum anderen auch die gleichen Mitbestimmungsrechte bei der Konstruktion aller weiteren Grundrechte (vgl. Habermas 1992, Kap. 3). Ganz im kantischen Geiste wird so der Begriff der Menschenwürde als verbunden mit dem der Selbstbestimmung gesehen, in einer moralischen Bedeutung, die bereits eine politische Komponente enthält: Es geht um das Nichtbeherrschtwerden durch andere, nicht legitimierte Kräfte. Wir schulden uns und allen Personen Respekt vor ihrer Autonomie und damit die Achtung aller Personen als „Zwecke an sich selbst". In dieser kantischen Konzeption wird also eine moralphilosophische Figur, nämlich Menschen als Zwecke an sich zu behandeln, in den politisch-staatlichen und transnationalen Bereich übertragen, auch wenn Kant das so – wie gezeigt – nicht vorgesehen hat. In einer gewissen kantischen Perspektive, nämlich der diskurstheoretischen Lesart des Kategorischen Imperativs, vermittelt das Recht auf Rechtfertigung zwischen der moralischen und der rechtlich-politischen Ebene. Ernst genommen wird damit Kants Insistieren, dass nur der omnilaterale Wille Rechte begründen kann. Dieser kantische Ansatz wird somit mehreren zentralen Aspekten des Kantischen Denkens gerecht, auch wenn er anders als Kant selbst verfährt.

b) Eine zweite naheliegende kantische Abweichung von der expliziten Theorie Kants besteht darin, eine republikanische Theorie globaler Ordnung zu konstruieren. So wie das Staatsrecht bei Kant die Bedingungen der Möglichkeit einer gerechten zivilen Ordnung in einem territorial begrenzten Staat ausbuchstabiert, so könnte man in Analogie eine gerechte internationale Ordnung entwerfen. Diese gerechte supra- oder transnationale Ordnung würde zwischen der freien Föderation republikanischer Staaten auf dem einen Ende und einem souveränen globalen republikanischen Weltstaat auf dem anderen Ende eines Spektrums von Möglichkeiten liegen. Indem man die Bedingungen der Möglichkeit einer solchen gerechten supra- oder transnationalen Ordnung ausbuchstabiert, käme man wahrscheinlich nahe an so etwas wie das gegenwärtige Verständnis der Menschenrechte. Bei dieser kantischen Theorievariante weicht man allerdings von Kant insofern ab, als man entgegen seinem Diktum des Nicht-Beherrschtwerdenkönnens Institutionen denken und dann schaffen muss, deren Aufgabe es unter anderem ist, in die innerstaatlichen Angelegenheiten von Republiken gegen deren Willen einzugreifen, zumindest wenn diese Menschenrechte auf ihrem Territorium nicht effektiv schützen, schützen können oder schützen wollen. Um das Interventionsrecht ansatzweise kantisch gegen Kant rechtfertigen zu können, muss die supra- oder transnationale Institution republikanisch verfasst sein, also den Gemeinwillen aller Völker und Individuen repräsentieren. Nur wenn diese zentrale Bedingung erfüllt ist, könnte es Kantianisch gerechtfertigt sein, dass man sich in gravierenden Fällen über das Urteil von Einzelstaaten zum Zwecke des Menschenrechtsschutzes hinwegsetzen darf. Für die heutige Menschenrechtsauffassung bedeutet das eine Veränderung zum status quo: Wenn immer eine Menschenrechtsverletzung ausgemacht wird, die das Eingreifen der Völkergemeinschaft verlangt, muss logisch die Existenz einer öffentlichen Repräsentation der ganzen Weltgemeinschaft unterstellt werden, die diesen Eingriff genehmigt. Damit bliebe man bei der Kantischen Idee, dass etwas nur dann ein Recht, hier ein Menschenrecht sein kann, wenn es öffentlich als dem Gemeinwillen entsprechend gerechtfertigt ist. Allerdings lässt sich das Einverständnis aller bei Kant keineswegs hypothetisch verstehen. Kant besteht in der *Rechtslehre* auf einer tatsächlichen offiziellen Repräsentation dessen, was die der Rechtsordnung Unterworfenen wirklich wollen. Man könne nicht wissen, was das

Volk wolle, meint Kant, ohne eine tatsächliche Repräsentation dieses Volkswillens. Hypothetische Lösungen hingegen erlauben unterschiedliche Vorstellungen. Unterschiedliche Vorstellungen wiederum liefen letztlich auf zwei unterschiedliche Souveräne hinaus oder einen Konflikt zwischen dem Souverän und dem Volk. Das aber bedeutet für Kant – wie oben schon dargelegt – das gleiche wie die Aufgabe einer jeden rechtlich legitimen Ordnung überhaupt. Das dürfte vielleicht ein Grund sein, warum Kant selbst diesen republikanischen, demokratischen Weg zu einer transnationalen Weltordnung nicht gegangen ist. Wenn man ihn jedoch gehen will, bedeutet das, dass die heutigen Vereinten Nationen demokratisiert werden müssten, um menschenrechtliche Auflagen und Eingriffe in nur bedingt souveräne Staaten legitimieren zu können.

Zum Schluss: Für Kant sind alle Rechtsansprüche wesentlich politisch und nicht nur moralisch. Aus diesem Grund verlangen alle Rechte eine gesetzlich verfasste Republik als Schiedsrichter über konkurrierende Rechtsansprüche und Rechtsdurchsetzer. Das ist letztlich eine immanente Kritik des Naturrechts und seiner Tradition durch Kant. Naturrecht ist für Kant letztlich unvollständig und verlangt eine gesetzliche Grundlage, um unvermittelte moralische Ansprüche auf Naturrechte zu übertrumpfen. In dem Maße, in dem das heutige Menschenrechtsverständnis in einem seiner Elemente noch einen Kern der Naturrechtsauffassung in sich hat, ist es mit Kants eigener Theorie deshalb nicht vereinbar. In dem Maße, in dem kantische Menschenrechtsauffassungen sich als Ausdruck eines omnilateralen faktischen Gemeinwillens verstehen, können sie zu Recht den Titel „kantisch“ tragen.

Literatur

Arendt, Hannah ([11]2006 [1955]): *Elemente und Ursprünge totaler Herrschaft.* München: Pieper Verlag.

Bielefeld, Heiner (1998): *Philosophie der Menschenrechte. Grundlagen eines weltweiten Freiheitsethos.* Darmstadt: Wissenschaftliche Buchgesellschaft.

Byrd, Sharon/Hruschka, Joachim (2010): *Kant's Doctrine of Right: A Commentary.* Cambridge: Cambridge University Press.

Eberl, Oliver/Peter Niesen (2011): „Kommentar ‚Zum Ewigen Frieden'“. In: *Immanuel Kant, Zum ewigen Frieden.* Berlin: Suhrkamp Studienbibliothek, 89 – 416.

Flikschuh, Katrin (2008): „Reason, Right and Revolution: Kant and Locke“. In: *Philosophy and Public Affairs* 36, 375 – 404.

Flikschuh, Katrin (2015): „Human Rights in Kantian Mode: A Sketch“. In: Cruft, Rowan/ Liao, S. Matthew/Renzo, Massimo (Ed.): *Philosophical Foundations of Human Rights.* Oxford: Oxford University Press, 653 – 671.

Forst, Rainer (2007): *Recht auf Rechtfertigung. Elemente einer konstruktivistischen Theorie der Gerechtigkeit.* Frankfurt/M: Suhrkamp.

Gosepath, Stefan (2009): „Sinn der Menschenrechte nach 1945“ In: Sandkühler, Hans-Jörg (Hg.): *Menschenrechte in die Zukunft denken. 60 Jahre Allgemeine Erklärung der Menschenrechte.* Baden-Baden: Nomos, 35 – 47.

Guyer, Paul (2006): *Kant.* New York: Routledge.

Habermas, Jürgen (1992): *Faktizität und Geltung.* Frankfurt/M: Suhrkamp.

Habermas, Jürgen (1996): „Kants Idee des ewigen Friedens – aus dem historischen Abstand von 200 Jahren“. In: Ders., *Die Einbeziehung des Anderen. Studien zur politischen Theorie.* Frankfurt/M: Suhrkamp, 192 – 236

Höffe, Otfried (1990): *Kategorische Rechtsprinzipien. Ein Kontrapunkt der Moderne.* Frankfurt/M: Suhrkamp.

Höffe, Otfried (2001): *„Königliche Völker“. Zu Kants kosmomolitischer Rechts- und Friedenstheorie.* Frankfurt/M: Suhrkamp.

Höffe, Otfried (1999) (Hg.): *Immanuel Kant. Metaphysische Anfangsgründe der Rechtslehre.* Berlin: Akademie Verlag.

Höffe, Otfried (2011) (Hg.): *Immanuel Kant. Zum ewigen Frieden.* Berlin: Akademie Verlag.

Hoesch, Matthias (2015): „Weltbürgerrecht“. In: Willaschek, Marcus u. a. (Hg.): *Kant-Lexikon.* Berlin, New York: De Gruyter, 2620.

Horn, Christoph (2014): *Nichtideale Normativität. Ein neuer Blick auf Kants politische Philosophie.* Frankfurt/M: Suhrkamp.

Hruschka, Joachim (2015): „Menschenrecht“. In: Willaschek, Marcus u. a. (Hg.). *Kant-Lexikon.* Berlin, Boston: De Gruyter, 1518 – 9.

Kersting, Wolfgang (^{2}1993): *Wohlgeordnete Freiheit. Immanuel Kants Rechts- und Staatsphilosophie.* Frankfurt/M: Suhrkamp.

Klemme, Heiner F. (2012): „Immanuel Kant“. In: Pollmann, Arnd/Lohmann, Georg (Hg.): *Menschenrechte. Ein interdisziplinäres Handbuch.* Stuttgart: Metzler, 44 – 51.

König, Siegfried (1994): *Zur Begründung der Menschenrechte: Hobbes-Locke-Kant,* Freiburg/München: Verlag Karl Alber.

Lutz-Bachmann, Matthias/Bohman, James (1996) (Hg.): *Frieden durch Recht. Kants Friedensidee und das Problem einer neuen Weltordnung.* Frankfurt/M: Suhrkamp.

Mosayebi, Reza (2013): *Das Minimum der reinen praktischen Vernunft. Vom Kategorischen Imperativ zum allgemeinen Rechtsprinzip bei Kant.* Berlin, Boston: De Gruyter.

Müller, Jörg Paul (1999): „Das Weltbürgerrecht (§62) und Beschluss“. In: Höffe, Otfried (Hg.): *Immanuel Kant. Metaphysische Anfangsgründe der Rechtslehre.* Berlin: Akademie Verlag, 257 – 278.

O'Neill, Onora (1989): *Constructions of Reason. Explorations of Kant's Practical Philosophy.* Cambridge: Cambridge University Press.

Paton, Herbert James (1947): *The Categorical Imperative. A Study in Kant's Moral Philosophy.* London: Nachdruck Philadelphia: Penn University Press.

Rawls, John (1993): *Political Liberalism.* New York: Columbia University Press.

Ripstein, Arthur (2009): *Force and Freedom. Kant's Legal and Political Philosophy.* Cambridge (MA): Harvard University Press.

Rosen, Allen (1993): *Kant's Theory of Justice.* Ithaca, London: Cornell University Press.

Sangiovanni, Andrea (2015): „Why there Cannot be a Truly Kantian Theory of Human Rights“. In: Cruft, Rowan/Liao, S. Matthew/ Renzo, Massimo (Ed.): *Philosophical Foundations of Human Rights.* Oxford: Oxford University Press, 671 – 689.

Schönecker, Dieter/Wood, Allen (2003): *Immanuel Kant „Grundlegung zur Metaphysik der Sitten." Ein einführender Kommentar.* Paderborn: UTB.

Sensen, Oliver (2009): „Kant's Conception of Human Dignity". In: *Kant-Studien* 100, 309–331.

Sensen, Oliver (2011): *Kant on Human Dignity.* Berlin, New York: De Gruyter.

Stilz, Anna (2009): *Liberal Loyalty: Freedom, Obligation, and the State.* Princeton, NJ: Princeton University Press.

Timmons, Mark (2000) (Ed.): *Kant's Metaphysics of Morals: Interpretative Essays.* Oxford: Oxford University Press.

Valentini, Laura (2012): „Human Rights, Freedom, and Political Authority". In: *Political Theory* 40: 573–601.

Willaschek, Marcus (2009): „Right and Coercion: Can Kant's Conception of Right Be Derived from His Moral Theory?" In: *International Journal of Philosophical Studies* 17: 49–70.

Willaschek, Marcus (2012): „The Non-Derivability of Kantian Right from the Categorical Imperative: A Response to Nance". In: *International Journal of Philosophical Stud*ies 20: 557–64.

Alessandro Pinzani

Recht der Menschheit und Menschenrechte

Abstract In diesem Beitrag werde ich auf die Frage eingehen, warum in der *Rechtslehre* der Begriff eines Rechts der Menschheit, nicht jedoch der von Menschenrechten zu finden ist. Im Folgenden werde ich (1) den Begriff eines subjektiven Rechts überhaupt und (2) die Begriffe eines Rechts der Menschheit und des Rechts der Menschen rekonstruieren, um dann (3) auf die offensichtliche Abwesenheit eines Begriffs von Menschenrechten und auf dessen mögliche Verortung innerhalb der *Rechtslehre* einzugehen. Schließlich werde ich (4) versuchen, alternative Möglichkeiten zu erörtern sowie eine Begründung von Menschenrechten aus der Perspektive von Kants moralischer und rechtlicher Theorie durchzuführen, um jedoch (5) den Sinn dieser Operation gleichzeitig in Frage zu stellen.

1 Was bedeutet es, ein Recht zu haben?

Kants *Rechtslehre* ist in erster Linie keine Lehre subjektiver Rechte, sondern eine Lehre rechtlicher Pflichten, die dem Modell klassischer Schriften über das Thema (etwa Ciceros *De Officiis*) folgt. Daher soll nicht verwundern, dass die Sektion „Einteilung der Rechtslehre" (RL, AA 06: 236–238) mit der Subsektion „Allgemeine Einteilung der Rechts*pflichten*" anfängt. Die erste solcher Pflichten betrifft jedoch nicht die äußerlichen Beziehungen zu anderen Individuen, wie es zu erwarten wäre, da sich das Recht – gemäß der von Kant angebotenen Charakterisierung – nur auf „das äußere und zwar praktische Verhältnis einer Person gegen eine andere" bzw. auf „das Verhältnis einer Willkür [...] auf die Willkür des Anderen" bezieht (RL, AA 06: 230.12). Vielmehr betrifft die erste Rechtspflicht die innere Beziehung des Subjekts mit sich selbst und stellt somit eine *innere* Rechtspflicht (RL, AA 06: 237.10) dar – was eigentlich im Widerspruch zu Kants Behauptung in der „Einleitung in die Metaphysik der Sitten" steht, dass rechtliche Pflichten nur *äußere* Pflichten sein können (RL, AA 06: 219.17); auf diesen Punkt werde ich jedoch in diesem Kontext nicht eingehen (s. Pinzani 2005). Diese Pflicht wird durch den dem römischen Juristen Ulpian zugeschriebenen Grundsatz „*honeste vive*" ausgedrückt und gebietet dem Individuum, „ein rechtlicher Mensch" zu sein (RL, AA 06: 236.24). Die von der lateinischen Formel geforderte rechtliche Ehrbarkeit („*honestas iuridica*") besteht nach Kant darin, „im Verhältnis zu Anderen seinen Wert als den eines Menschen zu behaupten", zieht ihre Verbindlichkeit „aus dem Rechte der Menschheit in unserer eigenen Person" und

https://doi.org/10.1515/9783110572377-011

wird „durch den Satz ausgedrückt [...]: Mache dich anderen nicht zum bloßen Mittel, sondern sei für sie zugleich Zweck" (RL, AA 06: 25–27). Die der „*honeste vive*"-Formel entsprechenden inneren Rechtspflichten betreffen also die Selbstbehauptung des Einzelnen: Er soll sich den anderen als mögliches Rechtssubjekt anbieten, mit dem sie rechtliche Beziehungen eingehen können, bei denen sein Wert als Mensch nicht verletzt werden darf (etwa durch Verträge, die ihn zum Sklaven anderer machen, die auch dann nichtig wären, wenn er ihnen zugestimmt haben sollte). Auffallend dabei ist, dass Kant „*honeste vive*" als „sei ein *rechtlicher* Mensch", nicht als „sei ein ehrbarer Mensch" übersetzt (obwohl in diesem Kontext auch von rechtlicher Ehrbarkeit die Rede ist). Dies hebt noch einmal den rechtlichen Charakter der Formel und der daraus resultierenden Pflichten hervor: Es geht hier nicht um Ehrbarkeit allgemein, sondern um eine spezifische Form derselben, nämlich jene, die ein Rechtssubjekt aufweisen soll, um überhaupt als solches wahrgenommen zu werden (in der *Tugendlehre* wird dann von einer *honestas interna*, von einer inneren Ehrbarkeit die Rede sein; vgl. TL 06: 420.27).

Bei Kant (wie bei anderen modernen Autoren wie Hobbes oder Locke) geht die Existenz des rechtlichen Subjekts (des rechtlichen Menschen) der Erschaffung des Rechts voraus. Zunächst behauptet das Individuum seine Würde als möglicher Rechtsgenosse und -partner, also als rechtlicher, unbescholtener Mensch und als sein eigener Herr (RL, AA 06: 238.01 f.); erst dann geht er rechtliche Beziehungen mit anderen ein, um in einem noch späteren Moment des Staats zu bedürfen. Zwar handelt es sich dabei um kein zeitliches, sondern um ein logisch-systematisches Moment, aber dies ändert nichts an der Tatsache, dass Individuen den Staat keineswegs brauchen, um gegenseitige rechtliche Beziehungen herzustellen. Aus der systematischen Perspektive einer metaphysischen Rechtslehre bildet die Entstehung einer politischen Gemeinschaft den letzten Schritt im Entstehungsprozess rechtlicher Verhältnisse, an dessen Anfang isolierte Individuen stehen.

Traditionell (z. B. bei Locke) werden die Rechtssubjekte mit angeborenen Rechten ausgestattet, die sie vor jeglicher Begegnung mit anderen Individuen und vor der Entstehung einer sanktionierenden staatlichen Macht haben. Diese Zuschreibung kann nur apodiktisch und dogmatisch geschehen: Es soll postuliert werden, dass die Menschen solche Rechte vor und unabhängig von der Existenz rechtlicher Beziehungen zu anderen Menschen und zu einer politischen Gemeinschaft besitzen. Daher die Bezeichnung „Naturrechte", denn alles, was die Menschen in diesem vor-rechtlichen Zustand charakterisiert, ist die natürliche Eigenschaft, Mitglieder der menschlichen Gattung zu sein.

Anders bei Kant, der – wie gesehen – mit der Zuschreibung von *Pflichten* anfängt. Erst aus der Tatsache, dass das Rechtssubjekt Rechtspflichten hat, entstehen entsprechende Rechte. Da es diese Pflichten sowohl sich selbst als auch anderen gegenüber hat, kann man zunächst von einem Recht des Subjekts gegen sich selbst oder, wie Kant es ausdrückt, von einem Recht der Menschheit in meiner Person sprechen; darüber hinaus können auch die anderen Rechtssubjekte mir gegenüber ihre Rechte geltend machen, die aus meinen Verpflichtungen gegen sie entstehen. Dies schließt trotzdem nicht aus, dass der Mensch Rechte noch vor der Entstehung jeglicher konkreten Rechtsbeziehung besitzt. Dass die subjektiven Rechte ihren normativen Grund in vorausgehenden Verpflichtungen haben, soll nämlich nicht zeitlich, sondern logisch-systematisch verstanden werden. Ich bin zwar verpflichtet, mich als Rechtssubjekt zu behaupten, aber aus der Tatsache, dass ich mich als solches behaupte, kommen mir *eo ipso* bestimmte Rechte zu, ohne die niemand rechtliche Beziehungen mit anderen eingehen könnte. Aus der Selbstverpflichtung, „im Verhältnis zu Anderen [m]einen Wert als den eines Menschen zu behaupten", entsteht mir das Recht als solcher (als Mensch) behandelt zu werden. Dieses Recht bezeichnet Kant als „angeboren" (RL, AA 06: 237.27), nicht als „Naturrecht", gerade um auf die Tatsache hinzuweisen, dass sie nicht den Menschen wesentlich, d.h. als ein untrennbares Teil ihrer moralischen (im Unterschied zu ihrer biologischen) Natur gehören, sondern konventionelle Natur haben: Sie resultieren aus dem Zusammenspiel von Selbstverpflichtung, Selbstbehauptung, Anerkennung der Rechte anderer und Forderung nach deren Anerkennung meiner Rechte. Das Ganze hat mit natürlichen Rechten nichts zu tun, sondern ist Teil einer notwendigen Fiktion, damit Recht überhaupt entstehen kann.

Überraschend behauptet aber Kant, „das angeborene Recht" sei „nur ein einziges", nämlich Freiheit als „Unabhängigkeit von eines Anderen nötigender Willkür", also als äußere Freiheit (RL, AA 06: 237.27–29). Traditionell spricht man von Rechten auf spezifische Ausübungsformen von Freiheit, wie etwa Meinungsfreiheit, Glaubensfreiheit, Bewegungsfreiheit, nicht von einem Recht auf Freiheit allgemein (dies wäre zu unbestimmt) – und das tut auch Kant nicht, da er nicht von einem solchen Recht spricht, sondern Freiheit selbst als Recht bezeichnet. Dass Freiheit ein Recht darstellen kann, überrascht insofern, als sie eher eine Eigenschaft darstellt, die man besitzt oder nicht: Entweder bin ich äußerlich frei oder bin ich es nicht. Eine gewisse Klarheit in die Sache bringt Kants Behauptung, dass Freiheit sich nicht von drei Befugnissen unterscheidet, die er hier einführt und die Beziehungen zu anderen Menschen betreffen. Diese drei Befugnisse bestehen aus einer angeborenen normativen Gleichheit (wir können von anderen nur zu dem verbunden werden, wozu wir selbst die anderen unsererseits verbinden können), aus der Eigenschaft, sein eigener Herr und ein unbescholtener Mensch zu sein (und zwar „vor allem rechtlichen Akt", also bevor man rechtliche Beziehungen mit anderen eingegangen ist: Es handelt sich somit um eine angeborene Unbescholtenheit) und aus der Befugnis, anderen gegenüber alles zu tun und zu sagen, „was an sich ihnen das Ihre nicht schmälert", also was ihre Rechte nicht verletzt (RL, AA 06: 237 f.). Wenn Freiheit mit diesen Befugnissen zusammenfällt, dann ist es durchaus sinnvoll sie als Recht zu bezeichnen, obwohl dies eine besondere Auffassung des Freiheitsbegriffs darstellt (dazu s. Pinzani (im Erscheinen)).

Dieser wird von Kant negativ als Unabhängigkeit von der Nötigung durch die Willkür eines anderen (RL, AA 06: 237.29) definiert. Auch die damit verbundenen Befugnisse sind negativ aufgefasst: Niemand kann von mir verlangen, etwas zu tun, wenn ich ihn meinerseits nicht zur selben Leistung verpflichten kann; niemand kann meine Unbescholtenheit und meine Eigenschaft, mein eigener Herr zu sein, in Frage ziehen; niemand kann mir verbieten, all das zu tun und zu sagen, was rechtlich nicht relevant ist. Das zweite Verbot verdient eine kurze Erklärung. Die Unverletzbarkeit der Unbescholtenheit bedeutet erstens, dass niemand mir vor allem rechtlichen Akt die Eigenschaft absprechen darf, ein möglicher Rechtspartner zu sein (dies hat weitere Auswirkungen auf den Schutz meines guten Namen auch nach meinem Tod, den Kant im § 35 der *Rechtslehre* behandelt, in dem nicht zufällig vom Recht der Menschheit in der Person anderer die Rede ist; RL, AA 06: 295 f.). Desgleichen kann niemand mich wie ein Ding behandeln oder meiner Freiheit berauben, solange ich nichts verbrochen habe – was vor allem rechtlichen Akt per Definition unmöglich ist. Sobald ich jedoch ein Verbrechen ausgeübt habe (06: 329 f.), verliere ich sowohl die Eigenschaft, mein eigener Herr zu sein, als auch meine Würde als Staatsbürger: Der Staat kann mich als ein Ding behandeln und mich sogar als Sklave in die Macht eines anderen geben (ich verliere damit meine Freiheit, da ich nicht länger von der Nötigung durch die Willkür eines anderen unabhängig bin).

Das einzige angeborene Recht ist somit ein rein negatives Recht auf Nicht-Einmischung seitens anderer, nicht auf irgendeine positive Leistung ihrerseits. Insofern ist Freiheit etwas, was ich von den anderen fordern kann, wenn auch negativ (ich fordere, dass sie meine Freiheit respektieren, nicht, dass sie mir Freiheit „geben" oder „schenken"). Aber was ist mit den traditionellen Naturrechten (auf Leib und Leben, auf Eigentum, auf Glauben und Meinung, usw.), die sonst von modernen Autoren als angeboren betrachtet werden? Wo bleiben sie in der *Rechtslehre?*

2 Das Recht der Menschheit und das Recht der Menschen

In der „Einteilung der Metaphysik der Sitten überhaupt", die ein Teil der „Einleitung" in dieselbe ist, taucht zum zweiten Mal der Ausdruck „Recht der Menschheit in unserer eigenen Person" auf – und zwar in der Tafel, auf der die Pflichten in vollkommene bzw. unvollkommene, in Pflichten gegen sich selbst bzw. gegen andere und schließlich in Rechts- und Tugendpflichten geteilt werden.

Diesem Recht entsprechen gemäß der Tafel vollkommene Rechtspflichten gegen sich selbst (RL, AA 06: 240). Zunächst soll hier dahingestellt bleiben, ob diese aus jenem entstehen oder umgekehrt das Recht aus den Pflichten. Diesem Recht steht in der Tafel das Recht der Menschen entgegen, dem vollkommene Rechtspflichten gegen andere entsprechen.

Mit Menschheit versteht Kant offensichtlich eine Eigenschaft des *homo noumenon*, wie aus der Behauptung zu entnehmen ist, dass „in der Lehre von den Pflichten der Mensch nach der Eigenschaft seines Freiheitsvermögens, welches ganz übersinnlich ist, *also auch bloß nach seiner Menschheit*, als von physischen Bestimmungen unabhängiger Persönlichkeit (*homo noumenon*), vorgestellt werden kann und soll" (RL, AA 06: 239.23–25; Hv. A.P.). Es mag zunächst verwundern, dass ein subjektives Recht einer Eigenschaft (Menschheit) zugesprochen wird, aber dies ändert sich, wenn man die Stelle so versteht, dass der Mensch als *homo phaenomenon* eine Verpflichtung gegen sich selbst als *homo noumenon* hat. Dies wäre auch im Einklang mit der Stelle aus der *Tugendlehre*, in der Kant die Frage klärt, wie Selbstverpflichtung überhaupt möglich sei (RL, AA 06: 417 f.): Es ist der Mensch als Vernunftwesen (d. h. als *homo noumenon*), der den Menschen als Sinneswesen (d. h. als *homo phaenomenon*) verpflichtet. Eine Pflicht gegenüber der Menschheit in der eigenen Person zu haben, heißt somit nichts anderes, als dass man als Sinneswesen/*homo phaenomenon* eine Pflicht gegen sich selbst als Vernunftwesen/*homo noumenon* hat.

Dies hat erneut mit der Existenz von Rechtspflichten gegen sich selbst, sprich, mit inneren Rechtspflichten, zu tun. Nicht zufällig tauchte der Ausdruck „Recht der Menschheit in unserer eigenen Person" zum ersten Mal an der Stelle auf, in der Kant die erste Ulpianische Regel „*honeste vive*" diskutiert. Wie wir gesehen haben, hat dieses Recht mit der Pflicht der eigenen Selbstbehauptung als Mensch und als Rechtssubjekt zu tun. Das ist etwas, was ich als *homo phaenomenon* mir als *homo noumenon* schulde, um überhaupt als Rechtssubjekt von den anderen fordern zu können, dass sie meine Freiheit (mein angeborenes Recht) respektieren.

Aus der dritten Stelle der *Rechtslehre*, in der Kant auf das Recht der Menschheit zu sprechen kommt (RL, AA 06: 270.21), wird die Unterscheidung zwischen dieser dem *homo noumenon* zukommenden Form von Recht und der dem *homo phaenomenon* zukommenden Form von Recht noch eindeutiger. Dort ist von der Unmöglichkeit, einen Menschen zu besitzen, die Rede. Nur körperliche Sachen können Gegenstand von Eigentum sein (das ist übrigens das erste Mal, dass das Wort „Eigentum" in diesem Werk auftaucht), nicht jedoch Menschen. Dies betrifft nicht nur die anderen Menschen, sondern auch mich selbst: Ich bin zwar mein eigener Herr (das ist ein Teil meines angeborenen Rechts, also meiner Freiheit, wie gesehen), nicht jedoch Eigentümer von mir selbst. Dagegen spricht eben das Recht der Menschheit in meiner Person. Im Anschluss daran schreibt

Kant, dass dieser Punkt (die Unmöglichkeit, sich selbst oder einen anderen Menschen zu besitzen) „zum Recht der Menschheit, nicht dem der Menschen gehört" (RL, AA 06: 270.21). Das Verbot der Sklaverei, einschließlich der Selbstsklaverei, gründet daher nicht in irgendeinem Recht des *homo phaenomenon*, sondern im Recht des *homo noumenon*, d.h. in seiner Menschheit bzw. in der Eigenschaft seines Freiheitsvermögens. Jemanden als Eigentum zu betrachten, würde eine Verletzung des angeborenen Rechts (der Freiheit) dieser Person darstellen. Man könnte einwenden, dass diese Freiheit schließlich dem *homo phaenomenon* gehört: Daher wäre der hier getroffenen Unterscheidung nicht allzu viel Gewicht beizumessen. Dagegen wäre zu beantworten, dass die hier angesprochene Freiheit nicht das angeborene Recht ist, von dem in der „Einleitung in die Rechtslehre" (RL, AA 06: 237 f.) die Rede ist. Vielmehr schlage ich vor, dass man den Begriff von Menschheit als „Eigenschaft des Freiheitsvermögens" mit dem Begriff von äußerer Freiheit als angeborenem Recht nicht zusammenfallen lässt. Menschheit bezeichnet die Fähigkeit (das Vermögen), äußerlich frei zu sein; Freiheit als angeborenes Recht bildet die Realisierung dieses Vermögens. Während das Freiheitsvermögen niemals abhanden gehen kann (es stellt eine wesentliche Eigenschaft des *homo noumenon* dar), kann äußere Freiheit von den Menschen als Sinneswesen durchaus verloren werden (z.B. wenn sie zu Verbrecher werden). Die Unmöglichkeit, Eigentümer von sich selbst oder von anderen zu sein, betrifft die unverlierbare Eigenschaft des Freiheitsvermögens; es ist andererseits durchaus möglich, dass man Eigentümer von einem anderen wird, nämlich wenn der Staat „durch Urteil und Recht" einen Verbrecher dazu verurteilt, „zum bloßen Werkzeuge der Willkür eines Anderen" zu werden (RL, AA 06: 330.02). Dass er als *homo phaenomenon* seine äußere Freiheit komplett verliert, steht offensichtlich für Kant in keinem Widerspruch mit der Tatsache, dass die Eigenschaft seines Freiheitsvermögens unverletzlich ist.

Es ist allerdings fragwürdig, ob in diesem Fall die Unterscheidung zwischen *homo noumenon* und *homo phaenomenon*, zwischen Freiheitsvermögen und konkreter Freiheit, zwischen Menschheit und Menschen haltbar ist. Wenn ein Mensch zu Eigentum eines anderen wird, „der ihn als eine Sache veräußern und nach Belieben (nur nicht zu schandbaren Zwecken) brauchen" kann (Ebda., 7 f.), ist es schwer einzusehen, dass dies keine Verletzung seiner Menschheit darstellt. Nach Kant macht sich der Verbrecher nur „seiner Persönlichkeit verlustig" (RL, AA 06: 283.21 f.) – womit man wohlwollend bloß die Rechtspersönlichkeit meinen könnte; dasselbe gilt für die folgende Stelle: „Ohne alle Würde kann nun wohl kein Mensch im Staate sein; denn er hat wenigstens die des Staatsbürgers; außer, wenn er sich durch sein eigenes Verbrechen darum gebracht hat" (RL, AA 06: 329 f.). Bezieht sich das „darum" auf die Würde des Staatsbürgers oder auf die Würde allgemein? Da der Verbrecher zu Eigentum eines anderen wird, scheint dies weit über den Verlust des

Staatsbürgersstatus hinauszugehen. Ist dies noch mit dem Recht der Menschheit in der Person des Verbrechers vereinbar? Kann man „zum bloßen Werkzeug der Willkür eines Anderen“ werden, ohne dass dieses Recht verletzt wird? Oder soll man die Menschheit so weit von der konkreten Person auseinanderhalten, dass diese ihre äußere Freiheit und Würde völlig verlieren kann, ohne dass jene davon berührt wird? Dies wäre nur damit zu erklären, dass der Verbrecher nicht nur gegen das geltende Recht allgemein, sondern gleichzeitig gegen das Recht in der eigenen Person verbrochen hat und damit *doch* seines Freiheitsvermögens als *homo noumenon* verlustig geworden ist. Auf jeden Fall ist es offensichtlich, dass das Recht der Menschheit in der eigenen Person mit dem kompletten Verlust der äußeren Freiheit und der Würde (mindestens die eines Staatsbürgers) und mit der Gleichsetzung mit einer Sache, die von einem anderen nach Belieben gebraucht werden kann, durchaus vereinbar ist – was unserer üblichen Auffassung von Menschenrechten widerspricht, welche die Idee der Unverletzbarkeit der Würde und Menschheit der Person beinhaltet. Wie steht es aber mit dem Begriff vom „Recht der Menschen“? Kant sagt, es kommt dem Menschen als *homo phaenomenon* zu. Aber was meint er eigentlich mit diesem Ausdruck? Bezieht er sich auf das, was wir als Menschenrechte bezeichnen?

Das Recht der Menschen wird von Kant als „das heiligste, was unter Menschen nur sein kann“ (RL, AA 06: 304.05) bezeichnet. Desgleichen kommt nach Kant eine Haltung, die „alles der wilden Gewalt“ aufopfert, somit „dem Begriff des Rechts selber alle Gültigkeit“ nimmt, einem Umsturz des Rechts der Menschen überhaupt gleich (RL, AA 06: 308.04–06). Es scheint also, dass der Ausdruck nicht irgendein subjektives Recht der Menschen als Individuen (als *homines phaenomena* bzw. Sinneswesen), sondern das objektive Recht überhaupt bezeichnet. Er würde sich dadurch vom Recht der Menschheit in der eigenen Person unterscheiden, dass er die äußeren Beziehungen der *homines phaenomena* untereinander regelt. Während das Recht der Menschheit den inneren Rechtspflichten entspricht, die der ersten Ulpianischen Regel („*honeste vive*“) unterstehen, entspricht das Recht der Menschen den äußeren Rechtspflichten, die aus den beiden anderen Ulpianischen Regeln („*neminem laede*“ und „*suum cuique tribue*“) hervorgehen. Es betrifft das äußere Mein und Dein, welches Gegenstand des im ersten Teil der *Rechtslehre* behandelten Privatrechts ist. Letzteres schließt natürlich auch Rechte der Individuen ein, da es deren gegenseitige rechtliche Beziehungen regelt; aber diese Rechte sind einfach Erscheinungsformen des Rechts der Menschen im Allgemeinen und machen sein Wesen nicht aus. Sein Wesen besteht vielmehr im Schutz privat-rechtlicher Beziehungen, die sowohl aus *Rechten* als auch aus *Pflichten* bestehen. Die individuellen Rechte haben insofern einen abgeleiteten Charakter, als sie aus den Pflichten hervorgehen, die für alle Rechtssubjekte entstehen, wenn es darum geht, die äußere Freiheit der anderen zu respektieren, die einzig als angeborenes Recht gilt. Alle Rechte außer diesem sind erworben – was wiederum gegen die übliche Menschenrechtsauffassung geht, den Menschen kämen vom Geburt her Rechte bloß deswegen zu, weil sie Menschen sind.

Zusammenfassend könnte man behaupten, dass das Recht der Menschen zwar die Menschen und ihre erworbenen Rechte betrifft, aber mit Menschenrechten als Rechten, die den Menschen qua Menschen zukommen und die unabhängig von ihrer Positivierung gelten, nichts zu tun hat.

3 Wie entstehen individuelle Rechte?

Wie wir gesehen haben, stellt die *Rechtslehre* in erster Linie eine *Pflichten*lehre dar. Die Menschen haben zunächst Pflichten gegen sich selbst (gegen die Menschheit in der eigenen Person bzw. gegen sich als *homines noumena*) und gegen andere; erst aus den gleichen Pflichten anderer (und aufgrund der ursprünglichen rechtlichen Gleichheit) kommen ihnen auch Rechte zu. Wenn äußere Freiheit (im oben gesehenen strikten Sinn, nämlich als Unabhängigkeit von eines anderen nötigender Willkür) das einzige angeborene Recht ist, dann sind alle anderen Rechte *eo ipso* erworbene Rechte. Könnte man ihnen trotzdem einen normativen Status zusprechen, welcher dem nahe kommt, der üblicherweise Menschenrechten zukommt? Könnte man in der *Rechtslehre* neben dem Recht der Menschheit und dem Recht der Menschen auch Rechte der Menschen auffindbar machen, die zwar nicht angeboren und bloß erworben, jedoch prinzipiell unverletzbar sind und vor jeglicher Positivierung durch eine gesetzgebende Gewalt gelten?

Anstatt die Menschenrechte als angeborene, jedem Menschen aufgrund seiner Menschheit zukommende Rechte zu betrachten, sollte man vielleicht auf die Möglichkeit eingehen, subjektive Rechte *politisch* zu begründen. Die Rechte des *homo phaenomenon* in der *Rechtslehre* sind – mit Ausnahme der Freiheit (die uns nicht weiterbringt, wie wir gesehen haben) – alle erworbene Rechte. Die Rechte der Menschen werden von den Menschen selbst erschaffen und basieren auf einem Prozess gegenseitiger Anerkennung, den man sehr gut am Prozess der Entstehung des Rechts auf Bodenbesitz rekonstruieren kann.

3.1 Warum gibt es Privatbesitz des Bodens überhaupt?

Kant diskutiert die erworbenen Rechte im ersten Teil der *Rechtslehre:* Sie gehören allesamt dem Privatrecht zu – mit zwei Ausnahmen, die wir später (s. 4.2 und 4.3) behandeln werden. Das erste dieser Rechte ist allerdings nicht das Recht auf Leben und leibliche Unversehrtheit, wie es zu erwarten wäre, sondern das Recht auf Bodenbesitz. Und auch dieses Recht steht im Zeichen einer allgemeinen gegenseitigen Verpflichtung aller Menschen, existierende Besitzverhältnisse anzuerkennen. Dafür führt Kant sogar den ziemlich problematischen Begriff eines a priori vereinigten Willens ein, so dass die Gültigkeit dieser Rechte keineswegs unbedingt ist, sondern von dessen Billigung abhängt. Dies verdient eine ausführliche Analyse, denn es wirft einige relevante Fragen mit Bezug auf den Begriff von individuellen Rechten auf. Ich werde mich auf zwei Punkte konzentrieren: Auf eine allgemeine Frage bezüglich der Existenz des Privatbesitzes von Boden überhaupt und auf eine besondere Frage bezüglich der von Kant vertretenen Ansicht der Beziehung von individuellem und allgemeinem Willen in diesem Kontext. Die allgemeine Frage ist die folgende: Welchen vernünftigen Grund gibt es für den privaten Bodenbesitz, so wie ihn Kant in der *Rechtslehre* darstellt? Drei Antworten sind meines Erachtens möglich, aber keine ist überzeugend.

a) Überlebensmittel

Man könnte zunächst auf die Notwendigkeit hinweisen, überlebenswichtige Grundbedürfnisse durch Landbau und Viehzucht (sprich: durch Erzeugung von Lebensmitteln) zu stillen. Dies würde mit dem Umstand gut zusammenpassen, dass a priori Rechtsprinzipien, obwohl rationaler und metaphysischer Natur, auf das Leben von phänomenalen Wesen mit materiellen Bedürfnissen Anwendung finden sollen. Aber es gibt keinen Grund auszuschließen, dass solche Bedürfnisse durch den *kollektiven* Gebrauch von *gemeinschaftlich* besessenem Boden erfüllt werden können. Der einzige mögliche Grund, um diese Lösung zu verwerfen, wäre die von Kant nicht gestellte Behauptung, ein System von privat besessenen Bodenparzellen sei effektiver bei der Erzeugung von Lebensmitteln. Dies wäre aber in erster Linie ein empirisches (daher von einem metaphysischen Gesichtspunkt nicht vertretbares) Argument und in zweiter Linie ein unbewiesenes Argument. Es gab zwar in der Geschichte Beispiele von ineffizienten kollektivistischen Systemen (etwa in den Ländern, in denen der sogenannte real existierende Sozialismus herrschte), aber nicht alle Formen von Kollektivismus waren so erfolglos – ganz im Gegenteil: Die meisten Gesellschaften waren im Laufe der menschlichen Geschichte kollektivistisch organisiert, und viele sind es auf unterschiedliche Weise noch heute. Man könnte einwenden, das auf privatem Bodenbesitz basierende System habe sich bei der Erzeugung von Lebensmitteln sowohl qualitativ als auch quantitativ als besonders effizient erwiesen. Es gibt allerdings keinen Gegenbeweis, dass ein kollektivistisches System nicht genauso gute Produktionsniveaus erreichen könnte (Getreideproduktion in der Sowjetunion nach dem Zweiten

Weltkrieg war z. B. besonders hoch, wenigstens quantitativ). Es ist im Gegenteil eine Tatsache, dass ein auf privatem Bodenbesitz basierendes System in die Schaffung einer zweigleisigen Gesellschaft resultiert, denn es hat immer eine Klasse von landlosen Individuen erzeugt, die nicht imstande waren, sich selbst durch Landbau zu unterhalten, während gleichzeitig die Klasse der Bodenbesitzer immer mehr hatte, als sie brauchte, aber selten (wenn überhaupt) bereit war, ihr Surplus mit den Landlosen zu teilen. Das auf privatem Bodenbesitz basierende System kann mit anderen Worten bezüglich der Produktion zwar effizient sein, scheint aber nicht so effizient zu sein, was die Distribution betrifft – gegen den weit verbreiteten Glauben an die Effizienz des freien Marktes (ein besonders dramatisches Beispiel der Unhaltbarkeit dieses Glaubens bot die irische Hungersnot im 19. Jahrhundert an, als Millionen von Menschen starben, und zwar als Folge der von der britischen Regierung getroffenen Entscheidung, nichts zu unternehmen und es dem Markt zu überlassen, den herrschenden Mangel an Lebensmitteln zu beheben). Dass wir Produktionseffizienz über Distributionseffizienz stellen sollten, ist keine Frage, die sich durch a priori, vernünftige Gründe beantworten lässt.

b) Das Postulat der praktischen Vernunft

Die zweite Möglichkeit, die Existenz vom privaten Bodenbesitz zu rechtfertigen, bezieht sich auf die von Kant selbst eingeführte Idee eines *horror vacui*, welches sich der Vernunft bemächtigt, wenn sie mit der Vorstellung von besitzlosem Boden zu tun hat. Die Vernunft kann anscheinend nicht akzeptieren, dass ein Stück Land ohne Besitzer bleibt. Auch diese Antwort ist meines Erachtens problematisch. Erstens gibt es ein Problem mit Kants Formulierung des rechtlichen Postulats, das verbietet, das etwas herrenlos bleibt. Das Postulat besagt Folgendes: „Es ist möglich, einen jeden äußern Gegenstand meiner Willkür als das Meine zuhaben; d.i.: eine Maxime, nach welcher, wenn sie Gesetz würde, ein Gegenstand der Willkür an sich (objektiv) herrenlos (*res nullius*) werden müsste, ist rechtswidrig" (RL, AA 06: 246.05–07). In der ersten Hälfte des Postulats haben wir es mit einer positiven Formulierung zu tun, die eine Erlaubnis ausdrückt: deswegen spricht Kant mit Bezug auf den Besitz eines äußeren Gegenstands überhaupt von einer *lex permissiva* (RL, AA 06: 247.01). Die zweite Hälfte ist negativ formuliert und beinhaltet ein Verbot: nichts darf *res nullius* bleiben. Anscheinend stellt Kant diese zweite Hälfte so vor, als ob sie einfach eine andere, inhaltgleiche Formulierung der ersten wäre – das legt auf jeden Fall die Benutzung des Ausdrucks „das ist" nahe. Aber die zweite Hälfte des Postulats besagt mitnichten dasselbe. Aus der Tatsache, dass ich alles besitzen darf, folgt bloß, dass alles besessen werden *darf*, nicht, dass alles besessen werden *soll*. Kant erklärt hier, dass sich sonst die Freiheit „selbst des Gebrauchs ihrer Willkür in Ansehung eines Gegenstandes derselben berauben" würde (RL, AA 06: 246.13–15). Es gibt allerdings keinen Grund zur Annahme, dass ein Gegenstand im Besitz von jemandem sein muss, um überhaupt gebraucht zu werden; noch zur Annahme, er müsse *von Einzelnen* besessen werden. Zu Kants Zeiten noch mehr als in unserer Epoche (in der anscheinend alles in eine Ware umwandelt werden kann) haben Menschen viele Sachen gebraucht, ohne sie eigentlich zu besitzen, und sicher nicht als individuelle Eigentümer: Ich denke an die sogenannten *commons* (Luft, Wasser, Wasserwege, Wälder, öffentliches Land, gemeinsame Weiden usw.). Man könnte einwenden, dass sich auch die *commons* im Besitz von jemandem befinden, nämlich im Besitz der Gemeinschaft – und damit kommen wir auf das zweite Problem, das sich für diesen zweiten Versuch stellt: Auch, wenn Kant Recht hatte, und die praktische Vernunft tatsächlich postulierte, dass kein Stück Boden herrenlos bleiben darf, ist es keineswegs eindeutig, dass der Besitzer ein Individuum und keine Gruppe oder Gemeinde sein soll. Dass nichts *res nullius* bleiben darf, heißt mitnichten, dass sich alles im Privatbesitz befinden soll. Kant selbst behauptet, der Boden gehöre ursprünglich dem allgemeinen Willen (RL, AA 06: 258.13–15), nicht irgendeinem Individuum. Dies ist ein wichtiger Punkt, auf den ich noch zurückkommen werde (s. 3.2).

c) Ist Privatbesitz notwendig, um frei zu sein?

Die dritte mögliche Strategie, um den privaten Bodenbesitz zu rechtfertigen, wäre zu zeigen, dass er für die Ausübung individueller Freiheit notwendig ist. Dies wäre ein typisch liberales Argument, ist aber in Kants Text nirgendwo zu finden. Der Privatbesitz vom Boden hat mit äußerer Freiheit, so wie sie auf der oben zitierten Stelle definiert wird, nichts zu tun. Wie wir gesehen haben, wird äußere Freiheit als ein Zustand charakterisiert, in dem ich mich vor jeglicher rechtlichen Beziehung mit anderen, d. h. vor jeglichem rechtlichen Akt – einschließlich des Akts des Bodenbesitzes – befinde. Dieser Akt ist nach Kant nur durch die Beziehung von mindestens zwei Willküren möglich. Ich besitze einen Gegenstand nur in dem Moment, in dem ich alle anderen von seinem Gebrauch auf legitime Weise ausschließen darf, und in dem alle anderen mein Recht auf den ausschließlichen Gebrauch des Gegenstandes anerkennen. Dies unterscheidet die *possessio noumenon* von der *possessio phaenomenon* (RL, AA 06: 258 f.). Aber der Besitz von etwas ist nicht im Begriff der angeborenen Freiheit miteingeschlossen. Vielmehr gilt das Gegenteil: Um einen Gegenstand legitim und rechtlich zu besitzen, soll ich äußerlich frei sein. Das heißt: Ich soll ein unabhängiges rechtliches Subjekt sein, das imstande ist, rechtliche Beziehungen mit anderen einzugehen, wie von der ersten Ulpianischen Regel „*honeste vive*" gefordert. Kant stellt zwar eine Beziehung zwischen Freiheit und Besitz in der oben zitierten Stelle (RL, AA 06: 246.13 – 15) dar, aber er bezieht sich auf die Unmöglichkeit einer *res nullius*, nicht auf die angebliche Notwendigkeit, etwas zu besitzen, um frei zu sein. Wenn dies der Fall wäre, und wenn dieses ‚etwas' in erster Linie der Boden sein sollte, wie Kant andeutet, dann sollte die Idee einer angeborenen Freiheit selbst dazu führen, ein angeborenes Recht auf den Privatbesitz eines Stücks Boden zu postulieren – ein angeborenes Recht, das jedem aufgrund seiner Menschheit zukommen sollte, wie im Fall der Freiheit. Aber, wie wir wissen, vertritt Kant diese Position nicht.

Es scheint also, dass es keine überzeugenden Gründe gibt, dem privaten Bodenbesitz eine so zentrale Rolle zu geben, und ihn zur Basis von vielen anderen individuellen Rechten (nämlich von all den Rechten eines Hausherren) zu machen, wie es in der *Rechtslehre* geschieht.

3.2 Allgemeiner und individueller Wille

Die besondere Frage betrifft die Beziehung von allgemeinem und individuellem Willen bezüglich des Bodenbesitzes. Bei der Behandlung der ursprünglichen Erwerbung vom Boden führt Kant einen zentralen Begriff, nämlich den eines ursprünglichen, a priori vereinigten Willens ein. Der Begriff erscheint zunächst im § 8, dessen Titel symptomatisch ist: „Etwas Äußeres als das Seine zu haben, ist nur in einem rechtlichen Zustande, unter einer öffentlich-gesetzgebenden Gewalt, d.i. im bürgerlichen Zustande, möglich" (RL, AA 06: 255.23 – 25). Die konkreten Besitzverhältnisse sind das Ergebnis eines einseitigen Willensaktes der Individuen, aber dieser einseitige Wille kann „in Ansehung eines äußeren, mithin zufälligen Besitzes [...] nicht zum Zwangsgesetz für jedermann dienen, weil das der Freiheit nach allgemeinen Gesetzen Abbruch tun würde" (RL, AA 06: 256.05 – 07). Daher behauptet Kant die Notwendigkeit der Existenz eines Willens, der alle verpflichtet, und das kann nur ein „kollektiv allgemeiner (gemeinsamer) und machthabender Wille" sein (RL, AA 06: 256.09 f.). Dieser Wille kann nur im bürgerlichen Zustand gesetzgebend sein, daher kann es nur in einem solchen Zustand „ein äußeres Mein und Dein" geben (RL, AA 06: 256.12 f.). Einige Seiten später wird die Zueignung, d. h. der Akt, durch den das Recht des Bodenbesitzers begründet wird, als der „Akt eines äußerlich allgemein gesetzgebenden Willens (in der Idee)" vorgestellt (RL, AA 06: 259.01 – 03).

Der allgemeine Wille ist eine Instanz, die („in der Idee") so gedacht werden muss, dass die Zueignung für rechtsgültig erklärt wird. Nur so kann der faktische Besitz zu einem rechtlichen Besitz werden – und zwar nicht nur innerhalb einer besonderen Gemeinschaft, sondern im Allgemeinen. Ohne diese Instanz würde jede Erwerbung einseitig bleiben und daher die anderen nicht binden. Mit anderen Worten: Der einseitige Akt der Apprehension eines Gegenstandes und der ebenfalls einseitige Akt der Bezeichnung dieses Gegenstandes als „meines“ sollen von dem allseitigen, aber abstrakten Akt der Zueignung gefolgt werden (RL, AA 06: 258f.). Der allgemeine Wille muss vorausgesetzt werden, damit das Erlaubnisgesetz (*lex permissiva*), das mir erlaubt, mich als den legitimen Besitzer eines äußeren Gegenstandes zu betrachten, zu einem Gesetz der verteilenden Gerechtigkeit (*lex iustitiae distributivae*) wird. Der allgemeine Wille muss so gedacht werden, dass die Besitzverhältnisse, die durch das Privatrecht entstehen und an sich einseitig und willkürlich sind, für rechtsgültig erklärt werden. Kant behauptet, dass auch vor der Entstehung des bürgerlichen Zustandes die Pflicht besteht, „den Akt der Besitznehmung und Zueignung, ob er gleich nur einseitig ist, als gültig anzuerkennen“, so dass auch „eine provisorische Erwerbung des Bodens mit allen ihren rechtlichen Folgen möglich“ ist (RL, AA 06: 267.19–21). Kants Hauptsorge ist das Privatrecht durch die Entstehung des öffentlichen Rechts zu sichern. Dementsprechend besteht die Aufgabe des allgemeinen Willens nicht darin, die einseitigen, willkürlichen Besitzverhältnisse neu zu definieren, sondern ihnen einen endgültigen Charakter zu leihen. In dieser Hinsicht ist es irritierend, dass Kant von verteilender Gerechtigkeit spricht. Höchstens hat man es hier mit einer sekundären Verteilung zu tun, d.h. mit der Wiederherstellung von Besitzverhältnissen, die in Frage gestellt worden sind (entsprechend den aus der dritten Ulpianischen Regel entstehenden Pflichten). Der allgemeine Wille scheint somit bloß die Funktion zu haben, einseitigen, willkürlichen Besitzverhältnissen Rechtsgültigkeit zu geben.

Aus dem Vorausgegangenen geht hervor, dass das erste, ursprünglich erworbene Recht, nämlich das Recht auf Privatbesitz des Bodens, eigentlich das Resultat eines einseitigen, willkürlichen Akts ist, der – um rechtmäßig zu werden – der Sanktionierung durch den allgemeinen Volkswillen bedarf. Das ist ein gewaltiger Unterschied zur Position jener Autoren (Locke z.B.), die den Individuen ein natürliches Recht auf Eigentum zusprechen, das vor jeder rechtlichen Beziehung mit anderen schon gilt.

3.3 Bodenbesitz und aktive Staatsbürgerschaft

Obwohl der private Bodenbesitz keine notwendige Folge unserer angeborenen Freiheit ist, spielt er eine entscheidende Rolle bei einer derer wichtigsten Erscheinungsformen, nämlich bei der aktiven Teilnahme am Gesetzgebungsprozess, durch den jene rechtlichen Normen entstehen, die den Gebrauch von äußerer Freiheit einschränken. Schon Rousseau hatte es im *Gesellschaftsvertrag* betont: Individuen, die an der Schaffung der Gesetze, denen sie gehorchen müssen, nicht teilgenommen haben, können unmöglich als frei angesehen werden. Wir würden erwarten, dass Kant zu demselben Schluss kommt, da er die angeborene Gleichheit in Bezug auf die Fähigkeit der wechselseitigen Verbindung als ein wesentliches Merkmal von Freiheit betrachtet. Wenn also ein Individuum, bzw. eine Gruppe, imstande ist, mich durch rechtliche Normen zu binden, während ich nicht die Macht habe, dasselbe zu tun, so würde meine angeborene Gleichheit und somit *meine angeborene Freiheit*, bzw. ein ihr wesentliches Moment, nicht länger bestehen. Kant kommt aber nicht zu diesem Schluss und meint, es sei durchaus möglich eine zweigleisige Staatsbürgerschaft zu haben: Einerseits gibt es Individuen, die am gesetzgebenden Prozess teilnehmen dürfen, andererseits gibt es Individuen, die den Gesetzen bloß gehorchen sollen. Zwar werden die Letzteren genauso wie die Ersteren durch diese Gesetze geschützt, so dass sie sich nicht *ex lege* (d. h. ohne rechtlichen Schutz ihrer Rechte) befinden; aber sie bilden eine Sonderklasse von Staatsbürgern, die Kant „passiv" nennt, da sie die Folgen jener Entscheidungen ertragen müssen, die von den anderen Bürgern (die Kant „aktiv" nennt) getroffen wurden. Da die Einführung dieser zwei Kategorien von Staatsbürgern die angeborene Gleichheit aufhebt, stellt sich zunächst eine Frage bezüglich des Verhältnisses von Bodenbesitz und aktiver Staatsbürgerschaft.

Dass nur Bodenbesitzer am Entscheidungs- und Gesetzgebungsprozess legitim teilnehmen dürfen, ist eine alte Idee in der Geschichte des modernen politischen Denkens. Man findet sie immer wieder in der republikanischen Tradition, aber auch bei angeblich demokratischeren Autoren wie den englischen *Levellers*. Das Hauptargument lautet so: Bodenbesitzer haben ein direktes Interesse daran, ihr Land zu schützen; das gilt mitnichten für Lohnempfänger (landlose Bauern, Tagelöhner), Angestellte, Handwerker und Kaufmänner, die ihre Tätigkeit auch anderswo oder unter dem Joch eines ausländischen Herrschers ausüben könnten; Entscheidungen über das Gemeinwohl (die *res publica*) sollten aber nur von den Individuen getroffen werden, die daran ein Interesse haben; daher sollten nur Bodenbesitzer am Entscheidungsprozess teilnehmen. Dieses Argument blieb für lange Zeit unumstritten. Eine Variante davon behauptet, dass Individuen, deren Unterhalt von anderen abhängt (z. B. Angestellte, Arbeiter usw.), kein richtiges eigenes Interesse haben und daher entweder ihre Stimme den reicheren Individuen verkaufen würden, oder so abstimmen würden, wie es ihnen jene befohlen haben, von denen sie abhängig sind. Kant übernimmt diese Variante.

Sowohl das Hauptargument wie auch die Variante sind nicht sehr überzeugend. Ersteres sieht offensichtlich den Staat als die Summe der von Individuen besessenen Bodenparzellen. Diese Auffassung ist nicht nur theoretisch ziemlich naiv; sie übersieht die Tatsache, dass ein bedeutender Teil des Bodens (die oben erwähnten *commons*) ursprünglich nicht im Privatbesitz stand, sondern gemeinschaftlich genutzt wurde. Daher hatten auch landlose Menschen durchaus ein Interesse an der Verteidigung ihres Landes und am Erhalt der Unabhängigkeit von fremder Herrschaft. Die Variante gibt einerseits den angeblichen Stimmenverkäufern die Schuld für diesen Akt und bestraft sie deswegen; andererseits spricht sie die Stimmenkäufer frei und belohnt sie sogar, denn die Ersteren verlieren ihr Abstimmungsrecht, während die Letzteren das Recht bekommen, eine alle bindende Entscheidung zu treffen. Die fragwürdige Identifizierung von Bodenbesitz (in späteren Epochen auch bloß von Reichtum) und allgemeinem bzw. patriotischem Interesse sowie die noch fragwürdigere Vorstellung, Lohnempfänger hätten kein eigenes Interesse zu verteidigen, bergen meines Erachtens eine stark ideologische Dimension, die auch bei Kant kaum zu vertuschen ist.

Aus dem Vorausgegangenen erheben sich schwerwiegende Probleme für die innere Kohärenz von Kants Rechtssystem. Insbesondere scheint die Einführung einer zweigleisigen Staatsbürgerschaft mit der Charakterisierung von Freiheit als angeborener Gleichheit inkompatibel zu sein. Dieser Eindruck wird besonders stark, wenn man überlegt, dass die Einführung des privaten Bodenbesitzes am Anfang des Privatrechtteils keineswegs aus jener Charakterisierung folgt, sondern ein unnötiges Zugeständnis an die Tradition darstellt. Hätte Kant die *Rechtslehre* mit einer Verteidigung des kollektiven Bodenbesitzes angefangen (wie es durchaus möglich gewesen wäre, wie gesehen), wäre er auf ganz andere Schlüsse in Bezug auf die Staatsbürgerschaft gekommen, da jeder Mensch als Teil der Gemeinschaft ein Bodenbesitzer gewesen wäre und somit ein Interesse am Gemeinwohl gehabt hätte (angenommen, Letzteres falle tatsächlich mit dem Interesse der Bodenbesitzer zusammen – was wiederum eine fragwürdige Annahme darstellt). Kant rückt hingegen den privaten Bodenbesitz ins Zentrum des Privatrechtteils und spricht sich strikt gegen die Möglichkeit aus, die kontingenten, einseitigen und willkürlichen Besitzverhältnisse, welche die Individuen vor der Errichtung des Staates geschaffen haben, neu zu definieren. Daher wird der Großteil der Individuen von Anfang an aus der Gruppe der aktiven Staatsbürger ausgeschlossen und in einen Zustand mangelnder Freiheit versetzt, da sie ihre angeborene Gleichheit mit den aktiven Staatsbürgern verloren haben.

Zudem sind Lohnempfänger in einem weiteren Sinne unfrei: Ihre Abhängigkeit von anderen, reicheren Individuen bedroht ihre Eigenschaft, ihr eigener Herr zu sein, wie man am Beispiel des Gesindes beobachten kann. Kant betont, dass sich niemand zu vollkommener Abhängigkeit durch einen Vertrag binden kann, denn man würde somit aufhören, eine Person zu sein. Von daher könne sich ein Mensch zwar, „zu gewissen, der Qualität nach erlaubten, dem Grad nach aber unbestimmten Diensten gegen einen Andern (für Lohn, Kost oder Schutz) verpflichten durch einen Verdingungsvertrag (*locatio conductio*)", werde jedoch nach Kant „dadurch bloß Untertan (*subiectus*), nicht Leibeigener (*servus*)" des anderen

(RL, AA 06: 330.10 – 12). Er verliert nichtsdestoweniger einen Großteil seiner äußeren Freiheit, wie man dem § 30 entnehmen kann: Durch den Vertrag gehört das Gesinde „nun zu dem Seinen des Hausherren und zwar, was die Form (den Besitzstand) betrifft, gleich als nach einem Sachenrecht" (RL, AA 06: 283.10 – 12). Auch in § 29, wo er die Beziehung des Vaters zu seinen Kindern diskutiert, spricht Kant von einem auf dingliche Art persönlichen Recht (RL, AA 06: 282.09 f.), das den Vater berechtigt, die Kinder zu kontrollieren und, wenn sie entlaufen sind, „sich ihrer als Sachen (verlaufener Haustiere) zu bemächtigen" und sie „einzufangen" (RL, AA 06: 282.15 f.). Dieses Bild von verlaufenen Haustieren scheint Kant auch in § 30 zu inspirieren, in dem er behauptet, dass, wenn das Gesinde dem Herrn entläuft, dieser es „durch einseitige Willkür in seine Gewalt" bringen darf (RL, AA 06: 283.12 f.), ohne einen Gerichtshof betätigen zu müssen. Er darf sie einfach aufspüren, einfangen und zurück nach Hause bringen, als ob sie entlaufene Pferde wären.

Auch in diesem Fall scheint Freiheit ein Zustand zu sein, in dem jedermann geboren ist, in dem zu verbleiben aber nur wenige imstande sind. Sie ist notwendig, um rechtliche Beziehungen und Akten überhaupt zu denken, ist aber keineswegs ein notwendiges oder wesentliches Merkmal von Individuen, nachdem sie bestimmte rechtliche Verhältnisse eingegangen sind: Wenn sie verheiratet sind (Frauen sind nach Kant *naturaliter minores*, also natürlich passive Staatsbürger), wenn sie einem Hausherren dienen usw. Freiheit ist also eine formelle Bedingung für die Gültigkeit von Verträgen, die privatrechtliche Beziehungen entstehen lassen; sie stellt mitnichten einen materiellen Zustand dar, in dem die Menschen leben müssten oder sollten. Mit anderen Worten: Alle Menschen sind in dem Sinne frei geboren, dass sie vom Geburt aus die formellen Bedingungen erfüllen, um wechselseitige rechtliche Verhältnisse einzugehen; aber im Laufe der Zeit können sie – und zwar ausgerechnet aufgrund solcher Verhältnisse – eines oder mehrere der Befugnisse verlieren, die ihre angeborene Freiheit ausmachen. Letztere ist somit rein instrumentell zur Etablierung rechtlicher Verhältnisse und zur Herstellung eines Privatrechts, das seinerseits zur Entstehung des öffentlichen Rechts führt. Freiheit ist kein anzustrebendes Ideal, noch eine Eigenschaft, die Individuen verteidigen sollten oder der Staat schützen sollte.

4 Also doch keine Kantischen Menschenrechte?

Gibt es denn keine andere Möglichkeit, Menschenrechte auf der Basis von Kants praktischer Philosophie zu begründen? Drei Strategien sind dabei denkbar, und ich werde sie im Folgenden kurz in Betracht ziehen.

4.1 Menschenrechte und Menschenwürde

Die erste Strategie bestünde darin, die Idee von Menschenrechten aus der Idee von Würde abzuleiten, die bei Kant vermutlich eine zentrale Rolle spielt (für eine detailreiche, nuancierte Darstellung des Begriffs der Würde bei Kant s. von der Pfordten 2009 und Sensen 2011). Zieht man die *Rechtslehre* in Betracht, so wäre das kaum möglich, nicht nur aus den oben genannten Gründen (die Menschen erwerben ihre Rechte auf der Basis einseitiger Besitzverhältnisse und sind untereinander ungleich mit Bezug auf die Fähigkeit, andere rechtlich zu verbinden), sondern vor allem, weil die rechtliche Würde bzw. die Würde des Staatsbürgers vom Individuum selbst abhängt. Verbricht er gegen das Gesetz, verliert er sie vollkommen, denn als Verbrecher wird er – wie schon erwähnt – „zwar im Leben erhalten, aber zum bloßen Werkzeuge der Willkür eines anderen (entweder des Staats, oder eines anderen Staatsbürgers) gemacht". Wenn dies geschieht, so ist der Verbrecher (wohlbemerkt: erst nach seiner Verurteilung) „ein Leibeigener (*servus in sensu stricto*) und gehört zum Eigentum (*dominium*) eines anderen, der daher nicht bloß sein Herr (*herus*), sondern auch sein Eigentümer (*dominus*) ist, der ihn als Sache veräußern und nach Belieben (nur nicht zu schandbaren Zwecken) brauchen und über seine Kräfte, wenn gleich nicht über sein Leben und Gliedmaßen verfügen (disponieren) kann" (RL, AA 06: 330.01–03). Diese Auffassung scheint mit der Idee einer angeborenen unantastbaren Würde, die jedem Menschen kraft seiner Menschheit zukommt, kaum vereinbar.

4.2 Menschenrechte und Kategorischer Imperativ

Es wäre allerdings denkbar, die unantastbare Würde des Menschen mit Hilfe der *ethischen* Philosophie Kants zu begründen, insbesondere durch Rekurs auf die zweite Formel des Kategorischen Imperativs aus der *Grundlegung*, nach der wir die anderen niemals bloß als Mittel, sondern immer auch als Zweck in sich selbst behandeln sollen. Betrachte man jedoch die Stelle genauer, so stellt man fest, dass diese Forderung den *homo noumenon* – sprich: das Recht der Menschheit – nicht den *homo phaenomenon* – sprich: die Rechte der Menschen – betrifft: „Handle so, dass du die *Menschheit* in deiner Person als in der Person eines jeden andern jederzeit zugleich als Zweck, niemals bloß als Mittel brauchst" (GMS, AA 04: 429.10–12; Hv. A.P.). Nichtsdestoweniger wendet Kant diese Formel auch in der *Rechtslehre* an, nämlich auf den Fall, in dem ein Monarch seine Untertanen in den Krieg schicken will, als ob sie sein Eigentum seien, und als ob er daher über sie nach Belieben (wie im Fall der Verbrecher) verfügen könne. Menschen können aber kein Eigentum sein; die Menschen als Staatsbürger sollen immer „nicht bloß als Mittel, sondern auch zugleich als Zweck an sich selbst“ betrachtet werden (RL, AA 06: 345.35). Daher darf der Souverän nicht einseitig über die Erklärung eines Kriegs entscheiden; dazu braucht er vielmehr die „freie Beistimmung“ des Volks „vermittelst seiner Repräsentanten“ (RL, AA 06: 345 f.). Es handelt sich allerdings um ein Recht der Menschen als *Staatsbürger*, nicht als Menschen: Um ein spezielles Recht, das jedem Individuum kraft seiner Zugehörigkeit zu einer besonderen politischen Gemeinschaft, nicht kraft seiner Zugehörigkeit zur Menschheit zukommt. Und dieses Recht entsteht erst nach der Errichtung des Staates, nicht auf der Ebene privatrechtlicher Beziehungen unter Individuen.

4.3 Bürgerrechte statt Menschenrechte

Dies könnte allerdings behilflich sein, um eine weitere Möglichkeit zu erörtern. Anstatt die *Rechtslehre* (allgemeiner: Kants politische und Rechtstheorie) auf der Suche nach Menschenrechten zu durchstöbern, könnte man die Aufmerksamkeit auf jene Rechte konzentrieren, die den Staatsbürgern als solchen zukommen, wenn sie einmal in den bürgerlichen Zustand, also in den Staat eingetreten sind. Diese sind allerdings keine Menschenrechte *stricto sensu*, sondern Bürgerrechte bzw. Grundrechte, die vom und durch den Staat gewährleistet werden. Sie existieren nur als positive Rechte, die man als Mitglied einer spezifischen politischen Gemeinschaft besitzt. Greift man nochmals zum Beispiel des Rechts auf privaten Bodenbesitz, allgemeiner: Auf das äußere Mein und Dein, so stellt man fest, dass dieses einseitige, willkürliche Recht erst dank der Anerkennung durch einen allseitigen, gesetzgebenden, allgemeinen Willen zu einem peremptorischen, endgültigen Recht wird. Dass der allgemeine Wille den Inhalt dieses einseitigen Rechts annimmt und einfach sanktioniert, ändert nichts an der Tatsache, dass es ohne diese Anerkennung und Sanktionierung eine bloß provisorische Geltung, somit eine depotenzierte Rechtswirksamkeit hätte. Andererseits dient der Staat nur zur Sanktionierung, nicht zur Definition der Rechte der Staatsbürger, deren Inhalt vielmehr schon durch ihre wechselseitigen privatrechtlichen Beziehungen festgesetzt wurde. Da jedoch diese Beziehungen in einen partiellen Freiheitsverlust für viele Menschen und in einen Zustand rechtlicher Ungleichheit resultieren, wäre es eigentlich wünschenswert, dass der Staat die entsprechenden Rechte doch neu formulieren möchte – eine Möglichkeit, die von Kant ausdrücklich ausgeschlossen wird. Die aus den privatrechtlichen Beziehungen resultierenden Bürgerrechte sind nicht die Rechte, die sich die Mitglieder einer Gemeinschaft als gleiche Rechtsgenossen gegenseitig anerkennen (wie etwa in Habermas‘ durch Kant und Rousseau inspirierter Rekonstruktion der Genesis des Systems der Rechte: vgl. Habermas 1992). Kants Entscheidung, die privatrechtlichen Beziehungen unter Individuen auf ursprünglich einseitigen Besitzverhältnissen zu gründen, macht es unmöglich, die daraus resultierende Rechtsgemeinschaft als eine Vereinigung von gleichen Rechtsgenossen aufzufassen, die mit gleichen Rechten ausgestattet sind.

Es wäre somit nicht zu weit gegriffen, zu behaupten, individuelle Rechte kommen in Kants Rechtsphilosophie nur als positive, staatlich garantierte Bürgerrechte vor, die jedoch aus einem Zustand rechtlicher Ungleichheit hervorgehen. Es gibt allerdings zwei Ausnahmen, d. h. zwei Rechte, die anscheinend vor- und extrastaatlichen Charakter besitzen, nämlich das angeborene Recht der äußeren Freiheit und „das Recht des Erdbürgers" auf globalen Besuch, d. h. das Recht, „die Gemeinschaft mit allen zu versuchen und zu diesem Zweck alle Gegenden der Erde zu besuchen", das Kant in der Sektion über das Weltbürgerrecht erwähnt (RL, AA 06: 353.05 f.). Diese sind die einzigen Rechte, die Kant tatsächlich allen Menschen qua Menschen zuspricht. Bedeutung und Stellenwert von äußerer Freiheit als angeborenem Recht haben wir schon diskutiert. Das allgemeine Besuchsrecht ist zwar kein bloß formelles Recht wie Freiheit, da es als Inhalt einen konkreten Akt (nämlich den Besuch in einem fremden Land, der immer mit gewissen rechtlichen Aspekten gebunden ist) hat; seine materielle Bedeutung ist aber relativ beschränkt, da es nur die Möglichkeit garantiert, andere Länder zu besuchen, nicht jedoch vorsieht, dass man sich dort ohne Weiteres niederlassen darf. Es ist ein Recht, das jeder Staat allen fremden Menschen, die zu ihm als Gäste kommen, garantieren sollte (und fremd sind die Menschen immer, sobald sie ihr eigenes Land verlassen haben). Die Existenz dieses Rechts bestätigt somit eher die Auffassung, dass individuelle Rechte in erster Linie durch den Staat garantierte Rechte sind, denn auch in diesem Fall wird der Staat (nämlich: jeder Staat) verpflichtet. Gäbe es keine Staaten (was nach Kant unmöglich ist), so gäbe es dieses Recht auch nicht.

5 Rechte oder Pflichten?

Der Rekurs auf den ethischen Kategorischen Imperativ weist meines Erachtens auf die Fragwürdigkeit einer Kantischen bzw. durch Kant inspirierten Begründung der Menschenrechte hin. Dieser Imperativ dient in erster Linie dazu, ethische Pflichten zu identifizieren, denen eventuell ethische Forderungen seitens der anderen Menschen, nicht jedoch rechtliche Forderungen entsprechen können – nicht mal im Sinne von nicht positiven, rein metaphysischen Rechten. Gleichzeitig bedeutet dies nicht, dass solche ethischen Forderungen weniger relevant oder normativ schwächer als rechtliche Forderungen sind. Kant spricht zwar der ethischen Verpflichtung einen weiten Charakter zu (RL, AA 06: 390 – 392), aber dies besagt nichts über ihre normative Kraft. Sie ist „weit" nur insofern, als es nicht von vornherein feststeht, wann und wie genau ein Mensch seine ethischen Pflichten erfüllen soll; aber dies entbindet ihn keineswegs von deren Erfüllung, obwohl Letztere nicht mit den Rechten anderer gebunden ist.

Wenn z. B. die Maxime, den anderen niemals zu helfen, durch Anwendung des Tests vom Kategorischen Imperativ verworfen wird, geht daraus eine positive Pflicht hervor, anderen wenigstens in manchen Fällen (wenn sie in Not sind) zu helfen. Solche positive Pflichten lassen keineswegs Rechte anderer bezüglich der entsprechenden Handlung entstehen. Positive Pflichten werden daher von Kant insgesamt als unvollkommene *Tugend*pflichten, nicht als *Rechts*pflichten betrachtet, und aus Tugendpflichten gehen eben keine Rechte hervor. Wohltätigkeit ist eine solche unvollkommene Tugendpflicht, die mir die Verpflichtung auferlegt, den anderen in ihrer Not zu helfen, gleichzeitig jedoch mir die Entscheidung überlässt, wann und wie ich dieses Hilfsgebot erfüllen soll (RL, AA 06: 452–454). Somit haben die anderen Individuen, die sich in Not befinden und auf meine Hilfe hingewiesen sind, kein Recht darauf, dass ich ihnen tatsächlich helfe, aus ihrer Lage herauszukommen. Aber dies schmälert mitnichten die Tatsache, dass ich die Pflicht habe, anderen in Not zu helfen.

Die seit dem 18. Jahrhundert andauernde Fokussierung auf den Menschenrechtsdiskurs lässt die moralischen Forderungen, die uns Tugendpflichten auferlegen, in den Hintergrund rücken und schwächt somit unabsichtlich deren normativen Status. Wenn nur juridisch einklagbare Rechte im Zentrum stehen, wird die Rolle ethischer Forderung so bei Seite gedrängt, dass alles, was nicht *rechtlich* geschuldet ist, *eo ipso* als nicht geschuldet überhaupt betrachtet wird, obgleich es sich um durchaus *moralisch* geschuldete Handlungen seitens anderer handeln kann. Dass andere kein juridisch einklagbares Recht auf meine Wohltätigkeit haben, bedeutet nicht, dass ich frei von der Pflicht bin, ihnen zu helfen. Dass es mir zusteht zu entscheiden, wann, in welcher Form und in welchem Ausmaß ich diese Hilfe leiste, darf nicht als Ausrede missbraucht werden, um mich vor dieser Pflicht zu drücken bzw. sie halbherzig und partiell zu erfüllen, auch wenn ich dazu „nur" ethisch verpflichtet bin. Eine ethische Pflicht untersteht zwar einer anderen Form der Verpflichtung als eine rechtliche; eine ethische Verpflichtung ist jedoch keineswegs normativ schwächer und weniger verbindend als eine rechtliche. Was sich ändert, sind bloß die Bedingungen, unter denen ich ihr nachgehe, nicht jedoch ihre Verbindlichkeit. Dass die anderen kein einklagbares Recht auf meine Hilfe haben, entbindet mich keineswegs von der Pflicht, ihnen zu helfen, wenn sie in einer Notlage sind. Eine der meist gravierenden Folgen der Dominanz des Menschenrechtsdiskurses ist eben die gleichzeitige Aufgabe der Idee allgemeiner moralischer Pflichten (dazu s. O'Neill 1986). Damit wurde aber ausgerechnet den Menschen, die in Not sind, ein wichtiges Mittel genommen, Hilfe von anderen zu fordern. Dass sie kein Recht darauf haben, heißt nämlich mitnichten, dass sie keine entsprechende *moralische* Forderung stellen können – und moralische Pflichten sind bei Kant zwar nicht unbedingte, vollkommene Pflichten, binden jedoch die Menschen trotzdem zur ihrer Erfüllung. Zu diesem Zweck kann es häufig erforderlich sein, Institutionen zu schaffen, die den Menschen helfen, ihre Grundbedürfnisse zu befriedigen – nicht, weil sie ein Recht darauf haben, sondern weil die anderen eine ethische Pflicht dazu haben, als einzelne jedoch (etwa durch individuelle Wohltätigkeit) diese Pflicht nicht erfüllen können. Ethische Pflichten können und *müssen* durchaus als Rechtfertigung für *politische* Handlungen dienen, und zwar besser als es die Rechte (sei es des Menschen oder des Staatsbürgers) tun, da letztere zwar auf einer strikteren Verpflichtung basieren, sich jedoch auf ein engeres Spektrum von möglichen Inhalten beziehen. Die Menschen haben Bedürfnisse, die unmöglich Gegenstand rechtlicher Ansprüche sein können. Besteht man darauf, ihnen nur das zukommen zu lassen, was ihnen rechtlich geschuldet ist, so wird ihnen vieles vorenthalten, das ihnen ethisch geschuldet ist und entsprechende politische Handlugen rechtfertigt. Von daher stellt die Vorstellung, Politik beziehe sich ausschließlich auf die praktische Durchsetzung von vernünftigen oder gar metaphysischen Rechtsprinzipien (eine Vorstellung, die Kant selbst nahelegt: vgl. ZeF, AA 08: 370), ein massives Hindernis für die Herstellung einer politischen Ordnung dar, in der die Menschen als Sinneswesen, d. h. als bedürftige Wesen tatsächlich wahr- und ernst genommen werden.

Literatur

Habermas, Jürgen (1992): *Faktizität und Geltung. Beiträge zu einer diskursiven Rechts- und Staatstheorie*. Frankfurt/M: Suhrkamp.

O'Neill, Onora (1986): *Faces of Hunger. An Essay on Poverty, Justice and Development*. London: Allen & Unwin.

Pinzani, Alessandro (2005): „Der systematische Stellenwert der pseudo-ulpianischen Regel in Kants Rechtslehre". In: *Zeitschrift für philosophische Forschung*, 59/1, 71–94.

Pinzani, Alessandro (im Erscheinen): „Wie kann äußere Freiheit ein angeborenes Recht sein?". In: Freiin von Villiez, Carola/Merle, Jean-Christophe (Hg.): *Aufsätze zu Kants Metaphysik der Sitten*. Berlin: De Gruyter.

Sensen, Oliver (2011): *Kant on Human Dignity*. Berlin: De Gruyter.

Von der Pfordten, Dietmar (2009): *Menschenwürde, Recht und Staat bei Kant*. Paderborn: Mentis.

III Kant als Inspiration

Rainer Forst

Der Sinn und der Grund der Menschenrechte

Die Perspektive des Kantischen Konstruktivismus

Abstract Eine Konzeption von Menschenrechten muss deren Bedeutung in der politischen und rechtlichen Praxis ebenso berücksichtigen wie sie einen universalistischen moralischen Grund dieser Ansprüche ausweisen muss. Die hier entfaltete Perspektive des Kantischen Konstruktivismus tut dies. Sie lokalisiert den Sinn der Menschenrechte in der emanzipatorischen Bestrebung, einen rechtlichen, politischen und sozialen Status der Nichtbeherrschung in normativen Ordnungen zu etablieren. Die philosophische Begründung dafür liegt in dem moralischen Status von Personen als gleichgestellten normativen Autoritäten mit einem Recht auf Rechtfertigung.

1 Wie wir über Menschenrechte nachdenken (sollten)

Unser Verständnis von normativen Begriffen ist immer an paradigmatische Vorstellungen davon gebunden, was ihre vorrangige Funktion in der sozialen Praxis ist. Menschenrechte sind hierfür ein Paradebeispiel. Einige Autoren konzentrieren sich auf ihren moralischen Kern als Schutz grundlegender menschlicher Interessen und versuchen diese zu bestimmen; manche heben stattdessen ihre Rolle als kulturübergreifende „Lingua Franca“ hervor und suchen daher nach Definitionen und Rechtfertigungen, die von einem „übergreifenden Konsens“ aller Kulturen und Gesellschaften gebilligt werden könnten – oder wenigstens von den „vernünftigen“ unter ihnen. Andere wiederum verorten die Idee der Menschenrechte in der internationalen Politik oder Rechtspraxis sozusagen als Standard politischer Legitimität, dessen Verletzung internationale Maßnahmen oder Interventionen rechtfertigen.

Jeder dieser Ansätze hat seine Vorzüge sowie seine Mängel, auf die ich hier nicht im Detail eingehen kann.[1] Ich möchte vielmehr dafür argumentieren, dass keiner von ihnen den *politischen* und *emanzipatorischen Sinn* der Menschenrechte richtig erfasst: Dass diese Rechte historisch in gesellschaftlichen Auseinandersetzungen erkämpft wurden (und werden), um einen rechtlichen, politischen und

1 Für eine detaillierte Besprechung der verschiedenen Ansätze siehe Forst 2011b.

https://doi.org/10.1515/9783110572377-012

sozialen Status der Nichtbeherrschung von Personen innerhalb einer politischen normativen Ordnung zu schaffen – das heißt einen Status von freien und gleichen Personen, die zugleich Adressat(inn)en und Autor(inn)en der rechtlichen, politischen und sozialen Grundstruktur ihrer Gesellschaft sind. Meines Erachtens ist dies der ursprüngliche und vorrangige soziale Kontext von Menschenrechten: die emanzipatorischen Kämpfe und Konflikte innerhalb partikularer – durch verschiedene Formen von Beherrschung gekennzeichneter – Gesellschaften. Wir verstehen den Sinn und die Begründung von Menschenrechten nur, wenn wir die normative Logik solcher Kämpfe verstehen.

Hierzu sollten wir uns von einigen allzu mächtigen, den Menschenrechts-Diskurs dominierenden Bildern frei machen, die uns von diesem Kontext wegführen. Ein solches irreführendes Bild ist das von Menschenrechten als Instrumenten zum Schutz von verwundbaren Personen gegen Bedrohungen ihres Wohlergehens durch mächtige Akteure, insbesondere Staaten (Ignatieff 2001).[2] Solchen Auffassungen von Menschenrechten liegen Vorstellungen von Personen als in erster Linie *passive* Bedürftige bestimmter Schutzvorkehrungen zu Grunde; sie übersehen damit, dass die volle Bedeutung dieser Rechte seit den modernen politischen Revolutionen darin bestand, einen *aktiven* Status der Nichtbeherrschung zu erlangen, sodass niemand einer rechtlichen, politischen oder sozialen normativen Ordnung unterworfen wird, die ihm oder ihr die Stellung als Gleiche(r) verweigert; d. h. einer Ordnung, die gegenüber einem freien und gleichen Mitglied der Gesellschaft nicht gerechtfertigt ist und nicht gerechtfertigt werden kann. Beherrschung bedeutet meinem Verständnis nach (das sich grundlegend vom neo-republikanischen Modell unterscheidet)[3] nicht, dass einer Person der Status als Gleiche(r) in dem Sinne verweigert wird, dass keine Entscheidungsfreiheit frei von willkürlichen Eingriffen genossen werden kann; es bedeutet vielmehr die Missachtung des eigenen Anspruchs, eine freie und gleiche normative Autorität innerhalb der Ordnung zu sein, der man unterliegt, und das schließt das grundlegende Recht zur Mitbestimmung der Struktur dieser Gesellschaft mit ein. Dieser *status activus*, mit Jellinek zu sprechen[4], ist ein notwendiger Bestandteil der Menschenrechte: Es sind eben nicht nur Rechte, die einen in seinem Status als rechtlich, politisch und sozial nichtbeherrschte Person schützen, sondern auch, in einem reflexiven Sinne, grundlegende Rechte dazu, diejenigen Rechte und

---

2 In einer positiveren Spielart dieser Idee stellen Menschenrechte Ansprüche auf diejenigen Ressourcen dar, die zur Realisierung grundlegender Formen des Wohlergehens nötig sind; diese These wird energisch vertreten von Talbott (2005, 2010).

3 Die Differenzen zwischen Philip Pettits Ansatz und meinem eigenen bespreche ich in Forst (2013 und 2015).

4 Jellinek (2011); diskutiert von Alexy (1986, Kap. 5).

Pflichten mitzubestimmen, die diesen Status ausmachen. Viele Interpretationen der Menschenrechte, auch solche, die sich als „politische“ verstehen, schenken dieser aktiven, politischen Kompetenz nicht genug Aufmerksamkeit.[5]

Ein anderes Bild, das es zu vermeiden gilt, ist das international-interventionistische, auf das ich bereits angespielt habe. Es definiert Menschenrechte als internationale juridische Rechte und behauptet, in den Worten von Charles Beitz, dass „the central idea of international human rights is that states are responsible for satisfying certain conditions in their treatment of their own people and that failures or prospective failures to do so may justify some form of remedial or preventive action by the world community (...)“ (Beitz 2009, 13). Diese Sichtweise führt zu einer Reihe von Schwierigkeiten. Dem Zitat nach ist der vorrangige Kontext der Menschenrechte, entgegen Beitz‘ Auffassung, nicht die internationale Ordnung; vielmehr fällt den verschiedenen Staaten die vorrangige Aufgabe zu, diese Rechte zu realisieren. Der internationale Kontext baut darauf auf und hat die Aufgabe der Etablierung einer legitimen Prozedur zur Feststellung, Beurteilung und möglichen Sanktionierung von Menschenrechtsverletzungen. Menschenrechte sind somit in erster Instanz eine Aufgabe der Staaten und erst in zweiter eine für die internationale Gemeinschaft; aus diesem Grund können die Menschenrechte, die ein Staat realisieren muss, nicht auf diejenigen Rechte reduziert werden, deren Verletzung der internationalen Gemeinschaft als hinreichender Grund für eine Intervention dient, angesichts der enormen Kosten und Schwierigkeiten einer solchen. Eine solche Argumentation stellt die normative Ordnung der Menschenrechte auf ihren Kopf: Zuerst müssen wir wissen, welche Menschenrechtsansprüche als Ansprüche innerhalb von Staaten allgemeingültig rechtfertigbare sind, und dann wird es angebracht sein, über legitime Fälle und, noch wichtiger, über Verfahren und Institutionen der Intervention zu beraten – die auch heute noch kaum vorhanden sind. Anders herum würden wir den Kern der Menschenrechte auf diejenigen Rechte reduzieren, deren Verletzung nach einer Intervention rufen und anerkannte – meines Erachtens nach essentielle – Menschenrechte wie diejenigen der Geschlechtergleichheit oder der demokratischen Partizipation würden nicht mehr als Kern-Menschenrechte angesehen, weil – um Beitz zu zitieren – „the proper inference from the fact that there are circumstances in which the absence of democratic institutions would not generate (...) reasons for outside agents to act is that the doctrine of human rights should

5 Sogar Allen Buchanan, der die status-egalitäre Funktion der Menschenrechte betont, lässt sich hier einreihen, denn meistens bezieht er sich auf die Eigenschaft des Gesetzes, jemanden in dieser Hinsicht zu schützen; weniger auf das Recht, eine politische Autorität zu sein. Siehe dazu seine Diskussion der ‚status-egalitären Funktion‘, in der demokratische Rechte fehlen (Buchanan 2013, 28–30).

not embrace such a right" (Beitz 2009, 185).[6] Diese Sichtweise steht in einem bemerkenswerten Widerspruch zu internationalen Menschenrechtsdokumenten und der Praxis – etwa derjenigen sozialen Praxis, Menschenrechte auf Demokratie und Geschlechtergleichheit einzufordern und der des aktiven Versuchs, diejenigen Regime zu verändern, in denen diese verweigert werden. Das oft als „praxis-basiert" bezeichnete international-interventionistische Paradigma des Nachdenkens über Menschenrechte blickt also auf die falsche Praxis – nämlich auf die eines internationalen Regimes der Menschenrechte anstatt auf die Praxis einer Kritik von Staaten, die diese Rechte verletzen, wie sie sowohl von Mitgliedern dieser Gesellschaften als auch von außenstehenden Akteuren vorgebracht wird, selbst wenn letztere nicht die Macht oder die Legimitation zum Eingreifen haben. Menschenrechte sind die eine Sache, die Frage einer internationalen Politik der Intervention eine andere, die von vielen kontingenten Faktoren abhängt. Anders ausgedrückt, würde das existierende System internationaler juridischer Menschenrechte als das Herzstück der Menschenrechte angesehen werden, wie Allen Buchanan behauptet, müssten wir uns nach dem Herz dieses Herzstücks umsehen, um zum Kern der Menschenrechte und ihrer Rechtfertigung zu gelangen (Buchanan 2013, 274).[7]

Um meine Argumentation im Folgenden kurz anzudeuten: Wenn der moralische und politische *Sinn* der Menschenrechte darin liegt, einen Status von Personen als rechtlich, politisch und sozial Gleiche innerhalb ihrer normativen Ordnung zu etablieren, geschützt vor basalen Formen der Beherrschung, dann folgt daraus, dass es einen spezifischen moralischen *Grund* für diese Rechte gibt. Negativ gesprochen, handelt es sich um das Recht, keiner normativen Ordnung unterworfen zu sein, die einem die grundlegende Stellung als Gleiche(r) verweigert, und die daher, reflexiv gewendet, gegenüber Freien und Gleichen nicht gerechtfertigt werden kann; positiv formuliert, handelt es sich um das Recht, als gleiche normative Autorität und aktives Rechtfertigungswesen anerkannt zu werden, wenn es um grundlegende rechtliche, politische und soziale Arrangements der Gesellschaft geht, in der man lebt. Die reflexive Formulierung ist notwendig, da Freiheit von Beherrschung hier nicht nur bedeutet, durch gewisse Rechte abgesichert als rechtlich, politisch und sozial nichtbeherrschter Gleiche(r) geachtet zu werden; es bedeutet vielmehr auch, dass es nicht andere sind, die –

6 Eine ähnliche Argumentation findet sich bei ihm bezüglich der Geschlechtergleichheit (Beitz 2009, 195).

7 Ich denke, dass dies auch die richtige Interpretation von Buchanans konstruktivistisch rechtfertigender Argumentation für Menschenrechte ist: Sie zielt auf die beste philosophische Rechtfertigung eines Systems von Menschenrechten im Zentrum nationaler und internationaler Rechtspraxis und unterscheidet sich hierin von Beitz' Vorschlag.

sozusagen über den eigenen Kopf hinweg – entscheiden, ob dieser Status erfüllt ist oder nicht. Folglich kann die eigentliche Autorität der Bestimmung von Nichtbeherrschung nur in einem diskursiven Verfahren der reziproken und allgemeinen Rechtfertigung zwischen Freien und Gleichen liegen.

In der diskurstheoretisch-kantischen Idee, nach der diejenigen, die einer normativen Ordnung unterliegen, auch die gleichen und freien *normativen Autoritäten* sein sollten, die diese Ordnung durch Prozeduren und Diskurse der Rechtfertigung, in denen alle Teilnehmer Gleiche sind, bestimmen, fallen die negative und die positive Formulierung zusammen. Der wichtigste normative Begriff ist demnach der einer Person als gleichberechtigte normative Autorität, mit dem grundlegenden moralischen Anspruch, in ihrer *Würde* als eine solche Autorität respektiert zu werden – also ein grundlegendes moralisches *Recht auf Rechtfertigung*[8] zu haben, was in diesem Zusammenhang bedeutet, gleichberechtigter Co-Autor derjenigen (rechtlichen, politischen und sozialen) Normen zu sein, denen man unterworfen ist und die die eigene grundlegende Stellung innerhalb der Gesellschaft definieren. Das beinhaltet nicht nur politische Partizipationsrechte, sondern auch all diejenigen Rechte, die einem die *normative Macht* geben, sich gegen verschiedene Formen der Beherrschung zur Wehr zu setzen und diese zu überwinden. Es ist also eine spezifische Sichtweise auf den Sinn der Menschenrechte, die mich dazu führt, ihren moralischen Kern und Grund auf diese Weise zu rekonstruieren und im grundlegenden Recht auf Rechtfertigung zu suchen. Im Folgenden möchte ich dieses in gebündelter Form vorangeschickte Argument entfalten.

2 Der Sinn der Menschenrechte

Ein wichtiger Aspekt der verschiedenen Vorstellungen, die unser Nachdenken über Menschenrechte anleiten, ist das, was man als die Genealogie des Begriffs bezeichnen kann. Wer wie ich selbst diese Vorstellungen als emanzipatorische Waffen gegen unterdrückerische Regime und Sozialordnungen (das schließt Feudalismus und andere Formen ökonomischer Ausbeutung mit ein – daher auch die Betonung *sozialer* Nichtbeherrschung, wie ich später genauer erklären werde) erachtet, verortet ihre Entstehung in den gesellschaftlichen Auseinandersetzungen der frühen Neuzeit im 17. Jahrhundert; sie spielen dann eine wichtige Rolle in den Revolutionen des 18. Jahrhunderts und finden ihren stärksten historischen

8 Ich entwickle ein solches in Forst (2007a)

Ausdruck in der *Déclaration des Droits de l'Homme et du Citoyen* von 1789.[9] Diejenigen, die den internationalen Rechtscharakter der Menschenrechte betonen, glauben hingegen, dass mit der Allgemeinen Erklärung der Menschenrechte von 1948 ein neuer Begriff der Menschenrechte, als international abgesicherter Schutz, entstanden ist (Beitz 2009, Moyn 2012, Ratner 2015). Während die erste Vorstellung von wirkmächtigen Bildern der modernen Revolutionen geleitet wird, kann sich die zweite auf ein nicht weniger beeindruckendes Bild beziehen: nämlich auf den Horror nationalsozialistischer Tyrannei und die Shoa als Katastrophen, deren Wiederholung es zu vermeiden gilt. Die erste Auffassung versteht Menschenrechte nicht nur als Beschränkung, sondern auch als Konstitution legitimer politischer Macht[10], die zweite sieht sie als Bollwerk gegen extreme Formen der Unterdrückung und des Leids an.

Doch wenn man den Blick auf die Allgemeine Erklärung der Menschenrechte von 1948 und andere Vereinbarungen sowie – nicht zuletzt – auf die internationale Praxis wirft, muss man (wie bereits erwähnt) anerkennen, dass sowohl der Idee nach als auch in der Praxis Staaten den hauptsächlichen Rahmen der Realisierung der Menschenrechte darstellen (was die Idee einer Realisierung dieser Rechte in einem Weltstaat nicht ausschließt) und dass internationale Institutionen in diesem Zusammenhang nur eine sekundäre (wenn auch zunehmend wichtiger werdende) Rolle spielen. Darüber hinaus betont die Allgemeine Erklärung der Menschenrechte nicht nur in Artikel 21 das Recht auf Demokratie, sondern verweist auch in der Präambel auf die revolutionäre, demokratische Tradition der Menschenrechte, wenn davon die Rede ist, dass die Menschenrechte gesichert werden müssen, „damit der Mensch nicht gezwungen wird, als letztes Mittel zum Aufstand gegen Tyrannei und Unterdrückung zu greifen" (aus der Präambel, vgl. dazu auch Gearty 2014).

Um die Idee eines aktiven (oder aktivistischen[11]) politischen Verständnisses der Menschenrechte als Alternative sowohl zur international-interventionistischen Vorstellung als auch zur passiven Auffassung als Vermeidung von Leid zu bekräftigen, möchte ich ein Bild benutzen. Es gibt eine ausgezeichnete Sammlung von Fotographien, die während des Arabischen Frühlings 2011 auf dem Tahrir-

---

9 Siehe hierzu die historischen Herleitungen von Bloch (1983), Hunt (2008) und Gauchet (1995).
10 Siehe insbesondere Habermas (1971) und Besson (2015).
11 In ihrem Buch über globale Gerechtigkeit betont Lea Ypi (2012) die Wichtigkeit politischer Handlungsfähigkeit beim theoretischen Erfassen emanzipatorischer Formen von Politik, lässt aber das Kriterium für einen entsprechenden Fortschritt (verstanden als dialektischer Lernprozess, der von einer Avantgarde vorangetrieben wird) unterbestimmt (auch wenn in der Diskussion normativer Prinzipien erster Ordnung auf den Seiten 54 f. und 60 kantische moralische Gleichheit meist der Referenzpunkt ist).

Platz aufgenommen und von Karima Khalil zusammengestellt wurden (Khalil 2011).[12] Die Bilder der Sammlung zeigen Menschen dabei, wie sie Schilder hochhalten, die Präsident Mubarak auffordern, zurückzutreten und die Macht an eine demokratisch gewählte Regierung zu übergeben; manche fordern auch schlicht „Freiheit" oder „Gerechtigkeit". Auf einem Bild (aufgenommen von Hossam el Hamalawy) ist ein Mann zu sehen, der ein Schild hält, auf dem „Genug der Demütigung" steht (Khalil 2011, 87).[13]

Nach meiner Interpretation sagt uns das Bild nicht nur viel über die Vorstellung von Würde als Fundament der Menschenrechte (ich komme im nächsten Abschnitt darauf zurück), es teilt uns auch etwas Wichtiges über den Sinn der Menschenrechte mit. Denn wie sollen wir verstehen, von welcher Demütigung der Aktivist „genug" hat (und selbstverständlich trage ich hier meine eigene rationale Rekonstruktion und hermeneutische Interpretation vor, hoffe jedoch, dem gerecht zu werden, was der Demonstrant im Sinn hatte)?

12 Ich danke Mahmoud Bassiouni, dass er mich hierauf aufmerksam gemacht hat sowie für aufschlussreiche Diskussionen darüber.

13 Der Fotograf hat dankenswerterweise die Erlaubnis erteilt, das Bild hier abzudrucken.

Das Bild hilft, den Anspruch und die Politik der Menschenrechte in den politischen Kontext zu setzen, in dem wir sie sehen sollten: den Kampf für grundlegende Formen von Respekt als rechtliche, politische und soziale Akteure, die es nicht „verdienen", von einem korrupten und unterdrückerischen Regime autokratisch regiert zu werden. Die Demütigung, die hier verdammt und deren Ende gefordert wird, ist nicht nur eine partikulare Form der Zugangsverweigerung zum Arbeitsmarkt oder zu bestimmten sozialen Institutionen – es geht um mehr, nämlich um die Verweigerung einer angemessenen Anerkennung als rechtliche, politische und soziale Autorität mit bestimmten Befugnissen, als jemand, der „zählt", zumindest in dem Maße, als dass es nicht andere sind, die ihm oder ihr sagen, was sein oder ihr angemessener Platz innerhalb der Gesellschaft ist (das Buch zeigt auch viele Frauen, die ähnliche Schilder halten, und selbstverständlich hat die Dialektik von Befreiung und Unterdrückung viele Facetten, wie nicht nur die noch andauernden post-revolutionären Entwicklungen in Ägypten zeigen, angefangen bei der Herrschaft der Muslim-Brüderschaft bis hin zur Militärherrschaft, die auf Erstere folgte). Aber das Schild des Protestierenden drückt nicht nur die Forderung aus, als mit solchen Fähigkeiten ausgestattete Person respektiert zu werden, die in Rechten ausgedrückt wird; es formuliert darüber hinaus den Anspruch, eine normative politische Autorität zu sein bezüglich der Frage, welche Rechte und Pflichten Bürger(innen) haben. Das ist die volle Bedeutung eines emanzipatorischen Anspruchs – es ist nicht nur eine Forderung nach diesem oder jenem Recht oder nach sozialen Chancen, sondern das Recht dazu, das institutionelle Regime, dem man unterworfen ist, mitzubestimmen. Die Demütigung, die es zu überwinden gilt, ist, wenn man so will, eine umfassende Erfahrung, und der Anspruch, sie zu überwinden, hat den ebenso umfassenden Charakter, Autor(in) von Rechten zu sein.

Das bedeutet, dass wir Menschenrechte nicht vertikal verstehen dürfen als Rechte oder Privilegien, die Subjekten von einem Herrscher oder einer Regierung gewährt werden; das entspräche der älteren Tradition der Erlangung von Status-Anerkennung durch einem Herrscher, wie es die Feudalherren taten, als sie König John 1215 die Magna Charta abrangen. Die Emanzipation von politischer Demütigung impliziert vielmehr, dass die Rechte, die jemand hat, solche sind, die sich die Mitglieder einer Gesellschaft auf Grundlage ihres gegenseitigen Respekts als gleiche normative Autoritäten innerhalb ihrer sozialen Ordnung gegenseitig zuerkennen und *einander* gewähren. Daher impliziert die Nichtbeherrschung, auf die ich hier ziele, nicht nur den Besitz bestimmter wichtiger Rechte, sondern auch die Autorität zu sein, die diese Rechte mitbestimmt und zusichert: ein horizontales Verständnis der Menschenrechte also (Habermas 1992, Kap. 3; Günther 2009). Die Beherrschung und Demütigung, die es hier zu überwinden gilt, ist eine zweifache: Zum einen besteht die Beherrschung darin, dass einem bestimmte

Rechte, die menschliche Wesen als rechtlich, politisch und sozial Gleiche haben sollten, verweigert werden, zum anderen darin, innerhalb der eigenen normativen Ordnung nicht mitsprechen zu dürfen, d. h. kein Recht auf Rechtfertigung zu haben. Wirft man den Blick auf die Französische Erklärung der Menschen- und Bürgerrechte und auf die Forderungen von Protestierenden in Menschenrechtskämpfen weltweit, dann wird deutlich, dass hierin die vollständige Botschaft derjenigen besteht, die Menschenrechte einfordern. Und das ist auch der Grund, warum das Recht auf Demokratie unerlässlicher Bestandteil jeder Konzeption der Menschenrechte sein muss. Denn dieses Recht drückt das grundlegende Recht aus, ein(e) konstruktiv normativ Handelnde(r) zu sein; und nur im Diskurs unter politisch Gleichen kann ein rechtfertigbares und konkretes Menschenrechtsregime bestimmt und realisiert werden (siehe dazu auch Tully 2014).

Es sind nicht nur Kantisch inspirierte politische Philosoph(inn)en, die Menschenrechtsbewegungen mit einem solchermaßen dichten normativen Vokabular der Würde oder der Gerechtigkeit beschreiben; im Gegenteil: es sind die sozialen Akteure selbst, die sich einer solchen Sprache bedienen, um ihren Forderungen nach vollem Respekt und Menschenrechten Ausdruck zu verleihen – als einem fundamentalen Anspruch der Gerechtigkeit unter normativ Gleichen, die nicht nur Empfänger, sondern auch Autoren der Rechte sind, die sie haben, unter der Prämisse, dass sie frei und gleich darin sind, diese Rechte sowohl einzufordern als auch sie im politischen Diskurs zu „konstruieren“. Die Ansprüche, als Träger von Rechten und normative Autoritäten respektiert zu werden, wenden sich zwar an das Regime, dem man unterliegt, aber was sie bedeuten, ist, dass es nicht dem Regime obliegt, diese Ansprüche zu verweigern oder ihre Bedeutung autokratisch zu bestimmen. In einem gewissen Sinne sind sie bereits der Gegenstand eines horizontalen Prozesses der Rechtfertigung unter denen, die sich als Gleiche auf dem Platz versammeln (und darüber hinaus unter der Gemeinschaft aller, die davon betroffen sind). Daher können Menschenrechte in Erklärungen (allgemein und abstrakt) formuliert werden – weil es unter denjenigen, die sich rechtfertigend als Gleiche respektieren, keinen guten Grund geben kann, sie zu verweigern. Darin liegt die normative Macht, die den Protestierenden den Rücken stärkt, wenn sie solche Schilder schreiben. Sie „haben“ diese Rechte bereits, auch wenn ihnen ihre kollektive politisch-rechtliche Bestimmung und Verwirklichung noch verwehrt wird.

3 Der Grund der Menschenrechte

Diese Erwägungen zur emanzipatorischen Pointe der Menschenrechte zeigen, wie historische und soziologische Reflexionen über Menschenrechte als emanzipatorische Ansprüche und Werkzeuge mit moralischen und sogar transzendentalen Reflexionen verbunden sind. Denn es gilt nicht nur, den umfassenden Charakter der Menschenrechte als Realisierung eines fundamentalen Status rechtlich, politisch und sozial nichtbeherrschter (und in diesem Sinne gleicher) Personen anzuerkennen, sondern auch, dass ihre normative Kraft impliziert, dass zwischen Personen, die einander gegenseitig moralisch respektieren und darauf abzielen, diese Art des Respekts rechtlich zu materialisieren, diese Rechte als horizontal zwischen moralisch Gleichen gerechtfertigt angesehen werden müssen. Sie buchstabieren aus, was es in der sozialen Welt bedeutet, ein solcher Gleicher zu sein – und welche Rechte das impliziert. Daher sind dies Rechte, deren Besitz gleichgestellte Rechtfertigungsautoritäten immer beanspruchen und sich gegenseitig niemals verweigern können – als Adressaten und Autoren solcher Ansprüche und Rechte. Der moralische Grund dieser Rechte ist das grundlegende Recht auf Rechtfertigung, oder, anders formuliert, das Recht, als gleiche moralische Autorität respektiert zu werden; ihre Substanz erhalten diese Rechte, wenn (in diskursiver Praxis) ermittelt wird, was es bedeutet, als gleiche und freie normative Autorität im rechtlichen, politischen und sozialen Raum anerkannt zu werden. Wie eine solche diskursive Konstruktion entworfen werden kann, erkläre ich in Abschnitt vier. Hier ist zunächst wichtig zu verstehen, dass diese Rechte, auch wenn sie auf einen rechtlichen, politischen und sozialen Status zielen und nur in einem demokratischen Kontext gerechtfertigt realisiert werden können, einen „Grund" haben, der sowohl moralischer als auch, wenn man so will, transzendentaler Natur ist: Die Autonomie der Person mit einem Recht auf Rechtfertigung als normative Autorität gleich allen anderen. Menschen- oder Grundrechte werden auf dieser Grundlage konstruiert, wobei die Akteure der Konstruktion autonome Personen sind und die Prinzipien der Konstruktion Prinzipien der Rechtfertigung unter Gleichen (Rawls 1993, Kap. 3; O'Neill 1989). Hier kommen wir zu einer transzendentalen, reflexiven Einsicht bezüglich des Grunds der Menschenrechte: Sie sind Rechte von und zwischen autonomen, gleichberechtigten Autoritäten im Raum normativer Gründe, die den Respekt für eine solche Autonomie und Autorität ausdrücken, materialisiert und gerechtfertigt in Hinblick auf die rechtliche, politische und soziale Welt (und die vielen Gefahren der Beherrschung). Ihr Grund ist der Respekt füreinander als moralisch gleiche und rechtfertigende Wesen (die sich der praktischen Vernunft bedienen) und an nichts anderes gebunden sind als an das, was rechtfertigende Gleiche voneinander verlangen können. Als autonome Rechtfertigungsakteure sind sie frei und gebunden zugleich – gebunden aneinander als rechtfertigende Gleiche und an das Vernunftprinzip als Prinzip allgemeiner und reziproker Rechtfertigung von reziproken und allgemeingültigen Normen (Forst 2007b, 2007c). Daher ist die „ultimative" Rechtfertigung dieser Rechte das Prinzip der Rechtfertigung selbst.

Nur in Kants Philosophie finden wir eine entsprechende Verbindung zwischen dem vorrangingen und „unantastbaren" moralischen Status als Person, der die Menschenrechte begründet, und dem aktiven, konstruktiven Aspekt dieses Status als Gesetz-Geber und nicht nur als Gesetzes-Empfänger mit Anspruch auf Schutz. Kants Begriff der *Würde* einer autonomen Person mit seinem Doppelcharakter der Forderung nach bedingungslosem moralischen Respekt als Gleiche (r) und nach einer Operationalisierung im Modus der diskursiven Rechtfertigung[14] zwischen Gesetzgebern im Raum der Gründe kombiniert Moral, Recht und Politik in geeigneter Weise, um Menschenrechte zu begründen (Forst 2011c; Habermas 2010, 469). Er kann erklären, warum die Präambel der Allgemeinen Erklärung von 1948 mit dem Prinzip beginnt, dass „die Anerkennung der angeborenen Würde und der gleichen und unveräußerlichen Rechte aller Mitglieder der Gemeinschaft der Menschen die Grundlage von Freiheit, Gerechtigkeit und Frieden in der Welt bildet", und was die Begriffe „angeboren" und „unveräußerlich" bedeuten sollen, ohne sich auf einen quasi-religiösen Grund für diesen Status berufen zu müssen.[15] Sie bedeuten, dass die Grundlage der Menschenrechte der Respekt für jede andere Person ist, die keine andere Qualifikation für diesen Status oder Respekt benötigt, als ein Mensch zu sein. Diese Art des Respekts ist, wie Kant (MS, AA 06: 237) sagt, das einzige „angeborne Recht" der Menschen.

Die Vorstellung eines angeborenen Rechts auf Unabhängigkeit ist Kants Art, die Kluft zwischen Moral und Recht zu überbrücken. Im Reich der Moral erklärt er den Status der Person als „Zweck an sich selbst" – das bedeutet, als Wesen, dessen Zwecke (innerhalb der Grenzen der Reziprozität) gleichermaßen respektiert werden müssen und nicht ignoriert oder von anderen instrumentalisiert werden dürfen –, aus der „Idee der *Würde* eines vernünftigen Wesens, das keinem Gesetze gehorcht, als dem, das es zugleich selbst gibt" (GMS, AA 04: 434). Alle Wesen mit solcher Würde sind gleichberechtigte Gesetzgeber im „Reich der Zwecke" und können daher über sich selbst und andere nur mittels reziprok und allgemein rechtfertigbaren Normen herrschen, wie es dem kategorischen Imperativ nach heißt: „Unser eigener Wille, so fern er, nur unter der Bedingung einer durch seine Maximen möglichen allgemeinen Gesetzgebung, handeln würde, dieser uns mögliche Wille in der Idee, ist der eigentliche Gegenstand der Achtung, und die Würde der Menschheit besteht eben in dieser Fähigkeit, allgemein ge-

14 Dieser Aspekt von Kants Ansatz wird von O'Neill (1989) und von der Diskursethik in ihren jeweiligen Interpretationen betont.

15 Das gegenteilige Argument, dass nämlich Kants Begriff der Würde gerade auf einer metaphysischen Grundlage beruhe, die dem katholischen Denken ähnelt, findet sich bei Rosen (2012). Für eine umfassende Diskussion des Begriffs der Würde im Kontext der Menschenrechte siehe McCrudden (2013).

setzgebend, obgleich mit dem Beding, eben dieser Gesetzgebung zugleich selbst unterworfen zu sein“ (GMS, AA 04: 440).[16]

Um zu verstehen, warum Kant hier den Begriff der Würde benutzt, müssen wir die Wendung von der „Würdigkeit eines jeden vernünftigen Subjekts, ein gesetzgebendes Glied im Reiche der Zwecke zu sein“ (GMS, AA 04: 439) betrachten. Mit dieser Formulierung betont Kant den Status oder Rang[17] von Personen als moralisch gleichgestellte und aktive Gesetzgeber, sprich als normative Autoritäten, die keinen anderen Werten unterworfen sind als denjenigen, die, dem kategorischen Imperativ entsprechend, als ihr eigener rationaler Wille gerechtfertigt werden können. Der Imperativ verlangt von Personen, sich gegenseitig als rechtfertigende Gleiche zu respektieren, denn als Selbstzweck geachtet zu werden, bedeutet, keiner Handlung oder Norm unterworfen zu sein, die gegenüber der anderen Person als Gleiche(r) nicht gerechtfertigt werden kann. Wie Kant in der *Grundlegung* erklärt, bedeutet, sich eines anderen als Mittel zu bedienen, indem ihm zum Beispiel ein falsches Versprechen gemacht wird, dass dieser „unmöglich in meine Art, gegen ihn zu verfahren, einstimmen und also selbst den Zweck dieser Handlung enthalten [kann]“ (GMS, AA 04: 429 f.). Die moralische Pflicht zur und das Recht auf Rechtfertigung (Pflicht und Recht sind hier gleichursprünglich) drücken somit aus, was es bedeutet, andere als Zwecke an sich selbst und als gleiche normative Autoritäten im Raum der Rechtfertigungen oder Normen zu respektieren. Damit ist die Würde nicht der erste „Grund“ der Menschenrechte[18], vielmehr ist es der Begriff, der den Status einer jeden moralischen Person als gleiche und autonome normative Autorität ausdrückt; wie Kant unterstreicht: „Autonomie ist also der Grund der Würde der menschlichen und jeder vernünftigen Natur“ (GMS, AA 04: 436). Würde, Gleichheitsstatus und nor-

---

16 Wegen solcher Aussagen wird oft behauptet, dass für Kant nur rational autonome Wesen mit Würde behandelt werden müssen und daher menschliche Wesen, die diese rationalen Kapazitäten noch nicht oder nicht mehr besitzen, keinen solchen Anspruch auf Respekt haben. Das ist allerdings ein Missverständnis. Erstens unterscheidet diese Interpretation nicht ausreichend zwischen der Würde vernünftiger Akteure als handelnde Subjekte und der Würde von Menschen als Objekten von Handlungen; und in Bezug auf Letzteres spricht Kant immer von menschlichen Wesen als Repräsentanten der Menschheit ohne jegliche weitere nötige Qualifikation. Zweitens, und noch wichtiger, liest diese Ansicht eine empirische Fähigkeit in die noumenale, nicht-empirische Charakteristik einer Person, was das Gegenteil von Kants Ansatz ist. Er bekräftigt gerade, dass die Vorstellung von Personen als autonome Selbstzwecke „nicht aus der Erfahrung entlehnt“ (GMS, AA 04: 431) ist und daher eine allgemeine moralische Zuschreibung an menschliche Wesen darstellt, die eben keinen Rationalitätstest bestehen müssen, bevor sie als Selbstzweck gelten.
17 Der Rang-Begriff wird von Waldron (2012) hervorgehoben; siehe dazu auch die Diskussion in Kateb (2011).
18 Siehe zu diesem Punkt Waldron (2015).

mative Autorität – all diese Begriffe bilden eine Einheit, die auf der Idee der moralischen Autonomie von Personen mit einem grundlegenden Recht auf Rechtfertigung beruht (innerhalb einer Rekonstruktion der Prinzipien und Ideen praktischer Vernunft als rechtfertigende Vernunft; vgl. Forst 2007b). Dieser fundamentale Anspruch, in seiner Würde als normativ rechtfertigende gleiche Person respektiert und in dieser Stellung nicht ignoriert oder unterdrückt zu werden, erklärt die Vorstellung der Freiheit von „Demütigung", die der Mann im Bild oben einfordert. Er bringt zur Geltung, dass keine Regierung, an der er nicht als Freier und Gleicher teilhaben kann, ausreichend begründete normative Autorität über ihn hat.

Für die Begründung der Menschenrechte bedeutet dies, dass eine jede Person einen unwiderlegbaren Anspruch auf all die Rechte hat, die freie und gleiche Personen, welche die Notwendigkeit der Realisierung ihres Status als gleiche normative Autoritäten in der Welt der Politik und des Rechts anerkennen, einander gegenseitig gewähren und garantieren müssen. Daher ist auch Beitz' Sorge, dass das Recht auf Rechtfertigung als Grund der Menschenrechte zu abstrakt sei und sich in „a generic idea of moral standing" (Beitz 2013, 279) auflöse, unbegründet. Denn dieser Grund ist zwar notwendig, reicht aber noch nicht hin zur weiteren Spezifizierung des Status einer rechtlich, politisch und sozial nichtbeherrschten Person. Menschenrechte sichern diesen Status in einer rechtlichen, politischen und sozialen Welt, und somit gibt es eine eindeutige Beziehung zwischen dem allgemeinen moralischen Grund und den spezifischeren Kontexten der Bestimmung von Menschenrechten.

In meiner Kantischen Perspektive vermittelt das Recht auf Rechtfertigung zwischen der moralischen und der rechtlich-politischen Ebene. Daher erfüllt es dieselbe Funktion wie Kants „angeborenes" oder „ursprüngliches" Recht der Menschen. Kant führt dieses als das einzige „natürliche" Recht des Menschen ein und als Begründung für die rechtfertigbare Form von Gesetzen, die freien und gleichen Mitgliedern eines Reichs der Zwecke auferlegt werden können; noch bevor er vom angeborenen Recht spricht, betont er die natürliche rechtliche Pflicht, sich selbst und andere als Zwecke an sich selbst anzusehen (GMS, AA 04: 236). In diesem Zusammenhang führt er das angeborene Recht ein: „Freiheit (Unabhängigkeit von eines Anderen nöthigender Willkür), sofern sie mit jedes Anderen Freiheit nach einem allgemeinen Gesetz zusammen bestehen kann, ist dieses einzige, ursprüngliche, jedem Menschen kraft seiner Menschheit zustehende Recht" (MS, AA 06: 237). Dieses Recht auf Unabhängigkeit unter dem allgemeinen Gesetz wird von Ripstein (2009, Kap. 2) treffend als Recht auf Nichtbeherrschung interpretiert, und es gilt in diesem Zusammenhang *beide* von Kant unter den Titeln des privaten und des öffentlichen Rechts diskutierten Aspekte zu betonen: Das Recht auf rechtlich abgesicherte Unabhängigkeit und das entsprechende Recht, an der allgemeinen Gesetzgebung teilzuhaben. Dies sind die zwei Aspekte des moralischen Rechts auf Rechtfertigung im Raum des Rechts und der Politik: nur von strikt reziproken und allgemein gültigen Gesetzen gebunden zu werden und Co-Autor dieser Gesetze zu sein, wie Kant es in seiner republikanischen Theorie betont hat.

Ich kann hier nicht im Detail erklären, wie Kant sein System rechtlicher und politischer Gerechtigkeit auf dieser Grundlage konstruiert – und welche Rechte das zur Folge hat. In diesem Zusammenhang ist die Frage, ob sich hier eine explizite Theorie von Menschenrechten findet, auch nicht die interessanteste; zentral ist vielmehr, dass in dieser Perspektive die Form und Rechtfertigung aller Rechte oder berechtigen Ansprüche strikt reziprok und allgemein sein muss, in Übereinstimmung mit dem allgemeinen Begriff des Rechts als „Inbegriff der Bedingungen, unter denen die Willkür des einen mit der Willkür des andern nach einem allgemeinen Gesetze der Freiheit zusammen vereinigt werden kann“ (MS, AA 06: 230). Das natürliche Recht der Freiheit ist daher keine Basis für die „Ableitung“ einer Liste von Rechten oder Pflichten oder Prinzipien der Gerechtigkeit, sondern enthält das moralische Kriterium der Rechtfertigung jeglicher Rechte oder Gerechtigkeitsansprüche sowie des Prinzips des freien und gleichen Status aller, die dem Recht unterworfen sind. Aus diesem Grund ist das Recht auf Freiheit – oder, in meiner Lesart, das Recht auf Rechtfertigung – das Fundament einer prozeduralen – und in diesem Sinne „nicht-fundamentalistischen“ – Konstruktion grundlegender Menschenrechte.[19] Jeder konstruktivistische Ansatz, der basale moralische Kriterien der Rechtfertigung der Konstruktionen sowie der Stellung der konstruierenden Akteure beinhaltet, muss auf einem reflexiven Verständnis des moralischen Rechts auf Rechtfertigung unter gleichen normativen Autoritäten basieren; und das angeborene Recht drückt diese Stellung und solche Kriterien aus. Es ist daher formal und substantiell zugleich, der Grund der autonomen Konstruktion von Recht(en) und trotzdem keine Basis für deren nichtdiskursive Ableitung.[20]

---

19 Flikschuh (2015) betont den relationalen und strikt reziproken Charakter jedes Rechteanspruchs innerhalb von Kants System, hält allerdings das ursprüngliche Recht mit dem ‚nicht-fundamentalistischen' und konstruktivistischen Charakter von Kants sonstigem Ansatz für unvereinbar. Diese Ansicht kann jedoch den moralischen Charakter von Kants Begriff des Rechts nicht erklären, der nach strikter Rechtfertigungs-Reziprozität verlangt, wie Flikschuh selbst hervorhebt (2015, 662).

20 Andrea Sangiovanni argumentiert, dass es trotz des angeborenen Rechts keine Kantische Theorie der Menschenrechte geben kann, da „it is constitutive of a human right (in my sense) that its violation licenses unilateral action by third parties [which is] straightforwardly denied by Kant's account of the moral obligation to exit the state of nature“ (Sangiovanni 2015, 675). Diese Argumentation ist ein anschauliches Beispiel für den Einfluss des international-interventionis-

Eine konstruktivistische Perspektive betont stets zwei verschiedene Arten normativer Argumente – oder zwei Arten der Normativität: Erstens, um Rawls' Sprache zu benutzen, die Normativität der Prinzipien und Ideen der praktischen Vernunft (Rawls 1980, Rawls 1993, Kap. 3); in meinem Vorschlag wäre dies das Prinzip reziproker und allgemeiner Rechtfertigung sowie das moralische Konzept freier und gleicher Personen als normative Autoritäten mit einem Recht auf Rechtfertigung. Zweitens die Normativität der Normen (oder „Gesetze"), die durch den konstruktivistischen oder diskursiven Prozess, sei das der kategorische Imperativ oder die Idee eines freien und gleichen Diskurses, generiert werden. In einer Kantischen Perspektive ist entscheidend, dass die praktische – oder in meinem Verständnis: rechtfertigende – Vernunft die Basis für die entsprechenden Prinzipien und Ideen ist – praktische Vernunft verstanden hier als eine gleichzeitig rationale und moralische Kapazität. Sie bedeutet, nicht nur zu wissen, wie Normen gerechtfertigt werden, sondern auch, dass die Pflicht besteht, dies zu tun. Dies ist der Grund, warum die Pflicht zur und das Recht auf Rechtfertigung gleichursprünglich sind. Mit anderen Worten nutzt die Theorie, die ich vorschlage, das Prinzip der Rechtfertigung selbst als rechtfertigenden Grund für eine Theorie der Menschenrechte. Das ist, was ich eine reflexive Theorie nenne: Kein anderer Grund wird angeführt als der normative Grundsatz der rechtfertigenden Vernunft selbst.

Es ist wichtig zu erkennen, dass die Normativität der konstruierten Normen von der Normativität der Prinzipien und der normativen Stellung der konstruierenden Akteure abhängt. Man kann nur so viel Normativität aus einer Prozedur gewinnen, wie am Anfang in sie investiert wurde; daher setzen kategorische Imperative einen grundlegenden kategorischen Imperativ voraus, und daher sind die Pflicht zur und das Recht auf Rechtfertigung grundlegend für jedwede gerechtfertigte Norm. Für den Kontext der Rechtfertigung von Rechten bedeutet dies, dass jede Konstruktion der Menschenrechte selbst auf einem grundlegenden Recht beruhen muss, wie dem moralischen Recht auf Rechtfertigung oder dem angeborenen Recht in Kants Theorie. Wir können dies das Prinzip der *Erhaltung und Produktion von Normativität* nennen: Menschenrechte können nur auf der fundamentalen Vorstellung eines Rechts begründet werden, all diejenigen Rechte zu haben, die freie und gleiche normative Autoritäten einander reziprok und

---

tischen Bildes auf gegenwärtige Menschenrechtsdebatten. Einen rechtfertigbaren Anspruch auf ein Menschenrecht zu haben, und die Frage nach legitimen Institutionen oder Akteuren der Intervention in einen Staat, sind zwei ganz verschiedene Dinge. Es gäbe darüber hinaus einiges mehr zu Kants Skepsis bezüglich einer einseitigen Einmischung zu sagen; allerdings ist das für die hier verhandelte Frage, welche Rechte Menschen innerhalb von Staaten zustehen, erst einmal irrelevant.

allgemein nicht verweigern können, wenn sie diesen Status (diskursiver Autorität und Nichtbeherrschung) in der rechtlichen, politischen und sozialen Welt umsetzen und sichern wollen. Wenn Menschenrechte solche Rechte sind, die Freie und Gleiche einander nicht mit guten Gründen verneinen können, dann ist ihr Status als frei und gleich – und das Recht auf diesen Status – grundlegend; nur eine solche Grundlage kann die Normativität solcher Rechte generieren. Der Grund der Menschenrechte darf nicht schwächer sein als ihr eigener Geltungsanspruch; vielmehr muss er ihre Normativität in sich enthalten und auf diese Rechte übertragen als Rechte, die unter moralisch-politisch Gleichen niemand vernünftigerweise zurückweisen kann.

Das ist der Grund, um ein langes Argument abzukürzen, warum eine Interessentheorie der Rechte Menschenrechte nicht ausreichend begründen kann, ohne den normativitäts-generierenden Faktor der Rechtfertigung von und durch moralisch Gleiche hinzuzufügen. Nach Interessentheorien hat eine Person dann ein Recht, um Raz' Formulierung zu übernehmen, wenn ein Aspekt ihres „well-being (his interest) is a sufficient reason for holding some other person(s) to be under a duty" (Raz 1986, 166). Offen bleibt, welche Aspekte des Wohlergehens oder welche Interessen ein hinreichender Grund sind, um ein Recht zu begründen, weswegen in dieser Sichtweise immer wieder Versuche unternommen werden, „essenzielle" Interessen oder Aspekte des Wohlergehens auszuzeichnen, die Rechte begründen können.[21] Raz selber schlägt eine wertebasierte Begründung solcher Interessen vor, wenn er argumentiert, dass „the value of the right to its possessors is its ground" (Raz 2015, 221). Man könnte seinen Ansatz daher auch eine Werte-Theorie der Rechte nennen. Um daraus Menschenrechte zu begründen, die „the moral worth of all human beings" bestätigen und „power away from the powerful to everyone" (Raz 2015, 222) verteilen, müssen universalisierbare essenzielle Werte des guten Lebens identifiziert werden. Um eine ausreichende normative Kraft zu entfalten, müssen diese Werte aber wiederum nicht nur den gleichen moralischen Status eines jeden Menschen reflektieren, sondern diesen auch ausdrücken, indem sie zwischen Personen, die darauf abzielen, durch Menschenrechte einen Status als rechtlich, politisch und sozial Nichtbeherrschte zu schaffen, nicht zurückweisbar sind. Wenn dem so ist, dann fußt die Normativität dieser Rechte nicht auf einem vorausgehenden Verständnis von Werten, sondern wohnt ihrer Rechtfertigbarkeit zwischen Gleichen inne, die diesen Rechten ihre rechtfertigende Kraft verleihen, indem sie sie für nicht zurückweisbar erachten angesichts ihres moralischen Status als Gleiche und dessen, was

21 Das vereint die ansonsten sehr unterschiedlichen Ansätze von Talbott (2010), Griffin (2008) und Buchanan (2013).

notwendig ist, um diesen Status rechtlich, politisch und sozial zu sichern. Es ist die von gleichen normativen Autoritäten gemeinsam erreichte Rechtfertigung, die die Normativität der Menschenrechte begründet. Rechtfertigende Gleiche vereinigen ihre normative Kraft in der und durch die Rechtfertigung dieser Rechte.

Ich schlage daher vor, Menschenrechte als *geronnene und verdichtete Rechtfertigungen* anzusehen, die normativen Zweifeln standhalten können (was sie im Falle einer Anfechtung unter Beweis stellen müssen) und die den Status von moralisch Gleichen in der rechtlichen, politischen und sozialen Welt ausdrücken. In Grundrechten wie Religionsfreiheit, politischen Teilnahmerechten oder dem Zugang zu Bildung sind eine ganze Reihe von normativen historischen Erfahrungen und Rechtfertigungen sedimentiert. Solche Rechte geltend zu machen, bedeutet, diese geronnenen Rechtfertigungen als normative Kraft in einem umkämpften Rechtfertigungs-Raum zu nutzen und fähig zu sein, sich ihrer sozusagen als Bündel zu bedienen, ohne jeden einzelnen dieser Ansprüche jedes Mal neu rechtfertigen zu müssen. Sie bieten eine sichere oder gesicherte Stellung in der sozialen Welt. Das grundlegende Recht auf Rechtfertigung gibt Menschen die Möglichkeit, sich diese Rechtfertigungen zu eigen zu machen und sie zu nutzen, um illegitime Machtansprüche abzuwehren – aber auch, um gegebene Rechtfertigungen anzufechten, wenn Einseitigkeit oder Beschränkung befürchtet werden. Das Recht auf Rechtfertigung als „Veto-Recht" gegen falsche Rechtfertigungen ist demnach immer gegeben, wohingegen der Inhalt grundlegender Menschenrechte bis zu einem gewissen Grad festgelegt ist, wenn auch immer noch Gegenstand einer möglichen Infragestellung. Jedoch ist eine jede solche Infragestellung an die Kriterien der Reziprozität und Allgemeinheit als Kriterien der praktischen Vernunft gebunden. In einem moralisch-politischen Sinne und besonders innerhalb einer Verfassung dienen Menschenrechte als Veto-Rechte gegen ungerechtfertigte rechtliche oder soziale Arrangements, die diese Rechte verletzen; aber sie haben die normative Kraft dazu nur, weil sie das grundlegende Recht auf Rechtfertigung ausdrücken. Deshalb haben Erklärungen und Formulierungen von Menschen- und Grundrechten einen übergeordneten Status, jedoch keinen der gegen Infragestellungen oder Revisionen immun wäre. Ob es ein Recht auf persönliches Eigentum gibt und ob daraus ein Recht auf Privateigentum an Produktionsgütern folgt, ist ebenso Teil dieses Diskurses wie die Frage, was unter das Recht auf freie Religionsausübung fällt, beispielsweise in Bezug auf Kindererziehung. Keine ihrer Formulierungen oder Interpretationen ist „absolut"; die Schwelle der Rechtfertigung, um sie zu kritisieren, ist jedoch hoch.

Um mein hauptsächliches Begründungsargument zusammenzufassen: Menschen im Reich der Moral, des Rechts und der Politik als gleiche normative Autoritäten zu respektieren, ist elementar, und dieser Respekt impliziert, dass ein jeder Mensch (ob dazu in der Lage, die Fähigkeit der Rechtfertigung auszuüben oder nicht)[22] ein Recht auf (und eine Pflicht zur) Rechtfertigung in den relevanten Kontexten moralischer Handlungen oder politischer normativer Ordnungen hat. Das ist es, was es bedeutet, die Würde des Menschen als Zweck an sich selbst zu respektieren, um es in Kants Sprache auszudrücken. Da moralische und grundlegende rechtliche Normen beanspruchen, allgemein und reziprok für alle Menschen gleich bindend zu sein, schreibt das Prinzip der praktischen Vernunft vor, dass alle, die ihnen unterworfen sind, gleichberechtigte Rechtfertigungsakteure sein müssen, wenn ihre Rechtfertigung den Kriterien der Reziprozität und Allgemeinheit genügen soll. Reziprozität bedeutet, dass niemand Forderungen stellen kann, die er oder sie anderen verweigert, und dass niemand die eigenen nicht-generalisierbaren Perspektiven, Interessen oder Wertungen anderen unterstellen darf. Allgemeinheit bedeutet, dass all diejenigen, für die Normen Gültigkeit beanspruchen, gleichermaßen in den Rechtfertigungsprozess involviert sein müssen.

Menschenrechte sind nicht schlechthin allgemeine moralische Rechte, sondern eine Teilmenge von reziprok und allgemein rechtfertigbaren Rechten, die den Status von Personen als gleiche normative Autoritäten innerhalb einer normativen Ordnung etablieren und Menschen davor schützen, rechtlich, politisch oder sozial beherrscht zu werden. Diese Rechte basieren auf dem grundlegenden Recht auf Rechtfertigung, was in diesem Kontext bedeutet, Co-Autor all derjenigen rechtfertigbaren Rechte und Pflichten zu sein, die für einen gelten. Das ist das Äquivalent zu Kants angeborenem Recht auf Freiheit unter allgemein rechtfertigbaren Gesetzen. Die Formulierung des Rechts auf Rechtfertigung fasst allerdings die Ideen der Gleichheit der Person vor dem Gesetz und der politischen Co-Autorschaft der Gesetze sowie den Status der Freiheit von sozialer Beherrschung in einer komplexeren Art, als Kants Variante dies tut.

4 Die Konstruktion der Menschenrechte

Angesichts des bisher Gesagten definiere ich das *Konzept* der Menschenrechte so, dass diese moralisch begründete, rechtlich und politisch garantierte Rechte von Freien und Gleichen sind, die den grundlegenden Anspruch von Personen ausdrücken, nicht sozial oder politisch beherrscht zu werden und – was besonders wichtig ist – normative Autoritäten desjenigen Regimes an Rechten und Pflichten

22 Im Falle von Personen, die noch nicht oder nicht mehr zur vollen Ausübung ihrer Fähigkeit zur Rechtfertigung in der Lage sind, benötigt es Rechtfertigungen von Repräsentanten oder gerechtfertigten Autoritäten unter Berücksichtigung dessen, was diesen Personen gegenüber gerechtfertigt wäre.

zu sein, dem sie angehören.[23] In Menschenrechten spiegelt sich die Erkenntnis wider, dass der Status, freier und gleicher Personen und nicht der willkürlichen Macht anderer unterworfen zu sein, auf zweifacher Weise durch das Recht abgesichert werden muss: Die betreffenden Personen müssen sowohl die Autor(inn)en als auch die Adressat(inn)en des Gesetzes sein. Dementsprechend sind diese Rechte horizontal gerechtfertigt als solche, die freie und gleiche normative Autoritäten einander nicht verweigern können; sie haben aber auch eine darauf basierende vertikale Rechtfertigung als Rechte, die kein politischer oder sozialer Akteur und keine Institution verletzen darf und die der Staat sichern muss. Ihr moralischer Kern besteht darin, dass sie den Status einer rechtfertigenden Person als Gleiche verleihen, die keiner Beherrschung durch Andere unterworfen werden darf; und ihre Rechtfertigung liegt in der Identifizierung derjenigen Rechte, die notwendig sind, um diesen egalitären Status in der sozialen Welt zu sichern. Das impliziert das Recht auf Leben, auf Freiheit, auf Sicherheit, auf soziale und materielle Ressourcen und auf politische Mitbestimmung der Rechte und Pflichten, die man hat.

Dieser Ansatz betont sowohl den für die Menschenrechte essenziellen moralischen Kern gegenseitigen Respekts als auch ihre spezifische Funktion, nur diejenigen Rechte einzuschließen, die notwendig sind, um als nichtbeherrschte Freie und Gleiche im sozialen und politischen Raum abgesichert zu sein. Klassisch „liberale" Rechte schützen diesen Status ebenso wie politische oder soziale Rechte, die Schutz bieten gegen rechtliche, politische oder soziale Beherrschung. Diese Perspektive beinhaltet nicht-willkürliche Leitfäden für die Art, in der eine spezifische *Konzeption* der Menschenrechte konstruiert werden müsste, nämlich durch eine diskursive Konstruktion in der all diejenigen, für die diese Rechte gelten, als rechtfertigende Akteure beteiligt sind – sowohl in der Praxis als auch in einer kritischen kontrafaktischen Dimension. Das bedeutet, das jede Konzeption der Menschenrechte für einen partikularen Kontext auf eine diskursive Weise gerechtfertigt werden muss, gebunden an die Kriterien der Reziprozität und der Allgemeinheit, d. h., dass niemand – um diese Kriterien zu wiederholen – einen Anspruch erheben darf, den er oder sie anderen verweigert (Reziprozität der Inhalte), und dass niemand die eigenen Interessen, Bedürfnisse, Perspektiven oder Überzeugungen anderen auferlegen darf, wenn diese sie vernünftigerweise zurückweisen könnten (Reziprozität der Gründe). Und schließlich darf niemand von der relevanten Rechtfertigungs-Gemeinschaft, der er oder sie unterliegt, ausgeschlossen werden (Allgemeinheit).

23 Das Folgende überschneidet sich mit einem Abschnitt aus meinem Text „Human Rights in Context: A Comment on Sangiovanni".

Es gilt, verschiedene Kontexte solcher Konstruktionen von Menschenrechten zu unterscheiden. Der erste Kontext, in dem eine Konzeption der Menschenrechte gerechtfertigt werden muss, ist der moralisch-politische Kontext einer grundlegenden Liste allgemeiner Menschenrechte, die all diejenigen Rechte enthält, die, angesichts der bisherigen menschlichen Erfahrungen verschiedener Formen der Beherrschung, zwischen Freien und Gleichen derselben politischen und rechtlichen Ordnung nicht zurückweisbar wären. Der Bezug zur historischen Erfahrung ist wichtig, da jede konkrete Konzeption von Menschenrechten das Resultat eines offenen und andauernden Lernprozesses ist; hier sei noch einmal erwähnt, dass es keine simple Ableitung der Menschenrechte auf Grundlage des Rechts auf Rechtfertigung gibt. Die Liste der Menschenrechte ist das Ergebnis einer diskursiven Konstruktion, und sie ist notwendig als maßgeblicher Bezugspunkt für jeglichen Disput darüber, ob ein bestimmtes Recht tatsächlich ein Menschenrecht ist. So sehr diese Rechte in partikularen, konkreten Kontexten benötigt werden, so sehr müssen sie eine moralische Basis haben, und wenn sie diese haben, dann gibt es auch eine Liste solcher basalen Rechte, die auf das oben benannte normative Kernkonzept zurückgehen. Diese Liste ist allgemein und vage gehalten und muss in weiteren politisch-rechtlichen Konstruktionen diskursiv konkretisiert werden; auf einer allgemeineren Ebene ist eine allgemeine moralisch-politische Konzeption dieser Rechte jedoch unentbehrlich. Jede ernsthafte Auseinandersetzung über Menschenrechte geht auf diese Ebene zurück.[24] Die Konstruktion dieser grundlegenden Konzeption der Menschenrechte ist und bleibt eine moralisch-politische, reflexive Angelegenheit; auf dieser Ebene des Konstruktivismus sammeln und testen wir die besten moralischen Argumente für bestimmte Rechte, um die Stellung von Personen als frei von Beherrschung und gleiche normative politisch-rechtliche Autoritäten innerhalb ihrer normativen Ordnungen zu sichern.

Der zweite Kontext der Konstruktion einer Konzeption von Menschenrechten ist der politische Kontext des Staates, der die Aufgabe hat, grundlegende Menschenrechte zu sichern und darüber hinaus sicherzustellen, dass die konkrete Bestimmung und Interpretation dieser Rechte gegenüber all denjenigen rechtfertigbar ist, für die sie gelten. Dabei geht es nicht darum, ein festes Set an moralisch vorkonstruierten Menschenrechten „anzuwenden" oder „widerzuspie-

24 Entgegen Andrea Sangiovannis „A Third Account of Human Rights" (im Erscheinen) und Seyla Benhabib sehe ich nicht, wie wir vom allgemeinen Konzept direkt zu einer spezielleren politischen Konzeption kommen, weder durch das interpretative Verfahren, das Sangiovanni für richtig hält, noch durch den diskurs-theoretischen Vorschlag Benhabibs (2011, 126–31) und ihrer Idee der „democratic iterations".

geln“[25]; vielmehr bestimmt und interpretiert die politische konstruktive Gestaltung der Grundrechte auf dieser Ebene, was es in einer gegebenen politischen Gemeinschaft bedeutet, Meinungsfreiheit, das Recht auf politische Beteiligung, auf einen angemessenen sozialen Status und so weiter zu haben. Menschenrechte werden hier durch einen diskursiven politischen Konstruktivismus bestimmt, und es ist wichtig anzumerken, dass dies eine moralisch-politische Form der Rechtfertigung durch die Beteiligten selbst ist. Wenn es um Grundrechte geht, müssen alle an der Bestimmung dieser Rechte, als politisch Gleiche und kritische Teilnehmer(innen), beteiligt sein, die reflexiv über ihren eigenen Status und den von anderen nachdenken und die gegebene rechtliche und politische Formen eventuell transzendieren, um sie zu verbessern. So sind Menschenrechte zugleich die Grundlage solcher Konstruktionen wie auch ihr Resultat: Sie sind in abstrakter Form die Grundlage solcher Konstruktionen, da die allgemeine moralisch-politische Konzeption den Rechtfertigungshintergrund für jede rechtlich-politische Bestimmung liefert, sowohl prozedural als auch substantiell, so dass eine politische Gemeinschaft bestimmen muss, was es bedeutet, Rechte zu realisieren und zu sichern, die niemandem gerechtfertigterweise verweigert werden können (was die Rechte von Nicht-Mitgliedern mit einschließt). Das Ergebnis ist eine konkrete Konzeption der Menschenrechte für eine politische Gemeinschaft. Jedoch muss diese Konzeption mit dem allgemeinen moralischen Konzept in Übereinstimmung stehen und von diesem Standpunkt aus kritisierbar sein. Nicht bestreitbare Kern-Menschenrechte stellen eine Art diskursives Veto gegen nichtrechtfertigbare Grundrechts-Konstruktionen dar: Einzelne oder Gruppen haben dadurch die normative Kraft, die konkrete Bestimmung eines Grundrechtes – sagen wir der Geschlechtergleichheit – zurückzuweisen, wenn die Mehrheit einer politischen Gemeinschaft zum Beispiel glaubt, dass die Zwangsehe in Übereinstimmung mit diesem allgemeinen Recht stünde, oder wenn eine politische Gemeinschaft glaubt, sie könne Minarette verbieten und würde immer noch das Menschenrecht auf Religionsfreiheit achten. In allen solchen politischen Kontexten und Konzeptionen müssen nicht-willkürliche Formen der rechtlichen Interpretation und Anpassung von Grundrechtsdebatten entwickelt werden; das ist im Menschenrecht, als Person mit gleicher rechtlicher Stellung geschützt zu werden, enthalten.

Während es viele solcher politischer Kontexte der diskursiven Konstruktion gibt, in denen partizipierende Gleiche ihre normative Ordnung in einer nicht-willkürlichen und konstruktivistischen Art – offen gegenüber reflexiver Verbesserung und Kritik – festlegen, findet eine weitere moralisch-politische Konstruktion auf der internationalen bzw. supranationalen Ebene statt. Das ist der

25 Das ist Buchanans (2013, 14–23) Sorge.

dritte Kontext, den es zu analysieren gilt. Hier braucht es die Konstruktion einer Konzeption der Menschenrechte, die in internationalen Erklärungen, Abkommen und Verträgen festgeschrieben ist, wobei diese Normen – und mögliche Sanktionen im Falle einer Verletzung – als rechtlich bindend verstanden werden. Die Akteure der Konstruktion sind in diesem Kontext sowohl Staaten mit bestimmten Konzeptionen von Grundrechten als auch Personen, die bestimmte Ansprüche stellen, die möglicherweise von denen ihrer Staaten abweichen. In den Konzeptionen, die sich auf dieser internationalen Ebene finden, spiegelt sich daher, verglichen mit den politischen Konzeptionen innerhalb von Staaten, eine dünnere Vorstellung von Menschenrechten wider. Zum Beispiel kann hier kein bestimmtes Modell demokratischer Organisation formuliert werden, jenseits vom allgemeinen Recht auf demokratische Partizipation. Dass ein solches Recht existiert, muss dennoch auf allen drei Ebenen, im Rahmen der allgemeinen moralischen Konzeption, der besonderen staatlichen Konzeption und der internationalen Konzeption, betont werden. Andererseits würde die Pointe der Menschenrechte – nämlich, dass man nicht gezwungen werden kann, in einer normativen Ordnung zu leben, in der man nicht, als Gleichberechtigte(r), Teil der relevanten Rechtfertigungs-Autorität ist – verloren gehen. Auf dieser Ebene müssen sich Überlegungen anschließen, welche Verletzungen zu welchen Sanktionen führen sollten und durch welche vorhergehenden Prozeduren und Akteure dies geschehen könnte. Dennoch wäre es ein Fehler, diese Überlegungen mit den grundlegenden Argumentationen für Menschenrechte auf irgendeiner der anderen Ebenen zu vermischen.

Ich kann hier nicht weiter ins Detail gehen bezüglich eines solchen Programms internationaler Sanktionen oder in die Diskussion einer allgemeinen Liste der Menschenrechte einsteigen – und wie sich deren Bedeutung unter dem Gesichtspunkt verändert, dass wir die Menschen, die solche Rechte einfordern, als aktive politische Akteure und nicht nur als Subjekte sehen, die es zu schützen oder zu ernähren gilt. Um nur ein Beispiel zu geben: Das Recht zu sozialen Gütern wie Lebensmitteln, Unterkunft und Medikamenten ist dann nicht mehr in erster Linie ein Recht auf bestimmte Existenzmittel, sondern ein Recht auf eine gesellschaftliche Stellung als Gleicher zumindest in dem Maße, dass man ein vollwertiges Mitglied der Gesellschaft ist und kein leichtes Opfer sozialer Ausbeutung.

Vor allen Dingen aber darf die reflexive Pointe der Menschenrechte nicht außer Acht gelassen werden: Wenn Menschenrechte wesentlich auf dem Grundrecht aufbauen, in seinem Status als normative Autorität gesichert zu sein, frei von rechtlicher, politischer und sozialer Beherrschung und die normative Ordnung, der man unterworfen ist, mitbestimmend, dann müssen diese Rechte von ihren Träger(inne)n selbst konstruiert werden. Das hat Folgen sowohl für das Konzept als auch für die verschiedenen Konzeptionen (und wie diese interpretiert werden).

Es bedeutet, dass Menschenrechte die Autonomie von freien und gleichen Gesetzgebern und -adressaten schützen und ausdrücken. Diese Beschreibung gilt gleichermaßen für die historische Bedeutung und Funktion der Menschenrechte, für vergangene und gegenwärtige politische Kämpfe für Menschenrechte und für eine moralische und, wenn man so will, transzendentale Begründung, angedeutet in Begriffen wie „menschliche Würde“. Diese Begründung ist reflexiver Natur: Wenn wir nach einer soliden Basis für reziproke und allgemein gerechtfertigte Menschenrechte suchen, ist eben dieses Prinzip der wechselseitigen und der allgemeinen Rechtfertigung sowie das Recht auf Rechtfertigung der richtige Ort dafür.[26]

Literatur

Alexy, Robert (1986): *Theorie der Grundrechte.* Frankfurt/M: Suhrkamp.

Beitz, Charles R. (2009): *The Idea of Human Rights.* Oxford: Oxford University Press.

Beitz, Charles R. (2013): „Human Dignity in the Theory of Human Rights: Nothing But a Phrase?“ In: *Philosophy and Public Affairs* 41 (3), 259–290.

Benhabib, Seyla (2011): *Dignity in Adversity: Human Rights in Troubled Times.* Cambridge: Polity Press.

Besson, Samantha (2015): „Human Rights and Constitutional Law: Patterns of Mutual Validation and Legitimation“. In: Cruft, Rowan/ Liao, S. Matthiew /Renzo, Massimo (Ed.): *Philosophical Foundations of Human Rights.* Oxford: Oxford University Press, 279–299.

Bloch, Ernst (1983): *Naturrecht und menschliche Würde.* Frankfurt/M: Suhrkamp.

Buchanan, Allen (2013): *The Heart of Human Rights.* Oxford: Oxford University Press.

Flikschuh, Katrin (2015): „Human Rights in Kantian Mode. A Sketch“. In: Cruft, Rowan/Liao, S. Matthiew /Renzo, Massimo (Ed.): *Philosophical Foundations of Human Rights.* Oxford: Oxford University Press, 653–670.

Forst, Rainer (2007a): *Das Recht auf Rechtfertigung. Elemente einer konstruktivistischen Theorie der Gerechtigkeit.* Frankfurt/M: Suhrkamp.

Forst, Rainer (2007b): „Praktische Vernunft und rechtfertigende Gründe. Zur Begründung der Moral“. In: Forst, Rainer: *Das Recht auf Rechtfertigung. Elemente einer konstruktivistischen Theorie der Gerechtigkeit.* Frankfurt/M: Suhrkamp, 23–73.

Forst, Rainer (2007c): „Moralische Autonomie und die Autonomie der Moral. Zu einer Theorie der Normativität nach Kant. In: Forst, Rainer: *Das Recht auf Rechtfertigung. Elemente einer konstruktivistischen Theorie der Gerechtigkeit.* Frankfurt/M: Suhrkamp, 74–99.

Forst, Rainer (2011a): „Zwei Bilder der Gerechtigkeit“. In: Forst, Rainer: *Kritik der Rechtfertigungsverhältnisse. Perspektiven einer kritischen Theorie der Politik.* Berlin: Suhrkamp, 29–52.

26 Ich danke Tobias Albrecht für die Übersetzung dieses Textes aus dem Englischen sowie Pietro Maffettone, David Held, Sarah Dancy und Felix Kämper für Kommentare und Verbesserungsvorschläge.

Forst, Rainer (2011b): „Die Rechtfertigung der Menschenrechte und das grundlegende Recht auf Rechtfertigung". In: Forst, Rainer: *Kritik der Rechtfertigungsverhältnisse. Perspektiven einer kritischen Theorie der Politik.* Berlin: Suhrkamp, 53–92.

Forst, Rainer (2011c): „Der Grund der Kritik. Zum Begriff der Menschenwürde in sozialen Rechtfertigungsordnungen". In: Forst, Rainer: *Kritik der Rechtfertigungsverhältnisse. Perspektiven einer kritischen Theorie der Politik.* Berlin: Suhrkamp, 119–133.

Forst, Rainer (2013): „A Kantian Republican Conception of Justice as Non-domination". In: Niederberger, Andreas/Schink, Philipp (Ed.) *Republican Democracy.* Edinburgh: Edinburgh University Press, 154–168.

Forst, Rainer (2015): „Transnational Justice and Non-Domination: A Discourse-Theoretical Approach". In: Buckinx, Barbara/Trejo-Mathys, Jonathan/ Waligore, Timothy (Ed.): *Domination Across Borders.* New York: Routledge, 88–110.

Forst, Rainer (im Erscheinen): „Human Rights in Context: A Comment on Sangiovanni". In: Etinson, Adam (Ed.): *Human Rights: Moral or Political?* Oxford: Oxford University Press.

Gauchet, Marcel (1995): *Die Erklärung der Menschenrechte. Die Debatte um die bürgerlichen Freiheiten 1789.* Reinbek: Rowohlt Verlag.

Gearty, Conor (2014): „Human Rights: The Necessary Quest for Found. In: Douzinas, Costas/Gearty, Conor (Ed.): *The Meanings of Rights. The Philosophy and Social Theory of Human Rights.* Cambridge: Cambridge University Press, 21–38.

Griffin, James (2008): *On Human Rights.* Oxford: Oxford University Press.

Günther, Klaus (2009): „Menschenrechte zwischen Staaten und Dritten". In: Deitelhoff, Nicole/Steffek, Jens (Hg.): *Was bleibt vom Staat? Demokratie, Recht und Verfassung im globalen Zeitalter.* Frankfurt: Campus Verlag, 259–280.

Habermas, Jürgen (1971): „Naturrecht und Revolution". In: Ders.: *Theorie und Praxis. Sozialphilosophische Studien.* Frankfurt/M: Suhrkamp, 89–217.

Habermas, Jürgen (1992): *Faktizität und Geltung. Beiträge zur Diskurstheorie des Rechts und des demokratischen Rechtsstaats.* Frankfurt/M: Suhrkamp.

Habermas, Jürgen (2010): „The Concept of Human Dignity and the Realistic Utopia of Human Rights". In: *Metaphilosophy* 41 (4), 464–480.

Hunt, Lynn (2008): *Inventing Human Rights: A History.* New York: W.W. Norton & Company.

Ignatieff, Michael (2001): *Human Rights as Politics and Idolatry.* Princeton: Princeton University Press.

Jellinek, Georg (2011): *System der subjektiven öffentlichen Rechte.* Tübingen: Mohr Siebeck.

Kateb, George (2011): *Human Dignity.* Cambridge: Belknap Press.

Khalil, Karima (2011): *Messages from Tahrir: Signs from Egypt's Revolution.* Cairo, New York: American University in Cairo Press.

McCrudden, Christopher (Ed.) (2013): *Understanding Human Dignity.* Oxford: Oxford University Press.

Moyn, Samuel (2012): *The Last Utopia: Human Rights in History.* Cambridge (MA): Harvard University Press.

O'Neill, Onora (1989): *Constructions of Reason: Explorations of Kant's Practical Philosophy.* Cambridge: Cambridge University Press.

Ratner, Steven (2015): *The Thin Justice of International Law. A Moral Reckoning of the Law of Nations.* Oxford: Oxford University Press.

Rawls, John (1980) „Kantian Constructivism in Moral Theory". In: *The Journal of Philosophy* 77 (9), 515–572.

Rawls, John (1993): *Political Liberalism.* New York: Columbia University Press.
Raz, Joseph (1986): *The Morality of Freedom.* Oxford: Clarendon Press.
Raz, Joseph (2015): „Human Rights in the Emerging World Order“. In: Cruft, Rowan/Liao, S. Matthiew /Renzo, Massimo (Ed.): *Philosophical Foundations of Human Rights.* Oxford: Oxford University Press, 217 – 231.
Ripstein, Arthur (2009): *Force and Freedom: Kant's Legal and Political Philosophy.* Cambridge (MA): Harvard University Press.
Rosen, Michael (2012): *Dignity: Its History and Meaning.* Cambridge (MA): Harvard University Press.
Sangiovanni, Andrea (2015): „Why there Cannot be a Truly Kantian Theory of Human Rights“. In: Cruft, Rowan/Liao, S. Matthiew /Renzo, Massimo (Ed.): *Philosophical Foundations of Human Rights.* Oxford: Oxford University Press, 671 – 690.
Sangiovanni, Andrea (im Erscheinen): „A Third Account of Human Rights: The Broad View“. In: Etinson, Adam (Ed.): *Human Rights: Moral or Political?* Oxford: Oxford University Press.
Talbott, William (2005): *Which Rights Should Be Universal?* Oxford: Oxford University Press.
Talbott, William (2010): *Human Rights and Human Well-being.* Oxford: Oxford University Press.
Tully, James (2014): „Two Traditions of Human Rights“. In: Lutz-Bachmann, Matthias/ Nascimento, Amos (Ed.): *Human Rights, Human Dignity, and Cosmopolitan Ideals. Essays on Critical Theory and Human Rights.* London: Ashgate, 139 – 158.
Waldron, Jeremy (2012): *Dignity, Rank, and Rights.* Oxford: Oxford University Press.
Waldron, Jeremy (2015): „Is Dignity a Foundation of Human Rights?“ In: Cruft, Rowan/ Liao, S. Matthiew /Renzo, Massimo (Ed.): *Philosophical Foundations of Human Rights.* Oxford: Oxford University Press, 117 – 137.
Ypi, Lea (2012): *Global Justice and Avant-Garde Political Agency.* Oxford: Oxford University Press.

Reza Mosayebi[1]

Die Behauptung eigener Menschenrechte als Selbstforderung

Abstract Inspiriert von Kants Gedanken der „rechtliche[n] Ehrbarkeit (*honestas iuridica*)" – man solle anderen gegenüber seinen Wert als den eines Menschen behaupten – setze ich mich für eine vernachlässigte Perspektive innerhalb der Theorien der Menschenrechte ein, welche die Menschenrechtsinhaber als (potenzielle) Verletzte ernst nimmt. Ich argumentiere dafür, dass die Rechtsinhaber eigene Menschenrechte behaupten und dies als eine Forderung, die sie gegen sich selbst richten, ansehen sollten. Da ich hier einen Pluralismus gleichberechtigter moralischer Begründungen der Menschenrechte voraussetze, wird die These so entwickelt, dass sie an einen Plural substanziell-moralischer Theorien anschlussfähig ist.

Meine Leitidee ist, dass Menschenrechte von jedem einzelnen Rechtsinhaber selbst zu beanspruchen sind. Ich werde durchgängig für die These argumentieren, dass die Rechtsinhaber eigene Menschenrechte behaupten und dies als eine Forderung ansehen sollten, die sie gegen sich selbst richten. Dieser Beitrag hat einen formalen, mehr oder minder metatheoretischen Charakter; ich biete keinen bestimmten, substanziell-moralischen Ansatz zur Begründung der Menschenrechte an. Das ergibt sich daraus, dass ich einen moralischen Pluralismus zur Begründung der Menschenrechte grundsätzlich annehme und meine These und ihre Implikationen stets so entwickle, dass sie für den Plural gleichberechtigter substanziell-moralischer Theorien gelten. Außerdem handeln die These und ihre Implikationen nicht von der juridischen, sondern lediglich von der moralischen Seite der Menschenrechte. Ich werde in neun Teilen, die in durchnummerierte Abschnitte unterteilt sind, folgendermaßen vorgehen: Zuerst gebe ich einen Überblick über Kants Gedanken der „rechtliche[n] Ehrbarkeit" (RL, AA 06, 236), von dem dieser Beitrag gewissermaßen inspiriert ist. In Teil II stelle ich meine grundlegenden Annahmen, meine These sowie die Bedingungen dar, unter denen die These geltend gemacht wird. Teil III plädiert für eine vernachlässigte Perspektive innerhalb der Theorien der Menschenrechte, welche die Menschen-

1 Für vielfaches Feedback danke ich den Teilnehmer(inne)n der von mir organisierten Tagung „Kant und Menschenrechte" (Februar 2015, Mainz) sowie der Kolloquien von Stefan Gosepath (Berlin) und Corinna Mieth (Bochum).

https://doi.org/10.1515/9783110572377-013

rechtsinhaber als (potenzielle) Verletzte ernst nimmt. In Teil IV zeige ich, wie eine intrasubjektive Forderung bezüglich eigener Rechte möglich ist. In Teil V entwickle ich sodann unter anderem die Idee einer Kultur der Menschenrechte, welche mit meiner These in notwendiger Verbindung steht. In den beiden Teilen IV und V zeige ich zudem, in welcher Relation das Innehaben von (Menschen-) Rechten und das Vermögen, eigene Rechte zu behaupten, zueinander stehen. Daraufhin führe ich in den Teilen VI und VII einige Argumente zu meiner These an. Teil VIII des Beitrags nimmt weitere Bestimmungen der These vor und verteidigt sie anschließend in Auseinandersetzung mit der Idee der Pflichten gegen sich selbst und den Einwänden gegen diese. Die Schlussbetrachtung in Teil IX fasst die methodische Grundansicht sowie die Leitidee des Beitrags angesichts der Realisierungsmöglichkeit der Menschenrechte zusammen.

I Kants „rechtliche Ehrbarkeit"

1. Im ersten Teil der *Metaphysik der Sitten*, der *Rechtslehre* (1797), spricht Kant von der paradox anmutenden *inneren* Rechtspflicht. Allerdings unterscheidet Kant bereits in seinem letzten Ethik-Kolleg im Wintersemester 1793/94 (Nachschrift *Vigilantius*) innere von äußeren Rechtspflichten. Dabei bestimmt er einerseits die innere Rechtspflicht als eine Pflicht, die aus dem „Recht der Menschheit in unserer eigenen Person" hervorgeht (ebenso in RL, AA 06: 236 f. und 240) und definiert andererseits die äußeren Rechtspflichten als äußerlich erzwingbare Pflichten, „äußere Zwangspflichten, d. i. Recht der Menschen gegen einander" (V-MS/Vigil, AA 27: 563). Mit einer Rechtspflicht gegenüber der Menschheit in eigener Person meint Kant eine Pflicht, welche die Menschheit im Sinne der rein noumenalen Seite des Menschen (Kant nennt diese Seite auch *homo noumenon* oder Persönlichkeit im moralischen Sinn) dem einzelnen Menschen als einem sowohl noumenalen wie phänomenalen Wesen intrasubjektiv auferlegt.[2] In der *Einleitung in die Rechtslehre* führt Kant die innere Rechtspflicht in Verbindung mit der ersten

2 Die innere Rechtspflicht gehört in der Pflichtentypologie Kants der Klasse der „vollkommenen Pflichten gegen sich selbst" an (MS, AA 06: 240). In der Nachschrift *Vigilantius* erfährt die innere Rechtspflicht eine ausführliche Behandlung (V-MS/Vigil, AA 27: 600 – 609). Dort finden sich Übereinstimmungen mit den vollkommenen Pflichten gegen sich selbst, welche Kant im *Ersten Buch* der *Tugendlehre*, des zweiten Teils der *Metaphysik der Sitten* (§§ 5 – 12), anführt, auch wenn er in der *Tugendlehre* von dem Ausdruck „innere Rechtspflicht" keinen Gebrauch macht. Ich überlasse es der Kantforschung, zu beurteilen, inwieweit die vollkommenen Pflichten gegen sich selbst mit der Konkretisierung dessen zusammenfallen, was Kant unter dem inneren Recht der Menschheit versteht.

Formel der Ulpianischen Trias (*honeste vive*, *neminem laede* und *suum cuique tribue*) ein (RL, AA 06: 236 f.). Er verknüpft die innere Rechtspflicht allerdings nicht direkt mit *honeste vive* im tradierten, allgemein ethischen Sinn: *lebe ehrenwert*. Vielmehr deutet er die erste Ulpianische Formel innovativ als „rechtliche Ehrbarkeit (*honestas iuridica*)" um, verleiht ihr also eine gewisse Rechtsrelevanz und setzt sie erst dann mit der inneren Rechtspflicht gleich: „Sei ein rechtlicher Mensch [...]. Die rechtliche Ehrbarkeit [...] besteht darin: im Verhältniß zu Anderen seinen Werth als den eines Menschen zu behaupten" (RL, AA 06: 236.24 – 26; dazu Höffe ²2002, 84 – 87). Diese Neudeutung schlägt sich auch in einer Formulierung der Menschheitsformel des Kategorischen Imperativs[3] nieder, welche aus der Perspektive der ersten Person Singular auf sich selbst gerichtet wird: „Mache dich anderen nicht zum bloßen Mittel, sondern sei für sie zugleich Zweck" (RL, AA 06: 236).[4]

Sowohl in den Passagen der Nachschrift *Vigilantius*, in denen Kant mit einer näheren Bestimmung der inneren Rechtspflicht befasst ist, wie auch in der *Einleitung in die Rechtslehre* ist Folgendes augenfällig: Während die äußeren Rechtspflichten die reziproken Ansprüche der *Menschen gegeneinander* betreffen, handelt die innere Rechtspflicht von Ansprüchen, welche die *Menschheit* innerlich *gegenüber dem Menschen* erhebt, also von einer unilateralen Schuldigkeit des Menschen gegenüber der Menschheit als seinem noumenalen Ich. Das *innere* Recht steht somit in keiner direkten Beziehung zu der juridischen Zwangsbefugnis, welche die reziproke Einflussnahme einer Mehrzahl von Personen voraussetzt (vgl. RL, AA 06: § B).[5] Diese *intra*subjektive Rechtskonzeption ist ungewöhnlich und ohne Berücksichtigung von Kants transzendentalphilosophischer Unterscheidung zwischen zwei Seiten des menschlichen Wesens als *homo noumenon* und *homo phaenomenon* (s. TL, AA 06: 417 f.)[6] unverständlich.

Ich möchte Kants Gedanken der „rechtliche[n] Ehrbarkeit", der darin besteht, „im Verhältniß zu Anderen seinen Werth als den eines Menschen zu behaupten" oder sich „anderen nicht zum bloßen Mittel" zu machen (RL, AA 06: 236), auf die Menschenrechte beziehen, denn er scheint auf einer, wohlgemerkt bloß moralischen, nicht juridisch erzwingbaren Ebene für diese fruchtbar zu sein. Kants „rechtliche Ehrbarkeit" kann dazu beitragen, die *aktive Rolle der Inhaber der Menschenrechte* bei der Behauptung ihrer eigenen Menschenrechte geltend zu

3 „Handle so, daß du die Menschheit sowohl in deiner Person, als in der Person eines jeden andern jederzeit zugleich als Zweck, niemals bloß als Mittel brauchst" (GMS, AA 04: 429).

4 Zum inneren Recht s. die Beiträge von Höffe, Mohr und Pinzani in diesem Band .

5 Schon in der Nachschrift *Vigilantius* verdeutlicht Kant, dass die innere Rechtspflicht kein Teil des „Jus", also keine juridische Zwangspflicht ist (s. V-MS/Vigil, AA 27: 594.33 f.).

6 Dazu Mosayebi 2013b.

machen. Aus einer Perspektive, welche die moralische, aktive Rolle der Inhaber der Menschenrechte ernst nimmt, gehe ich im Folgenden diesem Potenzial nach und arbeite seine Bedeutung für die Menschenrechtsdebatte heraus.

II Voraussetzungen, These und einschränkende Bedingungen

2. Vorausgesetzt, dass *(i)* es eine egalitär-universalistische Moral gibt (unabhängig davon, wie man diese begründet und worin sie genau besteht)[7], man *(ii)* eine direkte moralische Begründung der Menschenrechte für unerlässlich hält[8] und schließlich, angenommen, dass *(iii)* ein Pluralismus gleichberechtigter Theorien zur moralischen Begründung der Menschenrechte vorliegen kann (kurz: die Möglichkeit und Erforderlichkeit einer moralischen Begründung sowie die willkommene Gegebenheit eines moralischen Pluralismus), möchte ich dafür argumentieren, dass die **B**ehauptung eigener **M**enschenrechte als eine moralische Forderung gegen sich selbst (**S**elbstforderung) anzusehen ist (BMS).[9] Die These ist an zwei unterschiedliche Adressaten gerichtet: Zum einen an die moralischen *Theorien* der Menschenrechte selbst (etwa eine Kantianische, Hobbesianische, Aristotelische, theonomische usw.), zum anderen an die Person, welche wiederum Adressat der moralischen Theorien der Menschenrechte ist. Mit letzterem Adressaten ist dann jeder Inhaber der Menschenreche gemeint, der zumindest die ersten beiden obigen Voraussetzungen (*i* und *ii*) annimmt sowie seine Rechte behaupten kann (also beispielsweise kein Kind, nicht von der zukünftigen Generation, kein Tier usw. ist); z. B. *Sie*, wenn Sie diesen Text lesen und bereits ir-

7 Mein Gebrauch des Attributs ‚moralisch' und des Substantivs ‚Moral' in diesem Beitrag ist somit stets im Sinne einer *egalitär-universalistischen* normativen Ethik zu verstehen. Zudem gehe ich bei dieser ersten Voraussetzung davon aus, dass sie auch die weitere Voraussetzung impliziert: Man bestreitet damit die Menschenrechte als Rechte, die allen Menschen qua Menschen zustehen, nicht *in toto*, worin auch immer diese Rechte genau bestehen. Schließlich soll diese Voraussetzung offen lassen, welche metaethische Grundposition, ob Realismus, Expressivismus oder, wenn man will, Konstruktivismus, zur Erklärung moralischer Objektivität eingenommen wird.

8 Etwa im Unterschied zur sog. Politischen Konzeption der Menschenrechte, welche zum größten Teil in der Nachfolge von Rawls (1996 [¹1993]; 1999) eine direkte moralische Rechtfertigung der Menschenrechte für unerwünscht, unnötig, im Grunde nicht möglich oder sogar moralisch unerlaubt hält (s. etwa Beitz ²2007, 631–634; Baynes 2009; Raz 2010).

9 Zwei Themen werden in diesem Beitrag außen vor gelassen: Erstens, ob es eine Forderung jedermanns gegen sich selbst wäre, die Nichtverletzung der Menschenrechte anderer zu verlangen, zweitens der Sonderfall, ob ich als Mitglied einer sich durch gemeinsam erlittene Verletzung gewisser Menschenrechte identifizierenden Gruppe mir gegenüber noch eine besondere moralische Aufgabe habe, die Nichtverletzung der fraglichen Menschenrechte der Gruppe repräsentativ einzufordern.

gendeine (Kombination) moralische(r) Theorie(n) für Menschenrechte vertreten, mit irgendeiner (Kombination solcher) Theorie(n) sympathisieren oder (eine) moralische Theorie(n) zur Begründung der Menschenrechte suchen. BMS lässt sich, je nachdem an welche Adressaten sie sich direkt wendet, präzisieren. Gerichtet an beide Adressaten kann BMS etwa folgendermaßen formuliert werden:

a. Die Behauptung eigener Menschenrechte *soll* als eine moralische Forderung konzipiert werden, welche der etwaige Rechtsinhaber an sich selbst richtet.

Formulierung *a.* enthält folgende Aspekte: Eigene Menschenrechte zu behaupten ist als eine moralische Forderung und diese wiederum als eine *Selbst*forderung des Rechtsinhabers zu verstehen. Man *soll* die Behauptung eigener Menschenrechte als eine moralische Selbstforderung konzipieren. Das kursiv gesetzte Sollen ist ein metatheoretisches, welches direkt an moralische Menschenrechtstheorien[10] gerichtet ist (mehr dazu unter der *vierten* Bedingung unten). Gerichtet an den zweiten möglichen Adressaten, also an Personen im Sinne aller Menschenrechtsinhaber, die ihre Rechte behaupten können, kann BMS etwa so formuliert werden:

b. Es ist eine Selbstforderung, eigene Menschenrechte, soweit möglich, zu behaupten.

Der Unterschied dieser Formulierung zur Formulierung *a.* besteht darin, dass bei ihr zum einen der direkte Bezug auf das metatheoretische Sollen fehlt, zum anderen eine explizite Klausel (‚soweit möglich‘) zur Machbarkeit bzw. Zumutbarkeit der These eingebaut wird (mehr zu dieser Formel folgt unter der *sechsten* Bedingung unten sowie in Abschnitt 17).

Ich werde mit gewissen Einschränkungen für BMS argumentieren, die ich im Folgenden unter sechs Bedingungen expliziere. *Zuerst* soll BMS gegenüber einer Mehrzahl von moralischen Begründungstheorien der Menschenrechte neutral bleiben (s. obige Voraussetzungen *i-iii*). Daher versuche ich stets so vorzugehen, dass BMS durch besondere formale Eigenschaften diversen moralischen Begründungstheorien der Menschenrechte anpassungsfähig bleibt. Zur gleichberechtigten Mitgliedschaft unterschiedlicher Theorien in diesem Plural nehme ich dann eine minimale Bedingung an: Die fraglichen Theorien sehen den Inhaber der Menschenrechte auf irgendeiner denkbaren Stufe als ein selbstbestimmendes Wesen an und nicht etwa als willenloses Spielzeug, als eine *Sache*. Die Bedingung ist minimal, da sie sowohl einem Kantischen, starken Begriff der Autonomie wie auch einem freiheitstheoretisch kompatibilistischen Begriff der Selbstbestim-

---

10 Man könnte auch sagen: an die Adressaten der moralischen Theorien insofern, als sie über diese reflektieren.

mung gerecht wird[11] und außerdem gegenüber unterschiedlichen Konzeptionen des Selbst indifferent bleibt.[12]

Zweitens werden ‚Menschenrechte' in BMS gewissermaßen abstrahiert von ihrem spezifischen Inhalt aufgefasst. Die These soll somit für verschiedene Klassen der Menschenrechte (sagen wir für die Artikel 3–28 der *Allgemeinen Erklärung der Menschenrechte* 1948), welche auch immer man als solche dann schließlich annimmt, gelten. Den Meinungsverschiedenheiten gegenüber, ob beispielsweise die sozialen, ökonomischen und kulturellen Menschenrechte (etwa Artikel 22–27 der *Allgemeinen Erklärung*) nicht als (eigentliche) Menschenrechte gelten (Cranston 1983; vgl. Rechts-Libertarier) oder ganz im Gegenteil als gleichberechtigter Bestandteil auf jeder Menschenrechtsliste begriffen werden, soll also BMS neutral bleiben.

Drittens unterscheide ich metaethisch zwischen den normativen (oder rechtfertigenden) und den motivierenden Gründen. Die Unterscheidung ist weit verbreitet[13] und verpflichtet nicht zur Einnahme einer bestimmten metaethischen Position. Anstatt dieser Termini werde ich an einigen Stellen die Begriffe der Rechtfertigung und der Realisierung verwenden. Statt der motivierenden Gründe spreche ich teilweise von der Realisierung o. ä., da ich hier die Motive insofern in Betracht ziehe, als sie zu verwirklichten Handlungen bzw. Zuständen gedeihen. Die Unterscheidung zwischen den normativen und den motivierenden Gründen ist für meinen Ansatz entscheidend, da BMS ausschließlich das Motivationale, also den Aspekt der Realisierung der Menschenrechte betrifft und bezüglich dessen, worin man den moralisch-normativen Grund der Geltung der Menschenrechte sieht (ob in noumenalen Eigenschaften, in Autonomie,[14] im Sym-

---

11 Es ist zweifelhaft, ob eine Theorie, die bezüglich menschlicher Bestimmungsfähigkeit, mit William James gesprochen, einen „harten Determinismus" vertritt, zu einer moralischen Theorie der Menschenrechte fähig ist (vgl. Teil V). Ich kann diesen Zweifel hier nicht weiter verfolgen, gehe aber davon aus, dass die Beweislast dieser Theorie obliegt.

12 BMS ist also zwar von Kants innerer Rechtspflicht („rechtliche[r] Ehrbarkeit") inspiriert, bleibt aber gegenüber seiner transzendentalphilosophischen Möglichkeitsbedingung der inneren Rechtspflicht, der Unterscheidung zwischen dem Noumenalen und dem Phänomenalen, indifferent und behandelt Kants Moraltheorie als nur einen gleichberechtigten Ansatz unter vielen anderen.

13 Zu unterschiedlichen Deutungen s. Smith 1994, 95 f.; Parfit 1997, 2006; Dancy 2000, Ch.1. Für einen Überblick unterschiedlicher Termini zur Bezeichnung dieser zwei Gründe s. Halbig 2007, 16 ff. Als ein historisches Beispiel hierfür dient bereits Kants Unterscheidung zwischen einem *principium diiudicationis* und einem *principium executionis* (Mo/Kaehler(Stark): 55 f.; dazu Mosayebi 2013a, I.2.2). Man hat zwar die Unterscheidung auf Francis Hutchesons zurückgeführt, das wird jedoch bestritten (s. Dancy 2000, 20–25).

14 Man denke hier etwa an Griffin 2008.

pathieprinzip, im self-ownership, in Selbsterhaltung, in transzendentalen Interessen, in Geboten bzw. im Willen Gottes usw.), neutral bleibt. BMS besagt nämlich, dass eine moralische Begründung der Menschenrechte ihre Realisierung nicht allein auf juridischer, sondern auch auf einer moralischen, intrasubjektiven Ebene ansiedeln soll (dazu mehr in Teil V). Es soll dabei geltend gemacht werden, dass es eine wesentliche Realisierungsmöglichkeit der Menschenrechte ist, deren Behauptung als Selbstforderung anzusehen. Die moralischen Theorien der Menschenrechte *sollen* den normativen Geltungsmodus dieser Selbstforderung sodann aus ihrer jeweils eigenen Sicht konzipieren und BMS einen jeweils eigenen normativen Gehalt und eine eigene Rechtfertigung geben.

Viertens wird hier offensichtlich wiederum das metatheoretische Sollen angesprochen (vgl. Formulierung *a.*). Diese Stufe des Sollens ist keine unnötige Verkomplizierung. Sie ergibt sich vielmehr, wenn man den Pluralismus moralischer Begründungstheorien der Menschenrechte als eine willkommene Gegebenheit annimmt (Voraussetzung *iii*). BMS kann sodann nicht mehr aus der jeweils besonderen Sicht *einer* moralischen Theorie geltend gemacht werden. Sie muss vielmehr so formuliert werden, dass sie, ohne sich einer bestimmten Konzeption moralischer Normativität zu verpflichten, dem Plural moralischer Theorien gerecht wird. Das erleuchtet wiederum, warum BMS nur bezüglich des motivierenden Grundes der Menschenrechte zu betrachten ist und gegenüber dem moralisch-normativen Grund, der diese unterstützt, flexibel bleibt (*dritte* Bedingung). Das metatheoretische Sollen in BMS ist damit genau genommen selber kein *direkt* moralisches Sollen, sondern vielmehr Ausdruck eines *motivationstheoretischen* Klugheits- bzw. prudentiellen Grundes und zwar in dem Sinn, dass er im Dienste jeder moralischen Begründungstheorie der Menschenrechte als solcher steht:[15] Jede moralische Begründungstheorie der Menschenrechte *soll* BMS an-

---

15 Ein Klugheitsgrund bzw. prudentieller Grund, welcher im Dienste der moralischen Forderungen steht, mag irritierend wirken, wenn man eine unüberbrückbare Trennung zwischen den prudentiellen und den moralischen Gründen annimmt. Eine solche Annahme ist aber verfehlt. Selbst wenn man, wie Kant, moralische Forderungen als eine *andere Art* der Normativität als die der Klugheitsforderungen konzipiert, kommen die Ersteren bei ihrer Realisierung ohne die Letzteren nicht aus, so dass man die Klugheitsforderungen, die zur Realisierung der moralischen Forderungen vonnöten sind, berechtigterweise als indirekt moralische Forderungen bezeichnen kann (als ein Beispiel unter vielen anderen bei Kant s. etwa TL, AA 06: 433). Ein Klugheitsgebot in diesem Fall würde dann etwa so lauten: „Um die moralisch geforderte Handlung H zu verwirklichen (Zweck), solltest Du X tun (Mittel), vorausgesetzt dass X nicht moralwidrig ist". Andererseits führen aber etwa die Hobbesianischen Ansätze die Moral selbst auf universal gültige prudentielle Gründe zurück, so dass auch hier die Rede von einem Klugheitsgrund bzw. prudentiellen Grund, der im Dienste der moralischen Forderungen steht, unproblematisch ist. Denn es lässt sich zwischen universal gültigen Klugheitsgründen erster Stufe, welche die fragliche Moral selbst

nehmen, wenn sie die Realisierung der Nichtverletzung der Menschenrechte aufrichtig zum Zweck hat. Ich werde daher dahingehend argumentieren, dass eine moralische Begründungstheorie der Menschenrechte, welche BMS zurückweisen würde, moralisch unklug wäre (man könnte auch sagen indirekt moralwidrig), wie auch immer sie die moralische Normativität der Menschenrechte inhaltlich ausmacht.

Fünftens wird ‚Behauptung' in BMS (Behauptung eigener Menschenrechte als Selbstforderung) im *praktischen* Sinn verwendet und generell als das Verlangen nach Anerkennung durch andere verstanden. Mein Wortgebrauch orientiert sich an Kant, der es zu einer Pflicht gegen sich selbst macht, „im Verhältniß zu Anderen seinen Werth [...] zu behaupten" (RL, AA 06: 236.25 f.). Unter ‚Behauptung' in BMS verstehe ich des Näheren jede Art der *Äußerung*, welche die eigenen Menschenrechte *angemessen* darstellen kann: Ein Sprechakt, informative Berichte und Erzählungen, unterschiedliche Kunstformen (ob Filme, Bilder, Musik usw.), Literatur, kollektive Proteste wie Demonstrationen, ziviler Ungehorsam usw. In welcher Gestalt der Behauptungsakt erfolgt, lasse ich also offen. Ich spreche aber von *angemessener* Äußerung, da die Behauptung eigener Menschenrechte nicht so erfolgen darf, dass sie die Menschenrechte der anderen (und gegebenenfalls andere eigene Menschenrechte) verletzt. Wäre dem so, wäre BMS widersprüchlich, da Menschenrechte jedem per definitionem zustehen und meine Menschenrechte insofern nicht wichtiger sind als die anderer. Die Artikulation des Verlangens eigener Menschenrechte wäre daher nur soweit menschenrechtlich erlaubt, als sie mit Menschenrechten anderer (und gegebenenfalls mit anderen eigenen Menschenrechten) verträglich ist.

Wie genau diese Verträglichkeit ausfällt, also eine *inhaltliche* Bestimmung des Verhältnisses von verschiedenen Klassen von Menschenrechten zueinander, hängt nun davon ab, wie man ihre normativen Gründe konzipiert. Stehen sie beispielsweise in einer hierarchischen oder lexikalischen Beziehung zueinander, so werden in möglichen bzw. angeblichen Konfliktfällen Prioritäten gesetzt (dass z. B. die Realisierung der negativen Freiheitsrechte gegenüber der von sozialen Rechten Vorrang erfährt). Werden die Menschenrechte dagegen polyzentrisch, durch eine Mehrzahl nicht aufeinander reduzierbarer normativer Gründe, gerechtfertigt, so wird bei der Realisierung verschiedener Klassen der Menschen-

ausmachen, und den Klugheitsgründen zweiter Stufe, welche zur Realisierung der ersteren nötig und mit den ersteren kompatibel sind, unterscheiden. BMS bleibt jedenfalls sowohl gegenüber einer Kantianischen wie einer Hobbesianischen Auffassung von Normativität neutral.

rechte in der Regel möglichst eine „Unteilbarkeit“ angestrebt.[16] Ich argumentiere hier jedoch für BMS unter der Bedingung, dass sie gegenüber dem Inhalt der normativen Gründe zur Rechtfertigung der Menschenrechte offen bleibt. Daraus ergibt sich, dass ich mich mit einem *formalen* Kriterium der Allgemeinverträglichkeit unter den Menschenrechten begnüge.[17] Die rein formale Einschränkung des in BMS enthaltenen Behauptungsakts, die ich hier einführe (Bedingung der Allgemeinverträglichkeit der Menschenrechte miteinander) bleibt also bewusst gegenüber dem Pluralismus möglicher normativer Gründe zur Rechtfertigung der Menschenrechte und den jeweils daraus resultierenden Regeln der Konfliktlösung bzw. der Verhältnisbestimmung unter den Menschenrechten offen.

Schließlich wird, *sechstens*, das Behaupten eigener Menschenrechte in BMS mit der Klausel ‚soweit möglich‘ eingeschränkt (Formulierung *b*). Die angesprochene Möglichkeit wird im Sinne von Machbarkeit verstanden. Mit dieser Klausel möchte ich wiederum folgende zwei Einschränkungen für die Gültigkeit von BMS einführen: BMS ist nicht an die Rechtsinhaber adressiert, welche ihre Rechte selber nicht oder noch nicht behaupten können (etwa Kinder, Zukünftige und Schwerstkranke);[18] zudem gilt sie *prima facie* nicht für die Fälle, in welchen der Rechtsinhaber zwar prinzipiell seine Rechte behaupten kann (er also kein Kind oder nicht schwerstkrank ist), jedoch die Situation, in der er sich befindet, so beschaffen ist, dass die Behauptung seiner Menschenrechte weitere Verletzungen seiner eigenen Menschenrechte oder die der anderen zur Folge hat (vgl. *fünfte* Bedingung); wie solche Situationen beschaffen sind, lasse ich offen.

Abgesehen von obigen Einschränkungen, welche die Geltung von BMS vielfach bedingen, ist BMS mit einer bestimmten Blickrichtung auf Menschenrechte verbunden, auf die ich im folgenden Abschnitt separat eingehe.

---

16 Zu moralischen Menschenrechtstheorien, die mehr oder weniger eine polyzentrische normative Grundlage für Menschenrechte ausmachen s. etwa „capabilities approach“ von Nussbaum 2002; weiter Tasioulas 2010, 663 f.

17 Auch hier klingt Kants allgemeines Prinzip des Rechts an, nämlich sein formales Kriterium der Allgemeinverträglichkeit des äußeren Gebrauchs der Freiheit mit sich selbst: „Eine jede Handlung ist Recht, die oder nach deren Maxime die Freiheit der Willkür eines jeden mit jedermanns Freiheit nach einem allgemeinen Gesetze zusammen bestehen kann“ (RL, AA 06: 230).

18 Das bedeutet wiederum nicht, dass BMS zur Folge hätte, dass solche Subjekte keine Menschenrechtsinhaber sind.

III Eine andere Blickrichtung: Die Perspektive der (potenziellen) Verletzten (Menschenrechtsinhaber)

3. BMS ist ja spezifisch auf die *Inhaber* der Menschenrechte bezogen und nicht auf diejenigen, die diesen gegenüber die Pflicht tragen, ihre Menschenrechte nicht zu verletzen (die Rechts-Adressaten).[19] Ich möchte, ehe ich mit Argumenten für BMS beginne, für einen Perspektivenwechsel in der Menschenrechtsdebatte plädieren. Der Grundgedanke dabei ist, in einer moralischen Begründungstheorie der Menschenrechte beim (potenziellen) *Verletzten* (den Menschenrechtsinhabern, deren Menschenrecht verletzt ist, wird oder der Gefahr der Verletzung ausgesetzt ist)[20] selbst anzusetzen, während die meisten Theorien die Gewährleistung der Nicht-Verletzung der Menschenrechte bzw. die Erfüllung der ihnen entsprechenden Pflichten von der Seite des (potenziellen) *Verletzenden* bzw. der *Beschützer* (der Rechts-Adressaten) betrachten.[21] Die Perspektive, die ich hier geltend machen möchte, lässt sich etwa durch folgenden Imperativ aus der Perspektive der ersten Person Singular an sich selbst gerichtet formulieren: „Lass Deine Menschenrechte nicht verletzen". Die gängige Fokussierung auf die Verletzenden und die Beschützer lässt sich dagegen folgendermaßen formulieren: „Wenn Du anderer Menschenrechte verletzt, wirst Du sanktioniert" und „Wenn Deine Menschenrechte verletzt werden, so soll/en Ich/Wir und/oder die zuständige/n Institution/en die fragliche Verletzung kompensieren".[22] Anstatt also die Realisierung der Menschenrechte *bloß* aus der Perspektive ihres fremden Nichtverletzens bzw. ihrer fremden Kompensation heraus zu betrachten, setze ich bei der Perspektive des Nichtverletzen-Lassens eigener Menschenrechte an.

---

19 ‚Verletzen' verwende ich in einem generellen Sinn wie ‚schädigen' (*harm*) und lasse dabei dahingestellt, worin es genau besteht, da die Inhaltsbestimmung abhängig davon erfolgt, worin eine moralische Theorie ihren normativen Grund sieht. Darüber hinaus verwende ich den Begriff in einem weiten Sinn, welcher sowohl die Nicht-Unterlassung der verbotenen Handlungen wie auch die Nicht-Erfüllung der sogenannten positiven Pflichten umfasst.

20 Ich spreche nicht von *Opfer* und *Opferperspektive* o. ä., da es bei BMS gerade darauf ankommt, dass die Menschenrechtsinhaber, deren Menschenrechte verletzt sind bzw. werden, eine entscheidende aktive Rolle zur Nichtverletzung ihrer Menschenrechte spielen.

21 Es ist zu beachten, dass die Adressaten der Menschenrechte, d. h. die Träger der ihnen entsprechenden Pflichten, einmal als direkte Verletzende dieser Rechte und das andere Mal als Beschützer dieser Rechte betrachtet werden können. Der Pflichtträger als direkter Verletzender und der Pflichtträger als Beschützer müssen nicht zusammenfallen. Eine Nicht-Erfüllung der den Menschenrechten entsprechenden Pflichten kann, z. B. seitens politischer Institutionen, gerade darin bestehen, dass diese als dritte Partei beim Schützen der von anderen direkt verletzten Menschenrechte versagen.

22 Um die allgemeine Bezugnahme der Personal- und Possessivpronomen der ersten und zweiten Person zu betonen, schreibe ich ihren ersten Buchstaben in diesem Beitrag groß.

Es ist wichtig zu beachten, dass ich die vorherrschende Perspektive nicht ablösen möchte. Vielmehr behaupte ich, dass die vorgeschlagene Blickrichtung einen *weiteren* grundsätzlichen Weg der Realisierung sichtbar macht, um die Verletzung der Menschenrechte zu verhindern. Es wird nicht die Verantwortung des Verletzenden minimiert; für seinen Verletzungsakt kann ihm in den Fällen, in denen der Rechtsinhaber eigene Menschenrechte behauptet, sogar mehr moralischer Tadel zuteilwerden.

Das Ziel der vorgeschlagenen Perspektive der (potenziellen) Verletzten ist, jeden einzelnen Rechtsinhaber gleichsam wie Atome von Innen heraus zur Realisierung eigener Menschenrechte zu aktivieren, ohne dabei die Rolle der Pflichtträger zu bestreiten oder zu minimieren. Ich begnüge mich hier mit einem Plädoyer für diese Perspektive, weil keine moralische Theorie der Menschenrechte, welche ihre Realisierung tatsächlich zum Zweck hat, deren Relevanz bestreiten könnte, ohne dabei zweckwidrig zu werden.

BMS setzt also bereits die Perspektive der (potenziellen) Verletzten der Menschenrechte voraus; sie ist eine These, die sich aus dieser Perspektive heraus entwickelt. In Abschnitt 13 werde ich aber auch zeigen, dass sich diese Perspektive und BMS *gegenseitig* aufeinander berufen, d. h. sobald man diese Perspektive einnimmt, müsste man auch BMS annehmen.

IV Die Möglichkeit intrasubjektiver Imperative bezüglich eigener Rechte

4. BMS setzt zudem eindeutig die Möglichkeit intrasubjektiver Forderungen bezüglich eigener Rechte voraus. Sind aber solche Forderungen überhaupt möglich? Und wenn ja, ließen sie sich in Bezug auf eigene *Rechte* stellen? In diesem Teil (Abschnitte 4 – 8) werde ich zugunsten beider Fragen argumentieren und zwar so, dass ich möglichst ohne schwerwiegende Annahmen auskomme und mich keiner bestimmten Theorie moralischer Normativität verpflichte.

Imperative wie „Know Your Rights“ oder „Lass Deine Rechte nicht verletzen“ hören sich weder unsinnig, noch fremd an.[23] Wie steht es aber um die Bedingungen ihrer Möglichkeit, sollten sie keine leeren Worte sein? Angenommen, dass diese Imperative von dem Fordernden in kompetenter Weise und aufrichtig geäußert werden, muss als Erstes vorausgesetzt werden, dass (a) der Geforderte gewisse Rechte hat. Zudem muss man voraussetzen, dass (b) der Geforderte fähig ist, darauf, dass *er* diese Rechte hat, zu reagieren. Das bedeutet wiederum, dass er

23 Man denke etwa an den populären Song von The Clash (1982).

nicht nur fähig ist, diese als eigene zu erkennen, sondern auch selber zu verlangen.[24] Darüber hinaus geht diesen Imperativen voraus, dass der Fordernde sich um gewisse Rechte des Geforderten kümmert: (a*) er erkennt, dass der Geforderte gewisse Rechte hat und (b*) möchte, dass der Geforderte seine Rechte erkennt und sie behauptet.

Es scheint, dass (a*) und (b*) nur in *Sonderfällen* ohne (a) und (b), also ohne Subjekte, die gewisse Rechte haben und fähig sind, diese als *eigene* zu erkennen und zu behaupten, auskommen. Dies ist der Fall, wenn der Rechtsinhaber selber keine aktive Rolle spielt, d. h. (noch) nicht fähig ist, eigene Rechte zu erkennen und/oder zu behaupten (wie etwa bei Kindern, Schwerstkranken, Zukünftigen oder Verstorbenen). Die obigen Imperative sollten in solchen Fällen dann so ausgedrückt werden: „Erkenne/t an, dass *er/sie* gewisse Rechte hat“ oder „Lass/t nicht zu, dass *seine/ihre* Rechte verletzt werden“. Wenn wir aber das Fehlen von (a) und (b), den Subjekten, die gewisse Rechte haben und fähig sind, diese als eigene zu erkennen und zu behaupten, gedanklich universalisieren, würde das Phänomen Rechte-Haben überhaupt null und nichtig werden (dazu mehr in Abschnitt 7).

5. Würde es aber Sinn machen, wenn der Fordernde und der Geforderte in obigen Imperativen numerisch identisch, d. h. ein und dieselbe reale Person wären? Natürlich ist es möglich, einen gegen sich selbst gerichteten Imperativ auszusprechen. Aber kann man sich selbst tatsächlich mit einer Forderung ansprechen, es wirklich meinen, dass man zugleich der Fordernde und der Geforderte ist?

Angenommen Person *P* befindet sich verlassen, sagen wir, auf einem Planeten, auf dem sie überleben kann und es ist vorhersehbar, dass sie für immer in dem Sinn alleine bleiben wird, dass sie sonst kein Wesen, das wie sie der Normativität fähig wäre, treffen wird. Würde *P* hier eine ihrer Überlebensmöglichkeiten, der eigenen Ungeschicktheit geschuldet, nur knapp, etwa durch glücklichen Zufall, nutzen können, würde es durchaus Sinn machen, dass *P* gegen sich selbst Imperative ausspricht und sie auch tatsächlich so meint: „Erkenne Deinen Fehler“, „Tue es nicht wieder“ usw. Es ist durchaus vorstellbar, dass sich *P* hier bei sich selbst beklagt, sich tadelt und sich selbst sogar sanktioniert. Die gegen sich selbst gerichteten Imperative in *P*s fiktiver Situation mögen primitiv sein, eben das

24 Ich verstehe hier unter ‚Recht‘ primär *claim*, Anspruchsrecht (im Unterschied zu – mit Wesley Hohfeld 2007 [1913] gesprochen – Privilegien, Kompetenzen und Immunitäten). Insofern ist (b) begriffsanalytisch wahr (mehr dazu in Abschnitt 7). Ich sage primär, weil ich die Verwandlung der Hohfeld'schen vier Begriffe ineinander nicht ausschließe. Zudem verwende ich, wenn nicht anders expliziert, stets den moralischen Begriff des Rechts, dessen normative Geltung nicht von einer vorangehenden objektiven Rechtsordnung oder Tradition abhängig ist.

nackte Überleben zum Gehalt haben. Eine intrasubjektive Normativität ist in *P*s Situation jedenfalls möglich. Ich lasse es allerdings offen, ob sich die Möglichkeit der intrasubjektiven Normativität hier erst in einem sozusagen verschobenen Sinn ergibt: *P* sei *bereits* mit den normativen, *inter*subjektiven Verhältnissen vertraut; sie kommt schon aus einer Welt, in der diese Verhältnisse der Fall waren. Ich behaupte also nicht, dass, wäre *P* immer einsam gewesen, ohne jegliche Information von anderen ihresgleichen, sie immer noch einer Forderung gegen sich selbst fähig wäre. Vielmehr bleibt dabei unberührt, in welchem Primatverhältnis die Intra- und die Intersubjektivität angesichts der Möglichkeit der Normativität zueinander stehen.

6. Kann aber *P* in einer derartigen Situation einen an sich selbst gerichteten Imperativ bezüglich eigener *Rechte* aussprechen („Know Your Rights" oder „Lass Deine Rechte nicht verletzen") und ihn auch so meinen? Gewöhnlich gebrauchen wir den Begriff des Rechts dann, wenn wir mindestens von zwei nummerisch unterschiedlichen Instanzen ausgehen, von denen die eine (an)erkennen könnte,[25] dass die andere Instanz gewisse Ansprüche hat (vgl. a* und b* in Abschnitt 4) *und* zugleich in der Lage ist, dieser anderen Instanz bezüglich bestimmter Güter oder bestimmter Eigenschaften, die das Gutsein dieser Güter für sie erst möglich machen, etwas anzutun, was diese andere Instanz nicht will bzw. nicht wollen würde – also wenn eine Instanz die andere verletzen kann. Im Anschluss an Abschnitt 4 lässt sich daher auch sagen, dass das Rechte-Haben bedeutet, dass sich die potenziell zu verletzende Instanz gegenüber dem (potenziellen) Verletzenden behauptet bzw. behaupten würde (vgl. a und b).[26]

---

25 Die Einschränkung ‚könnte' ist in diesem Satz wichtig, damit sowohl die Geltung der Rechte des Rechtsinhabers von der *faktischen* (An)Erkenntnis der anderen unabhängig bleibt, wie auch dafür, dass auch wenn dem Rechtsinhaber selber nicht bewusst ist, dass er gewisse Rechte hat, dies von anderen (an)erkannt werden könnte. Meine Schreibweise des Partikelverbs ‚(an)erkennen' folgt der Unterscheidung, die ich zwischen normativen und motivierenden Gründen treffe (Abschnitt 2, *dritte* Bedingung). Es wird nämlich offen gelassen, ob man einmal bloß *erkennt*, dass die anderen gewisse Rechte haben, ohne dabei motiviert zu sein, sie zu respektieren, oder aber über die Erkenntnis des normativen Grundes hinaus, zumindest bis zu einem gewissen Grad, auch motiviert ist, diese Rechte zu respektieren, eben *anzuerkennen*. Es ist wichtig zu betonen, dass meine Formulierung mich metaethisch weder dem motivationalen Internalismus (der Annahme, dass derjenige, der kompetenterweise und aufrichtig ein moralisches Urteil fällt, zumindest bis zu einem gewissen Grad notwendigerweise dazu motiviert ist) noch der gegenteiligen Position, dem motivationalen Externalismus, verpflichtet (zum motivationalen Internalismus s. Björklund et al. 2012).

26 Mit dieser Bestimmung des Rechtsbegriffs beanspruche ich keine Vollständigkeit. Ich spreche hier bewusst nicht von der Existenz politischer Institutionen und der durch sie möglichen juristischen Einklagbarkeit als eine notwendige Eigenschaft für den Begriff des Rechts, da manche sie bekanntlich für notwendig halten, andere aber nicht (etwa in der Naturrechtstradition oder,

In *P*s fiktiver Situation wäre es demnach unverständlich, wenn *P* zu sich selbst sagen würde: „Know Your *Rights*" oder „Lass Deine *Rechte* nicht verletzen", da es dort keinen numerisch anderen (potenziellen) Verletzenden ihrer Rechte gibt. – Kant hat zwar einen Rechtsbegriff in Anspruch genommen (das innere Recht der Menschheit), der teilweise sogar in *P*s Situation gelten würde (beispielweise bei vollkommenen Pflichten, sich nicht zu entleiben oder sich nicht „wohllüstig" zu schänden (TL, AA 06: 422ff.; s. Fn. 2), doch, wie in Abschnitt 1 erläutert, folgt sein exzeptioneller Begriffsgebrauch seinen besonderen, transzendentalphilosophischen Annahmen. Innerhalb meines Ansatzes nehme ich jedenfalls keinen Bezug auf diese besondere Verwendung des Begriffs. Vielmehr gehe ich von dem gewöhnlichen Gebrauch des Rechtsbegriffs aus (den auch Kant in der *Rechtslehre*, § B, annimmt), der besagt, dass das Recht nämlich die reziproke Einflussnahme einer Mehrzahl von Personen aufeinander voraussetzt. Nach meinem Verständnis kann *P* in ihrer fiktiven Situation, wie ich sie in Abschnitt 5 dargestellt habe, keinen intrasubjektiven Imperativ bezüglich ihrer *Rechte* verwenden.

7. Zusammenfassend setzt also der Rechtsbegriff zweierlei Eigenschaften voraus: Es gibt Rechtsinhaber, deren Trägerschaft des Rechts prinzipiell[27] darin besteht, dass sie diese behaupten können, und es gibt Rechtsadressaten, welche (an)erkennen können, dass jedermann eigene Rechte hat und sie diese verletzen können.[28] Beide Eigenschaften setzen sich wechselseitig voraus. Dass die Rechtsinhaber ihre Rechte behaupten können, ist erst dann möglich, wenn es Rechtsadressaten gibt, und dass es diese gibt, wird dadurch ermöglicht, dass es Personen gibt, die eigene Rechte behaupten. Komprimiert lässt sich demnach sagen: Es besteht eine analytisch-notwendige Relation zwischen dem Rechte-Haben und dem Behaupten-Können.

Das bedeutet allerdings nicht, dass der Rechtsinhaber und diejenige Instanz, die das fragliche Recht behauptet, immer in ein und derselben Person zusammenfallen müssen. Die Geltung der obigen Relation ist nicht hiervon beeinträchtigt. Denn, wenn die Rechtsinhaber (noch) nicht in der Lage sind, ihre Rechte zu behaupten (wie etwa Kinder, Schwerstkranke, Zukünftige oder Verstorbene), wird die Relation zwischen dem Rechte-Haben und dem Behaupten-Können nicht etwa kontingent, vielmehr wird wieder ein *anderer* Behauptender vorausgesetzt, der *repräsentativ* das Recht solcher Rechtsinhaber verlangt, aber doch mit der

---

wie ich es an anderen Stellen dieses Beitrags tue, etwa in Abschnitt 8). Die Begriffsbestimmung soll damit soweit mit beiden Auffassungen kompatibel bleiben.

27 Die Einschränkung lässt hier für Rechtsinhaber mit besonderem Status Raum (Kinder, Schwerstkranke, Zukünftige, Verstorbene usw.).

28 Ich erinnere daran, dass ich stets einen moralischen Begriff des Rechts verwende, es sei denn, ich weise explizit darauf hin, diesen anders zu benutzen (s. Fn. 24).

konjunktivischen Annahme: „Wäre der Rechtsinhaber in der Lage gewesen, hätte er selber seine Rechte behauptet". Ein solches Auseinandergehen zwischen dem Rechtsinhaber und dem das Recht Behauptenden betrifft jedoch die *Sonderfälle* und zwar im folgenden Sinn: Es ist möglich, sich das Phänomen Recht ohne die Existenz von Rechtsinhabern vorzustellen, welche ihre Rechte selber (noch) nicht behaupten können. Es ist aber nicht möglich, sich das Recht vorzustellen, ohne dass es überhaupt Rechtsinhaber gibt, die ihre eigenen Rechte selber behaupten können.[29] Eine Universalisierung des Fehlens solcher Rechtsinhaber würde die Existenz des Rechts unmöglich machen. Rechtsinhaber, die ihre eigenen Rechte behaupten können, sind somit der *grundlegende Fall* des Rechts. – Recht muss das Meine sein können, und dies ist der Fall, wenn *Ich* es behaupten kann. Daher gilt:

> Es besteht eine real-notwendige Relation zwischen dem Rechte-Haben und dem Behaupten-Können *eigener* Rechte (der Einfachheit halber: *Rechtsinternalismus*).

8. Fügen wir *P*s fiktiver Situation (Abschnitt 5), in der wohlgemerkt noch kein objektives Recht existiert, eine weitere Person oder weitere Personen hinzu. Ist es nun möglich, dass *P* Rechtsimperative wie „Know Your Rights" oder „Lass Deine Rechte nicht verletzen" gegen sich selbst richtet und sie tatsächlich so meint? Nimmt man die Geltung subjektiven Rechts unabhängig vom faktischen Bestehen des objektiven Rechts an, was ich hier tue (vgl. Fn. 24), so fällt es schwer, einzusehen, was dagegen sprechen könnte. Stellt man sich vor, dass weitere Personen die subjektiven Rechte von *P* verletzen (indem sie zum Beispiel den zum Überleben nötigen Ertrag ihrer Arbeit an sich reißen), gilt es vielmehr als die natürliche Reaktion von *P*, dass sie als der Verletzte den intrasubjektiven Rechtsimperativ ausspricht und es auch wirklich so meint. – Die Geltung subjektiver Rechte setzt mit anderen Worten den Rechtsinternalismus voraus.[30]

V Die Identitätsthese, die Menschenrechtskultur und der menschenrechtsbezogene Rechtsinternalismus

9. In diesem Teil möchte ich noch zwei weitere Thesen einführen, die für die nähere Bestimmung der BMS von besonderer Bedeutung sind. Meine zweite Voraussetzung (s. Anfang des Abschnitts 2) war, dass – etwa im Unterschied zur

---

29 Joel Feinberg z. B. sieht sogar das Innehaben von Würde der Menschen darin begründet, dass sie „a potential maker of claims" bezüglich ihrer moralischer Rechte sind (Feinberg 1970, 252).
30 Das bedeutet nicht, dass der *Rechtsinternalismus* für die Varianten des Rechtspositivismus nicht gilt. Ich kann aber hier diesem Aspekt nicht nachgehen.

sogenannten Politischen Konzeption der Menschenrechte – eine direkte moralische Begründung der Menschenrechte unerlässlich ist. Eine der formalen Besonderheiten der Begründungstheorien der egalitär-universalistischen Moral, welcher Version auch immer, besteht nun darin, dass bei ihnen *möglich* sein muss, dass der von ihnen angebotene, normative Grund der Moral zugleich ein motivierender Grund ist. Anders formuliert, kann keine moralische Theorie dies konsistenterweise ablehnen. Diesen Sachverhalt möchte ich – mangels eines besseren Ausdrucks – die Identitätsthese[31] nennen:

> Damit eine Theorie als eine *moralische* gilt, ist es notwendig, dass ihr normativer und motivierender Grund zusammenfallen können.

Sollte beispielsweise der normative Grund, den eine moralische Theorie der Menschenrechte zu ihrer Geltung anbietet, die Würde des Menschen sein, so ist damit gemeint, dass die Akteure genau aus diesem Grund zur Realisierung der Menschenrechte motiviert sein *können.* Die Identitätsthese bezogen auf Menschenrechte besagt also Folgendes: Menschenrechte besitzen unter anderem nur dann eine moralische Gültigkeit, wenn sie auch ohne äußere Sanktionen ihre Inhaber und Pflichtträger intrinsisch motivieren können, worin auch immer der moralisch-normative Grund der Menschenrechte genau besteht.

Es ist wichtig, sich hier eine Unterscheidung vor Augen zu halten, damit die Identitätsthese, wie ich sie verstehe, nicht als eine Übergeneralisierung von Kants Idee der Moralität (Handlung aus Pflicht) missverstanden wird. Zu unterscheiden ist einerseits zwischen dem, was nach einer Moraltheorie als Maßstab der (genuinen) moralischen Einschätzung gilt (wie eben die Moralität in Kants Moralphilosophie ein solcher Maßstab ist),[32] und andererseits dem, was eine notwendige Bedingung ausmacht, um eine *Theorie* als eine moralische anzusehen. Während die Identitätsthese nur das Letztere betrifft, lässt sie es offen, ob das Zusammenfallen von moralisch-normativem und motivierendem Grund darüber

31 Die Bezeichnung übernehme ich von Ulrike Heuer 2004, 44 f., welche Heuer allerdings nicht allein in Bezug auf moralische Gründe verwendet (s. weiter Korsgaard 1986, 10; Dancy 2000, 3). Die Bezeichnung ist insofern unglücklich, als sie nahelegen könnte, dass normative und motivierende Gründe gleiche mentale Zustände bzw. von gleicher ontologischer Natur sind. In meiner Verwendung bleibe ich jedenfalls gegenüber einer näheren Bestimmung der Natur sowie der genaueren Relation dieser Gründe neutral.

32 So unterscheidet z. B. J.S. Mill zwischen „intention" und „motive": Während Intention nach seiner Definition das ist, „what the agent wills to do", spielt das Motiv („the feeling which makes him will so to do"), wenn „it makes no difference in the act", keine Rolle „in the morality; though it makes a great difference in our moral estimation of the agent" (Mill 1998 [1861], 2.19.21n.).

hinaus auch als notwendige Bedingung zur positiven moralischen Einschätzung gilt.[33]

Nimmt man also die moralisch-normative Geltung der Menschenrechte an, so geht daraus hervor, dass sie eine ihrem normativen Grund entsprechende, motivationale Kraft erhalten sollen, aus dem Inneren der Einzelnen heraus befolgt zu werden. Die jeweiligen Inhaber der Menschenrechte und die jeweiligen Pflichtträger der Menschenrechte sollen somit aus demselben, jeweils von einer Theorie angebotenen moralisch-normativen Grund motiviert sein können entweder die Verletzung eigener Menschenrechte durch andere zu verhindern oder die Menschenrechte von anderen nicht zu verletzen.

Gesetzt den Fall, es würden die Forderungen, welche die Menschenrechte stellen, von allen ihren Inhabern und Adressaten selbst eingesehen und aus ihrem Inneren heraus befolgt, so würde eine objektive Sanktionsordnung für die Menschenrechte unnötig. Das ist natürlich ein *idealer* Realisierungszustand der Menschenrechte, welcher nicht etwa vollkommen realisierbar ist, sondern, mit Kant gesprochen, ein gedankliches „Maximum", bei dem die Approximation gilt.

10. An dieser Stelle möchte ich, aufbauend auf die vorangegangenen Ausführungen in Abschnitt 9, einen formalen Begriff der *Kultur* einführen, der in Verbindung mit der Identitätsthese, mit der Möglichkeit des Zusammenfallens von normativen und motivierenden Gründen steht. Dabei stelle ich eine Eigenschaft der Kultur in den Vordergrund, die bei allen historischen und systematischen Entwicklungen des Kulturbegriffs vorhanden ist: Eine Kultur entsteht nur dann und lässt sich nur dann aufrechterhalten, wenn die Kultursubjekte, wenn auch nicht alle, sie innerlich befolgen, wenn diese sie *wollen* – anders ausgedrückt: Man kann nur sich kultivieren, niemand *wird* kultiviert.[34] Angewandt auf

---

33 Damit ist die Identitätsthese selbst gegenüber manchen Varianten des Akt-Utilitarismus neutral. Ich gehe aber davon aus, dass, sollten gewisse Varianten des Utilitarismus die Identitätsthese bestreiten, diese die Beweislast dafür tragen, inwieweit sie als eine *moralische* Theorie zu betrachten sind. Die Identitätsthese im Sinn einer metatheoretischen Bedingung trifft natürlich auch auf Kants Moraltheorie zu („So ist die ächte Triebfeder der reinen praktischen Vernunft beschaffen; sie ist keine andere als das reine moralische Gesetz selber" (KpV, AA 05: 88); „[D]as moralische, schlechthin gebietende Gesetz ist, welches sich als selbst und zwar höchste Triebfeder ankündigt" (RGV, AA 06: 26.Anm.)). Kant macht jedoch das Zusammenfallen vom moralisch-normativen und motivierenden Grund darüber hinaus auch zur notwendigen Bedingung der genuinen moralischen Einschätzung: Damit eine Handlung als genuin moralisch bewertet wird, *müssen* ihr moralisch-normativer und motivierender Grund identisch sein. Zur Geltung der Identitätsthese vgl. weiter auch Aristoteles, NE 11099a, 18–20; 1105a, 33–35.

34 Diese Formulierung ist eine Anlehnung an ein Fichte-Zitat. Dazu und für einen Überblick über die Entwicklungen des Kulturbegriffs s. Busche 2000. Ich behaupte hier nicht, dass Kulturen nur auf normative Gründe zurückzuführen sind.

die Menschenrechte nenne ich daher den obigen *idealen* Realisierungszustand eine vollkommene Menschenrechtskultur.

Daraus ergibt sich folgendes Zwischenfazit: Die moralisch-normative Geltung der Menschenrechte vorausgesetzt, besteht die Kultur der Menschenrechte darin, dass die Inhaber und die Adressaten diese um ihrer selbst willen, motiviert durch den jeweiligen moralisch-normativen Grund ihrer Geltung selbst (Identitätsthese), nicht verletzen lassen bzw. nicht verletzen. Herrschte diese Kultur vollkommen, d. h. durchgängig bei allen möglichen Rechtsinhabern und Rechtsadressaten, so wäre das der *ideale* Realisierungszustand der Menschenrechte.[35]

Meiner Ansicht nach gibt es keinen Grund dafür, warum eine *moralische* Theorie der Menschenrechte bestreiten könnte, dass ein wichtiger Weg zur Realisierung der Menschenrechte in der Verbreitung ihrer Kultur im obigen Sinn besteht: dass die Menschenrechtsinhaber anerkennen, warum sie – unabhängig von unterschiedlichen normativen Gründen, die ein Plural der Theorien anbieten – diese Rechte innehaben und gerade darum motiviert sind, sie nicht zu verletzen und auch nicht verletzen zu lassen. Einer möglichen Irritation möchte ich hier jedoch vorbeugen. Es ist eine Sache, die Einrichtung einer (vollkommenen) moralischen Kultur selbst als eine direkte Pflicht zu betrachten (das ist der Gedanke, der sich in Kants *Tugendlehre* in einer unvollkommenen Selbstpflicht zur Kultur der Moralität niederschlägt, s. TL, AA 06: 392 und 446 f.); es ist aber eine andere Sache, die Bedeutung einer moralischen Kultur nicht bestreiten zu können. Ich behaupte hier weder, dass eine moralische *Theorie* eine direkte moralische Pflicht zweiter Stufe trägt, eine moralische Kultur anzustreben, noch, dass die *Adressaten* dieser Theorien individuell eine Pflicht des Anstrebens einer moralischen Kultur haben. Zudem entwickle ich hier einen pluralismustauglichen Ansatz, der einen Kantianischen Ansatz ebenso wie die anderen moralischen Ansätze einschließt. Nicht zuletzt spreche ich nicht von einer umfassenden moralischen Kultur, sondern lediglich von einer Menschenrechtskultur. Die metatheoretische Idee ist also bei obigen Ausführungen immer noch die, welche ich in Abschnitt 2 unter der *vierten* Bedingung erläutert habe: Für eine moralische Begründungstheorie der Menschenrechte wäre es unklug (also, je nach ihrer eigenen Konzeption der Moral, indirekt moralwidrig) die Menschenrechtskultur, wie ich sie oben formal entwickelt habe, zu bestreiten.

11. In Abschnitt 7 habe ich vom *Rechtsinternalismus* gesprochen. Wenn wir diesen auf die Menschenrechte beziehen, so besagt er, dass das Menschenrechte-Haben bedeutet, dass es Menschenrechtsinhaber gibt, die ihre eigenen Menschenrechte behaupten können. In diesem Abschnitt möchte ich nun zweierlei

35 Ich bestreite hier natürlich eine nötige institutionelle Infrastruktur für dieses Ideal nicht.

zeigen: dass der menschenrechtsbezogene Rechtsinternalismus *erstens* notwendig mit der Identitätsthese und *zweitens* mit der Menschenrechtskultur in Verbindung steht.

Ich betone nochmals, dass ich hier stets die moralische Geltung der Menschenrechte voraussetze und dass diese Art Geltung unter anderem davon abhängt, dass der jeweilige moralisch-normative Grund zugleich der motivierende Grund sein kann (Identitätsthese). Zum ersten Beweisziel lässt sich daher folgendes Argument anführen. Wenn wir das Fehlen von Rechtsinhabern, die aus dem selben moralisch-normativen Grund ihrer Menschenrechte motiviert sein können, eigene Menschenrechte zu behaupten, gedanklich universalisieren würden, so wird der menschenrechtsbezogene Rechtsinternalismus undenkbar – jede Behauptung *Meiner* Menschenrechte wäre dann nichts anderes als ein Schwindel. Eine Welt, in der *alle* möglichen Rechtsinhaber, welche eigene Menschenrechte behaupten, dabei nicht intrinsisch motiviert sind, wäre eine Welt der Schwindler. Die ihr eigenes Recht Behauptenden können allerdings auf die Frage nach dem Motiv ihres Akts der Behauptung aufgrund der Identitätsthese, je nachdem, was als moralisch-normativer Grund der Menschenrechte angesehen wird, anders antworten. Dem Innehaben der Menschenrechte geht aber die Möglichkeit voraus, sein eigenes Menschenrecht so zu behaupten, dass im Akt des Behauptens der moralisch-normative und der motivierende Grund zusammenfallen. Da der menschenrechtsbezogene Rechtsinternalismus in der notwendigen Relation zwischen dem Menschenrechte-Haben und dem Behaupten-Können eigener Menschenrechte besteht, so resultiert also hieraus, dass er auch mit der Identitätsthese notwendig verbunden ist.

Die Verbindung zwischen den Rechtsinhabern, die zur Behauptung eigener Menschenrechte intrinsisch motiviert sein können, und dem Ideal der Menschenrechtskultur (das *zweite* Beweisziel) lässt sich somit folgendermaßen darstellen: Wenn die Rechtsinhaber ihre eigenen Menschenrechte tatsächlich auf diese Weise behaupten oder nach deren intrinsisch motivierter Behauptung streben würden, so wäre das der erste Schritt, die notwendige, aber *nicht* hinreichende Bedingung[36] zur Entstehung des Ideals der Menschenrechtskultur.

Es ist wichtig zu betonen, dass hier nicht angenommen wird, dass es immer faktisch der Fall sein muss, dass Menschenrechtsinhaber beim Behaupten eigener Rechte intrinsisch motiviert *sind*. Vielmehr wird festgestellt, dass erstens die intrinsisch motivierte Behauptung eigener Menschenrechte als *möglich* angesehen

36 Die hinreichende Bedingung besteht, abgesehen von einer institutionellen Infrastruktur, darin, dass die Adressaten der Menschenrechte (die Pflichtträger) auch intrinsisch motiviert sind, die Menschenrechte anderer nicht zu verletzen.

werden muss, wenn wir ein wie auch immer inhaltlich beschaffenes moralisches Verständnis von Menschenrechten haben und zweitens die Behauptung eigener Menschenrechte vielmehr ein notwendiges Element eines *idealen* Realisierungszustandes der Menschenrechte (Menschenrechtskultur) darstellt, der von moralischen Begründungstheorien der Menschenrechte nur auf Kosten ihrer Inkonsistenz bestritten werden kann.

Kurz gesagt hängt die ideale Realisierung der Menschenrechte davon ab, ob die Menschenrechtsinhaber, motiviert aus demselben moralisch-normativen Grund der Menschenrechte, ihre eigenen Menschenrechte behaupten. Ich gehe hier wiederum davon aus, dass eine moralische Theorie der Menschenrechte, worin auch immer sie ihren normativen Grund sieht, einen Widerspruch begehen würde, wenn sie bestreiten würde, dass Rechtsinhaber, welche eigene Menschenrechte durch intrinsische Motivation behaupten, eine notwendige Bedingung zum idealen Realisierungszustand der Menschenrechte ausmachen.

VI Das bisherige und ein gängiges Verständnis des Menschen-Rechts in motivationaler Hinsicht

12. Der Rechtsbegriff lässt sich entsprechend der Unterscheidung zwischen normativen und motivierenden Gründen (Abschnitt 2, *dritte* Bedingung) aus zwei Perspektiven betrachten. In normativer Hinsicht geht es um die Frage nach der Rechtfertigung der Geltung des Rechts, welche – nach einer groben Dichotomie – positivistisch oder moralisch beantwortet wird. Darum geht es diesem Beitrag nicht. Ich gehe ja hier von einem moralisch geltenden Begriff des Rechts aus. Die motivationale Hinsicht des Rechts betrifft dagegen dessen Realisierung. Wenn Kant beispielsweise die äußere Zwangsbefugnis mit dem Recht analytisch verbindet, berücksichtigt er den Realisierungs- bzw. motivationalen Aspekt des Rechts. Die Geltung des Vernunftrechts wird nach ihm nicht etwa auf der Grundlage der Zwangsbefugnis gerechtfertigt, sondern auf der Grundlage unseres Freiheitsvermögens (s. RL, AA 06: 219 f. und 231 ff.).

Die bisherige Auffassung des Rechts in ‚Menschen-Rechte' kann nun in motivationaler Hinsicht von einem gängigen Verständnis herausgefordert werden, welches die Realisierung dieser Rechte ausschließlich auf die politisch-legale Institutionalisierung beschränkt (vgl. den Beitrag von Lohmann in diesem Band). Diesem Verständnis liegt die Annahme zugrunde, dass eine *exklusive* Verbindung zwischen der Realisierung der Menschen-Rechte und dem juridischen Gesetz besteht. Demnach wäre die Realisierung der Menschenrechte nicht etwa bloß *unvollständig*, wenn den Individuen durch keine (nationale, transnationale oder globale) Rechtsordnung die juristische Macht verliehen wird, die Verletzung ihrer

Menschenrechte einzuklagen. Vielmehr macht diese, durch eine etwaige Rechtsordnung verliehene und geschützte Klagekompetenz die einzig konstitutive Bedingung für die Realisierung der Menschenrechte aus. So würde also die Komponente ‚Recht' in ‚Menschen-Rechte' nur dann an motivationaler Bedeutung gewinnen, wenn sie juridisch legalisiert würde.[37]

Diese Ansicht wird nicht nur innerhalb der sog. Politischen Konzeption der Menschenrechte vertreten (exemplarisch Raz 2010), auch viele moralische Theorien gehen überraschenderweise davon aus.[38] Trotz der Annahme einer von positiven Rechtsordnungen unabhängigen, normativen Geltung der Menschenrechte wird nämlich von manchen moralischen Theorien ihre *Realisierung* allein juridisch betrachtet. – Obwohl Bentham die Idee von „imprescriptible rights" (sc. Menschenrechten) bekanntlich als „Unsinn auf Stelzen" abwies, scheinen manche Verteidiger sowohl der Politischen Konzeption wie der moralisch-normativen Geltung der Menschenrechte verblüffenderweise mit ihm diese Ansicht zu teilen: „from *real* laws come *real* rights" (Bentham 1843 [1792], 501 und 523).

Die Herstellung einer exklusiven Verbindung zwischen der Realisierung der Menschenrechte und dem juridischen Gesetz ist jedoch problematisch, da sich eine andere, grundsätzliche Realisierungsoption der Menschenrechte anbietet. Die Idee der Menschenrechtskultur ist eine solche Option ebenso wie die Aktivierung einzelner Rechtsinhaber dahingehend, dass sie eigene Menschenrechte moralisch einsehen und behaupten, was als notwendige Bedingung zur Entstehung der Kultur der Menschenrechte gilt (Abschnitt 11).

Einem möglichen Missverständnis möchte ich jedoch gleich vorbeugen: Ich sage natürlich nicht, dass die Bemühung um die Etablierung der Kultur der Menschenrechte ihre juristische Verwirklichung ablösen soll. Ich behaupte ebenso wenig, dass sie insofern wichtiger als die juristische Gewährleistung der

---

37 Amartya Sen bezeichnet eine solche Ansicht als „law-centered approach of human rights". Die Menschenrechte seien nichts anderes als juridische „laws in waiting" (2004, 326).

38 Vgl. Forst 2011, Kap. 2; Gosepath 1998, 153; Habermas [4]1998, Kap. III; Nagel 2005, 127; Tugendhat 1998, 48. Habermas kann allerdings dieses Verständnis bezüglich der Menschenrechte nicht so einfach zugeschrieben werden. Einerseits schreibt er z. B.: „Menschenrechte sind *von Haus aus* juridischer Natur" (1999a, 222) oder Menschenrechte können nur im Rahmen einer staatlichen Ordnung als einklagbare Bürgerrechte „realisiert werden" (1999b, 216). Andererseits liest man aber bei ihm, dass das demokratisch entstandene Rechtsgesetz zur Folge hat, dass die Bürger es aus Achtung befolgen können ([4]1998, 662) oder, dass die Menschenrechte ein „Janusgesicht" tragen, „das gleichzeitig der Moral und dem Recht zugewandt ist" (1999b, 216; vgl. auch 2010, 348, ebenso seine Kritik an der Politischen Konzeption der Menschenrechte, 355 f.). Eine beachtenswerte Ausnahme unter den moralischen Ansätzen, die zumindest auf einer innerstaatlichen Ebene „keine begriffliche Verbindung zwischen Menschenrechten und juristischen Rechten" herstellt, ist Pogge 2011, 62f.

Menschenrechte wäre, als man diese zugunsten der Menschenrechtskultur vernachlässigen solle. Ich sage nur, dass, wenn eine moralische Theorie der Menschenrechte vertreten wird, d. h. ihre normative Geltung moralisch gerechtfertigt wird, aufgrund der Identitätsthese die nicht-juridische, innerlich-moralische Motivationsmöglichkeit der Menschenrechte miteinbezogen werden *soll*. Das *juridische* Recht, wenn moralisch begründet, verlangt zwar nicht, dass die Rechtsinhaber und die Pflichtträger die Befolgung des Rechts selbst zu ihrem Motiv machen (auch eine Idee, die wir bei Kant finden; RL, AA 06: 219, 231), es lässt dies aber als einen Idealfall offen, und das soll es auch, wenn es moralisch gerechtfertigt wird.

VII Drei Argumente für BMS

13. Die Ausführungen in Teil V (Abschnitte 9 – 11) lassen sich folgendermaßen zusammenfassen: Die moralisch-normative Geltung der Menschenrechte vorausgesetzt, sind die Menschenrechte erst dann real, wenn ihre Inhaber, die (potenziellen) Verletzten der Menschenrechte, diese so behaupten *können*, dass ihr Behauptungsakt aus dem Grund folgt, welcher zugleich die Menschenrechte normativ rechtfertigt. Wäre dieses bloße Können aber durchgängig bei allen Rechtsinhabern, die sich behaupten können (die etwa keine Kinder, Schwerstkranken, Zukünftigen usw. sind) verwirklicht, so wäre dies ein notwendiger Schritt zum idealen Realisierungszustand, zur Kultur der Menschenrechte. Insofern ist also die Behauptung eigener Menschenrechte selber eine moralische Notwendigkeit, welche moralische Begründungstheorie der Menschenrechte man auch vertreten mag.

Doch ich gehe mit der These BMS (Behauptung eigener Menschenrechte als Selbstforderung) noch einen Schritt weiter. Ich konzipiere nämlich die ‚Behauptung eigener Menschenrechte' selbst wiederum als Gegenstand einer *Forderung*, die der etwaige Rechtsinhaber *gegen sich selbst* richtet: Der Menschenrechtsinhaber stellt an sich selbst die Forderung, seine Menschenrechte gegenüber dem (potenziellen) Verletzenden und Beschützer, soweit möglich, zu behaupten. In diesem Abschnitt bringe ich nun drei Argumente zugunsten der BMS vor. Sowohl das erste, *e contrario* Argument wie auch das zweite Argument stehen mit der Formulierung *a.* von BMS („Die Behauptung eigener Menschenrechte *soll* als eine Forderung konzipiert werden, welche der etwaige Rechtsinhaber an sich selbst richtet") in Verbindung, beziehen sich nämlich zugleich auf das metatheoretische Sollen für die moralischen Begründungstheorien der Menschenrechte. Das dritte Argument ist mit der Formulierung *b.* von BMS („Es ist eine Selbstforderung, eigene Menschenrechte, soweit möglich, zu behaupten") verbunden, es nimmt nämlich direkt auf die Inhaber der Menschenrechte Bezug, die ihre Menschenrechte behaupten können (s. Abschnitt 2).

Erstes Argument: Die moralische Grundlage der Menschenrechte angenommen sowie vorausgesetzt, dass es eine notwendige Bedingung der Menschenrechtskultur ist, dass die Rechtsinhaber ihre eigenen Menschenrechte motiviert durch den jeweiligen normativen Grund ihrer Geltung behaupten können, ist es in moralisch-motivationaler Hinsicht zweckwidrig (s. Abschnitt 2, *vierte* Bedingung), die ‚Behauptung eigener Menschenrechte' allein als eine Forderung, welche gegen (potenzielle) Verletzende oder Beschützer gerichtet ist, zu konzipieren (i) und nicht *zugleich* als Gegenstand einer Forderung, welche der (potenzielle) Verletzte gegen sich selbst richtet (ii).

Denn würde man nur (i) aber nicht (ii), also nicht BMS, annehmen, so würden – gesetzt, dass der menschenrechtsbezogene Rechtsinternalismus gilt – nur folgende zwei Optionen übrigbleiben, welche beide jedoch aus der Sicht einer moralischen Theorie der Menschenrechte abzulehnen sind: (a) Entweder ist die (potenzielle) Verletzung eines Menschenrechts für sich genommen ausreichend, damit der Rechtsinhaber sein eigenes Menschenrecht gegen den (potenziellen) Verletzenden oder Beschützer, soweit möglich, behauptet. (b) Oder die menschenrechtlich Verletzten müssten, wäre (a) nicht der Fall, nicht durch sich selbst, sondern durch eine andere, externe Instanz dazu gebracht werden, ihre Menschenrechte zu behaupten.

Ad (a): Die erste Option besagt, dass die (potenzielle) Verletzung Meines Menschenrechts *ipso facto* dazu führt, dass Ich Mein Menschenrecht, soweit Ich die Möglichkeit habe, gegenüber dem (potenziellen) Verletzenden oder Beschützer einfordere, ohne dass es erforderlich wäre, es als eine Selbstforderung anzusehen und somit BMS (ii) unnötig wäre (vgl. Schopenhauers Einwand in Abschnitt 14 unten). Doch das entspricht offensichtlich nicht der Realität. Die meisten menschenrechtlich Verletzten behaupten eben ihre Menschenrechte nicht *ipso facto* aufgrund deren (potenzieller) Verletzung, obwohl sie die Möglichkeit dazu haben. Sie sollen erst dazu gebracht werden. Es besteht hier nämlich ein moralisch-motivationaler Mangel. Und gerade darin erfährt eine moralische Theorie der Menschenrechte eine nötige, motivierende Aufgabe. Anders gesagt ist das einer der Gründe, warum man überhaupt eine moralische Theorie der Menschenrechte entwickelt; eine moralische Theorie der Menschenrechte, welche dies bestreitet, wirkt zweckwidrig.

Man kann zwar hiermit einverstanden sein, aber dennoch versuchen, die motivierende Aufgabe einer moralischen Theorie der Menschenrechte ohne Annahme der BMS zu erfüllen. Eine moralische Theorie soll aber als solche aufgrund der Identitätsthese diese Aufgabe durch den normativen Grund erfüllen, welchen sie zur Rechtfertigung der Menschenrechte anbietet. Sie soll den Begriff eines

Sollens enthalten, der besagt, dass beim (möglichen) Verstoß gegen eigene Menschenrechte deren Nichtverletzung aufgrund des etwaigen normativen Grundes G_n zu verlangen ist: „Du solltest Dein Menschenrecht aus G_n behaupten" – so würde die Theorie ihren Adressaten (Mich als Rechtsinhaber) ansprechen. Eine moralische Theorie bezweckt nun als solche, dass sie vom Rechtsinhaber anerkannt wird, dass dieser sich ihre Ideen *aneignet.* Welcher andere sollte aber dieses Sollen *einfordern* als der Rechtsinhaber selbst?

Ich möchte nochmals daran erinnern, dass ich hier einen Plural gleichberechtigter moralischer Begründungen der Menschenrechte anspreche und einen minimalen Begriff der Selbstbestimmung zur Bedingung der Angehörigkeit zu diesem Plural ausgemacht habe (s. *erste* Bedingung in Abschnitt 2). Eine Theorie, welche die Fremdbestimmung soweit treibt, dass der Rechtsinhaber auf jeder denkbaren Stufe willenlos, gleichsam ein Spielzeug, eine Sache in der Hand einer fremden Instanz ist, wird daher hier gar nicht angesprochen. Es ergibt sich also, dass sowohl der Fordernde wie der Geforderte des Imperativs „Du solltest Dein Menschenrecht aus G_n behaupten" schließlich der Rechtsinhaber selbst sein muss – d.i. BMS.

Ad (b): Den Rekurs auf den minimalen Begriff der Selbstbestimmung sehe ich zugleich auch als ein Argument gegen die *zweite* obige Option (die menschenrechtlich Verletzten werden nicht durch sich selbst, sondern durch eine andere, externe Instanz dazu gebracht, ihre Menschenrechte zu behaupten). Gegen diese Option lässt sich zudem argumentieren, dass sie das Innehaben der Menschenrechte überhaupt untergräbt. Denn das Menschenrechte-Haben ist nach dem menschenrechtsbezogenen Rechtsinternalismus mit dem Behaupten-Können eigener Menschenrechte und dieses wiederum mit der Identitätsthese notwendig verbunden (Abschnitt 11). Nach der Option (b) wäre aber die Behauptung eigener Menschenrechte dem Rechtsinhaber nicht durch sich selbst, sondern durch eine andere Instanz auferlegt; die Option stünde somit im Gegensatz zum Innehaben der Menschenrechte. Jede angebliche Behauptung eigener Menschenrechte, etwa eine Äußerung wie „Das ist *Mein* Recht!", wäre sodann nichts anderes als ein Schwindel.

Eine moralische Theorie der Menschenrechte wird daher, sollte sie nicht zweckwidrig sein, sowohl Option (a) wie auch Option (b) ablehnen und darum BMS annehmen müssen. Eine weitere, wichtige Folge des Arguments ist, dass man sich auf BMS berufen muss, wenn man zur Realisierung der Menschenrechte die Rechtsinhaber selbst ernst nimmt, d.h. die Perspektive der (potenziellen) Verletzten einnimmt. Da ich in Abschnitt 3 bereits gezeigt habe, dass BMS nur aufgrund dieser Perspektive geltend gemacht werden kann, ist hier festzustellen, dass sich BMS und diese Perspektive *gegenseitig* aufeinander berufen.

Ein *zweites*, zugleich metatheoretisches Argument zugunsten der BMS kann folgendermaßen angeführt werden: Betrachtet man die Realisierung der Menschenrechte nicht aus der Perspektive der (potenziellen) Verletzten, sondern *bloß* aus der in Abschnitt 3 angesprochenen vorherrschenden Perspektive der (potenziellen) Verletzenden („Wenn Du Menschenrechte anderer verletzt, wirst Du sanktioniert") und der Beschützer („Wenn Deine Menschenrechte verletzt werden, so soll/en Ich/Wir und/oder die zuständige/n Institution/en die fragliche Verletzung kompensieren"), so hat dies eine Art Paternalismus zur Folge, welcher aus moralischer Sicht zu verwerfen ist. Es wird nämlich vernachlässigt, ob die (potenziellen) Verletzten wissen, einsehen, anerkennen usw., warum die ihren Menschenrechten entsprechenden Pflichten seitens der (potenziellen) Verletzenden bzw. der Beschützer erfüllt werden. Die Vernachlässigung ist abzulehnen, da es bei einem moralischen Verständnis der Menschenrechte primär um die Individuen als Rechtsinhaber und somit um die potenziellen Verletzten geht. Dagegen wendet das Einnehmen einer Perspektive des Verletzten und somit (da sie sich gegenseitig aufeinander berufen) die Annahme der BMS die Gefahr dieser Art Paternalismus ab. Der Grund dafür ist, dass der Rechtsinhaber hier selbst die Nichtverletzung eigener Rechte behauptet und darüber hinaus dieses Verlangen als eine Forderung an sich selbst richtet, welche für ihn durch eine moralische Theorie begründet wird. Ich möchte aber noch einmal betonen, dass es hier nicht darum geht, dass die Perspektive der (potenziellen) Verletzten die der (potenziellen) Verletzenden bzw. der Beschützer ablöst, sondern vielmehr darum, diese gleichberechtigt und sich ergänzend beizubehalten.

Schließlich kann man bei einem *dritten* Argument für BMS, diesmal nicht mit direktem Bezug auf die metatheoretische Seite der These, folgendermaßen vorgehen: Angenommen *Sie* als Rechtsinhaber, der bereits irgendeine (oder eine Kombination) moralische(r) Theorie(n) angenommen hat, mit einer oder mehreren Theorien sympathisiert oder auf der Suche nach einer moralischen Theorie zur Begründung der Menschenrechte ist, befinden sich in einer Gesellschaft, in der (beinahe) alle, aus welchem Grund auch immer, Ihr Menschenrecht auf X nicht (an)erkennen, dann würde dies Ihre Motivation, Ihr Menschenrecht zu behaupten, untergraben, es sei denn, Sie sehen es als möglich an, unabhängig von der (An-)Erkenntnis anderer durch eine Selbstforderung Ihr eigenes Menschenrecht zu behaupten.

VIII BMS und Pflichten gegen sich selbst – mögliche Einwände und Unterschiede

14. BMS mag die Vermutung nahelegen, es handle sich dabei um die umstrittene Idee einer Pflicht gegen sich selbst. Das möchte ich in diesem Teil zurückweisen.[39] In den folgenden Abschnitten werde ich anhand der Auseinandersetzung mit einigen klassischen Einwänden gegen die Idee der Pflichten gegen sich selbst BMS sowohl im Unterschied zu diesen noch näher bestimmen wie auch weiter verteidigen. Dabei soll zugleich verdeutlicht werden, warum BMS gegenüber einem Plural moralischer Theorien der Menschenrechte anpassungsfähig bleibt.

Bekanntlich gelten die Pflichten gegen sich selbst (Selbstpflichten) als eine kontroverse Kategorie in der Moralphilosophie. *(1)* Ein häufiger Einwand gegen sie argumentiert, dass die Idee selbstwidersprüchlich ist: Bei einer Selbstpflicht werden ein Verpflichtendes und ein Verpflichtetes in ein und demselben Subjekt gedacht, das jedoch bedeute, dass das fragliche Subjekt sich jederzeit verpflichten wie zugleich von der etwaigen Verpflichtung frei sprechen kann; es ist dann also verpflichtet und un-verpflichtet.[40] Diesem klassischen Einwand liegt aber eigentlich ein weiterer zugrunde, der in etwa folgendermaßen argumentiert: *(2)* Die Idee der Selbstpflichten ist zwar widersprüchlich, dieser Widerspruch ließe sich aber beheben. Das wäre allerdings nur auf Kosten einer Zufluchtnahme zu einer dualistischen Ich-Theorie bzw. Doppelinstanzlichkeit in ein und demselben verpflichtungsfähigen Subjekt möglich: Eine verpflichtende und eine verpflichtete Instanz in ein und demselben Subjekt (wie es etwa bei Kants Unterscheidung zwischen dem *homo noumenon* und dem *homo phaenomenon* der Fall ist). Doch

---

39 Sollte man die ‚Selbstforderung' in der BMS mit einem traditionellen Begriff in Analogie setzen, so wäre Kants Begriff der Selbstverpflichtung der geeignete. Kant unterscheidet zwischen Selbst-*Verpflichtung* (-*obligatio*), d. h. Autonomie im Kantischen Sinn einerseits und einer Selbst-*Pflicht* (-*officium*) andererseits. Während es nach ihm einen Plural der Selbstpflichten gibt, gibt es eine singuläre Selbstverpflichtung als Grundlage aller Pflichten, ob gegen sich selbst oder gegen andere (zu dieser Unterscheidung s. Schönecker 2010, Ab. II; Timmermann 2013; vgl. Abschnitt VI im Beitrag von Mohr in diesem Band). Ich spreche von Analogie, weil ich die in BMS angesprochene Selbstforderung mit der Kantischen Selbstverpflichtung nicht gleichsetze. Auf die Singularität der Selbstforderung bei der BMS komme ich in Abschnitt 17 zurück.

40 Bereits Hobbes bedient sich dieses Arguments: „nor is it possible for any person to be bound to himself; because he that can bind, can release; and therefore he that is bound to himself only, is not bound" (1996 [1651], 176). Das Argument wird auch von Kant als dem prominentesten Verfechter der Selbstpflichten in seiner *Tugendlehre* als eine hypothetische Antithese aufgestellt (§ 1) und dann anhand seiner transzendentalphilosophischen Unterscheidung zwischen *homo noumenon* und *phaenomenon* widerlegt (TL, AA 06: §§ 2–3, 417 f.). Marcus Singer (1959) hat in den 1960er Jahren auch mit diesem Argument für Diskussion um die Möglichkeit der Selbstpflichten gesorgt (vgl. weiter Singer 1961, 312 ff.; Hart 1958, 106 f.).

eine solche Zuflucht- bzw. Annahme ist dogmatisch, metaphysisch belastet, merkwürdig o. ä.

(3) Es ist hinzuzufügen, dass die Gegner der Idee der Selbstpflichten eine notwendige Verbindung zwischen moralischen Pflichten oder, um es etwas allgemeiner auszudrücken, moralischen Forderungen und dem *anderen* vertreten: Der Adressat moralischer Forderungen ist immer der andere. Eine starke Variante würde diese Verbindung als eine *exklusive* ansehen. Ich lasse es bei der ersten, milden Variante offen, ob sie als eine Annahme den obigen Argumenten (1) und (2) bereits vorangeht, sie begleitet oder aus ihnen erst resultiert. Die starke Variante soll dagegen nur aus den obigen zwei Argumenten resultieren, wenn sie selbst nicht dogmatisch werden und unter Beweislast stehen soll.

(4) Schopenhauer hat in seiner Kant-Kritik weitere Einwände gegen die Idee der Selbstpflichten angeführt. Mir scheint, dass unter seiner vielfältigen Kritik zwei Punkte gegen BMS geltend gemacht werden können. In seiner (nicht gekrönten) *Preisschrift über die Grundlage der Moral* (1840) verwirft Schopenhauer die beiden von Kant vertretenen Unterklassen der Selbstpflichten (die vollkommenen und unvollkommenen), welche er als die „Rechtspflichten" und die „Liebespflichten" gegen sich selbst bezeichnet. Dabei scheint gerade sein Einwand gegen die letztere Unterklasse als mögliche Anfechtung gegen BMS dienen zu können.[41] *(4.1)* Schopenhauers Argument gegen die Liebespflichten gegen uns selbst lautet folgendermaßen: Die Liebe, die jeder zu sich selbst hege, werde von der Moral keineswegs „hinzugesetzt", sondern vielmehr vorausgesetzt. Was also jeder schon von selbst will, das gelte nicht als eine moralische Pflicht, ein Pflichtbegriff sei hier überflüssig: „so findet hier die Moral ihre Arbeit bereits gethan" (1972 [1840], 126 f.). *(4.2)* Einen weiteren Einwand richtet Schopenhauer generell gegen das, was man sonst „unter der Rubrik von Selbstpflichten" vorzutragen pflegt. Der Einwand ist vielschichtig und ich werde mich dabei für meine Zwecke nur auf einen Aspekt konzentrieren, dass nämlich vieles, was man unter den Selbstpflichten behandelt, eigentlich den „Klugheitsregeln" entspreche, nicht der Moral (1972 [1840], 128).

15. Es geht hier nicht darum, die Idee der Selbstpflichten gegen diese Einwände zu verteidigen. Das Ziel ist, zu zeigen, dass die obigen Einwände auf BMS nicht zutreffen, BMS dabei näher darzustellen und auch weitere Gründe anzuführen, warum sie für den Plural moralischer Begründungstheorien gültig sein kann.

---

41 Auf Schopenhauers Einwand gegen die „Rechtspflichten gegen uns selbst" („innere Rechtspflicht" bei Kant), welchen er anhand des Grundsatzes *volenti not fit iniuria* anführt, gehe ich hier nicht ein, da er meines Erachtens nicht unmittelbar mit BMS in Berührung kommt.

(1) Sollte der Einwand der Selbstwidersprüchlichkeit auf BMS zutreffen, so gewinnt er erst dann an Beweiskraft, wenn der Einwand *(2)* gültig wäre, welcher geltend machen will, dass eine normative Ich-Dualität dogmatisch, metaphysisch, merkwürdig o. ä. sei. Würde man also entgegen *(2)* nur irgendeine normativ-gültige, intrasubjektive Doppelinstanz auf nicht dogmatische oder metaphysisch belastete Art annehmen können, so wäre auch *(1)* entkräftet. Wie aber bereits gezeigt (Teil IV, Abschnitte 5–8), hört es sich gar nicht merkwürdig o. ä. an, wenn wir uns selbst durch einen selbst gerichteten Imperativ etwas auferlegen – wir tun dies vielmehr oft und dabei meinen wir es auch tatsächlich so. Gehen wir aber dabei von einer bestimmten Metaphysik aus, welche mit aufwendigen, dogmatischen oder merkwürdigen Annahmen kontaminiert ist? Man könnte eine solche Metaphysik zugrunde legen, doch man muss dies nicht tun, um eine normativ-gültige, intrasubjektive Doppelinstanz zu vertreten.[42] Zwar mag es nicht direkt erkennbar sein, doch setzen einige normative Begriffe, die für eine beträchtliche Zahl philosophischer Argumente eine zentrale Rolle spielen, eine solche intrasubjektive Doppelinstanzlichkeit schon voraus, etwa Selbsterhaltung, Selbstachtung, Selbsteigentum (self-ownership) oder Autonomie. Wie könnte beispielsweise der Begriff der Autonomie Sinn machen, hätte man nicht eine aktive (selbstbestimmende) und zugleich eine passive (von sich selbst bestimmte) Instanz in ein und demselben Subjekt vorausgesetzt?

Ich gehe hier stets so vor, dass BMS gegenüber einem Plural der moralischen Begründungstheorien der Menschenrechte offen bleibt. Die Konzeption der ‚Selbstforderung' in der BMS begnügt sich daher mit den Ergebnissen des Teils IV (Abschnitte 5–8), welche möglichst ohne metaphysische Voraussetzungen entwickelt sind. Bei der BMS wird also offen gelassen, ob man eine normativ-gültige, intrasubjektive Doppelinstanzlichkeit etwa metaphysisch, religiös, psychologisch oder anderweitig untermauern möchte. Die These bleibt außerdem gegenüber einer subjektivistischen wie auch intersubjektivistischen, ob metaphysischen oder nicht-metaphysischen, Ich-Theorie neutral: die Frage, ob unser Bewusstsein

42 Ein Beispiel dafür liefert Harry Frankfurts Verständnis der *Person*, welche eine *Volition zweiter Stufe* besitzt, die bestimmt, welche *wirksamen Wünsche erster Stufe* zu ihrem Willen werden (Frankfurt [4]2007 [1971]). Ebenso findet man bei psychologischen Ansätzen zahlreiche Ausführungen, die auf einer Ich-Dualität aufbauen, etwa Heckhausens Rubikon-Modell (Heckhausen/Gollwitzer 1987), ganz zu schweigen von psychoanalytischen Ansätzen. Weiterhin kann man hierzu zahlreiche Beispiele aus mythologischen und religiösen Traditionen anführen. Natürlich könnte man behaupten, dass all diese Ansätze und Gedanken in sich doch dogmatische oder metaphysische Annahmen bergen. Doch das würde einen größeren Bereich als den der Selbstpflichten umfassen und eine enorme Beweislast nach sich ziehen.

einer inneren Doppelinstanzlichkeit erst auf intersubjektive Relationen folgt oder diese vielmehr bereits jene voraussetzen, wird dabei nicht berührt.

Im Hinblick auf die Annahme *(3)*, der Adressat moralischer Forderungen sei immer das andere, lassen sich nun einige Aspekte von BMS näher bestimmen und dabei auch von einigen traditionellen Selbstpflichten deutlich abgrenzen. Vorab möchte ich verdeutlichen, dass diese Annahme weder in ihrer milden noch in ihrer starken Variante gegen BMS spricht. Ihre starke Variante (es bestehe eine *exklusive* Verbindung zwischen moralischen Forderungen und dem anderen) kann nur gegen BMS sprechen, wenn die Einwände *(1)* und *(2)* gegen sie geltend gemacht werden können, da sie, wie ich oben kurz ausgeführt habe, erst als Resultat dieser Einwände von Relevanz ist und sonst selbst dogmatisch wäre bzw. unter Beweislast stehen würde. Die Einwände *(1)* und *(2)* sprechen aber nicht gegen BMS. Warum ist aber BMS von der ersten, milden Variante von *(3)* – es bestehe eine notwendige, jedoch nicht exklusive Verbindung zwischen moralischen Forderungen und dem anderen – nicht betroffen?

Bei Menschen-Rechten stellt sich stets die Frage, wer oder welche Instanz[43] sie faktisch verletzt bzw. verletzen kann (vgl. Abschnitt 7). Aber ergibt es Sinn, zu sagen, dass Ich selbst *Meine* Menschenrechte verletze, dass Ich *Mir* gegenüber selbst die Nichtverletzung *Meiner* Menschenrechte beanspruche? In einer *mittelbaren* Weise behaupte ich ja. *Lasse* Ich Mich instrumentalisieren, verachten usw., *obwohl Ich die Möglichkeit dazu hätte,* Meine Menschenrechte gegenüber dem (potenziellen) Verletzenden zu beanspruchen, wäre Ich mittelbar für die Verletzung *Meiner* Menschenrechte verantwortlich. Es sind zwei entscheidende Einschränkungen, welche meine Behauptung bedingen: *Erstens* wird nicht bestritten, dass das andere (ob als Person oder Institution) eine unmittelbare Rolle bei der Verletzung Meiner Menschenrechte spielt. Während Ich mittelbar *Meine* Menschenrechte verletzen *lasse*, werden diese vom anderen unmittelbar verletzt. *Zweitens* wird zwar behauptet, dass sowohl Ich wie auch andere für die Verletzung verantwortlich sind, die Qualität der Verantwortung ist jedoch jeweils anders. Im Fall Meiner mittelbaren Verantwortung für die Verletzung eigener Menschen-

---

43 Die Alternative lässt sowohl für ein „interaktionales" wie ein „institutionelles Verständnis" der Menschenrechte Raum (s. Pogge 2011, etwa 61 f. und 78 – 89). Zudem sei hier erwähnt, dass ausschließlich aus der Perspektive der (potenziellen) *Verletzten* die menschenrechtsrelevanten Subjekte *immer* die Individuen bleiben. Aus der Perspektive der unmittelbaren *Verletzenden* bzw. *Beschützer* der Menschenrechte können sowohl Individuen wie auch Institutionen bzw. eine institutionelle Ordnung in Betracht kommen. BMS ist daher mit einem institutionellen Verständnis der Menschenrechte (etwa Pogge 2011) völlig kompatibel, da es bei ihr um die Verletzten, beim institutionellen Verständnis dagegen um die Verletzenden bzw. Beschützer der Menschenrechte geht.

rechte muss es weder gelten, dass der Rechtsinhaber (Ich) der juristischen Sanktion ausgesetzt wird, noch aus Meiner mittelbaren Verantwortung folgen, dass Ich seitens anderer mehr moralischen Tadel verdiene.[44] Meine mittelbare Verantwortung für die Verletzung eigener Menschenrechte hat zwar den moralischen Tadel zur Folge, dann aber in erster Linie und notwendigerweise als Eigentadel. Im Fall der unmittelbaren Verletzung Meiner Menschenrechte seitens anderer gilt es dagegen, dass der unmittelbare Verletzende sowohl der Adressat der juristischen Sanktion wie auch der Adressat des moralischen Tadels des Verletzten und der dritten Partei sein soll. Darin unterscheidet sich die Qualität der jeweiligen Verantwortung bei der Verletzung meiner Menschenrechte.

Das ist der Grund, warum die milde Variante der Annahme *(3)* nicht gegen BMS spricht. Nach BMS wird nämlich, im Unterschied zu den meisten Pflichten gegen sich selbst (vgl. TL, AA 06: §§ 5–8, 421–428), das andere sozusagen nicht aus dem normativen Feld verbannt; es bleibt dasjenige, das mit eigens beschaffener Verantwortlichkeit Meine Menschenrechte verletzt bzw. verletzen kann.[45] BMS hat darüber hinaus eine besondere Konsequenz für die fremde Verantwortlichkeit: Je mehr der (potenzielle) Verletzte eigene Menschenrechte vor, bei oder nach der Verletzung behauptet, desto mehr fällt die vernachlässigte Verantwortung sowohl der Verletzenden wie der dritten Partei, welche die Möglichkeit hatte, einzugreifen, auf.

Ein wichtiger Aspekt von BMS besteht nichtsdestotrotz darin, dass der Rechtsinhaber seine Menschenrechte einfordert, auch wenn die anderen sich ihm gegenüber noch nicht verpflichtet sehen wollen; dass, auch wenn (beinahe) alle Mein Menschenrecht auf X nicht (an)erkennen, Ich alleine jenes doch selbst anerkenne und behaupte.

16. Ich komme nun zu den Einwänden Schopenhauers gegen die Selbstpflichten, welche man gegen BMS geltend machen könnte. Auch hier soll BMS

44 Zwei Themen kann ich hier nicht behandeln: Erstens, wie generell der Tadel anderer gegenüber demjenigen beschaffen ist, der seine Menschenrechte verletzen lässt, obwohl er sie behaupten kann, und zweitens einen spezifischen Fall hiervon, nämlich wie innerhalb einer Gruppe, die sich durch gemeinsam erlittene Verletzung gewisser Menschenrechte identifiziert, der Tadel der Gruppenmitglieder gegenüber demjenigen beschaffen ist, der trotz der Möglichkeit der Behauptung seiner fraglichen Menschenrechte diese verletzen lässt.

45 Zur Erinnerung: BMS darf nicht solipsistisch verstanden werden, als stünde der Rechtsinhaber für immer einzig und allein in einer imaginären Welt und könnte doch seine Menschenrechte beanspruchen (s. Abschnitt 7). Hannah Arendts kritische Beschreibung der Naturrechte, dass diese „auch dann gültig und real bleiben müssten, wenn es nur einen einzigen Menschen auf der Welt gäbe; sie sind unabhängig von der menschlichen Pluralität“ (Arendt 2009 [1951], 616), trifft auf BMS nicht zu.

während der Auseinandersetzung mit möglichen Einwänden etwas näher bestimmt werden.

Gegen die sog. Liebespflichten gegen sich selbst wendete Schopenhauer ein, dass die Annahme einer Selbstpflicht für die Selbstliebe überflüssig sei (*4.1* in Abschnitt 14). Man könnte Ähnliches gegen BMS anführen: Was die Menschenrechte anbelangt, so würde jeder von alleine seine eigenen Menschenrechte behaupten, wenn er die Möglichkeit dazu hätte (vgl. *erstes* Argument in Abschnitt 13). Eine moralische Selbstforderung, eigene Menschenrechte zu behaupten, wäre somit *überflüssig* – BMS „findet [...] ihre Arbeit bereits gethan" (Schopenhauer 1972 [1840], 127). Doch dem ist nicht zuzustimmen. Sollten die Menschenrechte universal gelten, wovon ich hier ausgehe, so ist es nicht selten der Fall, dass kontingente Ereignisse (schlechte Ausgangspositionen, Erziehung, historische und sozio-kulturelle Hindernisse usw.) Menschenrechtsinhaber zu subjektiven Überzeugungen bringen, mit sich selbst bzw. ihrer Lage zufrieden zu sein, während der Vertreter der universalen Geltung der Menschenrechte am Maßstab dieser Rechte objektiv sehen kann, dass den Überzeugungen nicht zuzustimmen ist.[46] Das bedeutet, dass ein am objektiv-gültigen Maßstab der Menschenrechte gemessen *falsches* Bewusstsein die Menschenrechtsinhaber daran hindert, eigene Menschenrechte zu behaupten. Auch hier obliegt einer moralischen Begründungstheorie der Menschenrechte, letztendlich aber dem Menschenrechtsinhaber selbst, die Aufgabe, für das richtige Bewusstsein zu sorgen. Das in Frage stehende Bewusstsein ist aber praktischer Natur; es soll zugleich eine motivationale Leitkraft für Handlungen besitzen.[47] Wie wir bereits beim *ersten* Argument zugunsten der BMS in Abschnitt 13 gesehen haben, würde das zu nichts anderem führen, als zur BMS: Schließlich sind es die Rechtsinhaber, die an sich selbst die Forderung stellen, ihre Menschenrechte einzusehen und zu verlangen.

Analog zum Einwand der Überflüssigkeit der BMS mag man aber auch angesichts der Klausel ‚soweit möglich' in der Formulierung *b.* der BMS („Es ist eine Selbstforderung eigene Menschenrechte, soweit möglich, zu behaupten", Abschnitt 2) einwenden, dass die Menschenrechtsverletzungen öfter dort geschehen, wo es gerade für die Rechtsinhaber nicht möglich ist, nicht in ihrer Macht steht,

---

46 Das ist vergleichbar mit Sens Kritik am Utilitarismus, dass die bloße Zufriedenheit der Menschen kein zuverlässiger Hinweis für die objektive Beurteilung ihrer Lebensqualität sei (s. etwa Sen 1984 und 1991; auch Nussbaum 2002, 125; der Kritikpunkt wird unter dem Stichwort „adaptive preferences" thematisiert).

47 Ich lasse es hier wiederum offen, welchem mentalen Zustand dieses *Bewusstsein* entspricht (ob einem „Belief", einem „Desire" oder irgendeiner Kombination aus beiden). Meine Argumentation bleibt damit metaethisch neutral.

eigene Rechte zu behaupten. Damit wäre also BMS für die meisten Fälle der Menschenrechtsverletzung *nutzlos*. Es mag zwar aus unterschiedlich bedingten Gründen der Status quo sein, dass es nicht in der Macht der Rechtsinhaber steht, eigene Menschenrechte zu behaupten, indem aber die Behauptung eigener Menschenrechte als eine Selbstforderung konzipiert wird, verlangt BMS eben den bestehenden Zustand dahingehend zu verändern, dass die Behauptung eigener Menschenrechte möglich wird. Ich lasse es allerdings offen, wie sich die Veränderung des bestehenden Zustandes abspielt. – Spätestens hierin sollte sich die emanzipatorische Kraft von BMS erkennen lassen.

Schließlich könnte man Schopenhauers Einwand *(4.2)*, dass viele Selbstpflichten im Grunde nichts anderes als „Klugheitsregeln“ wären, gegen BMS geltend machen und anführen, dass es sich bei der in der BMS enthaltenen Selbstforderung bestenfalls um ein Klugheitsgebot handelt. Doch solange man die Klugheitsforderungen im Vergleich zu moralischen Forderungen nicht als eine heterogene normative Kategorie ansieht, wäre das kein Einwand gegen BMS. BMS soll ja gerade demgegenüber offen bleiben, ob etwa ein Kantianer die Selbstforderung dabei als eine strenge schuldige Selbst*pflicht* konzipiert oder etwa ein Hobbesianer, der eine universalistische Moral auf prudentielle Gründe zurückführt, sie als eine Klugheitsforderung ansieht (s. Fn. 15). Dies ist ein Grund, warum ich bei BMS nicht von einer Selbstpflicht, sondern von einer Selbstforderung spreche. Der Auffassung, die Selbstforderung bei BMS als einen Klugheitsimperativ auszulegen, welcher in seiner Normativität nichts mit der Moral zu tun hat, würde ich allerdings widersprechen, denn ich setze voraus, dass die Menschenrechte moralischen Charakters sind, und BMS eine These zur Realisierung der Menschenrechte – eine moralisch-motivationale These – ist.

17. In diesem vorletzten Abschnitt möchte ich BMS anhand der Formulierung *b.* (Abschnitt 2) formaliter präzisieren. Dabei verdeutliche ich einen weiteren Unterschied zwischen ihr und den Selbstpflichten sowie Kants „rechtliche[r] Ehrbarkeit“, von der die These BMS, wie anfangs erwähnt, inspiriert ist. BMS lässt sich imperativisch, aus der Perspektive der ersten Person Singular an sich selbst gerichtet, formulieren: „Lass Deine Menschenrechte nicht verletzen, indem Du sie behauptest“. Das ist ein Imperativ *zweiter* Stufe: Die Person fordert von sich selbst, etwas zu tun, nämlich eigene Menschenrechte zu behaupten. Die *Behauptung* eigener Menschenrechte ist aber wiederum selbst ein Imperativ, diesmal gerichtet an die (potenziellen) Verletzenden: „Verletze Mein Menschenrecht nicht“, „Achte Mein Menschenrecht“ usw. BMS lautet daher ausbuchstabiert folgendermaßen: „Ich (der Fordernde) fordere Mich selbst (als den Geforderten) auf (*Imperativ*$_2$), anderen gegenüber Folgendes einzufordern (*Imperativ*$_1$): ‚Verletze Meine Menschenrechte nicht'".[48] Bei BMS handelt es sich um eine singuläre, formale Forderung, den Plural eigener Menschenrechte, wie auch immer diese inhaltlich bestimmt werden, zu behaupten. Der Gegenstand des Imperativs zweiter Stufe sind also nicht direkt die Menschenrechte, sondern *deren Behauptung*. Hierin unterscheidet sich BMS vom traditionellen Verständnis der Pflichten gegen sich selbst, da diese keine Forderungen zweiter Stufe sind.

Man kann dennoch in Kants „rechtliche[r] Ehrbarkeit" eine Ausnahme sehen, da sie auch eine gewisse Zweistufigkeit aufweist. Denn sie besteht darin, „im Verhältniß zu Anderen seinen Werth als den eines Menschen zu behaupten" und wird „durch den Satz ausgedrückt [...]: „Mache dich anderen nicht zum bloßen Mittel [...]"" (RL, AA 06: 236.24–28). Wie man aber seinen Wert behauptet bzw. sich nicht instrumentalisieren lässt, bleibt dabei noch zur Bestimmung offen. Vor allem in der Nachschrift *Vigilantius* (V-MS/Vigil, AA 27: 600 ff.) ist Kant damit befasst, zu konkretisieren, worin die inneren Rechtspflichten jeweils bestehen. Demnach scheint sich die rechtliche Ehrbarkeit in einer Mehrzahl vollkommener Pflichten gegen sich selbst niederzuschlagen.[49]

Doch unterscheidet sich BMS nicht nur angesichts ihrer Adressaten von rechtlicher Ehrbarkeit, sondern zeigt sie hier auch ihren stärkeren formalen Aspekt. Während der Behauptungsakt der rechtlichen Ehrbarkeit darin besteht, inhaltlich bestimmte, vollkommene Pflichten *gegen sich selbst* nicht zu verletzen, wird durch den in der BMS geforderten Behauptungsakt von den *anderen* verlangt, eigene Menschen-Rechte nicht zu verletzen. Man könnte zwar geneigt sein, Kants rechtliche Ehrbarkeit so zu interpretieren, dass sie schließlich auch bedeute, es als eine Selbstpflicht zu betrachten, von *anderen* zu verlangen, Meine äußerlichen Rechte nicht zu verletzen, doch findet sich kein Beleg für diese Deutung. Nirgends spricht Kant davon, dass es eine Pflicht gegen sich selbst wäre, von anderen zu verlangen, Mir gegenüber *ihre* äußeren Rechts*pflichten* zu erfüllen. Dagegen besagt BMS, dass es doch eine Selbstforderung sei, von anderen zu verlangen, meine Menschenrechte nicht zu verletzen, also ihre Menschenrechtspflichten mir gegenüber zu erfüllen.

---

48 BMS wird also in ihrer Formulierung *a.* (Abschnitt 2) genau genommen *dreistufig* konzipiert. Die Formulierung *a.* enthält nämlich über diesen zweistufigen Imperativ hinaus ein metatheoretisches Sollen gerichtet an moralische Theorien der Menschenrechte.

49 Kant bezeichnet die rechtliche Ehrbarkeit zweimal als *eine* „Pflicht" (RL, AA 06: 236.24–28), an einer anderen Stelle scheint er sie dagegen als eines der drei „Einteilungsprincipien des Systems der Rechtspflichten" (RL, AA 06: 237.09 f.) anzusehen, so dass sie selber nicht direkt eine Pflicht, sondern das *Prinzip* der inneren Rechtspflichten wäre. Ich überlasse es der Kantforschung, welche dieser Optionen zutreffend ist.

BMS weist hier auch ihren stärkeren formalen Aspekt auf. Zum einen bleibt sie gegenüber der spezifischen, Kantischen Begründung der Moral als einer neben vielen anderen gleichberechtigten neutral, zum anderen wird bei BMS die Gestaltung des in ihr geforderten Behauptungsaktes offen gelassen und nur insofern formal eingeschränkt, als der Akt die Menschenrechte der anderen und gegebenenfalls eigene andere Menschenrechte nicht verletzen soll (s. Abschnitt 2, *fünfte* Bedingung, das formale Kriterium Allgemeinverträglichkeit der Menschenrechte miteinander). Schließlich bleibt BMS auch demgegenüber offen, wie genau der Inhalt der Menschenrechte bestimmt wird (Abschnitt 2, *zweite* Bedingung).

IX Schlussanmerkung

18. Menschenrechte, worin auch immer sie genau bestehen, sind per definitionem für alle Menschen, ungeachtet von jeweils subjektiv geltenden Lebenskonzepten und Privatpräferenzen, gleichermaßen das Wichtigste. Diese qualifizierte Wichtigkeit, welche je nach dem normativen Grund jeweiliger Theorien der Menschenrechte unterschiedlich gerechtfertigt wird, zieht bezüglich ihrer Realisierung eine methodische Konsequenz nach sich, die erstaunlicherweise selbst von den engagiertesten Theoretikern der Menschenrechte nicht in ihre Theoriebildung miteinbezogen wird. Es gilt die Maxime – das ist die methodische Konsequenz – bei der Realisierung der Menschenrechte, alle menschenrechtskompatiblen Mittel miteinander komplementierend zu mobilisieren. Exklusive Methoden kommen in motivationaler Hinsicht bestenfalls zu kurz. Jede Theorie, jede These, welche mögliche, menschenrechtskompatible exekutive Kräfte zur Realisierung der Menschenrechtskultur aktiviert, ist erforderlich. Die Perspektive der (potenziellen) Verletzten (der Menschenrechtsinhaber) und die damit notwendig verbundene These, die Behauptung eigener Menschenrechte als Selbstforderung anzusehen (BMS) gilt, wenn nicht als hinreichende, so doch als notwendige Bedingung zur Realisierung der Menschenrechte.

BMS verfolgt die Leitidee, dass Menschenrechte primär zu nehmen, nicht zu geben sind. Sie kann, analog zum „Wahlspruch der Aufklärung" („*sapere aude!* habe Muth dich deines eigenen Verstandes zu bedienen!", WA, AA 08: 35) aus der moralischen Perspektive der ersten Person gerichtet an sich selbst, folgendermaßen formuliert werden: „Habe Mut, Dein Menschenrecht zu behaupten!"

Literatur

Arendt, Hannah (2009 [1951]): *Elemente und Ursprünge totaler Herrschaft.* München: Piper Verlag.

Aristoteles ([2]1999): *Nicomachean Ethics.* Irwin, Terence (Ed.). Indianapolis/Cambridge: Hackett Publishing Company.

Baynes, Kenneth (2009): „Toward a political conception of Human Rights“. In: *Philosophy & Social Criticism* 35, 371–390.

Beitz, Charles ([2]2007): „Human Rights“. In: Goodin, Robert/Pettit, Philp/Pogge, Thomas (Ed.): *A Companion to Contemporary Political Philosophy.* Malden (MA): Blackwell Publishing, 628–637.

Beitz, Charles (2009): *The Idea of Human Rights.* Oxford: Oxford University Press.

Bentham, Jeremy (1843 [1792]): „Anarchical Fallacies; Being an Examination of the Declarations of Rights Issued during the French Revolution“. In: Bowring, John (Ed.): *The Works of Jeremy Bentham*, Vol. II. Edinburgh: William Tait.

Björklund, Fredrik et al. (2012): „Recent Work on Motivational Internalism“. In: *Analysis* 72, 124–137.

Busche, Hubertus (2000): „Was ist Kultur? Erster Teil: Die vier historischen Grundbedeutungen“. In: *Dialektik. Zeitschrift für Kulturphilosophie* 1, 69–90.

Cranston, Maurice (1983): „Are There Any Human Rights? In: *Dædalus* 112, 1–17.

Dancy, Jonathan (2000): *Practical Reality.* Oxford: Oxford University Press.

Feinberg, Joel (1970): „The Nature and Value of Rights“. In: *The Journal of Value Inquiry* 4 (4), 243–257[–260].

Forst, Rainer (2011): *Kritik der Rechtfertigungsverhältnisse. Perspektiven einer kritischen Theorie der Politik.* Frankfurt/M: Suhrkamp.

Frankfurt, Harry ([4]2007 [1971]): „Willensfreiheit und der Begriff der Person“. In: Bieri, Peter (Hg.): *Analytische Philosophie des Geistes.* Weinheim/Basel: Beltz Verlag, 287–302.

Gosepath, Stefan (1998): „Zu Begründungen sozialer Menschenrechte“. In: Gosepath, Stefan/Lohmann, Georg (Hg.): *Philosophie der Menschenrechte.* Frankfurt/M: Suhrkamp, 146–187.

Griffin, James (2008): *On Human Rights.* Oxford: Oxford University Press.

Habermas, Jürgen ([4]1998): *Faktizität und Geltung. Beiträge zur Diskurstheorie des Rechts.* Frankfurt/M: Suhrkamp.

Habermas, Jürgen (1999a): *Die Einbeziehung des Anderen. Studien zur politischen Theorie.* Frankfurt/M: Suhrkamp.

Habermas, Jürgen (1999b): „Der interkulturelle Diskurs über Menschenrechte“. In: Brunkhorst, Hauke/ Köhler, Wolfgang R./Lutz-Bachmann, Matthias (Hg.): *Recht auf Menschenrechte. Menschenrechte, Demokratie und internationale Politik.* Frankfurt/M: Suhrkamp, 216–227.

Habermas, Jürgen (2010): „Das Konzept der Menschenwürde und die realistische Utopie der Menschenrechte“. In: *Deutsche Zeitschrift für Philosophie* 58, 343–357.

Halbig, Christoph (2007): *Praktische Gründe und die Realität der Moral*, Frankfurt/M: Vittorio Klostermann.

Hart, Herbert L. A. (1958): „Legal and Moral Obligation“. In: Melden, Abraham I. (Ed.): *Essays in Moral Philosophy.* Seattle: University of Washington Press, 82–107.

Heckhausen, Heinz/Gollwitzer, Peter M. (1987): „*Thought Contents and Cognitive Functioning in Motivational versus Volitional States of Mind*“. In: *Motivation and Emotion* 11, 101–120.

Heuer, Ulrike (2004): „Reasons and Actions and Desires“. In: *Philosophical Studies* 121, 43–63.
Hobbes, Thomas (1996 [1651]): *Leviathan*. Gaskin, J. C. A. (Ed.). Oxford: Oxford University Press.
Höffe, Otfried ([2]2002): *Demokratie im Zeitalter der Globalisierung*. München: C.H. Beck.
Hohfeld, Wesley N. (2007 [1913]): „Einige Grundbegriffe des Rechts, wie sie in rechtlichen Überlegungen Anwendung finden“, In: Stepanians, Markus S. (Hg.): *Individuelle Rechte, Paderborn*, 51–85 [„Some Fundamental Legal Conceptions as Applied in Judicial Reasoning“. In: *Yale Law Journal* 23, 1913, 16–59].
Korsgaard, Christine (1986): „Skepticism about Practical Reason“. In: Journal of Philosophy 83, 5–25.
Mill, John Stuart (1998 [1861]) *Utilitarianism*. Crisp, Roger (Ed.). Oxford: Oxford University Press.
Mosayebi, Reza (2013a): *Das Minimum der reinen praktischen Vernunft. Vom Kategorischen Imperativ zum allgemeinen Rechtsprinzip bei Kant*. Berlin, Boston: De Gruyter.
Mosayebi, Reza (2013b): „Die ‚Antinomie‘ des §3 der *Tugendlehre*“. In: Bacin, Stefano/Ferrarin, Alfredo/La Rocca, Claudio/Ruffing, Margit (Hg.): *Kant und die Philosophie in weltbürgerlicher Absicht*. Berlin, Boston: De Gruyter, 443–456.
Nagel, Thomas (2005): „The Problem of Global Justice“. In: *Philosophy & Public Affairs* 33 (2), 113–147.
Nussbaum, Martha (2002): „Capabilities and Human Rights“. In: De Greiff, Pablo/Cronin, Ciaran (Ed.): *Global Justice and Transnational Politics. Essays on the Moral and Political Challenges of Globalization*. Cambridge (MA): The MIT Press, 117–149.
Pogge, Thomas (2011): *Weltarmut und Menschenrechte. Kosmopolitische Verantwortung und Reformen*. Übersetzt v. Wehofsits, Anna. Berlin/New York [([2]2008 [2002]): *World Poverty and Human Rights: Cosmopolitan Responsibilities and Reforms*, second, expanded edition, Cambridge: Polity].
Rawls, John (1996 [1993]): *Political Liberalism*. New York: Columbia University Press.
Rawls, John (1999): *The Law of Peoples*. Cambridge (MA): Harvard University Press.
Raz, Joseph (2010): „Human Rights without Foundations“. In: Besson, Samanta/Tasioulas, John (Ed.): *The Philosophy of International Law*. Oxford: Oxford University Press, 321–337.
Parfit, Derek (1997): „Reasons and Motivation“. In: *Proceedings of Aristotelian Society*, Supplementary Volume 71, 99–130.
Parfit, Derek (2006): „Normativity“. In: Shafer-Landau, Russ (Ed.): *Oxford Studies in Metaethics*, Vol. I. Oxford: Oxford University Press, 325–380.
Schönecker, Dieter (2010): „Kant über die Möglichkeit von Pflichten gegen sich selbst (Tugendlehre, §§ 1–3). Eine Skizze“. In: Busche, Hubertus/Schmitt Anton (Hg.): *Kant als Bezugspunkt philosophischen Denkens. Festschrift für Peter Baumann zum 75. Geburtstag*. Würzburg: Verlag Königshausen & Neumann, 235–260.
Schopenhauer, Arthur (1972 [1840]): *Preisschrift über die Grundlage der Moral*. in: Hübscher, Arthur (Hg.): *Sämtliche Werke*, Bd. 4. *Schriften zur Naturphilosophie und zur Ethik*. Wiesbaden: F. A. Brockhaus Verlag.
Sen, Amartya (1984): „Rights and Capabilities“. In: Ders., *Resources, Values, and Development*. Cambridge (MA): Harvard University Press 307–324.
Sen, Amartya (1991): „Gender and Cooperative Conflicts“. In: Tinker, Irene (Ed.): *Persistent Inequalities. Women and World Development*. Oxford: Oxford University Press, 123–149.

Sen, Amartya (2004): „Elements of a Theory of Human Rights". In: *Philosophy & Public Affairs* 32 (4), 315–356.
Singer, Marcus G. (1959): „On Duties to Oneself". In: *Ethics* 69 (3), 202–205.
Singer, Marcus G. (1961): *Generalization in Ethics*. New York: Alfred A. Knopf.
Smith, Michael (1994): *The Moral Problem*. Oxford: Oxford University Press.
Tasioulas, John (2010): „Taking Rights out of Human Rights". In: *Ethics* 120, 647–78.
Timmermann, Jens (2013): „Duties to Oneself as Such". In: Trampota, Andreas/Sensen, Oliver/Timmermann, Jens (Ed.): *Kant's „Tugendlehre". A Comprehensive Commentary*. Berlin, Boston: De Gruyter, 207–219.
Tugendhat, Ernst (1993): *Vorlesungen über Ethik*. 17. Vorlesung Menschenrechte. Frankfurt/M: Suhrkamp, 336–363.
Tugendhat, Ernst (1998): „Die Kontroverse um die Menschenrechte". In: Gosepath, Stefan/Lohmann, Georg (Hg.): *Philosophie der Menschenrechte*. Frankfurt/M: Suhrkamp, 48–61.

Zitierweise und Abkürzungen von Kants Werken

Kant wird nach der Ausgabe der Preußischen (jetzt: Berlin-Brandenburgischen) Akademie der Wissenschaften (= *AA*, *Berlin 1900 ff.*) mit der Angabe des Bandes und der Seiten- und Zeilenzählungen zitiert. Bei der *Kritik der reinen Vernunft* werden nur die Originalpaginierungen der ersten (= A) und der zweiten (= B) Auflage angegeben. Alle Schriften Kants werden jeweils mit Sigel zitiert.

Siglen für Kants Werke:

GMS	Grundlegung zur Metaphysik der Sitten (AA 04)
IaG	Idee zu einer allgemeinen Geschichte in weltbürgerlicher Absicht (AA 08)
KpV	Kritik der praktischen Vernunft (AA 05)
KrV	Kritik der reinen Vernunft (zu zitieren nach Originalpaginierung A/B)
MS	Die Metaphysik der Sitten (AA 06)
RL	Metaphysische Anfangsgründe der Rechtslehre (AA 06)
TL	Metaphysische Anfangsgründe der Tugendlehre (AA 06)
Päd	Pädagogik (AA 09)
RGV	Die Religion innerhalb der Grenzen der bloßen Vernunft (AA 06)
SF	Der Streit der Fakultäten (AA 07)
TP	Über den Gemeinspruch: Das mag in der Theorie richtig sein, taugt aber nicht für die Praxis (AA 08)
VAMS	Vorarbeit zur Metaphysik der Sitten (AA 23)
VMo/Kaehler(Stark)	Immanuel Kant: Vorlesung zur Moralphilosophie (Hrsg. Von Werner Stark. Berlin/New York 2004)
V-Mo/Mron II	Moral Mrongovius II (AA 29)
V-MS/Vigil	Die Metaphysik der Sitten Vigilantius (AA 27)
V-NR/Feyerabend	Naturrecht Feyerabend (AA 27)
ÜE	Über eine Entdeckung, nach der alle neue Kritik der reinen Vernunft durch eine ältere entbehrlich gemacht werden soll (AA 08)
ZeF	Zum ewigen Frieden (AA 08)
WA	Beantwortung der Frage: Was ist Aufklärung? (AA 08)

https://doi.org/10.1515/9783110572377-014

Hinweise zu den Autorinnen und Autoren

Christoph Bambauer ist Privatdozent am Institut für Philosophie der Ruhr-Universität Bochum. Seine Forschungsschwerpunkte liegen primär im Bereich der Praktischen Philosophie. Er promovierte an der Universität Bonn und hatte einen Forschungssaufenthalt an der University of Notre Dame (USA). 2016 habilitierte er sich an der Universität Bochum. Derzeit lehrt er an den Universitäten Bochum und Duisburg-Essen. Wichtigste Buchveröffentlichung: *Deontologie und Teleologie in der kantischen Ethik* (Karl Alber, 2011).

Rainer Forst ist Professor für Politische Theorie und Philosophie an der Goethe-Universität Frankfurt am Main. Er ist Co-Sprecher des Frankfurter Exzellenzclusters „Normative Ordnungen". Seine Forschungen konzentrieren sich auf Fragen der Gerechtigkeit und der Toleranz sowie der Kritischen Theorie und der praktischen Vernunft in der Tradition Kants. 2012 verlieh ihm die Deutsche Forschungsgemeinschaft den Gottfried Wilhelm Leibniz-Preis. Wichtigste Buchveröffentlichungen (alle bei Suhrkamp): *Kontexte der Gerechtigkeit* (1994), *Toleranz im Konflikt* (2003), *Das Recht auf Rechtfertigung* (2007), *Kritik der Rechtfertigungsverhältnisse* (2011), *Normativität und Macht* (2015).

Stefan Gosepath ist Professor für Praktische Philosophie am Institut für Philosophie und assoziiert am Otto-Suhr-Institut für Politikwissenschaftlichen der Freien Universität Berlin. Er ist Co-Direktor der Kolleg-Forschergruppe „Justitia Amplificata: Erweiterte Gerechtigkeit – konkret und global". Gosepath hat zu Themen wie praktischer Vernunft und Normativität, zu Gerechtigkeit und Gleichheit, zu Menschenrechten und globaler Gerechtigkeit publiziert. Ausgewählte Buchveröffentlichungen: Gleiche Gerechtigkeit. Grundlagen eines liberalen Egalitarismus *(Suhrkamp, 2004),* Einführung in die Politische Philosophie (Mitautor, Reclam, 2013), Philosophie der Menschenrechte *(Mithg., Suhrkamp, 1998, ⁵2010).*

Henning Hahn ist Privatdozent und Gastprofessor für Praktische Philosophie an der Freien Universität Berlin und Wissenschaftlicher Mitarbeiter am „Forschungsschwerpunkt Ethik der Globalisierung" der Universität Kassel. Ausgewählte Buchveröffentlichungen: *Moralische Selbstachtung* (De Gruyter, 2008), *Globale Gerechtigkeit* (Campus, 2010), *Politischer Kosmopolitismus* (De Gruyter, 2017).

Otfried Höffe ist Professor (em.) und Leiter der „Forschungsstelle Politische Philosophie" an der Universität Tübingen. Er ist Herausgeber der Reihe „Denker" (Beck) und „Klassiker Auslegen" (De Gruyter). Ausgewählte Buchveröffentlichungen: *Strategien der Humanität* (Suhrkamp, 1975, ²1985), *Immanuel Kant* (Beck, 1983, ⁸2014), *Politische Gerechtigkeit* (Suhrkamp, 1987, ⁴2003), *Kategorische Rechtsprinzipien. Ein Kontrapunkt der Moderne* (Suhrkamp, 1990, ³1995), *Aristoteles* (Beck, 1996, ⁴2014), *Demokratie im Zeitalter der Globalisierung* (Beck, 1999, ²2002), *Kants Kritik der praktischen Vernunft. Eine Philosophie der Freiheit* (Beck, 2012), *Kritik der Freiheit. Das Grundproblem der Moderne* (Beck, 2015), *Geschichte des politischen Denkens* (Beck, 2016).

Christoph Horn ist Professor für Philosophie an der Universität Bonn. Seine Arbeitsschwerpunkte sind Philosophie der Antike und Praktische Philosophie der Gegenwart. Ausgewählte

https://doi.org/10.1515/9783110572377-015

Buchveröffentlichungen: *Plotin über Sein, Zahl und Einheit* (De Gruyter, 1995), *Antike Lebenskunst* (Beck, 1998), *Einführung in die Politische Philosophie* (Wissenschaftliche Buchgesellschaft, 2003), *Nichtideale Normativität* (Suhrkamp, 2014), *Wörterbuch der antiken Philosophie* (Mithg., Beck, 2002), *Groundwork for the Metaphysics of Morals* (Mithg., De Gruyter, 2006), *Neoplatonism and the Philosophy of Natur* (Mithg., Oxford, 2012), *Space in Hellenistic Philosophy* (Mithg., De Gruyter, 2014). *Aristotle Metaphysics Lambda—New Essays* (Hg., De Gruyter, 2016).

Georg Lohmann ist Prof. (em.) für Praktische Philosophie an der Otto-von-Guericke Universität Magdeburg. In seinen Forschungen konzentriert er sich auf Themen in der Sozialphilosophie, Ethik, angewandten Ethik und Politischen Philosophie, speziell zu Menschenrechten und Menschenwürde. Ausgewählte Buchveröffentlichungen: *Indifferenz und Gesellschaft. Eine kritische Auseinandersetzung mit Marx* (Suhrkamp, 1991), *Gelten Menschenrechte universal? Begründungen und Infragestellungen* (Mithg., Herder, 2008), *Menschenrechte. Ein interdisziplinäres Handbuch* (Mithg., Metzler, 2012).

Corinna Mieth ist Professorin für Praktische Philosophie unter besonderer Berücksichtigung der Politischen Philosophie und Rechtsphilosophie an der Ruhr-Universität Bochum. Derzeit ist sie Dekanin der Fakultät für Philosophie und Erziehungswissenschaft sowie stellvertretende Leiterin des Studiengangs EELP. Sie ist Mitglied des Vorstands des Kulturwissenschaftlichen Instituts (KWI) Essen. Ihre Forschungsschwerpunkte liegen überwiegend in den Bereichen Globale Gerechtigkeit, Migration, Menschenrechte und Menschenwürde, sowie Dilemmafälle in der Rechtsphilosophie. Ausgewählte Buchveröffentlichungen: *Positive Pflichten* (De Gruyter, 2012), *Dimensions of Practical Necessity: „Here I Stand. I Can Do No Other.“* (Mithg., Springer, 2017), *Handbuch Gerechtigkeit* (Mithg., Metzler, 2016).

Georg Mohr ist Professor für Praktische Philosophie an der Universität Bremen. 1995–1997 war er Gastprofessor an der Humboldt-Universität zu Berlin. Seine gegenwärtigen Forschungsschwerpunkte sind Rechtsphilosophie, Moralphilosophie, Musikphilosophie, Immanuel Kant und Gustav Mahler. Ausgewählte Buchveröffentlichungen: *Das sinnliche Ich. Innerer Sinn und Bewusstsein bei Kant* (Königshausen & Neumann, 1991), *Kants Grundlegung der kritischen Philosophie* (Suhrkamp, 2004), *Subjektivität und Anerkennung* (Mithg., Mentis, 2004), *Vom Sinn des Hörens. Beiträge zur Philosophie der Musik* (Mithg., Königshausen & Neumann, 2012), *Kant-Lexikon* (Mithg., De Gruyter, 2015).

Reza Mosayebi ist Akademischer Rat am Institut für Philosophie I der Ruhr-Universität Bochum. Er promovierte in Tübingen und war u. a. Visiting Fellow an der Harvard University (USA). Seine Forschungsschwerpunkte liegen in der Schnittstelle der Moral-, Rechts- und Politischen Philosophie, sowie in der Metaethik und Kants Philosophie. Wichtigste Buchveröffentlichung: *Das Minimum der reinen Praktischen Vernunft. Vom Kategorischen Imperativ zum allgemeinen Rechtsprinzip bei Kant* (De Gruyter, 2013)

Andreas Niederberger ist Professor für Praktische Philosophie an der Universität Duisburg-Essen. Er lehrt und forscht zur Geschichte der Philosophie und zu systematischen Fragen in den Bereichen der Politischen Philosophie, der Rechtsphilosophie und der Ethik. Er ist Mitglied im Gründungsvorstand des Interdisziplinären Zentrums für Integrations- und Migrationsforschung (InZentIM). Wichtigste Buchveröffentlichungen: *Demokratie unter Bedingungen der*

Weltgesellschaft? Normative Grundlagen legitimer Herrschaft in einer globalen politischen Ordnung (De Gruyter, 2009), *Republican Democracy. Liberty, Law and Politics* (Mithg., Edinburgh, 2013 [Paperback 2015]) und *Internationale Politische Theorie* (Mithg., Metzler, 2016).

Alessandro Pinzani ist Professor für Ethik und Politische Philosophie an der UFSC Florianópolis (Brasilien) und Leiter vom *Centro de Investigações Kantianas* (Kant-Forschungszentrum). Er hatte Gastprofessuren an der PUC-RS Porto Alegre, an der TU Dresden und an der Ruhr-Universität Bochum. Er war *Visiting Scholar* an der Columbia University (NY), an der Humboldt Universität zu Berlin und an der Universität Florenz. Ausgewählte Buchveröffentlichungen: *Jürgen Habermas* (Beck, 2007), *An den Wurzeln moderner Demokratie* (De Gruyter, 2009), *Vozes do Bolsa Família. Autonomia, dinheiro e cidadania* (Mitautor, Unesp, 2013).

Oliver Sensen ist Professor für Philosophie an der Tulane University in New Orleans (USA) und Vizepräsident der North American Kant Society. Er hat in München, Oxford, Harvard und Cambridge studiert und war Visiting Professor am MIT (USA). Wichtigste Buchveröffentlichungen: *Kant on Human Dignity* (De Gruyter, 2011), *Kant on Moral Autonomy* (Hg., Cambridge, 2012).

Personenregister

Sachregister